10일 만에 끝내는
## 해커스 OPIc START
### Intermediate 공략

KB092995

# 200% 활용법

---

## 온라인 실전모의고사 이용 방법

해커스인강(HackersIngang.com) 접속 ▶ 페이지 상단의 [토스/오픽] 클릭 ▶
상단의 [MP3/자료 → 오픽 → 실전모의고사 프로그램] 클릭 ▶
본 교재의 [실전모의고사 프로그램] 이용하기

---

## 말하기 연습 프로그램 이용 방법

해커스인강(HackersIngang.com) 접속 ▶ 페이지 상단의 [토스/오픽] 클릭 ▶
상단의 [MP3/자료 → 오픽 → 말하기 연습 프로그램] 클릭 ▶
본 교재의 [말하기 연습 프로그램] 이용하기

---

## 교재 MP3 이용 방법

해커스인강(HackersIngang.com) 접속 ▶ 페이지 상단의 [토스/오픽] 클릭 ▶
상단의 [MP3/자료 → 오픽 → 문제풀이 MP3] 클릭하여 이용하기

* QR 코드로 교재 MP3 바로 가기

10일 만에 끝내는

# 해커스
# OPIc
## START
Intermediate 공략

해커스

# OPIc, 두려워하고 계신가요?

## 이렇게 괴로운 조합이 또 있을까요?
## "영어"+"말하기"+"시험"

영어로 말하기는커녕 질문조차 무슨 말인지 이해하기 힘든 저에게
OPIc은 너무나도 두려운 존재였습니다.

그런데 어느 순간, 질문이 조금씩 들리기 시작하더니,

'아, 이 질문엔 이렇게 대답해야지',

'이런 표현을 써서 말하면 되겠다'

그렇게 조금씩 OPIc과 친해지기 시작했습니다.

**<해커스 OPIc START: Intermediate 공략>**은
영어 말하기 시험이 두려운 여러분이라도
단기간에 Intermediate 등급을 달성할 수 있도록
가장 효과적인 학습 방법과 전략을 제시합니다.

**최신 출제 경향을 완벽 반영**한 문제로
**유형별 공략법과 답변 노하우**를 익히고,
시험에서 바로 쓸 수 있는 **핵심 답변 패턴과 표현**,
어떤 주제든 할 말이 샘솟는 **답변 아이디어**
그리고 **온라인 말하기 연습 프로그램과 실전모의고사**까지

> "**이미** 수많은 사람들이 **안전하게** 지나간 길
> 가장 **확실한** 길
> 가장 **빠른** 길로 가면 돼요."

# OPIc 시험,
# 해커스가 여러분과 함께합니다.

# Contents

## ● 돌발 주제 공략하기

## ● 롤플레이 공략하기

**부록 1**

**부록 2**

**"온라인 실전모의고사 프로그램 1회분"**
**"온라인 말하기 연습 프로그램"**

해커스인강(HackersIngang.com) 접속 > 페이지 상단의
[토스/오픽] 클릭 → 상단의 [MP3/자료 → 오픽 → 실전모의고사/
말하기 프로그램] 클릭 > 본 교재의 [실전모의고사/말하기 프로그
램] 이용하기

# OPIc Intermediate 공략법 4가지

## 공략법 1    OPIc에서 답변할 예문으로 기초 문법을 다진다.

### 외우기만 하고 말 못 할 문법은 No!

<해커스 OPIc START>에서는 OPIc 시험에서 답변하는 데 꼭 필요한 문법 20가지를 엄선하여 수록하였으며, 이를 실제 OPIc 문제에 답할 때 사용할 수 있는 예문으로 연습할 수 있도록 구성하였습니다. [OPIc 필수 문법]을 통해 스피킹의 기초를 다지고 Intermediate 등급에 도전해 보세요.

[OPIc 필수 문법]

OPIc 시험에서 답변하는 데
꼭 필요한 문법 20가지 엄선

실제 OPIc 문제에 답할 때
사용할 수 있는 예문

## 공략법 2    다양한 문제에 활용하는 쉽고 간단한 핵심 답변 패턴을 익힌다.

### 말할 때 기억나지 않는 길고 어려운 표현은 이제 그만!

<해커스 OPIc START>에서는 여러 OPIc 문제에 답할 때 자주 사용되는, 쉬우면서도 활용도 높은 표현들을 선별하여 UNIT마다 [핵심 답변 패턴]으로 구성하였습니다. 답변을 미리 준비할 때 이 패턴들을 유용하게 사용할 수 있고, 패턴을 반복해 익혀두어 유창하게 답변할 수 있습니다. 해커스인강(HackersIngang.com)에서 무료로 제공되는 [온라인 말하기 연습 프로그램]을 활용하면 패턴을 보다 효율적으로 익힐 수 있습니다.

쉬운 표현   핵심 답변 패턴   자주 사용되는 표현

다양한 문제에 활용

# 공략법 3 모범답변으로 내 답변을 완성한다.

## 빈출 문제의 모범답변만 잘 익혀도 Intermediate 달성 가능!

<해커스 OPIc START>에서는 각각의 주제마다 자주 출제되는 문제를 엄선하여, 활용도 높은 모범답변을 준비했습니다. 모범답변에서는 답변 아이디어는 물론, 학습한 답변 패턴을 실제 답변에서 어떻게 활용할 수 있는지 익힐 수 있으며, 실전 OPIc에 쓸 수 있는 다양한 핵심 표현과 어휘를 학습할 수 있습니다. 모범답변을 참고하여 자신의 답변을 완성하는 연습을 통해 보다 효과적으로 Intermediate 등급을 달성할 수 있습니다.

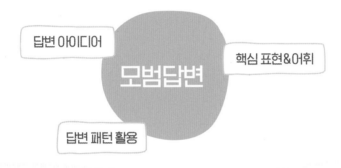

# 공략법 4 실제 시험 환경에 익숙해질 수 있는 실전모의고사를 풀어본다.

## 실전까지 120% 대비!

<해커스 OPIc START>에서는 실제 시험과 유사한 환경에서 OPIc 최신 출제 경향을 반영한 실전모의고사 1회분을 풀어볼 수 있는 [온라인 실전모의고사 프로그램]과 실제 시험과 같은 환경에서 답변을 말해볼 수 있는 [온라인 답변 말하기 프로그램]을 준비하여 OPIc Intermediate 등급을 보다 완벽히 준비할 수 있도록 했습니다.

무료 [온라인 실전모의고사 프로그램] (1회분)

무료 [온라인 답변 말하기 프로그램]

# 이 책의 구성

## 설문 주제·돌발 주제·롤플레이 공략하기

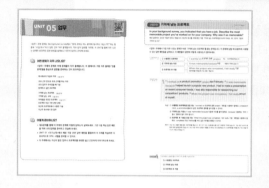

### ① Overview
해당 주제에 어떤 문제가 자주 나오고 어떻게 학습해야 효과적인지 소개하였습니다.

### ② 대표문제
해당 주제에서 가장 자주 나오는 대표문제를 보여주고 이에 답변하는 방법과 모범답변을 제공하였습니다.

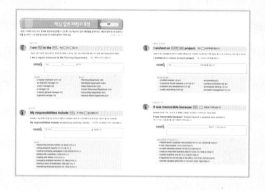

### ③ 핵심 답변 패턴과 표현
해당 주제에서 가장 자주 사용할 수 있는 답변 패턴을 제공하였습니다. 표현리스트를 참고하여 나에게 해당하는 표현을 찾아 나의 답변을 완성하면 OPIc 시험에서 유용하게 사용할 수 있습니다.

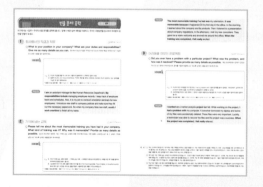

### ④ 빈출 문제 공략하기
OPIc 시험에 가장 자주 나오는 빈출 문제들을 제시하였습니다. Tip을 참고하여 나의 답변을 작성하고, 나의 답변을 모범답변과 비교해 더 좋은 답변을 만들 수 있습니다.

## ● OPIc 필수 문법

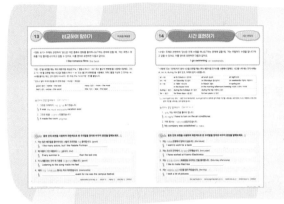

문법의 기초가 부족하거나 말하기 문법만을 정리하고 싶은 수험생들을 위해, OPIc 말하기에 꼭 필요한 문법 20가지를 선정해 제공하였습니다.

## ● 시험장 위기 상황 대처 표현

OPIc 시험 중 마주치게 되는 당황스러운 상황에서 사용할 수 있는 유용한 표현들을 제시하였습니다. 자투리 시간을 활용해 외워두면 시험장에서 유창하게 말하는 데 큰 도움이 될 것입니다.

## ● 설문 주제 추가 문제 및 답변 아이디어

설문 주제의 문제를 좀 더 많이 접하면서 학습하고 싶은 수험생들을 위해, 각 설문 주제별 추가 문제와 그에 대한 답변 아이디어를 제공하였습니다.

# 10일/5일/20일 완성 학습 플랜

한 번에 OPIc Intermediate 등급을 받고 싶어요

## ● 10일 완성 학습 플랜

| 1일 | 2일 | 3일 | 4일 | 5일 |
|---|---|---|---|---|
| **자기소개·설문 주제** | **설문 주제** | **설문 주제** | **설문 주제** | **돌발 주제** |
| ■ UNIT 01 자기소개<br>■ UNIT 02~03 (학생) 또는<br>UNIT 04~05 (직장인) | ■ UNIT 06~07 (거주지)<br>■ 1~2개 UNIT 선택*<br>(UNIT 08, 15 추천) | ■ 3~5개 UNIT 선택*<br>(UNIT 09, 10, 18 추천) | ■ 3~5개 UNIT 선택*<br>(UNIT 15, 19, 20 추천) | ■ UNIT 23~26 |

| 6일 | 7일 | 8일 | 9일 | 10일 |
|---|---|---|---|---|
| **돌발 주제** | **돌발 주제** | **돌발 주제** | **롤플레이** | **최종 마무리** |
| ■ UNIT 27~30 | ■ UNIT 31~33 | ■ UNIT 34~36 | ■ UNIT 37~42 | ■ 최종 답변 연습**<br>■ 온라인 실전모의고사<br>프로그램 |

\* OPIc 시험은 자신이 선택한 주제의 문제가 나옵니다. 따라서 '설문 주제'에서는 모든 UNIT을 학습하기보다 자신에게 해당하는 UNIT을 선택해 학습하세요.

\*\* 최종 답변 연습을 할 때는 그동안 학습한 문제들로 답변 연습을 하며 시험 준비를 마무리하세요.

당장 시험이 다음 주라 시간이 부족해요

## ● 5일 완성 학습 플랜

| 1일 | 2일 | 3일 | 4일 | 5일 |
|---|---|---|---|---|
| **자기소개·설문 주제** | **설문 주제** | **설문 주제** | **돌발 주제·롤플레이** | **최종 마무리** |
| ■ UNIT 01 자기소개<br>■ UNIT 02~03 (학생) 또는<br>UNIT 04~05 (직장인)<br>■ UNIT 06~07 (거주지) | ■ 3~6개 UNIT 선택*<br>(UNIT 08, 09, 15 추천) | ■ 3~6개 UNIT 선택*<br>(UNIT 10, 18, 20 추천) | ■ 돌발 주제 UNIT 선택<br>(UNIT 23, 24, 33, 34 추천)<br>■ 롤플레이 UNIT 37~42 | ■ 최종 답변 연습**<br>■ 온라인 실전모의고사<br>프로그램 |

\* OPIc 시험은 자신이 선택한 주제의 문제가 나옵니다. 따라서 '설문 주제'에서는 모든 UNIT을 학습하기보다 자신에게 해당하는 UNIT을 선택해 학습하세요.

\*\* 최종 답변 연습을 할 때는 그동안 학습한 문제들로 답변 연습을 하며 시험 준비를 마무리하세요.

말하기 시험은 처음이라 어떻게 준비해야 할지 모르겠어요

# 20일 완성 학습 플랜

| 1일 | 2일 | 3일 | 4일 | 5일 |
|---|---|---|---|---|
| **자기소개 · 설문 주제** | **설문 주제** | **설문 주제** | **설문 주제** | |
| ■ UNIT 01 자기소개<br>■ UNIT 02~03 (학생) 또는<br> UNIT 04~05 (직장인) | ■ UNIT 06~07 (거주지) | ■ 1~2개 UNIT 선택<br>(UNIT 08, 12 추천) | ■ 1~2개 UNIT 선택*<br>(UNIT 10 추천) | 복습하기 |
| **6일** | **7일** | **8일** | **9일** | **10일** |
| **설문 주제** | **설문 주제** | **설문 주제** | **설문 주제** | |
| ■ 1~2개 UNIT 선택*<br>(UNIT 09, 19 추천) | ■ 1~2개 UNIT 선택*<br>(UNIT 18 추천) | ■ 1~2개 UNIT 선택*<br>(UNIT 15 추천) | ■ 1~2개 UNIT 선택*<br>(UNIT 20 추천) | 복습하기 |
| **11일** | **12일** | **13일** | **14일** | **15일** |
| **돌발 주제** | **돌발 주제** | **돌발 주제** | **돌발 주제** | |
| ■ UNIT 23~26 | ■ UNIT 27~30 | ■ UNIT 31~33 | ■ UNIT 34~36 | 복습하기 |
| **16일** | **17일** | **18일** | **19일** | **20일** |
| **롤플레이** | **롤플레이** | **최종 마무리** | **최종 마무리** | **최종 마무리** |
| ■ UNIT 37~39 | ■ UNIT 40~42 | ■ 최종 답변 연습** | ■ 최종 답변 연습** | ■ 온라인 실전모의고사<br> 프로그램 |

* OPIc 시험은 자신이 선택한 주제의 문제가 나옵니다. 따라서 '설문 주제'에서는 모든 UNIT을 학습하기보다 자신에게 해당하는 UNIT을 선택해 학습하세요.
** 최종 답변 연습을 할 때는 그동안 학습한 문제들로 답변 연습을 하며 시험 준비를 마무리하세요.

## 학습 플랜 이용 Tip

★ 선택한 UNIT에서 모범답변을 중심으로 나의 답변을 만드는 데 유용한 답변 패턴과 표현을 학습합니다.

★ 학습한 답변 패턴과 모범답변은 [온라인 말하기 연습 프로그램]과 [온라인 답변 말하기 프로그램]을 사용해 더 유창하게 말할 수 있도록 연습합니다.

★ [부록 2: 설문 주제 추가 문제 및 답변 아이디어]에서 당일 학습한 주제에 해당하는 부분을 참고합니다.

★ 해커스영어 사이트(Hackers.co.kr)를 통해 다른 학습자들의 시험 후기를 참고하면 최신 기출 OPIc 문제를 파악하는 데 도움이 됩니다.

★ 말하기를 위한 기초 문법 실력을 쌓고 싶다면 [OPIc 필수 문법]을 매일 조금씩 학습합니다.

# 성향별 학습 방법

## 혼자 하는 공부가 제일 잘돼요! 개별 학습 성향

학습 플랜에 따라 공부하고 그날의 학습량은 반드시 끝마칩니다.
교재, 해커스영어 사이트, MP3 파일을 적극적으로 활용하여 실력을 쌓습니다.
실제 시험을 보는 것처럼 답변하는 연습을 최대한 많이 합니다.

## 여러 사람과 함께 공부하는 것이 좋아요! 스터디 학습 성향

팀원들끼리 스터디 계획에 맞춰 함께 표현을 정리하고, 서로 질문하고 답변해 봅니다.
팀원들끼리 서로 답변한 것에 대해 점검해 주며 학습합니다.
스터디 계획은 반드시 지키고 너무 오래 잡담하지 않도록 주의합니다.

## 선생님 강의를 들으며 확실히 공부하는 것이 좋아요! 학원 학습 성향

학원 강의를 듣고, 궁금한 점은 질문을 통해 바로 해결합니다.
반별 게시판을 활용해 공부합니다.
결석하지 않겠다는 의지를 가지고 수업에 임하며, 배운 내용은 반드시 그날 복습합니다.

## 시간과 장소에 구애받지 않고 수업을 들으며 공부하고 싶어요! 인강 학습 성향

제공되는 스터디 플랜을 활용하여 계획한 시간 내에 모든 강의를 수강합니다.
인강을 들을 때는 최대한 집중하도록 인터넷이나 스마트폰 사용을 자제합니다.
궁금한 점이 있을 때는 해커스인강의 '선생님께 질문하기' 코너를 적극 활용합니다.

**교재** 대표문제에 대한 답변 방법 확인 → 핵심 답변 패턴 학습 → 온라인 말하기 연습 프로그램으로 답변 패턴 따라 읽기
→ 대표문제·빈출 문제에 대한 나의 답변 작성 → 온라인 답변 말하기 프로그램으로 답변 연습

**Hackers.co.kr** [토스·오픽]에서 다양한 무료 학습자료 참고 → [스피킹&오픽 첨삭게시판]에서 답변 첨삭

**HackersIngang.com** 교재 MP3를 다운받아 따라 하며 암기, 온라인 답변 말하기 프로그램으로 답변 연습

---

**교재** 스터디 계획대로 예습 → 핵심 답변 패턴 및 중요한 표현 정리 → 대표문제·빈출 문제에 대해 팀원들 앞에서
답변하고 의견 듣기 → 팀원들이 알려준 부족한 부분 확인하며 복습

**Hackers.co.kr** [토스·오픽]에서 다양한 무료 학습자료 참고 → [스피킹&오픽 첨삭게시판]에서 답변 첨삭

**HackersIngang.com** 교재 MP3를 다운받아 따라 하며 암기, 온라인 답변 말하기 프로그램으로 답변 연습

---

**교재** 수업 전 핵심 답변 패턴 학습 → 온라인 말하기 연습 프로그램으로 답변 패턴 따라 읽기 →
궁금한 점은 선생님께 질문하여 바로 해결 → 수업 후 복습 및 나의 답변 작성 → 답변 말해보기

**Hackers.ac** 반별 게시판에서 선생님과 질의응답 및 학생들과 커뮤니케이션

**Hackers.co.kr** [토스·오픽]에서 다양한 무료 학습자료 참고 → [스피킹&오픽 첨삭게시판]에서 답변 첨삭

**HackersIngang.com** 교재 MP3를 다운받아 따라 하며 암기, 온라인 답변 말하기 프로그램으로 답변 연습

---

**교재** 수업 전 예습 → 인강 수강 → 수업 후 복습 → 나의 답변 작성 후 연습

**Hackers.co.kr** [토스·오픽]에서 다양한 무료 학습자료 참고 → [스피킹&오픽 첨삭게시판]에서 답변 첨삭

**HackersIngang.com** 교재 인강 수강 및 MP3를 다운받아 듣기와 말하기 훈련, Warm Up 및 Hand-out 등 부가
자료 학습, 온라인 답변 말하기 프로그램으로 답변 연습

# 온라인 말하기 연습 · 실전모의고사 프로그램 활용법

## 온라인 말하기 연습 프로그램이란?

교재에 수록된 OPIc 핵심 답변 패턴을 완벽히 복습하여 실제 OPIc 시험에서 쓸 수 있도록 제작된 프로그램입니다. 교재에 수록된 핵심 답변 패턴을 반복 연습하면 OPIc 문제에 유창하게 답변하는 데 도움이 됩니다.

★ 온라인 말하기 연습 프로그램 이용하는 법
해커스인강(HackersIngang.com) 접속 > 페이지 상단의 [토스/오픽] 클릭 > 상단의 [MP3/자료 → 오픽 → 말하기 연습 프로그램] 클릭 >
본 교재의 [말하기 연습 프로그램] 이용하기

### 프로그램 화면 및 활용법 안내

#### 듣고 따라 말하기

원어민의 음성을 듣고 따라 말하는 연습을 합니다. 문장을 외워서 말할 수 있을 때까지 원어민의 음성을 충분히 반복해서 듣습니다. 완벽히 외웠다고 생각되면 문장 감추기 버튼을 이용하여 스크립트를 가리고 말해봅니다.

#### 외운 문장 녹음해서 들어보기

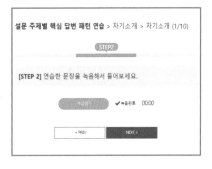

앞서 반복 학습을 통해 외운 문장을 직접 녹음하여 들어봅니다. 녹음한 음성을 들어보며 틀리거나 어색한 부분이 있는 경우, 다시 녹음합니다.

#### 원어민 음성과 비교하여 들어보기

자신이 녹음한 음성과 원어민의 음성을 비교해 들으며 개선이 필요한 부분을 반복해 연습합니다.

# 온라인 실전모의고사 프로그램이란?

실제 OPIc 시험과 동일한 컴퓨터 환경에서 문제를 풀 수 있도록 Actual Test 1회분과 온라인 답변 말하기 프로그램으로 구성되어 있습니다. 교재 학습을 모두 마친 후, 실제 시험을 치르는 기분으로 Actual Test를 풀고, 모범답변과 비교하며 자신의 실력을 최종 점검합니다. 또한, 프로그램에 포함된 온라인 답변 말하기 프로그램 기능을 활용하여 실전 감각을 극대화할 수 있습니다.

★ **온라인 실전모의고사 프로그램 이용하는 법**
해커스인강(HackersIngang.com) 접속 > 페이지 상단의 [토스/오픽] 클릭 > 상단의 [MP3/자료 → 오픽 → 실전모의고사 프로그램] 클릭 >
본 교재의 [실전모의고사 프로그램] 이용하기

## 프로그램 화면 및 활용법 안내

시험 진행 화면

실제 OPIc 시험과 동일하게 구성된 실전모의고사를 통해 시험 방식을 익히고 실전 문제를 풀어보며 답변도 녹음해 봅니다.

복습 화면

자신의 답변과 모범답변의 음성을 비교하여 들어보고, 제시된 모범답변과 해석을 확인합니다. 그 후 다시 한번 자신의 답변을 녹음해 봅니다.

온라인 답변 말하기 프로그램

매일 학습을 마친 후 또는 시험 직전 최종 답변 연습 시, 답변 연습을 하고 싶은 문제에 대해 실제 시험 화면을 보며 답변을 녹음해 봅니다.

# OPIc 시험 소개

## OPIc이란?

OPIc(Oral Proficiency Interview-computer)은 컴퓨터를 통해 진행되는 영어 말하기 시험입니다. 이 시험은 단순하게 문법이나 어휘, 영어 표현을 얼마나 많이 알고 있는지를 측정하는 것이 아니라 실제 생활에서 얼마나 효과적이고 적절하게 영어를 말할 수 있는지를 총체적으로 평가하는 언어 활용 능력 측정 시험입니다.

## OPIc 시험의 특징

### 1. 개인 맞춤형 시험
시험 전 Background Survey에서 각 응시자가 원하는 주제를 선택할 수 있습니다. 또한 자신의 말하기 수준에 맞는 난이도를 선택할 수 있습니다.

### 2. 수험자 친화형 시험
실제 인터뷰와 유사한 형태의 시험으로 실제 인터뷰 상황과 같이 질문을 못 들은 경우 질문을 한 번 더 들을 수 있습니다.

### 3. 유창함에 중점을 둔 시험
OPIc 시험은 실제 생활에서 얼마나 효과적이고 적절하게 영어를 사용하는지를 보여주는 유창함을 측정합니다.

## 시험 시간 및 문항 수

| | |
|---|---|
| 시험 시간 | **총 60분**<br>*오리엔테이션이 약 20분간, 본 시험은 40분간 진행됩니다. |
| 문항 수 | **12문항 또는 15문항**<br>*난이도 1~2단계에서는 12문제, 난이도 3~6단계에서는 15문제가 출제됩니다. |
| 답변 시간 | **본 시험이 진행되는 40분 내에 모든 문제를 답해야 하며, 문제별 답변 제한 시간은 없습니다.**<br>*한 문제에 대한 권장 답변 시간은 약 2분이지만, 더 짧거나 길게 대답해도 됩니다. |

## OPIc 시험 접수 및 성적 확인

· OPIc 시험은 공식 웹사이트(www.opic.or.kr)에서만 접수 가능합니다.

· 시험 접수 시 추가 금액을 지불하고 OPIc 세부 진단서를 신청할 경우, 개선이 필요한 언어 항목에 대한 진단표
와 평가자 코멘트를 추가로 제공받을 수 있습니다.

· OPIc 성적은 응시일로부터 5일 후에 발표되며, 온라인으로만 확인 가능합니다.

## OPIc 등급 체계

OPIc 시험은 총 7개의 등급으로 되어 있으며, 지원하는 부서와 직무에 따라 상이하지만 IH 등급 이상을 요구하는
기업이 늘어나는 추세입니다.

| 등급 | 등급별 요약 설명 |
|---|---|
| **AL**<br>(Advanced Low) | 사건을 서술할 때 일관적으로 동사 시제를 관리하고, 사람과 사물을 묘사할 때 다양한 형용사를 사용한다. 적절한 위치에서 접속사를 사용하기 때문에 문장 간의 결속력도 높고, 문단의 구조를 능숙하게 구성할 수 있다. 익숙하지 않은 복잡한 상황에서도 문제를 설명하고 해결할 수 있는 수준의 능숙도이다. |
| **IH**<br>(Intermediate High) | 개인에게 익숙하지 않거나 예측하지 못한 복잡한 상황을 만날 때, 대부분의 상황에서 사건을 설명하고 문제를 효과적으로 해결하곤 한다. 발화량이 많고 다양한 어휘를 사용한다. |
| **IM**<br>(Intermediate Mid) | 일상적인 소재뿐만 아니라 개인적으로 익숙한 상황에서는 문장을 나열하여 자연스럽게 말할 수 있다. 다양한 문장 형식이나 어휘를 실험적으로 사용하려고 하며 상대방이 조금만 배려해 주면 오랜 시간 대화가 가능하다. |
| **IL**<br>(Intermediate Low) | 일상적인 소재에서는 문장으로 말할 수 있다. 대화에 참여하고 선호하는 소재에서는 자신감을 가지고 말할 수 있다. |
| **NH**<br>(Novice High) | 일상적인 대부분의 소재에 대해서 문장으로 말할 수 있다. 개인 정보에 대해 질문을 하고 응답을 할 수 있다. |
| **NM**<br>(Novice Mid) | 이미 암기한 단어나 문장으로 말하기를 할 수 있다. |
| **NL**<br>(Novice Low) | 제한적인 수준이지만 영어 단어를 나열하며 말할 수 있다. |

\* IM(Intermediate Mid)의 경우 IM 1 < IM 2 < IM 3로 세분화하여 제공합니다.

# OPIc 시험 진행 순서

## 오리엔테이션 (약 20분)

### Background Survey

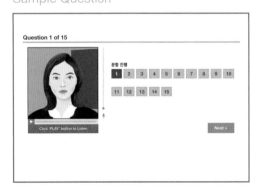

Background Survey
● 이 Background Survey 응답을 기초로 개인 맞춤형 문항이 출제가 됩니다.
질문을 자세히 읽고 답변해 주시기 바랍니다.
1. 현재 귀하는 어느 분야에 종사하고 계십니까?
  ◉ 사업/회사
  ○ 가사
  ○ 재택근무/재택사업
  ○ 군복무
  ○ 일 경험 없음
  1.1 현재 귀하는 직업이 있으십니까?
    ○ 네
    ○ 아니요
2. 현재 귀하는 학생이십니까?
  ○ 네
  ○ 아니요
3. 현재 귀하는 어디에 살고 계십니까?

#### 본인의 신분 및 관심 분야 선택

· 직업(학생, 직장인 등), 거주지, 여가 활동, 취미나 관심사, 운동, 휴가나 출장 등의 파트별로 해당하는 항목(주제)을 선택합니다.
· 여기에서 선택한 항목(주제)에 대한 문제가 시험에 출제됩니다.

Tip 자신이 선택할 항목을 미리 정하여 이 항목들을 중심으로 시험을 준비하는 것이 효과적입니다. Background Survey 항목 선택 전략(p.20)을 참고하세요.

### Self Assessment

Self Assessment
● 본 Self Assessment에 대한 응답을 기초로 개인 맞춤형 문항이 출제가 됩니다. 아래 여섯 단계의 샘플 답변을 들어보시고, 본인의 실력과 비슷한 수준을 선택하시기 바랍니다.

  ◉ 나는 10단어 이하의 단어로 말할 수 있습니다.

  ○ 나는 기본적인 물건, 색깔, 요일, 음식, 의류, 숫자 등을 말할수 있습니다. 나는 항상 완벽한 문장을 구사하지 못하고 간단한 질문도 하기 어렵습니다.

  ○ 나는 나 자신, 직장, 친한사람과 장소, 일상에 대한 기본적인 정보를 간단한 문장으로 전달할 수 있습니다. 간단한 질문도 할 수 있습니다.

  ○ 나는 나자신, 일/학교와 취미에 대해 간단한 대화를 할 수 있습니다. 나는 이 친근한 주제와 일상에 대해 쉽게 간단한 문장들을 만들 수 있습니다. 나는 또한 내가 원하는 질문도 할 수 있습니다.

  ○ 나는 친근한 주제와 가정, 일, 학교, 개인과 사회적 관심사에 대해 자신있게 대화할 수 있습니다. 나는 일어난 일과 일어나고 있는 일, 일어날 일에 대해 합리적으로 자신있게 말할 수 있습니다. 필요한 경우 설명도 할 수 있습니다. 일상 생활에서 예기치 못한 상황이 발생하더라도 임기응변으로 대처할 수 있습니다.

  ○ 나는 개인적, 사회적 또는 전문적 주제에 내 의견을 제시하여 토론할 수 있습니다. 나는 다양하고 어려운 주제에 대해 정확하고 다양한 어휘를 사용하여 자세히 설명할 수 있습니다.

  [NEXT]

#### 시험의 난이도 선택

· 본인의 말하기 능력과 비슷한 수준(난이도)을 선택하는 단계입니다. 샘플 오디오와 설명을 참고하여 선택한 난이도에 따라 OPIc 시험의 난이도가 결정됩니다.
· Self Assessment 시험 화면에서 맨 위의 항목부터 차례대로 1~6단계로, 6단계가 가장 어려운 난도입니다.

Tip 시험을 보러 가기 전에 자신이 선택할 난이도를 미리 정해둡니다. Self Assessment 난이도 선택 전략(p.23)을 참고하세요.

### Sample Question

Question 1 of 15

문항 진행
| 1 | 2 | 3 | 4 | 5 | 6 | 7 | 8 | 9 | 10 |

11 12 13 14 15

Click 'PLAY' button to Listen                    Next >

#### 문제를 듣고 답변하는 방법 안내

· 화면 구성, 문제 청취 방법, 답변 방법이 안내됩니다.
· 실전에 들어가기 전에 샘플 문제에 대한 짧은 답변을 해보며 워밍업을 할 수 있습니다.
· 샘플 문제에 대한 답변은 시험 성적에 영향을 주지 않습니다.

# ● 본 시험 (40분)

## 1st Session

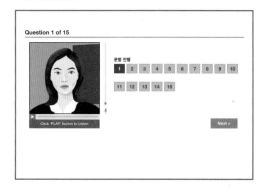

### 첫 번째 세션 (1~7번 문제)

· 7문제가 출제됩니다.
· 별도의 답변 준비 시간 없이 질문 청취가 끝나면 바로 답변 시간이 시작됩니다.
· 한 문제당 답변 제한 시간이 없으므로 총 40분의 시험 시간 내에 각 문제의 답변 시간을 스스로 조절하면 됩니다.

Tip 문제가 나온 후 5초 이내에 Replay 버튼을 누르면 문제를 한 번 더 들을 수 있습니다. 문제를 두 번 들어도 감점을 받지 않으므로 꼭 다시 들으면서 답변 준비 시간으로 활용하세요.

## 난이도 재조정

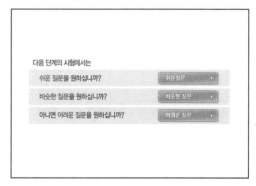

### 시험의 난이도 재조정

첫 번째 세션의 질문 난이도를 기준으로 쉬운 질문, 비슷한 질문, 어려운 질문 중 하나를 선택해 두 번째 세션의 난이도를 결정합니다.

Tip 난이도는 '비슷한 질문'으로 선택하도록 합니다.

## 2nd Session

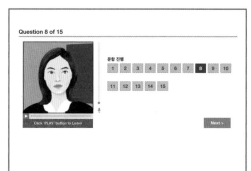

### 두 번째 세션 (8~12/15번 문제)

· 재조정된 난이도의 문제가 출제됩니다.
· 5문제 또는 8문제가 출제됩니다.
· 시험 방식은 첫 번째 세션과 동일합니다.

# OPIc 초보자를 위한 응시 전략

## ● Background Survey 항목 선택 전략 (최신 업데이트된 Background Survey 반영)

### 1. Background Survey에서 어떤 항목을 선택할지 미리 정해 놓습니다.

Background Survey에서 선택할 항목(신분, 거주지 및 12가지 선택 항목)을 OPIc 시험 준비를 시작할 때 미리 정해 놓으면, 그 항목을 중심으로 답변 준비를 할 수 있어 효과적입니다.

### 2. OPIc 응시생들이 많이 선택했던 항목을 선택합니다.

다른 응시생들이 많이 선택했던 항목에 대해서는 어떤 문제가 많이 출제되었는지 알 수 있습니다. 그 문제들을 중심으로 답변을 준비하면 시험장에서 실력을 발휘하기가 더 쉽습니다. **선택 항목 중 굵게 표시된 항목들은 본 교재에서 다루는 주제로, 많은 응시생들이 선택했던 것들이므로 이 중에서 선택하는 것이 효과적입니다.**

---

**1. 현재 귀하는 어느 분야에 종사하고 계십니까?**

- ○ 사업/회사
- ○ 재택근무/재택사업
- ○ 교사/교육자
- ○ 군 복무
- ○ 일 경험 없음

> 영어로 말할 자신이 있는 항목으로 선택합니다.
> OPIc에서는 신분에 대한 문제가 자주 출제됩니다. 출제 확률이 높은 만큼, 영어로 말할 자신이 있는 항목으로 선택하여 철저히 준비해 두는 것이 좋습니다. 학생인지를 묻는 문제에서도 마찬가지로, 학교 및 수업에 대한 질문에 자신이 있다면 선택하도록 합니다.

**[사업/회사, 재택근무/재택사업]을 선택했을 때 추가 질문**
1.1 현재 귀하는 직업이 있으십니까?　　○ 네　○ 아니오
**[네]를 선택했을 때 추가 질문**
1.1.1 귀하의 근무 기간은 얼마나 되십니까?
　　○ 첫 직장-2개월 미만　　○ 첫 직장-2개월 이상　　○ 첫 직장 아님-경험 많음
**[첫 직장-2개월 이상, 첫 직장 아님-경험 많음]을 선택했을 때 추가 질문**
1.1.1.1 귀하는 부하직원을 관리하는 관리직을 맡고 있습니까?
　　○ 네　　○ 아니오
**[교사/교육자]를 선택했을 때 추가 질문**
1.1 현재 귀하는 어디에서 학생을 가르치십니까?
　　○ 대학 이상　　○ 초등/중/고등학교　　○ 평생교육
1.1.1 현재 귀하는 직업이 있으십니까?　　○ 네　○ 아니오
**[네]를 선택했을 때 추가 질문**
1.1.1.1 귀하의 근무 기간은 얼마나 되십니까?
　　○ 2개월 미만-첫 직장　　○ 2개월 이상
　　○ 2개월 미만-교직은 처음이지만 이전에 다른 직업을 가진 적이 있음
　　**[2개월 이상]을 선택했을 때 추가 질문**
1.1.1.1.1 귀하는 부하직원을 관리하는 관리직을 맡고 있습니까?
　　○ 네　　○ 아니오

**2. 현재 귀하는 학생이십니까?**

- ○ 네
- ○ 아니오

**[네]를 선택했을 때 추가 질문**
2.1 현재 어떤 강의를 듣고 있습니까?
　　○ 학위 과정 수업　　○ 전문 기술 향상을 위한 평생 학습　　○ 어학 수업
**[아니오]를 선택했을 때 추가 질문**
2.2 최근 어떤 강의를 수강했습니까?
　　○ 학위 과정 수업　　○ 전문 기술 향상을 위한 평생 학습
　　○ 어학 수업　　○ 수강 후 5년 이상 지남

## 3. 현재 귀하는 어디에 살고 계십니까?

○ 개인 주택이나 아파트에 홀로 거주
○ 친구나 룸메이트와 함께 주택이나 아파트에 거주
○ 가족[배우자/자녀/기타 가족 일원]과 함께 주택이나 아파트에 거주
○ 학교 기숙사
○ 군대 막사

> **영어로 말할 자신이 있는 항목으로 선택합니다.**
> 거주지에 관한 문제도 OPIc 시험에서 **자주 출제되는** 문제 중 하나입니다. 좋아하는 방, 동네 및 이웃을 묻는 문제로 시험에 자주 나오므로 이를 염두에 두고 **영어로 답하기에 가장 자신 있는 항목으로 선택**합니다.

아래의 4~7번 문항에서 12개 이상을 선택해 주시기 바랍니다.

> **12개 항목만 선택합니다.**
> 12개 이상의 항목을 선택할 수 있지만, 선택한 항목 중 단 2~3개 주제에 대해서만 문제가 출제됩니다. 가능한 한 적은 수의 항목을 선택하면 준비해야 하는 범위가 좁아져 시험을 준비하기가 수월해집니다.

## 4. 귀하는 여가 활동으로 주로 무엇을 하십니까?(두 개 이상 선택)

☐ 영화 보기
☐ 클럽/나이트클럽 가기
☐ 공연 보기
☐ 콘서트 보기
☐ 박물관 가기
☐ **공원 가기**
☐ **캠핑하기**

☐ **해변 가기**
☐ 스포츠 관람
☐ 주거 개선
☐ 술집/바에 가기
☐ **카페/커피전문점에 가기**
☐ 게임하기(비디오, 카드, 보드, 휴대폰 등)

☐ 당구치기
☐ 체스하기
☐ **SNS에 글 올리기**
☐ 친구들과 문자 대화하기
☐ 시험 대비 과정 수강하기
☐ 뉴스를 보거나 듣기
☐ **TV 시청하기**
☐ 리얼리티 쇼 시청하기

☐ 요리 관련 프로그램 시청하기
☐ 차로 드라이브하기
☐ 스파/마사지숍 가기
☐ 구직활동하기
☐ 자원봉사 하기
☐ **쇼핑하기**

* 굵게 표시된 항목들은 본 교재에서 다루는 주제들입니다.

> **영어로 말하기 쉬운 항목을 선택합니다.**
> 자신에게 해당하는 항목보다는 **자신이 영어로 말하기 쉬운 항목을 선택**하는 것이 유리합니다.
> [예시] 영화 보기(○), 체스하기(×)
>
> **답변이 유사한 항목 위주로 선택합니다.**
> **답변이 유사한 항목을 위주로 선택**하면, 한 항목에 대한 답변으로 두세 항목을 준비할 수 있어 효과적입니다. 이후 선택 항목인 취미나 관심사, 운동, 휴가나 출장 등과의 관계도 고려해 유사한 항목을 선택하도록 합니다.
> [예시] ·TV 시청하기 – 리얼리티 쇼 시청하기
> ·캠핑하기 – 해변 가기 – 국내 여행 – 해외여행

## OPIc 초보자를 위한 응시 전략

**5. 귀하의 취미나 관심사는 무엇입니까?(한 개 이상 선택)**

☐ 아이에게 책 읽어주기    ☐ 혼자 노래 부르거나    ☐ 그림 그리기    ☐ 신문 읽기

☐ **음악 감상하기**      합창하기    ☐ **요리하기**    ☐ 여행 관련 잡지나 블로그 읽기

☐ 악기 연주하기    ☐ **춤추기**    ☐ 반려동물 기르기    ☐ 사진 촬영하기

☐ 독서    ☐ 글쓰기(편지, 단문, 시 등)    ☐ 주식 투자하기

> 영어로 말하기 쉬운 항목을 선택합니다.
> [예시] 음악 감상하기(○), 주식 투자하기(×)
>
> 답변이 유사한 항목 위주로 선택합니다.
> [예시] · 음악 감상하기 – 악기 연주하기

**6. 귀하는 주로 어떤 운동을 즐기십니까?(한 개 이상 선택)**

☐ 농구    ☐ 골프    ☐ 자전거    ☐ 하이킹/트레킹

☐ 야구/소프트볼    ☐ 배구    ☐ 스키/스노보드    ☐ 낚시

☐ **축구**    ☐ 테니스    ☐ 아이스 스케이트    ☐ 헬스

☐ 미식축구    ☐ 배드민턴    ☐ 조깅    ☐ 태권도

☐ 하키    ☐ 탁구    ☐ 걷기    ☐ 운동 수업 수강하기

☐ 크리켓    ☐ **수영**    ☐ 요가    ☐ 운동을 전혀 하지 않음

> 영어로 말하기 쉬운 항목을 선택합니다.
> [예시] 걷기(○), 크리켓(×)
>
> 답변이 유사한 항목 위주로 선택합니다.
> [예시] · 농구 – 야구 – 축구      · 수영 – 해변 가기
>
> 선택해도 해당 주제의 문제가 출제되지 않는 항목 위주로 선택합니다.
> [예시] 조깅, 걷기, 운동을 전혀 하지 않음

**7. 귀하는 어떤 휴가나 출장을 다녀온 경험이 있습니까?(한 개 이상 선택)**

☐ 국내 출장    ☐ 국내 여행    ☐ 집에서 보내는 휴가

☐ 해외 출장    ☐ 해외여행

---

### [12개 추천 항목] Background Survey 항목 선택 전략을 적용해 선별한 추천 항목!

☑ 영화 보기    ☑ 캠핑하기    ☑ 조깅

☑ 공연 보기    ☑ 해변 가기    ☑ 걷기

☑ 콘서트 보기    ☑ 음악 감상하기    ☑ 국내 여행

☑ 공원 가기    ☑ 수영    ☑ 해외여행

## Self Assessment 난이도 선택 전략

### 1. 자신의 말하기 수준과 비슷한 난이도를 선택합니다.

본인의 수준보다 현저히 높거나 낮은 단계를 선택할 경우 시험 결과에 좋지 않은 영향이 있을 수 있으므로 가능한 한 자신의 수준과 비슷한 난이도를 선택하는 것이 좋습니다.

### 2. 목표로 하는 등급을 고려하여 난이도를 선택합니다.

IL 등급은 난이도 3, IM 등급은 난이도 5를 선택하는 것을 권장합니다. IH 또는 AL 등급을 목표로 하는 경우, 난이도 1~6단계 중 5단계 또는 6단계 선택을 권장합니다.

높은 단계를 선택할수록,

∨ 문제의 난도가 높아집니다.

∨ 문제의 길이가 길어집니다. 한 문제가 여러 개의 질문으로 이루어집니다.

∨ 이슈를 묻는 문제가 출제될 확률이 높아집니다.

## 답변 연습 전략

### 1. 핵심 답변 패턴을 익혀 여러 답변에 활용하며 연습합니다.

다양한 문제에 보다 유창하게 답변할 수 있도록 이 교재에 수록된 핵심 답변 패턴을 익혀 나의 답변에 활용하여 연습합니다.

### 2. 문법이 틀리더라도 말이 계속 이어지도록 연습합니다.

OPIc에서 가장 중요하게 평가되는 것이 바로 말이 계속 이어지는지 여부입니다. 따라서 정확한 문법을 사용하는 데 연연하기보다는, 문법이 조금 틀리더라도 말을 쉬지 않고 이어갈 수 있도록 연습합니다.

### 3. OPIc 시험 화면을 보며 연습합니다.

OPIc 시험장에서 컴퓨터 화면을 보고 말하는 상황에 익숙하지 않아 말이 잘 나오지 않을 수 있습니다. 따라서 온라인 실전모의고사 프로그램의 [온라인 답변 말하기 프로그램]으로 화면을 보며 답변 연습을 하는 것이 좋습니다.

## 시험장 전략

### 1. 문제를 듣지 못한 경우

OPIc에서는 문제가 나온 후 5초 이내에 Replay 버튼을 눌러 문제를 다시 들을 수 있습니다. 만약 이때에도 문제를 잘 이해하지 못한 경우 [부록 1: 시험장 위기 상황 대처 표현]을 사용해 재치 있게 넘어가도록 합니다.

### 2. 무슨 말을 해야 할지 잘 떠오르지 않는 경우

당황하지 말고 [부록 1: 시험장 위기 상황 대처 표현]을 이용해 시간을 벌면서 아이디어를 떠올려 답변합니다.

### 3. 답변 중 'Time for a new question' 문구가 뜨는 경우

각 문제에 답변을 시작한 지 약 2분이 지나면 이 문구가 뜨지만, 이 문구가 뜬 이후 계속 답변해도 시험 결과에는 영향을 주지 않으므로 침착하게 답변합니다. 단, 총 시험 시간에는 40분의 시간제한이 있으므로 이를 고려하여 답변 시간을 배분합니다.

### 4. 제한 시간보다 일찍 모든 문제의 답변을 마치거나, 제한 시간 내에 모든 문제에 답변하지 못한 경우

40분보다 훨씬 일찍 답변을 마쳐도 원하는 등급을 받은 응시자가 많으므로 크게 염려하지 않아도 됩니다. 몇 문제에 답변하지 못한 경우도 마찬가지이므로 당황하지 말고 남은 문제에 침착하게 답변하세요.

# OPIc 문제 유형 미리보기

## 자기소개 (1문제)

· 자기소개 문제는 OPIc 시험에서 **항상 1번**으로 출제되는 문제입니다.
· 면접관에게 자신을 전반적으로 소개하는 문제입니다.

> Let's start the interview now. Tell me a little bit about yourself. 이제 인터뷰를 시작하겠습니다. 자신에 대해 간단히 이야기해 주세요.

## 설문 주제 (약 6~9문제 / 총 15문제)

설문 주제 문제는 Background Survey에서 자신이 선택한 항목들 중 일부에 대해 묻는 문제입니다.

### 1. 학생·직장 관련

· Background Survey의 **1~2번 질문(종사 분야, 학생 여부)**과 관련된 문제입니다.
· 설문 주제 중에서 **시험에 나올 확률이 가장 높은 주제**입니다.

> You indicated in the survey that you go to school. Please tell me about your school. Where is it? What does it look like? Give me as many details as possible. 배경 설문에서 당신은 학교에 다닌다고 했습니다. 당신의 학교에 대해 이야기해 주세요. 그것은 어디에 있나요? 어떻게 생겼나요? 되도록 상세한 내용을 많이 알려주세요.

### 2. 거주지 관련

· Background Survey의 **3번 질문(사는 곳)**과 관련된 문제입니다.
· 학생·직장 관련 주제와 마찬가지로 **시험에 나올 확률이 높습니다.**

> Tell me about your home. What does it look like? What rooms does it have? Please describe it in detail. 당신의 집에 대해 이야기해주세요. 어떻게 생겼나요? 어떤 방들이 있나요? 상세히 묘사해 주세요.

### 3. 그 외 설문 주제

· Background Survey의 **4~7번 질문(여가 활동, 취미나 관심사, 운동, 휴가나 출장)**과 관련된 문제입니다.
· 자신이 선택한 여러 항목들 중에서 약 2~3개 주제가 시험에 나옵니다.

> You indicated in the survey that you like to go to the movies. What is your favorite type of movie and why? Please provide as much detail as possible. 배경 설문에서 당신은 영화 보러 가는 것을 좋아한다고 했습니다. 가장 좋아하는 종류의 영화는 무엇이고 왜 그런가요? 되도록 상세한 내용을 많이 제시해 주세요.

## 돌발 주제 (약 3~5문제 / 총 15문제)

· 돌발 주제는 Background Survey의 선택 항목에 없는 주제들(재활용, 은행 등)입니다.
· Self Assessment에서 **높은 난이도를 선택할수록** 돌발 주제가 시험에 나올 확률이 높습니다.
· 난이도 5~6단계 선택 시, **평균적으로 한 주제씩 출제**되므로 반드시 준비해 두어야 합니다.
· 특히 **은행, 호텔, 재활용**에 관련된 문제가 자주 출제됩니다.

> How do the people in your country recycle? What items do they recycle? Tell me about the recycling system in your country in detail. 당신의 나라의 사람들은 어떻게 재활용을 하나요? 어떤 물건을 재활용하나요? 당신의 나라의 재활용 시스템에 대해 상세히 이야기해 주세요.

## 롤플레이 (약 2~3문제 / 총 15문제)

· 롤플레이는 **특정 상황에서 연기를 해야 하는 유형**으로, 설문 주제 또는 돌발 주제와 관련해 시험에 나옵니다.
· 롤플레이에는 **크게 6가지 유형**이 있습니다.

   1) 면접관에게 질문하기       2) 주어진 상황에서 직접 질문하기      3) 주어진 상황에서 전화로 질문하기

   4) 상황 설명하고 대안 제시하기     5) 상황 설명하고 부탁하기       6) 상황 설명하고 예매·약속하기

· 난이도 5~6단계 선택 시, **평균적으로 두 문제씩 출제**되므로 반드시 준비해 두어야 합니다.
· 연기를 하라고 요구하는 유형인 만큼, 상황에 맞게 적절히 감정을 실어서 답변하면 보다 자연스러운 답변을 할 수 있습니다.

> I moved into a new house recently. Ask me three or four questions about my house. 저는 최근에 새집으로 이사했습니다. 저희 집에 대해 제게 서너 가지 질문을 해보세요.

### Tip! OPIc 문제는 콤보 형태로 나와요

· 콤보 형태는 **한 주제에 대해서 문제 2~3개가 연속으로 출제되는 것**을 말합니다.
· 문제 2개가 연속으로 나오는 콤보, 문제 3개가 연속으로 나오는 3콤보 형태가 있습니다.
· Self Assessment에서 난이도 3~6단계를 선택하면, **자기소개하기 1문제, 2단 콤보 1개(2문제), 3단 콤보 4개(12문제)**가 출제되어 **총 15문제**가 시험에 나옵니다.

예시

| | |
|---|---|
| **문제 1 자기소개** | — 자기소개 |
| **문제 2 전공과 전공 선택 이유**<br>**문제 3 면접관이 다니는 대학교에 대해 질문하기** | `2콤보`<br>— 설문 주제 – 학생 |
| **문제 4 좋아하는 영화 장르와 이유**<br>**문제 5 영화 보기 전·후에 하는 일**<br>**문제 6 기억에 남는 영화** | `3콤보`<br>— 설문 주제 – 영화 보기 |
| **문제 13 한국의 전통 음식**<br>**문제 14 자주 가는 식당과 이유**<br>**문제 15 최근에 외식한 경험** | `3콤보`<br>— 돌발 주제 – 외식 |

# OPIc 필수 문법

| 음성 바로 듣기 |

<학교> 주제와 관련하여 '당신이 다니는 학교에 대해 이야기해 주세요'라는 문제에 답할 때, '저는 한국대학교에 다닙니다'라고 답할 수 있어요. 이를 영어로 표현하면 다음과 같아요.

I go to Hanguk University.

'주어가 (~에/~와) 하다'를 표현할 때는 위의 예문처럼 [주어 + 동사 + 전치사구/부사구]의 1형식 문장으로 말해요. 1형식 문장에서 자주 사용되는 동사에는 go(가다), live(살다), work(일하다), walk(걷다), happen(일어나다) 등이 있어요.

I go to Hanguk University. [1형식 문장]
주어 동사    전치사구

★ OPlc 문장 말해보기   🎧 필수 문법 Track 01

1. 저는 부모님과 삽니다.
🎤 I live with my parents.

2. 저희 아버지는 정부에서 일하십니다.
🎤 My father works for the government.

Quiz  괄호 안의 표현을 사용하여 다음의 우리말 문장을 영어로 말해보세요. 🎧

1. 제 아내는 외국어 강사로 일합니다. (as a foreign language instructor)

🎤 _____.

2. 저는 아파트에서 삽니다. (in an apartment)

🎤 _____.

3. 사람들이 강가를 따라 걷습니다. (along the riverside)

🎤 _____.

4. 그것은 2년 전에 일어났습니다. (two years ago)

🎤 _____.

[Answer] 1. My wife works as a foreign language instructor   2. I live in an apartment   3. People walk along the riverside   4. It happened two years ago

<사는 곳> 주제와 관련하여 '당신의 방에 대해 이야기해 주세요'라는 문제에 답할 때, '제 방은 큽니다'라고 답할 수 있어요. 이를 영어로 표현하면 다음과 같아요.

My room is large.

'주어는 (어떠)하다/(무엇)이다'를 표현할 때는 위의 예문처럼 [주어 + 동사 + 주격 보어]의 2형식 문장으로 말해요. 2형식 문장에서 자주 사용되는 동사에는 be(~하다/~이다), become(~이 되다), feel(~라고 느끼다) 등이 있어요.

My room is large. [2형식 문장]
주어    동사 주격보어

★ OPIc 문장 말해보기  🎧 필수 문법 Track 02

1. 제 일은 재미있습니다.
🎤 My work is interesting.

2. 그 공원은 붐볐습니다.
🎤 The park was crowded.

---

**Quiz** 괄호 안의 표현을 사용하여 다음의 우리말 문장을 영어로 말해보세요. 🎧

1. 저희 동네는 따분합니다. (my neighborhood, boring)
🎤 _____.

2. 영화를 보는 동안, 저는 슬펐습니다. (I, sad)
🎤 While watching the movie, _____.

3. 저는 불편해졌습니다. (I, uncomfortable)
🎤 _____.

4. 저는 약간 긴장했습니다. (I, a little nervous)
🎤 _____.

[Answer]  1. My neighborhood is boring   2. I was/felt sad   3. I became uncomfortable   4. I was/felt a little nervous

<영화 보기> 주제와 관련하여 '좋아하는 영화 장르는 무엇인가요?'라는 문제에 답할 때, '저는 공포 영화를 좋아합니다'라고 답할 수 있어요. 이를 영어로 표현하면 다음과 같아요.

I like horror films.

'주어가 ~을 -하다'를 표현할 때는 위의 예문처럼 [주어+동사+목적어]의 3형식 문장으로 말해요. 3형식 문장에서 자주 사용되는 동사에는 have(~을 가지다), like(~을 좋아하다), play((운동)을 하다/(악기)를 연주하다), watch(~을 보다), use(~을 사용하다), discuss(~을 논의하다) 등이 있어요.

I like horror films. [3형식 문장]
주어 동사   목적어

★ OPIc 문장 말해보기   🎧 필수 문법 Track 03

1. 그녀는 아름다운 목소리를 가지고 있습니다.
🎤 She has a beautiful voice.

2. 저는 코미디 영화를 봅니다.
🎤 I watch comedies.

**Quiz** 괄호 안의 표현을 사용하여 다음의 우리말 문장을 영어로 말해보세요. 🎧

1. 저는 제 친구들과 농구를 합니다. (basketball, with my friends)
🎤 _____.

2. 저는 데스크톱 컴퓨터를 가지고 있습니다. (a desktop computer)
🎤 _____.

3. 저는 바닥을 쓸기 위해서 빗자루를 사용합니다. (a broom, to sweep the floor)
🎤 _____.

4. 저는 클래식 음악을 좋아합니다. (classical music)
🎤 _____.

[Answer] 1. I play basketball with my friends   2. I have a desktop computer   3. I use a broom to sweep the floor   4. I like classical music

<축구> 주제와 관련하여 '누가 축구하는 법을 알려주었나요?'라는 문제에 답할 때, '선생님께서 저희에게 규칙을 가르쳐 주셨어요'라고 답할 수 있어요. 이를 영어로 표현하면 다음과 같아요.

Our teacher taught us the rules.

'주어가 ~에게 …을 −하다'를 표현할 때는 위의 예문처럼 [주어＋동사＋간접목적어＋직접목적어]의 4형식 문장으로 말해요. 4형식 문장에서 자주 사용되는 동사에는 give(~에게 …을 주다), buy(~에게 …을 사주다), show(~에게 …을 보여주다), teach(~에게 …을 가르쳐 주다) 등이 있어요.

Our teacher taught us the rules. [4형식 문장]
주어　　　동사　간접목적어 직접목적어

★OPIc 문장 말해보기 　필수 문법 Track 04

1. 제 상사가 제게 특별 업무를 주었습니다.
My boss gave me a special assignment.

2. 저희 부모님께서 제게 컴퓨터를 사 주셨습니다.
My parents bought me a computer.

**Quiz** 괄호 안의 표현을 사용하여 다음의 우리말 문장을 영어로 말해보세요.

1. 그가 우리에게 축구하는 법을 보여주었습니다. (how to play soccer)

　_____.

2. 저는 저희 가족에게 선물을 사 주었습니다. (my family, some gifts)

　_____.

3. 저희 형이 제게 인터넷 사용 방법을 가르쳐 주었습니다. (my brother, how to use the Internet)

　_____.

4. 제 친구가 제게 전화했습니다. (my friend, a phone call)

　_____.

[Answer] 1. He showed us how to play soccer　2. I bought my family some gifts　3. My brother taught me how to use the Internet　4. My friend gave me a phone call

<수영> 주제와 관련하여 '수영의 장점은 무엇인가요?'라는 문제에 답할 때, '수영은 제가 건강을 유지하도록 도와줍니다'라고 답할 수 있어요. 이를 영어로 표현하면 다음과 같아요.

Swimming helps me stay fit.

'주어가 ~을(~이) -하도록(-하는 것을) ···하다'를 표현할 때는 위의 예문처럼 [주어+동사+목적어+목적격 보어]의 5형식 문장으로 말해요. 5형식 문장에서 자주 사용되는 동사에는 make(~을 -하게 만들다), help(~이 -하도록 돕다), see(~이 -하는 것을 보다/알다) 등이 있어요.

Swimming helps me stay fit. [5형식 문장]
　　주어　　　동사　목적어 목적격 보어

★ OPIc 문장 말해보기　🎧 필수 문법 Track 05

　　1. 선생님은 제가 에세이를 다시 쓰게 만들었습니다.
　　🎤 The teacher made me rewrite the essay.

　　2. 저는 그 방을 하얀색으로 칠했습니다.
　　🎤 I painted the room white.

---

**Quiz** 괄호 안의 표현을 사용하여 다음의 우리말 문장을 영어로 말해보세요. 🎧

1. 저는 어머니께서 요리하시는 것을 도와드렸습니다. (my mother, cook)
　🎤 _____.

2. 치과에 가는 것은 저를 긴장하게 만듭니다. (going to the dentist, feel nervous)
　🎤 _____.

3. 주방장이 수프를 맛있게 만들었습니다. (the soup, delicious)
　🎤 _____.

4. 그는 자신의 팀이 결승전에서 우승하도록 도왔습니다. (his team, win the championship)
　🎤 _____.

[Answer] 1. I helped my mother cook　2. Going to the dentist makes me feel nervous　3. The chef made the soup delicious　4. He helped his team win the championship

# 어디에 무엇이 있는지 말하기

<사는 곳> 주제와 관련하여 '당신의 집에 대해 묘사해 주세요'라는 문제에 답할 때, '저희 집에는 침실이 있어요'라고 답할 수 있어요. 이를 영어로 표현하면 다음과 같아요.

**There is a bedroom** in my home.

'~이(가) 있다'를 표현할 때는 위의 예문처럼 [There + be동사 + 명사]의 형태로 말해요. 이때 명사가 단수이면 There is를, 복수이면 There are를 써요. 특히 복수 명사 앞에서 There is를 사용하지 않도록 주의합니다.

There is a bedroom in my home.
　　　　　　단수 명사

~~There is~~ three bedrooms in my home.
There are
→ 복수 명사(three bedrooms) 앞에서는 There are를 사용해야 해요.

★ OPIc 문장 말해보기　🎧 필수 문법 Track 06

1. 저희 사무실에는 복사기가 있습니다.
🎤 There is a photocopier in my office.

2. 공원에는 많은 벤치가 있습니다.
🎤 There are many benches in the park.

---

**Quiz**　괄호 안의 표현을 사용하여 파란색으로 된 우리말을 영어로 바꾸어 문장을 말해보세요. 🎧

1. 학교에는 도서관이 있습니다. (a library)
🎤 _____ on the campus.

2. 저희 동네에는 많은 아파트 건물이 있습니다. (many apartment buildings)
🎤 _____ in my neighborhood.

3. 공원에는 나무들과 꽃들이 많이 있습니다. (many trees and flowers)
🎤 _____ in the park.

4. 관광명소들이 많습니다. (a lot of tourist attractions)
🎤 _____.

[Answer] 1. There is a library　2. There are many apartment buildings　3. There are many trees and flowers　4. There are a lot of tourist attractions

**it으로 긴 주어 짧게 말하기** It-to 구문

<요리하기> 주제와 관련하여 '그 음식을 요리하기 좋아하는 이유가 무엇인가요?'라는 문제에 답할 때, '재료를 구하는 것이 쉽습니다'라고 답할 수 있어요. 이를 영어로 표현하면 다음과 같아요.

**It is easy** to get the ingredients.

'재료를 구하는 것'과 같이 주어의 길이가 길 때는 위의 예문처럼 주어를 맨 뒤로 보내고 대신 주어 자리에 it을 넣어 말해요. 길이가 긴 주어로는 위 예문의 to get ~처럼 [to+동사원형] 형태가 자주 사용됩니다.

It is easy to get the ingredients.
it ㅤㅤㅤㅤㅤ to + 동사원형

★ OPIc 문장 말해보기 🎧 필수 문법 Track 07

1. 그들과 축구하는 것은 재미있습니다.
🎤 It is fun to play soccer with them.

2. 매일 운동하는 것은 중요합니다.
🎤 It is important to exercise everyday.

**Quiz** 괄호 안의 표현을 사용하여 파란색으로 된 우리말을 영어로 바꾸어 문장을 말해보세요. 🎧

1. 저희 사무실은 조용해서, 점심시간에 휴식을 취하기가 쉽습니다. (easy, rest)
🎤 My office is quiet, so _____ during my lunch break.

2. 신입사원들을 위한 오리엔테이션 세미나를 하는 것은 제 업무입니다. (my job, conduct orientation seminars)
🎤 _____ for new employees.

3. 부상을 막기 위해서는 알맞은 종류의 신발을 신는 것이 중요합니다. (important, wear)
🎤 _____ the right type of shoes to prevent injuries.

4. 우리가 일을 할 때는 함께 시간을 보내는 것이 어렵습니다. (difficult, spend time together)
🎤 _____ when we are working.

[Answer] 1. it is easy to rest  2. It is my job to conduct orientation seminars  3. It is important to wear
4. It is difficult to spend time together

# 현재 습관 말하기

<해변·캠핑 가기> 주제와 관련하여 '당신은 언제 캠핑을 하나요?'라는 문제에 답할 때, '저는 휴일마다 캠핑을 합니다'라고 답할 수 있어요. 이를 영어로 표현하면 다음과 같아요.

### I go camping on holidays.

현재의 습관, 규칙적으로 하는 일, 반복적인 일 등을 표현할 때는 위의 예문처럼 동사의 현재형(동사원형 또는 '동사+(e)s')을 사용한 현재 시제로 말해요. 특히 주어가 he, she, it과 같은 3인칭 단수일 때는 동사원형을 사용하지 않도록 주의하세요.

I go camping on holidays.

She ~~go~~ camping on holidays. (X)
　　goes
→ 3인칭 단수 주어(She) 뒤에서는 goes(동사+es)를 사용해야 해요.

★OPIc 문장 말해보기　🎧 필수 문법 Track 08

　1. 저는 매일 집안일을 합니다.

🎤 I do my chores every day.

　2. 그녀는 노래를 부르며 기타를 연주합니다.

🎤 She plays the guitar while singing.

---

**Quiz**　괄호 안의 표현을 사용하여 파란색으로 된 우리말을 영어로 바꾸어 문장을 말해보세요. 🎧

1. 저는 영화 보기 전에 주로 팝콘과 탄산음료를 삽니다. (buy)

　🎤 I usually ＿＿＿＿＿＿＿ popcorn and a soda before seeing a movie.

2. 그녀는 직접 곡을 씁니다. (write)

　🎤 She ＿＿＿＿＿＿＿ her own songs.

3. 저희는 주로 집에서 함께 저녁을 준비합니다. (prepare)

　🎤 We usually ＿＿＿＿＿＿＿ dinner together at home.

4. 저는 일 년에 한두 번 연극을 보러 갑니다. (go)

　🎤 I ＿＿＿＿＿＿＿ to plays once or twice a year.

[Answer] 1. buy　2. writes　3. prepare　4. go

<사는 곳> 주제와 관련하여 '당신은 최근 집에 어떤 변화를 줬나요?'라는 문제에 답할 때, '저는 지난달에 새 소파를 구입했습니다'라고 답할 수 있어요. 이를 영어로 표현하면 다음과 같아요.

I purchased a new couch last month.

과거 특정 시점에 있었던 일을 표현할 때는 위의 예문처럼 동사의 과거형('동사+(e)d' 또는 불규칙 동사의 과거형)을 사용해 과거 시제로 말해요.

I purchased a new couch last month.
　　동사 + ed

과거 시제로 말할 때는 동사의 현재형을 사용하지 않도록 주의합니다.

I purchase a new couch last month. (X)
현재형을 사용하여 틀림

\* 반드시 알아 두어야 할 불규칙 동사의 현재 – 과거

| do (하다) – did | teach (가르치다) – taught | feel (느끼다) – felt | am/is (~이다) – was |
|---|---|---|---|
| have (가지다) – had | buy (사다) – bought | go (가다) – went | are (~이다) – were |

★ OPIc 문장 말해보기   🎧 필수 문법 Track 09

1. 그 경기는 올림픽 경기장에서 열렸습니다.

🎤 The match was at the Olympic Stadium.

2. 저는 그 모든 경험을 즐겼습니다.

🎤 I enjoyed the whole experience.

**Quiz**   괄호 안의 표현을 사용하여 파란색으로 된 우리말을 영어로 바꾸어 문장을 말해보세요. 🎧

1. 수업에 참석한 모두가 그의 강연을 즐겼습니다. (enjoy)

🎤 Everyone in the class _____ his lecture.

2. 이 수업에서, 저는 소비자 동향에 관한 프로젝트를 했습니다. (do)

🎤 In this class, I _____ a project about consumer trends.

3. 지난달에 저는 해변에 갔습니다. (go)

🎤 I _____ to a beach last month.

4. 나탈리 포트먼이 주연을 맡았습니다. (have)

🎤 Natalie Portman _____ the leading role.

[Answer] 1. enjoyed   2. did   3. went   4. had

<집안일 거들기> 주제와 관련하여 '당신은 어떤 종류의 집안일을 하나요?'라는 문제에 답할 때, '저는 집에서 설거지를 해야 합니다'라고 답할 수 있어요. 이를 영어로 표현하면 다음과 같아요.

I have to wash **the dishes at home.**

'~해야 하다'를 표현할 때는 위의 예문처럼 'have to/should + 동사원형'을 사용해서 말해요. 어떤 일을 해야 하는 의무를 나타낼 때는 have to를, 어떤 일을 하는 것이 더 좋겠다는 충고를 나타낼 때는 should를 써요.

I have to wash **the dishes at home.**
　　have to + 동사원형

★ OPIc 문장 말해보기 　🎧 필수 문법 Track 10

1. 저는 앞으로 나아가기 위해 열심히 발차기를 해야 합니다.

🎤 I have to kick **hard to go forward.**

2. 당신은 가끔 휴식을 취해야 합니다.

🎤 You should take **occasional breaks.**

---

**Quiz** 괄호 안의 표현을 사용하여 파란색으로 된 우리말을 영어로 바꾸어 문장을 말해보세요. 🎧

1. 우리는 정장을 입어야 합니다. (have to, dress)

🎤 We ＿＿＿＿＿＿＿＿＿＿ in formal business attire.

2. 집에 있을 때, 저는 제 방을 청소해야 합니다. (have to, clean)

🎤 When I am at home, I ＿＿＿＿＿＿＿＿＿＿ my room.

3. 운동할 때, 당신은 물을 많이 마셔야 합니다. (should, drink)

🎤 When you exercise, you ＿＿＿＿＿＿＿＿＿＿ lots of water.

4. 건강해지려면, 사람들은 충분한 운동을 해야 합니다. (should, get)

🎤 To be healthy, people ＿＿＿＿＿＿＿＿＿＿ enough exercise.

[Answer] 1. have to dress　2. have to clean　3. should drink　4. should get

<집에서 보내는 휴가> 주제와 관련하여 '휴가 기간에 집에 있는 것을 좋아하는 이유가 무엇인가요?'라는 문제에 답할 때, '저는 집에서 쉴 수 있습니다'라고 답할 수 있어요. 이를 영어로 표현하면 다음과 같아요.

I can relax at home.

'~할 수 있다'와 같이 어떤 일을 할 수 있는 능력이나 어떤 일이 일어날 가능성을 표현할 때는 위의 예문처럼 'can + 동사원형'을 사용해 말해요. 과거에 대해 말할 때는 can 대신 could를 사용합니다.

I can relax at home.
   can + 동사원형

I could relax at home last weekend.  저는 지난 주말에 집에서 쉴 수 있었습니다.
   could + 동사원형

★ OPIc 문장 말해보기  🎧 필수 문법 Track 11

1. 저는 제 방에서 쉽게 집중할 수 있습니다.

🎤 I can concentrate easily in my room.

2. 지난주에, 저는 집안일을 할 수 없었습니다.

🎤 Last week, I couldn't do my chores.

---

**Quiz** 괄호 안의 표현을 사용하여 파란색으로 된 우리말을 영어로 바꾸어 문장을 말해보세요. 🎧

1. 그녀는 다양한 캐릭터를 연기할 수 있습니다. (play)

🎤 She _____ many different characters.

2. 제 방은 매우 넓어서 방 안에 많은 것을 들여놓을 수 있습니다. (keep)

🎤 My room is very large, so I _____ many things in it.

3. 저는 제가 만날 사람들과 연락할 수 있도록 핸드폰을 챙깁니다. (contact)

🎤 I pack a cell phone so that I _____ the people I will meet.

4. 저는 제 훈련 일정을 변경해 줄 수 있는지 물어보았습니다. (reschedule)

🎤 I asked if I _____ my training session.

[Answer] 1. can play  2. can keep  3. can contact  4. could reschedule

<국내·해외여행> 주제와 관련하여 '여행 가기 좋아하는 장소가 어디인가요?'라는 문제에 답할 때, '저는 해외로 여행 가는 것을 좋아합니다'라고 답할 수 있어요. 이를 영어로 표현하면 다음과 같아요.

**I enjoy travelling abroad.**

'–하는 것을 ~하다'를 표현할 때는 위의 예문처럼 동사 다음에 동명사(동사 + -ing)를 사용하거나 to 부정사(to + 동사원형)를 사용해 말해요. 이때 아래와 같이 어떤 동사는 동명사를, 어떤 동사는 to 부정사를 사용합니다.

| to 부정사를<br>사용하는 동사 | want to 부정사 –하는 것을 원하다, –하고 싶다<br>hope to 부정사 –하는 것을 희망하다 | need to 부정사 –할 필요가 있다, –해야 한다<br>decide to 부정사 –하기로 결정하다 |
|---|---|---|
| 동명사를<br>사용하는 동사 | enjoy -ing –하는 것을 즐기다<br>mind -ing –하는 것을 꺼리다 | finish -ing –하는 것을 끝내다<br>quit -ing –하는 것을 그만두다 |
| 둘 다<br>사용하는 동사 | like to 부정사/-ing –하는 것을 좋아하다<br>love to 부정사/-ing –하는 것을 매우 좋아하다 | prefer to 부정사/-ing –하는 것을 선호하다<br>start to 부정사/-ing –하는 것을 시작하다 |

★OPIc 문장 말해보기 🎧필수 문법 Track 12

1. 제 친구들은 저희 집에 오는 것을 좋아합니다.

🎤 My friends like to come to my house.

2. 저는 미래에 법률 사무소에서 일하고 싶습니다.

🎤 I want to work for a law firm in the future.

**Quiz** 괄호 안의 표현을 사용하여 파란색으로 된 우리말을 영어로 바꾸어 문장을 말해보세요. 🎧

1. 저는 평점을 높이기 위해 열심히 공부해야 합니다. (need, study)

🎤 I _____ hard to improve my GPA.

2. 제게 제품 샘플을 하나 주시면 안 될까요? (mind, give)

🎤 Would you _____ me a sample product?

3. 결코 붐비는 일이 없기 때문에 저는 ABC 극장에 가는 것을 선호합니다. (prefer, go)

🎤 I _____ to the ABC theater because it's never crowded.

4. 저는 10살이었을 때 요리를 시작했습니다. (start, cook)

🎤 I _____ when I was 10 years old.

[Answer] 1. need to study   2. mind giving   3. prefer to go/going   4. started cooking/to cook

<영화 보기> 주제와 관련하여 '당신은 어떤 종류의 영화를 좋아하나요?'라는 문제에 답할 때, '저는 로맨스 영화를 가장 좋아합니다'라고 답할 수 있어요. 이를 영어로 표현하면 다음과 같아요.

**I like romance films the best.**

'가장 ~한'을 표현할 때는 위의 예문처럼 최상급('the + 형용사/부사 + -est' 또는 불규칙 변화형)을 사용해서 말해요. 그리고 '더 ~한'을 표현할 때는 비교급('형용사/부사 + -er' 또는 불규칙 변화형)을 사용해요. 이때 2음절 이상의 긴 단어는 -er, -est를 붙이는 대신, 단어 앞에 more(더 ~한) 또는 the most(가장 ~한)를 붙입니다.

\* 반드시 알아 두어야 할 불규칙 변화(원급 – 비교급 – 최상급)

| | |
|---|---|
| good (좋은) – better – the best | many (많은) – more – the most |
| bad (나쁜) – worse – the worst | little (적은) – less – the least |

★ OPIc 문장 말해보기 🎧 필수 문법 Track 13

1. 그것은 이제까지 가장 즐거운 휴가였습니다.
🎤 It was the most enjoyable vacation ever.

2. 그것은 방을 더 환하게 만들었습니다.
🎤 It made the room brighter.

**Quiz** 괄호 안의 표현을 사용하여 파란색으로 된 우리말을 영어로 바꾸어 문장을 말해보세요. 🎧

1. 저는 많은 배우들을 좋아하지만, 나탈리 포트먼을 가장 좋아합니다. (good)
   🎤 I like many actors, but I like Natalie Portman _____.

2. 매 여름이 그전 여름보다 더 덥습니다. (hot)
   🎤 Every summer is _____ than the last one.

3. 이 노래를 듣는 것이 제 기분을 더 좋아지게 했습니다. (good)
   🎤 Listening to this song made me feel _____.

4. 제게 가장 기억에 남는 행사는 학교 축제였습니다. (memorable)
   🎤 _____ event for me was the campus festival.

[Answer] 1. the best   2. hotter   3. better   4. The most memorable

# 시간 표현하기

<수영> 주제와 관련하여 '당신은 언제 수영을 하나요?'라는 문제에 답할 때, '저는 주말마다 수영을 합니다'라고 답할 수 있어요. 이를 영어로 표현하면 다음과 같아요.

**I go swimming** on weekends.

'~(때)에' 또는 '(언제)까지' 등의 시간을 표현할 때는 위의 예문처럼 전치사를 사용해서 말해요. 시간을 나타내는 전치사에는 at, on, in, during, for 등이 있고, 아래와 같이 사용됩니다.

| at (~에) | at 6 o'clock 6시 정각에 | at lunch 점심에 | at night 밤에 |
|---|---|---|---|
| on (~에) | on Saturday 토요일에 | on Mondays 월요일마다 | on weekends 주말에, 주말마다 |
| in (~에) | in 1984 1984년에<br>in the future 미래에 | in March 3월에<br>in the morning/afternoon/evening 아침에 / 오후에 / 저녁에 | in spring 봄에 |
| during (~ 동안) | during the holidays 휴가 동안 | during the trip 여행하는 동안 | |
| for (~ 동안) | for three days 사흘 동안 | for two years 2년 동안 | |

**Tip!** during과 for는 모두 '~ 동안'으로 해석되지만, during은 휴가나 방학과 같이 특정 기간을 나타내는 표현 앞에, for는 며칠이나 몇 년과 같이 기간을 나타내는 숫자 앞에 옵니다.

★ OPIc 문장 말해보기    필수 문법 Track 14

1. 밤에, 저는 에어컨을 틀어야 합니다.

🎙 At night, I have to turn on the air conditioner.

2. 저희 회사는 1984년에 설립되었습니다.

🎙 My company was established in 1984.

---

**Quiz** 괄호 안의 표현을 사용하여 파란색으로 된 우리말을 영어로 바꾸어 문장을 말해보세요. 🎧

1. 저는 미래에 은행에서 일하고 싶습니다. (the future)

   🎙 I want to work for a bank _____.

2. 저는 코스모 전자에서 2년 동안 근무했습니다. (two years)

   🎙 I have worked at Kosmo Electronics _____.

3. 저는 토요일 오후마다 볶음밥을 요리하는 것을 좋아합니다. (Saturday afternoons)

   🎙 I like to make fried rice _____.

4. 저는 여행하는 동안 사진을 많이 찍었습니다. (the trip)

   🎙 I took a lot of pictures _____.

[Answer]  1. in the future    2. for two years    3. on Saturday afternoons    4. during the trip

<자전거 타기> 주제와 관련하여 '당신은 어디에서 자전거를 타나요?'라는 문제에 답할 때, '저는 주로 공원에서 자전거를 탑니다'라고 답할 수 있어요. 이를 영어로 표현하면 다음과 같아요.

**I usually ride my bike** in the park.

'(장소)에' 또는 '~에서' 등의 장소를 표현할 때는 위의 예문처럼 전치사를 사용해서 말해요. 장소를 나타내는 전치사에는 at, on, in 등이 있고, 아래와 같이 사용됩니다.

| at (~에/에서) | at school 학교에 | at home 집에 | at the theater 극장에 |
| | at work 회사에 | at the airport 공항에 | at a concert 콘서트에 |
| on (~ 위에) | on the subway/bus 지하철에/버스에 | on the campus 학교에 | on the left/right 왼쪽에/오른쪽에 |
| in (~ 안에) | in the room 방 안에 | in the park 공원에 | in Seoul 서울에 |
| | in my classroom 교실 안에 | in the neighborhood 동네에 | in Seocho 서초동에 |

★OPIc 문장 말해보기 🎧 필수 문법 Track 15

1. 예술의 전당은 서초동에 있습니다.

🎤 The Seoul Art Center is in Seocho.

2. 저는 회사에서 컴퓨터를 사용합니다.

🎤 I use a computer at work.

**Quiz** 괄호 안의 표현을 사용하여 파란색으로 된 우리말을 영어로 바꾸어 문장을 말해보세요. 🎧

1. 학교에는 많은 건물들이 있습니다. (the campus)

🎤 There are many buildings _____.

2. 방 안에는 침대, 책상, 그리고 옷장이 있습니다. (the room)

🎤 I have a bed, a bookshelf, and a closet _____.

3. 저희는 주로 집에서 함께 저녁 식사를 준비합니다. (home)

🎤 We usually prepare dinner together _____.

4. 저는 주로 지하철에서 음악을 듣습니다. (the subway)

🎤 I usually listen to music _____.

[Answer] 1. on the campus 2. in the room 3. at home 4. on the subway

# 이유 · 시간 · 조건 말하기

<음악 감상하기> 주제와 관련하여 '그 음악을 좋아하는 이유가 무엇인가요?'라는 문제에 답할 때, '마음을 편안하게 해주기 때문에 그 노래가 가장 좋습니다'라고 답할 수 있어요. 이를 영어로 표현하면 다음과 같아요.

**The song is my favorite** because it is very relaxing.

'~이기 때문에'를 표현할 때는 위의 예문처럼 부사절 접속사 because를 사용해요. 부사절 접속사에는 이유를 나타내는 because(~이기 때문에) 외에, 시간을 나타내는 when(~할 때), before(~ 전에), after(~ 후에), 그리고 상황을 가정하는 if(만약 ~라면)가 있어요.

If there is enough time, **I visit the shopping district.** 충분한 시간이 있다면, 저는 상점가를 방문합니다.

Before I leave, **I charge my cellphone.** 떠나기 전에, 저는 휴대전화를 충전합니다.

## ★OPIc 문장 말해보기 🎧 필수 문법 Track 16

1. 저녁 식사 후에, 모두가 휴식을 취합니다.
🎤 After dinner, **everyone relaxes.**

2. 할 일이 아무것도 없다면, 저는 잠시 낮잠을 자는 것을 좋아합니다.
🎤 If there's nothing to do, **I like to take a short nap.**

---

## Quiz  괄호 안의 표현을 사용하여 파란색으로 된 우리말을 영어로 바꾸어 문장을 말해보세요. 🎧

1. 제가 신상품을 출시했기 때문에 기억에 남습니다.  (I, launch, a new product)
   🎤 It was memorable _____.

2. 만약 주변에 다른 사람들이 있으면 저는 쉽게 주의가 산만해집니다.  (other people, around)
   🎤 I get distracted easily _____.

3. 저는 공포 영화를 볼 때, 비명을 크게 자주 지릅니다.  (I, watch, a horror movie)
   🎤 _____, I scream loudly and often.

4. 요리하기 전에, 저는 주로 재료를 준비합니다.  (I, cook)
   🎤 _____, I usually prepare the ingredients.

[Answer]  1. because I launched a new product   2. if other people are around   3. When I watch a horror movie   4. Before I cook

## 17 that과 if 이용해 말하기 — 명사절 접속사

<수영> 주제와 관련하여 '수영의 장점은 무엇인가요?'라는 문제에 답할 때, '수영의 장점은 모든 근육을 사용한다는 것입니다'라고 답할 수 있어요. 이를 영어로 표현하면 다음과 같아요.

**The advantage of swimming is** that it uses every muscle.

'~가 −하는 것'을 표현할 때는 위의 예문처럼 명사절 접속사 that을 사용해요. 자주 사용되는 명사절 접속사에는 that(~하는 것), if(~인지 아닌지) 등이 있어요.

**The problem was** that I forgot my password.  문제는 제가 비밀번호를 잊어버렸다는 것입니다.

**I asked him** if there is a discount for students.  저는 그에게 학생을 위한 할인이 있는지 물어보았습니다.

★ OPIc 문장 말해보기  🎧 필수 문법 Track 17

1. 갑자기 저는 가족들이 보이지 않는다는 것을 알게 되었습니다.
🎙 **Suddenly I realized** that I couldn't see my family.

2. 제가 아직 장학금을 신청할 수 있는지 아시나요?
🎙 **Do you know** if I can still apply for the scholarship?

---

**Quiz** 괄호 안의 표현을 사용하여 파란색으로 된 우리말을 영어로 바꾸어 문장을 말해보세요. 🎧

1. 문제는 제가 면을 너무 오래 삶았다는 것이었습니다. (I, overcook, the noodles)
🎙 The problem was _____.

2. 저는 항공사 직원에게 제 항공편 일정을 변경해 줄 수 있는지 물어보았습니다. (they, could reschedule, my flight)
🎙 I asked the airline staff _____.

3. TV 프로그램 구성에서 가장 큰 변화는 이제 리얼리티 프로그램이 많이 있다는 것입니다. (there, are, a lot of reality shows)
🎙 The biggest change in TV programming is _____ now.

4. 교수님께서 우리가 특별 손님을 맞이하게 될 것을 알려주셨습니다. (we, would have, a special guest)
🎙 My professor announced _____.

[Answer]  1. that I overcooked the noodles    2. if they could reschedule my flight    3. that there are a lot of reality shows    4. that we would have a special guest

# 사람·사물 부연 설명하기

관계대명사

<요리하기> 주제와 관련하여 '누가 요리를 처음 가르쳐 주었나요?'라는 문제에 답할 때 '엄마는 제게 요리를 가르쳐준 사람입니다'라고 답할 수 있어요. 이를 영어로 표현하면 다음과 같아요.

**My mom is the person** who taught me to cook.

'~가/~를 −하는 명사'를 표현할 때는 위의 예문처럼 관계대명사를 사용해요. 자주 사용되는 관계대명사에는 who, which, that이 있어요. who는 사람 명사 다음에, which는 사물 명사 다음에 사용되고, that은 사람 및 사물 명사 다음에 모두 사용될 수 있어요.

**My mom is <u>the person</u>** who(that) taught me to cook. 엄마는 제게 요리를 가르쳐준 사람입니다.
　　　　　　　　　사람 명사

**The story is about <u>a large ship</u>** which(that) sank in the ocean. 그 이야기는 바다에 침몰한 큰 배에 관한 것입니다.
　　　　　　　　　　　사물 명사

★OPIc 문장 말해보기 　🎧필수 문법 Track 18

1. 저는 물에 빠진 아이를 구했습니다.
🎤 **I saved** a child who was drowning.

2. 저는 교육적인 책을 읽는 것을 즐깁니다.
🎤 **I enjoy reading** books that are educational.

---

**Quiz** 괄호 안의 표현을 사용하여 파란색으로 된 우리말을 영어로 바꾸어 문장을 말해보세요. 🎧

1. 저는 출장 갈 때, 제가 필요로 할 서류들을 가져갑니다. (the documents, need)
🎤 When I go on a business trip, I bring _____.

2. 여행하는 동안 저는 그곳에 사는 친구를 만났습니다. (a friend, live, there)
🎤 During the trip, I met _____.

3. 우리는 동네의 자주 짖는 개에 대해 이야기했습니다. (a dog, bark, in our neighborhood)
🎤 We talked about _____.

4. 저는 FC서울의 팬인 제 친구들과 경기장에 갔습니다. (my friends, fans of FC Seoul)
🎤 I went to the stadium with _____.

[Answer] 1. the documents which/that I will need　2. a friend who/that lives there　3. a dog that/which often barks in our neighborhood　4. my friends who/that are fans of FC Seoul

롤플레이 문제에서 면접관이 '저희 학교에 대해 물어보세요'라고 할 경우, '가장 좋아하는 교수님은 누구인가요?'라고 질문할 수 있어요. 이를 영어로 표현하면 다음과 같아요.

Who is your favorite professor?

'누가 ~하나요?' 또는 '언제 ~하나요?' 등과 같이 질문할 때는 위의 예문처럼 [의문사＋동사＋주어] 형태의 의문사 의문문으로 말해요. 의문사 의문문에는 아래와 같은 의문사들이 사용됩니다.

| who 누가/누구를 | when 언제 | how much 얼마나 많이 |
|---|---|---|
| what 무엇이/무엇을 | where 어디서 | how long 얼마나 오래 |
| why 왜 | how 어떻게 | how often 얼마나 자주 |

Tip! 의문사 의문문에 조동사(will, can, do 등)를 넣어 말하고 싶을 때는 [의문사 + 조동사 + 주어 + 동사]의 형태를 사용해요.

★ OPIc 문장 말해보기 🎧 필수 문법 Track 19

1. 당신은 왜 그것을 만들기 좋아하나요?
🎙 Why do you like making it?

2. 티켓 한 장에 얼마인가요?
🎙 How much is it for a ticket?

---

**Quiz** 괄호 안의 표현을 사용하여 파란색으로 된 우리말을 영어로 바꾸어 문장을 말해보세요. 🎧

1. 당신이 가장 좋아하는 시설은 무엇인가요? (is, your favorite facility)
🎙 _____?

2. 당신은 왜 그 학교를 선택했나요? (did, choose)
🎙 _____ that school?

3. 제가 이 재료들을 어디서 찾을 수 있나요? (can, find)
🎙 _____ these ingredients?

4. 당신은 얼마나 자주 영화를 보나요? (do, watch)
🎙 _____ movies?

[Answer] 1. What is your favorite facility 2. Why did you choose 3. Where can I find 4. How often do you watch

# 조동사로 질문하기

롤플레이 문제에서 면접관이 '영화를 예약하기 위해 영화관에 전화해 질문하세요'라고 할 경우, '내일 아침 표를 예약할 수 있나요?'라고 질문할 수 있어요. 이를 영어로 표현하면 다음과 같아요.

**Can I reserve** a ticket for tomorrow morning?

의문사 없이 '~할 수 있나요?' 또는 '~하나요?'와 같이 질문할 때는 위의 예문처럼 [조동사+주어+동사] 형태의 조동사 의문문으로 말해요. OPIc에서 자주 사용되는 조동사 의문문에는 Can/Could I(제가 ~할 수 있나요) ~?, Can/Could you(당신은 ~해주실 수 있나요) ~?, Do you(당신은 ~하나요) ~? 등이 있어요.

**Can/Could you help** me register for the class?  당신은 제가 그 수업을 등록하도록 도와주실 수 있나요?

**Do you have** other flights available?  이용할 수 있는 다른 비행편이 있나요?

## ★OPIc 문장 말해보기  🎧필수 문법 Track 20

1. 제가 당신과 약속을 잡을 수 있나요?

🎤 **Can I make** an appointment with you?

2. 그가 내일 시간이 있는지 아시나요?

🎤 **Do you know** if he has time tomorrow?

---

### Quiz  괄호 안의 표현을 사용하여 파란색으로 된 우리말을 영어로 바꾸어 문장을 말해보세요. 🎧

1. 제가 토마토소스를 찾는 것을 도와주실 수 있나요? (you, help)

🎤 _____ me find tomato sauce?

2. 당신은 다른 종류의 치즈를 가지고 있나요? (you, have)

🎤 _____ other types of cheese?

3. 제가 10명의 테이블을 예약할 수 있나요? (I, reserve)

🎤 _____ a table for 10 people?

4. 당신은 제가 아직 등록할 수 있는지 아시나요? (you, know)

🎤 _____ if I can still enroll?

[Answer] 1. Can/Could you help  2. Do you have  3. Can/Could I reserve  4. Do you know

# 자기소개 공략하기

'자기소개 공략하기'에서는 OPIc 시험에 항상 출제되는 자기소개 문제를 다룹니다. 어떤 문제보다 완벽하게 답변할 수 있도록 학습하세요.

**UNIT 01**  자기소개

# UNIT 01 자기소개

음성 바로 듣기

<자기소개> 문제는 OPIc 시험에서 첫 번째 문제로 반드시 출제됩니다. 평소에 자신을 영어로 소개해 본 경험이 없는 수험생들은 말할 내용이 생각나지 않아 당황하기 쉽습니다. 이 UNIT을 통해 효과적인 답변 방법을 살펴보고 나만의 답변도 준비해 보세요.

## 어떤 문제가 자주 나오나요?

<자기소개> 문제로 거의 항상 Tell me a little bit about yourself(자신에 대해 간단히 이야기해 주세요)라는 문제가 출제됩니다.

## 어떻게 준비하나요?

- <자기소개> 문제는 시험에 항상 출제되고, 평가자가 가장 먼저 듣는 답변이므로, 막힘 없이 자신 있게 답변할 수 있도록 충분히 준비해 두세요.

- 대표문제를 통해 <자기소개> 문제에 어떻게 답하는지 살펴보세요. 그런 다음 핵심 답변 패턴을 익혀 나의 답변을 준비하고 연습해 보세요. 이때 이 UNIT에 수록된 다양한 배경을 가진 사람들의 자기소개 답변을 참고하면 좋아요.

- <자기소개> 답변에는 학교나 직장, 거주지에 대한 내용이 포함되기 때문에 이 UNIT에서 답변을 잘 준비해 두면, 신분이나 거주지 관련 주제의 문제를 준비할 때도 많은 도움이 될 거예요.

**대표문제** **자기소개**

🎧 UNIT 01 Track 1

## Let's start the interview now. Tell me a little bit about yourself.

이제 인터뷰를 시작하겠습니다. 자신에 대해 간단히 이야기해 주세요.

OPIc 시험에서 1번 문제로 반드시 나오는 문제가 바로 '자기소개'입니다. 이 문제에 답할 때 유용하게 사용할 수 있는 답변 패턴들을 살펴보고, 이 패턴들이 답변에 어떻게 사용되는지 알아보세요.

**답변패턴**

| ① 이름과 나이 | **My name is 이름, and I am 나이 years old.**<br>제 이름은 ~이고, 저는 ~살입니다. |
| --- | --- |
| ② 학교명과 학년 | **I am 학년 at 학교명.**　저는 ~의 ~입니다. |
| ③ 사는 곳/함께 사는 사람 | **I live with 사람 in 사는 곳.**　저는 ~에서 ~와 살고 있습니다. |
| ④ 나의 성격 | **I think I am a(n) 성격 person.**　저는 ~한 사람인 것 같습니다. |

**모범답변**

🎤 Hello. ①My name is Jisun, and I am 22 years old. I am currently a student. ②I am a junior at Hanguk University. I chose this university because it has a good reputation. I am working on a double major. My majors are English and business administration. ③I live with my parents in Seoul. My father works for the government and my mother is a housewife. ④I think I am a social person. I really enjoy hanging out with my friends. We always have a lot of fun together.

해설 | ① **이름과 나이**를 말할 때는 'My name is 이름, and I am 나이 years old.' 패턴을 사용해서 말해요. 좀 더 간단하게 표현하고 싶다면 맨 뒤의 years old를 빼고 말해도 괜찮아요.

② **학교명과 학년**을 말할 때는 'I am 학년 at 학교명.'처럼 말할 수 있어요.

③ **사는 곳/함께 사는 사람**은 'I live with 사람 in 사는 곳.' 패턴을 사용해서 말해요. 만약 혼자 살고 있다면 'with + 사람' 대신 alone(혼자)을 붙여 말해요.

④ **나의 성격**은 'I think I am a(n) 성격 person.'으로 말해요. a(n) 다음에 자신의 성격을 나타내는 다양한 형용사(social, outgoing 등)를 넣어 말할 수 있어요.

해석 | 안녕하세요. 제 이름은 지선이고, 저는 22살입니다. 저는 현재 학생입니다. 저는 한국대학교의 3학년입니다. 좋은 명성을 가지고 있기 때문에 저는 이 대학교를 선택했습니다. 저는 복수전공을 하는 중입니다. 저의 전공은 영어와 경영학입니다. 저는 서울에서 부모님과 살고 있습니다. 저희 아버지는 공무원이시고 저희 어머니는 주부이십니다. 저는 사교적인 사람인 것 같습니다. 저는 제 친구들과 어울려 다니는 것을 정말 즐깁니다. 우리는 항상 함께 무척 즐거운 시간을 갖습니다.

**나의 답변** 🎤

p.56~59의 다양한 사람들의 모범답변을 참고하여 나의 답변을 완성해 보세요.

① **이름과 나이**

② **학교명과 학년 [학생일 경우], 직장명과 근무 기간 [직장인일 경우]**

③ **사는 곳/함께 사는 사람**

④ **나의 성격**

## 핵심 답변 패턴과 표현  자기소개

<자기소개> 문제에 유창하게 답변할 수 있도록 가장 핵심적인 답변 패턴들을 살펴보세요. 패턴과 함께 제시된 표현리스트를 참고하여 '나의 답변'을 완성한 후 반복해 말하며 익혀두세요.

🎧 UNIT 01 Track 2

### 이름과 나이

**My name is 이름, and I am 나이 years old.** 제 이름은 ⬜ 이고, 저는 ⬜ 살입니다.

이름을 말할 때는 이름만 말해도 좋고, 성까지 붙여서 말해도 좋아요. 영어 이름이 있는 사람은 영어 이름으로 자신을 소개해도 돼요.

**My name is Minho, and I am 24 years old.**  제 이름은 민호이고, 저는 24살입니다.

> 🎙 **나의 답변**
>
> 제 이름은 _____이고, 저는 _____살입니다.
>
> .

### 나의 신분

**I am currently 신분.** 저는 현재 ⬜ 입니다.

currently(현재)라는 부사를 사용하면 자신의 현재 신분을 강조해서 이야기할 수 있어요. 좀 더 간단하게 말하고 싶다면 currently를 빼고 말해도 괜찮아요.

**I am currently a student.**  저는 현재 학생입니다.

> 🎙 **나의 답변**
>
> 저는 현재 _____입니다.
>
> .

⭐ 신분
- a student 학생
- an office worker 회사원
- a teacher 교사
- single 미혼인 / married 기혼인
- taking a year off from college 1년 동안 휴학 중
- looking for a job 직장을 구하는 중

### 학교명과 학년 [학생일 경우]

**I am 학년 at 학교명.** 저는 ⬜의 ⬜ 입니다.

학교 이름 앞에 전치사 at을 사용한다는 것을 기억해 두세요.

**I am a freshman at Hanguk University.**  저는 한국대학교의 1학년입니다.

> 🎙 **나의 답변**
>
> 저는 _____의 _____입니다.
>
> .

⭐ 학년
- a freshman(= in my first year) 1학년
- a sophomore(= in my second year) 2학년
- a junior(= in my third year) 3학년
- a senior(= in my fourth year) 4학년

전공 [학생일 경우]

**My major is 전공.** 제 전공은 ⬜ 입니다.

복수 전공을 한다면 My majors are 다음에 English and economics(영어와 경제학)와 같이 자신의 전공을 붙여서 말할 수 있어요.

**My major is economics.** 제 전공은 경제학입니다.

> **나의 답변** 🎤
>
> 제 전공은 ＿＿＿＿＿＿＿＿입니다.
>
> ＿＿＿＿＿.

☆전공
- · economics 경제학
- · business administration 경영학
- · biology 생물학
- · psychology 심리학

*더 많은 전공 표현리스트는 p.70 <UNIT 03 수업>에서 참고하세요.

직장명과 근무 기간 [직장인일 경우]

**I have worked at 직장명 for 근무 기간.** 저는 ⬜ 에서 ⬜ 동안 근무하고 있습니다.

직장에서 근무한 기간을 말할 때는 현재완료 시제(have + p.p)를 사용해서 과거부터 현재까지 근무해 오고 있다는 것을 표현할 수 있어요.

**I have worked at Kosmo for three years.** 저는 코스모에서 3년 동안 근무하고 있습니다.

> **나의 답변** 🎤
>
> 저는 ＿＿＿＿＿＿에서 ＿＿＿＿＿ 동안 근무하고 있습니다.
>
> ＿＿＿＿＿.

직급과 부서 [직장인일 경우]

**I am 직급 in the 부서.** 저는 ⬜ 의 ⬜ 입니다.

직급은 I am 뒤에 덧붙여 간단하게 말할 수 있어요. 자신이 속한 부서 앞에는 항상 정관사 the를 붙여주세요.

**I am a regular employee in the Sales Department.** 저는 영업부의 정규직 사원입니다.

> **나의 답변** 🎤
>
> 저는 ＿＿＿＿＿＿의 ＿＿＿＿＿＿입니다.
>
> ＿＿＿＿＿.

☆직급
- · a regular employee 정규직 사원
- · a manager 과장

☆부서
- · Sales Department 영업부
- · Advertising Department 광고부

*더 많은 직급과 부서 표현리스트는 p.86 <UNIT 05 업무>에서 참고하세요.

사는 곳/함께 사는 사람

**패턴 7**

# I live with 사람 in 사는 곳. 저는 ☐ 에서 ☐ 와 살고 있습니다.

함께 사는 사람을 이야기할 때는 전치사 with를 사용해서 말해요. 만약 혼자 산다고 말하고 싶다면 'with + 사람' 대신에 alone(혼자)을 사용하세요.

## I live with my family in an apartment.  저는 아파트에서 가족과 살고 있습니다.

**나의 답변** 🎤
> 저는 _____에서 _____와 살고 있습니다.
>
>                                                                        .

☆ 사는 곳
- an apartment 아파트 / a house 주택
- a dormitory 기숙사
- a studio apartment 원룸
- Seoul 서울 / Busan 부산

☆ 사람
- my family 가족
- my parents 부모님
- my friend 친구
- my roommate 룸메이트

---

가족 구성원

**패턴 8**

# There are 인원수 people in my family: 구성원1, 구성원2, and me.
저희 가족은 ☐, ☐, 그리고 저까지 ☐ 명입니다.

가족 구성원을 나열할 때 일반적으로 자기 자신은 가장 마지막에 말하며 and me라고 표현해요.

## There are three people in my family: my father, my mother, and me.
저희 가족은 아빠, 엄마, 그리고 저까지 3명입니다.

**나의 답변** 🎤
> 저희 가족은 _____, _____, 그리고 저까지 _____명입니다.
>
>                                                                        .

☆ 가족 구성원
- father 아빠 / mother 엄마
- husband 남편 / wife 아내
- son 아들 / daughter 딸

- brother 남자 형제 / sister 여자 형제
- elder brother 형, 오빠 / elder sister 언니, 누나
- younger brother 남동생 / younger sister 여동생

나의 성격

**패턴 9**

# I think I am a(n) 성격 person. 저는 ~한 사람인 것 같습니다.

I think(~인 것 같다)는 의견을 부드럽게 나타내는 표현이에요. I think 뒤에 자신이 어떤 성격의 사람이라고 생각하는지 덧붙여 말해보세요.

## I think I am an outgoing person.    저는 활발한 사람인 것 같습니다.

 **나의 답변**

저는 _____ 사람인 것 같습니다.

☆ 성격

· outgoing 활발한
· cheerful 쾌활한
· social 사교적인
· talkative 수다스러운
· outdoor 야외 활동을 좋아하는

· friendly 친근한
· positive 긍정적인
· curious 호기심 많은
· creative 창의적인
· hard-working 일을 열심히 하는

· shy 부끄럼타는
· sensitive 민감한, 세심한
· caring 배려심이 많은
· confident 자신감 있는
· strong 강인한

취미·여가 활동

**패턴 10**

# When I have free time, I like to 취미·여가 활동 . 여가 시간에, 저는 ☐ 하는 것을 좋아합니다.

When I have free time 대신에 In my free time(여가 시간에)을 사용해도 같은 의미예요. 자신이 좀 더 외우기 쉬운 표현으로 답변하세요.

## When I have free time, I like to read books.    여가 시간에, 저는 독서하는 것을 좋아합니다.

**나의 답변**

여가 시간에, 저는 _____ 하는 것을 좋아합니다.

☆ 취미·여가 활동

· read books 독서하다
· watch movies 영화를 보다
· listen to music 음악을 듣다
· play games 게임을 하다
· cook 요리를 하다
· go shopping 쇼핑을 하다
· hang out with my friends 친구들과 어울리다

· exercise 운동하다
· go bowling 볼링을 치다
· go jogging 조깅을 하다
· go swimming 수영하러 가다
· travel 여행하다
· take pictures 사진을 찍다
· go on hikes 하이킹을 가다

여기에서는 앞에서 배운 패턴과 표현을 활용하여, 다양한 배경을 가지고 있는 사람들이 자기소개 문제에 어떻게 답변하는지 살펴봅니다. 특히 여러분과 비슷한 배경을 가진 사람의 모범답변을 참고하여 여러분의 답변을 만들어 보세요.

## 1 대학 4학년 학생의 자기소개

UNIT 01 Track 3

**Q** **Let's start the interview now. Tell me a little bit about yourself.** 이제 인터뷰를 시작하겠습니다. 자신에 대해 간단히 이야기해 주세요.

> **Tip** 졸업을 앞둔 4학년 학생들은 답변할 때 졸업 또는 취업과 관련된 이야기들을 할 수 있어요. graduate(졸업하다), have a job(직업을 갖다), improve my GPA(평점을 높이다)와 같은 표현을 익혀놓으면 좋아요.
>
> * **사용할 수 있는 답변 패턴** – **패턴 1** 이름과 나이 · **패턴 2** 나의 신분 · **패턴 3** 학교명과 학년 · **패턴 4** 전공 · **패턴 7** 사는 곳/함께 사는 사람 · **패턴 9** 나의 성격 · **패턴 10** 취미·여가 활동

**모범답변**

Let me introduce myself. **My name is** Minji**, and I am** 25 **years old. I am currently** a student. **I am** a senior **at** Hanguk University. **My major is** psychology. I chose this major because I would like to have a job in this field. I plan to graduate this year, so I need to study hard to improve my GPA. **I live with** my roommate **in** a dormitory. This is because my hometown is Busan, so I can't live with my family. My parents and elder sister live in Busan. My sister often comes to visit me. **I think I am an** outgoing **person**. I have many friends. **When I have free time, I like to** go bowling. Sometimes I watch movies with my friends.

**해 석 |** 제 소개를 하겠습니다. 제 이름은 민지이고, 저는 25살입니다. 저는 현재 학생입니다. 저는 한국대학교의 4학년입니다. 제 전공은 심리학입니다. 저는 이 분야에서 직업을 갖고 싶었기 때문에 이 전공을 선택했습니다. 저는 이번 해에 졸업할 계획이라서, 평점을 높이기 위해 열심히 공부해야 합니다. 저는 기숙사에서 룸메이트와 살고 있습니다. 이것은 제 고향이 부산이라서, 가족과 살 수 없기 때문입니다. 부모님과 언니는 부산에 살고 있습니다. 언니는 자주 저를 찾아옵니다. 저는 활발한 사람인 것 같습니다. 저는 친구들이 많이 있습니다. 여가 시간에, 저는 볼링을 치는 것을 좋아합니다. 가끔 저는 친구들과 영화를 봅니다.

## 2 취업준비생의 자기소개

**Q** Let's start the interview now. Tell me a little bit about yourself. 이제 인터뷰를 시작하겠습니다. 자신에 대해 간단히 이야기해 주세요.

**나의 답변**

**Tip** 1. 취업을 준비하고 있다면 look for a job(직장을 구하다)이란 표현을 알아두세요.
2. 취업에 대한 이야기를 꺼낸 후, 자신의 전공과 원하는 직종에 대해 좀 더 구체적으로 이야기할 수 있어요.
* 사용할 수 있는 답변 패턴 – 패턴 1 이름과 나이 · 패턴 2 나의 신분 · 패턴 4 전공 · 패턴 7 사는 곳/함께 사는 사람 · 패턴 8 가족 구성원 · 패턴 9 나의 성격

**모범답변**

Hello. **My name is** Jihun, **and I am** 24 **years old. I am currently** looking for a job. I graduated from university last summer. **My major was** biology. I would like to find a position as a research assistant in a laboratory. Right now, **I live with** my family in an apartment. **There are** three **people in my family**: my father, my mother, **and me**. I don't have any brothers or sisters. We live in Seoul near Coex Mall. **I think I am a** shy **person**. In my free time, I like to read books. I also enjoy taking pictures on weekends.

해 석 | 안녕하세요. 제 이름은 지훈이고, 저는 24살입니다. 저는 현재 직장을 구하는 중입니다. 저는 지난여름에 대학교를 졸업했습니다. 제 전공은 생물학이었습니다. 저는 실험실 연구 보조 자리를 찾고 싶습니다. 지금, 저는 아파트에서 가족과 살고 있습니다. 저희 가족은 아버지, 어머니, 그리고 저까지 3명입니다. 저는 형제나 자매가 아무도 없습니다. 우리는 서울에 있는 코엑스몰 근처에 살고 있습니다. 저는 부끄럼타는 사람인 것 같습니다. 여가 시간에, 저는 독서하는 것을 좋아합니다. 저는 또한 주말마다 사진 찍는 것을 즐깁니다.

자기소개 공략하기

UNIT 01

자기소개 10일 만에 끝내는 해커스 OPIc START (Intermediate 공략)

**Q** Let's start the interview now. Tell me a little bit about yourself. 이제 인터뷰를 시작하겠습니다. 자신어

대해 간단히 이야기해 주세요.

> **Tip** 1. 자신이 근무하고 있는 직장에 대해 이야기할 때는 자신이 다니는 회사 이름, 근무 기간, 자신이 속한 부서 등을 말할 수 있어요. 여기에 회사의 분위기가 어떤지 덧붙여 말하면 좀 더 풍부한 답변이 됩니다.
> 2. 미혼인 직장인의 경우 원룸에서 거주하는 경우가 많은데 영어로 원룸은 studio apartment라고 합니다.
>
> * 사용할 수 있는 답변 패턴 – **패턴 1** 이름과 나이 · **패턴 5** 직장명과 근무 기간 · **패턴 6** 직급과 부서 · **패턴 9** 나의 성격 · **패턴 2** 나의 신분 · **패턴 7** 사는 곳/함께 사는 사람 · **패턴 10** 취미·여가 활동

**모범답변**

**My name is** Seonju Kim**, and I am** 29 **years old**. I am an office worker. **I have worked at** Kosmo Electronics **for** two years. **I am** a regular employee **in the** Advertising Department. I create advertising campaigns for new products. The office atmosphere is a bit stressful, but I like my coworkers. We work well together as a team. **I think I am a** creative **person**. This is an important trait if you work in advertising. **I am currently** single. **I live** alone **in** a studio apartment. My home is close to the Han River Park. **When I have free time, I like to** go jogging in the park. This is my favorite pastime.

해 석 | 제 이름은 김선주이고, 저는 29살입니다. 저는 회사원입니다. 저는 코스모 전자에서 2년 동안 근무하고 있습니다. 저는 광고부의 정규직 사원입니다. 저는 신제품을 위한 광고를 만듭니다. 사무실 분위기는 다소 긴장되지만, 저는 제 동료들을 좋아합니다. 우리는 팀으로 함께 일을 잘합니다. 저는 창의적인 사람인 것 같습니다. 만약 광고업계에서 일한다면 이것은 중요한 특성입니다. 저는 현재 미혼입니다. 저는 원룸에서 혼자 살고 있습니다. 저희 집은 한강 공원에서 가깝습니다. 여가 시간에, 저는 공원에서 조깅을 하는 것을 좋아합니다. 이것은 제가 가장 좋아하는 취미입니다.

**4** 기혼 남성 직장인의 자기소개

**Q** Let's start the interview now. Tell me a little bit about yourself. 이제 인터뷰를 시작하겠습니다. 자신에 대해 간단히 이야기해 주세요.

나의 답변 🎤

Tip　1. 자신이 근무하고 있는 직장에 대해 이야기할 때는 자신이 다니는 회사 이름, 자신이 속한 부서, 근무 기간을 말할 수 있어요. 여기에 자신의 직업이 어떤지 이야기하면 좀 더 풍부한 답변이 됩니다.
　　　2. 기혼이라면 자신의 가족에 대한 이야기도 답변에 포함할 수 있어요. 가족 구성원에 대해 소개한 후, 자녀의 나이나 학교, 아내의 직업 등을 말하면 됩니다.

\* 사용할 수 있는 답변 패턴 − 패턴 1 이름과 나이 · 패턴 5 직장명과 근무 기간 · 패턴 6 직급과 부서 · 패턴 7 사는 곳/함께 사는 사람 · 패턴 2 나의 신분 · 패턴 8 가족 구성원 · 패턴 9 나의 성격

모범답변

Hello. **My name is** Dongwon Kim, **and I am** 44 **years old**. I am an office worker. **I have worked at** GA Financial Services **for** seven years. **I am** a manager **in the** Sales Department. Although my job is challenging, it is also very interesting. **I live with** my family **in** an apartment. **I am currently** married. **There are** four **people in my family**: my wife, my two daughters**, and me**. My daughters are in elementary school. My wife works as a foreign language instructor. **I think I am an** outdoor **person**. In my free time, I like to go on hikes with my family to enjoy nature.

해 석 | 안녕하세요. 제 이름은 김동원이고, 저는 44살입니다. 저는 회사원입니다. 저는 GA 재무서비스에서 7년 동안 근무하고 있습니다. 저는 영업부의 과장입니다. 제 직업은 힘들지만, 또한 매우 재미있습니다. 저는 아파트에서 가족과 살고 있습니다. 저는 현재 기혼입니다. 저희 가족은 아내, 두 딸, 그리고 저까지 4명입니다. 제 딸들은 초등학교에 다닙니다. 제 아내는 외국어 강사로 일합니다. 저는 야외 활동을 좋아하는 사람인 것 같습니다. 여가 시간에, 저는 자연을 즐기기 위해 가족과 하이킹을 가는 것을 좋아합니다.

Hackers.co.kr
무료 토익·토스·오픽·취업 자료 제공

# 설문 주제 공략하기

'설문 주제 공략하기'에서는 Background Survey에 제시된 주제의 문제를 다룹니다. 수험생들이 가장 많이 선택하는 아래 주제 중에서 자신이 선택할 주제를 중심으로 시험을 준비하세요.

| 음성 바로 듣기 |

<학교> 관련 문제는 Background Survey에서 "현재 귀하는 학생이십니까?"라는 질문에 "네"라고 답한 경우 자주 출제됩니다. 이와 같이 답변할 거라면, 이 UNIT을 통해 자주 나오는 문제와 효과적인 답변 방법을 살펴보고 나만의 답변도 준비해 보세요.

## 어떤 문제가 자주 나오나요?

<학교> 주제의 문제로 아래 문제들이 자주 출제됩니다. 이 중에서도 가장 자주 출제된 '빈출 문제'들을 중심으로 답변을 준비하는 것이 효과적입니다.

· 학교 소개와 묘사  빈출 문제
· 학교 친구 소개  빈출 문제
· 좋아하는 교수님 소개
· 학교에서 좋아하는 장소
· 강의실 모습 묘사

· 학교에서의 하루
· 학교에서의 동아리 활동

· 학교를 처음 방문했던 날  빈출 문제
· 기억에 남는 학교 행사  빈출 문제
· 학교에서 겪었던 어려움

## 어떻게 준비하나요?

■ 대표문제를 통해 이 주제의 문제에 어떻게 답하는지 살펴보세요. 그런 다음 핵심 답변 패턴을 익혀 나의 답변을 준비하고 연습해 보세요.

■ UNIT 01 <자기소개>에서 배운 학교 관련 답변 패턴을 활용하여 이 주제를 학습하면 더 효과적으로 OPIc 시험을 준비할 수 있어요.

**대표문제** **학교 소개와 묘사**  🎧 UNIT 02 Track 1

You indicated in the survey that you attend university. Tell me about your school.
Where is it? What does it look like? What can be found on the campus? 당신은 설문에서
대학교에 다닌다고 했습니다. 당신의 학교에 대해 이야기해 주세요. 학교가 어디에 있나요? 학교는 어떻게 생겼나요? 학교에서 무엇을 볼
수 있나요?

<학교> 주제에서 가장 자주 나오는 문제가 바로 '학교 소개와 묘사'입니다. 이 문제에 답할 때 유용하게 사용할 수 있는 답변 패
턴들을 살펴보고, 이 패턴들이 답변에 어떻게 사용되는지 알아보세요.

**답변패턴**

| ① 내가 다니는 학교 | **I go to** 학교 이름·종류**.** 저는 ~에 다닙니다. |
|---|---|
| ② 학교의 위치 | **My school is located** 위치**.** 저희 학교는 ~에 위치해 있습니다. |
| ③ 학교의 모습 | **The campus is** 모습**.** 학교는 ~합니다. |
| ④ 학교에 있는 건물·장소 | **There is** 건물·장소 **on the campus.** 학교에는 ~이 있습니다. |

**모범답변**

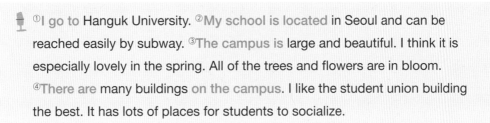

🎤 ①**I go to** Hanguk University. ②**My school is located** in Seoul and can be
reached easily by subway. ③**The campus is** large and beautiful. I think it is
especially lovely in the spring. All of the trees and flowers are in bloom.
④**There are** many buildings on the campus. I like the student union building
the best. It has lots of places for students to socialize.

해설 | ① 내가 다니는 학교를 말할 때는 'I go to 학교 이름·종류.' 패턴을 사용해요. I go to 다음에 Hanguk University
처럼 자신이 다니는 학교 이름을 붙여서 말할 수 있어요.

② 학교의 위치는 My school is located 다음에 학교의 위치를 덧붙여 말해요. 이때, in Seoul처럼 '장소 전치
사 + 지명'을 덧붙여 말하면 좋아요.

③ 학교의 모습은 The campus is 다음에 학교의 모습을 묘사할 수 있는 다양한 형용사(large, clean 등)를 붙
여서 말해요.

④ 학교에 있는 건물·장소를 말할 때는 'There is 건물·장소 on the campus.' 패턴을 사용해요. There is 다음
에는 a dormitory(기숙사)와 같은 단수 명사가 와야 해요. many buildings(많은 건물들)와 같은 복수 명사가
올 때는 There are를 사용해 말합니다.

해석 | 저는 한국대학교에 다닙니다. 저희 학교는 서울에 위치해 있고 지하철로 쉽게 갈 수 있습니다. 학교는 크고 아름답습니다. 학교는 봄
에 특히 아름다운 것 같습니다. 나무와 꽃들이 모두 만발합니다. 학교에는 많은 건물들이 있습니다. 저는 학생회관 건물을 가장 좋아
합니다. 그곳에는 학생들이 어울릴 수 있는 많은 장소가 있습니다.

**나의 답변** 🎤 답변 패턴과 모범답변을 참고하여 나의 답변을 완성해 보세요.

① 내가 다니는 학교

② 학교의 위치

③ 학교의 모습

④ 학교에 있는 건물·장소

<학교> 주제의 여러 OPIc 문제에 유창하게 답변할 수 있도록 가장 핵심적인 답변 패턴들을 살펴보세요. 패턴과 함께 제시된 표현리스트를 참고하여 '나의 답변'을 완성한 후 반복해 말하며 익혀두세요.

🎧 UNIT 02 Track 2

내가 다니는 학교

## I go to 학교 이름·종류. 저는 ☐ 에 다닙니다.

매일 학교에 가는 것처럼 반복적으로 하는 일을 표현할 때는 go와 같은 현재 시제를 사용해서 말해요.

**I go to Hanguk University.**    저는 한국대학교에 다닙니다.

> 🎤 나의 답변
>
> 저는 _____에 다닙니다.
>
>                                              .

✿ 학교 이름·종류

· Hanguk University 한국대학교
· a women's university 여자 대학교
· a graduate school 대학원

· a private university 사립대학교
· a public university 공립대학교
· a national university 국립대학교

학교의 위치

## My school is located 위치. 저희 학교는 ~에 위치해 있습니다.

위치를 이야기할 때 사용하는 대표적인 표현 중의 하나가 be located(위치해 있다)예요. 좀 더 간단하게 말하고 싶다면 My school is 다음에 바로 '위치'를 붙여 말해도 돼요.

**My school is located in Seoul.**    저희 학교는 서울에 위치해 있습니다.

> 🎤 나의 답변
>
> 저희 학교는 _____ 위치해 있습니다.
>
>                                              .

✿ 위치

· in Seoul 서울에 / in Busan 부산에 / in Gwangju 광주에
· in the downtown area 시내에 / out of town 시외에
· near my house 집 근처에 / far from my house 집에서 먼 곳에
· right next to Sinchon Station 신촌역 바로 옆에

학교의 모습

**패턴 3**

# The campus is 모습. 학교는 ⬚ 합니다.

학교 내의 모든 건물과 시설을 통틀어서 the campus라고 표현할 수 있어요.

**The campus is large and beautiful.** 학교는 크고 아름답습니다.

나의 답변 🎤

학교는 _____ 합니다.

⚡ 장소의 모습
- large 큰 / small 작은
- beautiful 아름다운
- clean 깨끗한

- modern 현대적인
- busy 바쁜
- exciting 신나는

학교에 있는 건물·장소

**패턴 4**

# There is 건물·장소 on the campus. 학교에는 ⬚ 이 있습니다.

'~이 있다'라고 말하고 싶을 때 there is 다음에 단수 명사를 붙여서 말해요. There are 다음에는 many buildings(많은 건물들)와 같은 복수 명사를 붙일 수 있어요.

**There is a library on the campus.** 학교에는 도서관이 있습니다.

나의 답변 🎤

학교에는 _____ 이 있습니다.

⚡ 학교에 있는 건물·장소
- a library 도서관
- a gym 체육관
- a dormitory 기숙사
- an auditorium 대강당
- a concert hall 콘서트홀

- a school cafeteria 학생 식당
- a student union building 학생회관 건물
- a lounge 휴게실
- many buildings 많은 건물들
- many classrooms 많은 강의실들

설문 주제 공략하기

UNIT 02

학교 10일 만에 끝내는 해커스 OPIc START (Intermediate 공략)

UNIT 02 학교 **65**

## I usually 하는 일 at school. 저는 주로 학교에서 ~합니다.

위 패턴에서 at school 대신 at the library(도서관에서)나 at the school cafeteria(학생 식당에서)와 같은 구체적인 장소를 말하고, 그 장소에서 주로 하는 일을 이야기해도 좋아요.

**I usually take classes at school.** 저는 주로 학교에서 수업을 듣습니다.

 저는 주로 학교에서 _____.

_____.

☆ 학교에서 하는 일
- take classes 수업을 듣다
- do homework 과제를 하다
- study for exams 시험 공부를 하다

- have lunch 점심을 먹다
- hang out with my friends 친구들과 어울리다
- participate in club activities 동아리 활동에 참여하다

## The most memorable event for me was 학교 행사.
제게 가장 기억에 남는 행사는 □ 였습니다.

가장 기억에 남는 학교 행사를 조금 더 간단하게 말하고 싶다면 위 패턴에서 for me를 빼고 말해도 괜찮아요.

**The most memorable event for me was a campus festival.**
제게 가장 기억에 남는 행사는 학교 축제였습니다.

 제게 가장 기억에 남는 행사는 _____였습니다.

☆ 학교 행사
- a campus festival 학교 축제
- a freshman orientation 신입생 오리엔테이션
- an entrance ceremony 입학식
- a graduation ceremony 졸업식
- a job fair 취업 설명회

- volunteer work 자원봉사활동
- a school trip 수학여행
- a college sports day 체육대회
- a concert by the school band 교내 밴드의 콘서트
- a debate competition 토론대회

동행했던 사람

# I was accompanied by 사람. 저는 ⬜와 동행했습니다.

accompany(동행하다)는 주로 수동태인 be accompanied by의 형태로 사용됩니다. by 다음에 '사람'을 붙여 누구와 동행했는지 표현할 수 있어요.

## I was accompanied by my classmates. 저는 제 동기들과 동행했습니다.

나의 답변 🎤

저는 _____와 동행했습니다.

✮ 사람

- · my classmates 제 동기들, 반 친구들
- · my friends 제 친구들
- · my orientation group 제 오리엔테이션 그룹
- · my parents 저희 부모님
- · my family 저희 가족
- · my professor 저희 교수님

---

그날에 대한 느낌

# It was a very 느낌 day. 그날은 매우 ~한 하루였습니다.

very는 '매우'라는 뜻으로 interesting(재미있는), special(특별한)과 같은 형용사 앞에 붙이면 느낌을 한층 더 강조해서 이야기할 수 있어요.

## It was a very interesting day. 그날은 매우 재미있는 하루였습니다.

나의 답변 🎤

그날은 매우 _____ 하루였습니다.

✮ 느낌

- · interesting 재미있는
- · fun 재미있는
- · enjoyable 즐거운
- · special 특별한
- · happy 행복한
- · memorable 기억에 남는
- · difficult 힘든
- · tiring 피곤한
- · meaningful 뜻깊은

여기에서는 <학교> 주제의 빈출 문제를 공략해 봅니다. 앞에서 배운 답변 패턴을 이용하고, 주어진 모범답변을 참고하여 여러분의 답변을 만들어 보세요.

## 1 학교 친구 소개　　　　　　　　　　🎧 UNIT 02 Track 3

**Q** Many students become friends with their classmates. I'd like to know about a classmate you are close to. Tell me about how and when you met him or her. 많은 학생들이 동기들과 친구가 됩니다. 당신과 가까운 동기에 대해 알고 싶어요. 어떻게 그리고 언제 그 친구를 만나게 되었는지 이야기해 주세요.

 나의 답변

**Tip** 1. 학교에서 친하게 지내는 친구 한 명을 떠올려 만난 시기와 계기를 이야기하세요. 요즘은 그 친구와 어떻게 지내는지, 학교에서 함께 무엇을 하는지 덧붙이면 더 풍부한 답변이 됩니다.
　　 2. 만난 계기는 met, started와 같은 과거 시제를 사용해 이야기하고, 요즘 어떻게 지내는지는 do, have와 같은 현재 시제를 사용해서 말해요.
\* 사용할 수 있는 답변 패턴 – 패턴 1 내가 다니는 학교 · 패턴 5 학교에서 주로 하는 일 · 패턴 2 학교의 위치

**모범답변**

**I go to** Hanguk University. During my first semester, I met a girl named Suji in my Art History class. She had forgotten her book, so I offered to share mine with her. We started talking and now we are friends. **We usually** do homework together **at school**. We often have lunch together. **My house is located** near my school, so she sometimes comes over to visit.

## 2 학교를 처음 방문했던 날　　　　　　　　　　🎧 UNIT 02 Track 4

**Q** Tell me about your first visit to your school. When was it, and who were you with? What did you do and what was your first impression of the school? 처음 학교를 방문한 것에 대해 이야기해 주세요. 그날이 언제였고 누구와 함께 있었나요? 당신은 무엇을 하였고 학교에 대한 당신의 첫인상은 어땠나요?

 나의 답변

**Tip** 1. 학교를 처음 방문한 시기 → 그때 함께 있었던 사람 → 학교를 처음 방문한 날 했던 일 → 학교에 대한 첫인상을 순서대로 모두 말해요.
　　 2. 학교를 처음 방문한 시기를 말할 때는 신입생 오리엔테이션 또는 입학식과 같은 행사 이름을 말해주면 좋아요.
\* 사용할 수 있는 답변 패턴 – 패턴 7 동행했던 사람 · 패턴 3 학교의 모습 · 패턴 8 그날에 대한 느낌

I first visited my university during my freshman orientation. **I was accompanied by** my orientation group. We spent the day touring the classrooms and facilities. We also had lunch at a school cafeteria. **The campus was** clean and modern. I was very impressed. **It was a very** interesting **day**.

# 3 기억에 남는 학교 행사

🎧 UNIT 02 Track 5

**Q** Tell me about a special event that took place at your university, such as a graduation ceremony or a school trip. What were some memorable things that happened during that event? 졸업식이나 수학여행과 같이, 자신의 대학교에서 있었던 특별한 행사에 대해 이야기해 주세요. 그 행사 기간 동안 있었던 기억에 남는 일들은 무엇인가요?

> Tip 1. 축제, 수학여행, 졸업식 등 여러 가지 학교 행사 중에서 가장 기억에 남는 행사를 한 가지 떠올려 가능한 한 자세하게 이야기하도록 하세요.
> 2. 무슨 행사였는지, 언제, 어디에서 열린 행사였는지, 누구와 무엇을 했는지를 말한 후 그날의 기분을 덧붙여 말하면 좋은 답변이 돼요.
> * 사용할 수 있는 답변 패턴 – 패턴 6 가장 기억에 남는 학교 행사 · 패턴 7 동행했던 사람 · 패턴 8 그날에 대한 느낌

 **The most memorable event for me was** the campus festival last spring. **I was accompanied by** my classmates. The festival included a concert. I saw several famous musicians and groups perform. All of the students relaxed and played games all day. I felt really happy. **It was a very** enjoyable **day**.

해 석 | 1 저는 한국대학교에 다닙니다. 첫 학기 동안, 저는 미술사 수업에서 수지라는 여자아이를 만났습니다. 그녀가 책을 잊고 두고 와서, 제가 제 책을 같이 보자고 했습니다. 우리는 대화를 나누기 시작했고 이제는 친구입니다. 우리는 주로 학교에서 함께 과제를 합니다. 우리는 자주 함께 점심을 먹습니다. 저희 집이 학교 근처에 위치해 있어서, 그녀가 가끔 놀러 옵니다.

2 저는 신입생 오리엔테이션이 진행되는 동안 저희 대학교를 처음 방문했습니다. 저는 제 오리엔테이션 그룹과 동행했습니다. 우리는 강의실과 시설들을 둘러보면서 그날을 보냈습니다. 우리는 또한 학생 식당에서 점심을 먹었습니다. 학교는 깨끗하고 현대적이었습니다. 저는 매우 좋은 인상을 받았습니다. 그날은 매우 재미있는 하루였습니다.

3 제게 가장 기억에 남는 행사는 지난봄에 열린 학교 축제였습니다. 저는 제 동기들과 동행했습니다. 그 축제에는 콘서트도 있었습니다. 저는 몇몇 유명한 가수와 그룹들이 공연하는 것을 보았습니다. 학생들 모두가 긴장을 풀고 하루 종일 게임을 했습니다. 저는 정말 행복했습니다. 그날은 매우 즐거운 하루였습니다.

음성 바로 듣기

<수업> 관련 문제는 Background Survey에서 "현재 귀하는 학생이십니까?"라는 질문에 "네"라고 답한 경우 자주 출제됩니다. 이와 같이 답변할 거라면, 이 UNIT을 통해 사주 나오는 문제와 효과적인 답변 방법을 살펴보고 나만의 답변도 준비해 보세요.

 **어떤 문제가 자주 나오나요?**

<수업> 주제의 문제로 아래 문제들이 자주 출제됩니다. 이 중에서도 가장 자주 출제된 '빈출 문제'들을 중심으로 답변을 준비하는 것이 효과적입니다.

· 학교에서 사용하는 기술과 기기 빈출 문제
· 전공과 전공 선택 이유 빈출 문제
· 현재 수강하는 수업
· 좋아하는 수업

· 수강 신청 과정
· 수업이 진행되는 방식

· 최근에 했던 학교 프로젝트 빈출 문제
· 수업 중 기억에 남는 경험 빈출 문제
· 발표했던 경험
· 최근에 봤던 시험
· 첫 수업

**어떻게 준비하나요?**

■ 대표문제를 통해 이 주제의 문제에 어떻게 답하는지 살펴보세요. 그런 다음 핵심 답변 패턴을 익혀 나의 답변을 준비하고 연습해 보세요.

■ UNIT 01 <자기소개>에서 배운 학교 관련 답변 패턴을 활용하여 이 주제를 학습하면 더 효과적으로 OPIc 시험을 준비할 수 있어요.

**대표문제** **최근에 했던 학교 프로젝트**　　　　　　　　　🎧 UNIT 03 Track 1

In your background survey, you indicated that you are a student. I'd like to know about a class project that you've worked on recently. What was it about? What did you do for the project? 배경 설문에서, 당신은 학생이라고 했습니다. 당신이 최근에 했던 학교 프로젝트에 대해 알고 싶어요. 그 프로젝트는 무엇에 관한 것이었나요? 그 프로젝트를 위해 당신은 무엇을 했나요?

<수업> 주제에서 가장 자주 나오는 문제가 바로 '최근에 했던 학교 프로젝트'를 묻는 문제입니다. 이 문제에 답할 때 유용하게 사용할 수 있는 답변 패턴들을 살펴보고, 이 패턴들이 답변에 어떻게 사용되는지 알아보세요.

**답변패턴**

| ① 듣고 있는 수업 | I am taking 수업 이름 this semester. 저는 이번 학기에 ~을 듣고 있습니다. |
| ② 수업에서 했던 프로젝트 | I did a project about 프로젝트 주제. 저는 ~에 관한 프로젝트를 했습니다. |
| ③ 프로젝트를 위해 했던 일 | I had to 했던 일 for the project. 저는 프로젝트를 위해 ~해야 했습니다. |
| ④ 나의 느낌 | I was quite 느낌. 저는 꽤 ~했습니다. |

**모범답변**

🎤 ①I am taking a marketing class this semester. In this class, ②I did a project about consumer trends. First, ③I had to conduct a survey for the project. Over 200 students responded to the survey. Then I compiled the data and wrote a report. After finishing the report, I gave a presentation to my class. ④I was quite nervous, but I did well on the presentation.

해설 | ① 듣고 있는 수업이 무엇인지 말할 때는 'I am taking 수업 이름 this semester.' 패턴을 사용해요.

② **수업에서 했던 프로젝트**는 I did a project about 다음에 프로젝트 주제를 붙여서 말할 수 있어요.

③ **프로젝트를 위해 했던 일**은 I had to 뒤에 내가 했던 일을 덧붙여 말해요. 했던 일 다음에 for the project를 붙이면 했던 일이 프로젝트를 위한 것이었음이 더 명확하게 나타나요.

④ **나의 느낌**을 말할 때는 I was quite 다음에 감정을 나타내는 다양한 형용사(nervous, happy 등)를 붙여 말해요.

해석 | 저는 이번 학기에 마케팅 수업을 듣고 있습니다. 이 수업에서, 저는 소비자 동향에 관한 프로젝트를 했습니다. 먼저, 저는 프로젝트를 위해 설문조사를 해야 했습니다. 200명이 넘는 학생들이 설문에 응했습니다. 그러고 나서 저는 자료를 수집하고 보고서를 썼습니다. 보고서를 끝낸 후, 반에서 발표를 했습니다. 저는 꽤 긴장했지만, 발표를 잘 했습니다.

**나의 답변** 🎤　답변 패턴과 모범답변을 참고하여 나의 답변을 완성해 보세요.

① 듣고 있는 수업

② 수업에서 했던 프로젝트

③ 프로젝트를 위해 했던 일

④ 나의 느낌

<수업> 주제의 여러 OPIc 문제에 유창하게 답변할 수 있도록 가장 핵심적인 답변 패턴들을 살펴보세요. 패턴과 함께 제시된 표현리스트를 참고하여 '나의 답변'을 완성한 후 반복해 말하며 익혀두세요.

UNIT 03 Track 2

나의 전공

## I am majoring in [전공]. 저는 ☐을 전공하고 있습니다.

major는 동사뿐만 아니라 명사로도 사용될 수 있어요. 내 전공이 무엇인지 더 간단하게 표현하고 싶다면 major를 명사로 사용하여 My major is 다음에 전공을 붙여 말해보세요.

**I am majoring in business administration.** 저는 경영학을 전공하고 있습니다.

**나의 답변** 저는 ＿＿＿＿＿＿을 전공하고 있습니다.

☆전공

- business administration 경영학
- economics 경제학
- sociology 사회학
- English language and literature 영어영문학
- psychology 심리학
- philosophy 철학
- law 법학

- biology 생물학
- chemistry 화학
- statistics 통계학
- mathematics education 수학교육학
- electrical engineering 전기공학
- industrial design 산업 디자인
- architecture 건축학

전공을 선택한 이유·목적

## I chose my major [이유·목적]. [~때문에/위해서] 저의 전공을 선택했습니다.

전공을 선택한 이유나 목적을 말하고 싶다면 I chose my major 다음에 'because + 주어 + 동사'의 형태, 또는 'to + 동사원형'의 형태를 사용해서 말해요.

**I chose my major because I am interested in that field.**
그 분야에 관심이 있기 때문에 저의 전공을 선택했습니다.

**나의 답변** ＿＿＿＿＿＿＿ 저의 전공을 선택했습니다.

☆ 내 전공을 선택한 이유·목적

- because I am interested in that field 그 분야에 관심이 있기 때문에
- to get a job in that field 그 분야의 직업을 얻기 위해서
- because my teacher recommended it 선생님이 추천하셨기 때문에
- to satisfy my parents 부모님을 만족시켜 드리기 위해서

듣고 있는 수업

**패턴 3**

# I am taking 수업 이름 this semester. 저는 이번 학기에 ☐ 을 듣고 있습니다.

'수업을 듣다'라고 말할 때는 동사 take를 사용해요. '듣다'라고 해서 listen을 사용하면 어색한 표현이 되니 주의하세요.

**I am taking a marketing class this semester.** 저는 이번 학기에 마케팅 수업을 듣고 있습니다.

나의 답변

> 저는 이번 학기에 _____을 듣고 있습니다.
>
> .

✿ 수업 이름

- · a marketing class 마케팅 수업
- · a conversation class 회화 수업
- · a computer science class 컴퓨터 공학 수업
- · several required courses 여러 필수과목들

- · a leadership class 리더십 수업
- · a writing class 작문 수업
- · a life science class 생명과학 수업
- · several elective courses 여러 선택과목들

수업 중 가장 기억에 남는 경험

**패턴 4**

# The most memorable event in a class was when 기억에 남는 일.

수업 중 가장 기억에 남는 일은 ☐ 때였습니다.

가장 기억에 남는 일을 말할 때는 최상급 The most ~(가장 ~한)를 써요. 이때 정관사 the를 반드시 붙여야 하므로 The most를 하나의 표현처럼 외워두는 것이 좋습니다.

**The most memorable event in a class was when I got a perfect score on my exam.**
수업 중 가장 기억에 남는 일은 시험에서 만점을 받았을 때였습니다.

나의 답변 🎤

> 수업 중 가장 기억에 남는 일은 _____ 때였습니다.
>
> .

✿ 수업 중 가장 기억에 남는 일

- · I got a perfect score on my exam 시험에서 만점을 받았습니다
- · I gave a successful presentation 발표를 성공적으로 마쳤습니다
- · I met a famous author 유명한 작가를 만났습니다
- · my teacher got angry at me for being late 제가 늦어서 선생님께서 화가 나셨습니다
- · my classmate cheated on an exam 반 친구가 시험에서 부정행위를 하였습니다

## 패턴 5

# I did a project about  프로젝트 주제 . 저는 [ ]에 관한 프로젝트를 했습니다.

수업에서 했던 프로젝트에 대해 이야기할 때 did 대신 worked on을 넣어 말해도 같은 의미를 표현할 수 있어요. 더 기억하기 쉬운 표현을 골라 외워보세요.

**I did a project about the auto market.** 저는 자동차 시장에 관한 프로젝트를 했습니다.

**나의 답변** 🎤

> 저는 _____ 에 관한 프로젝트를 했습니다.
>
> _____ .

☆ 프로젝트 주제

- the auto market 자동차 시장
- successful companies 성공한 기업들
- consumer trends 소비자 동향
- the Korean stock market 한국의 주식 시장

- an author's recent novel 한 작가의 최신 소설
- medieval literature 중세 문학
- early childhood education 유아 교육
- computer programming 컴퓨터 프로그래밍

---

## 패턴 6

# I had to  했던 일 for the project. 저는 프로젝트를 위해 [ ] 해야 했습니다.

위 패턴에서 had to는 have to(~해야 한다)의 과거형으로, 과거에 해야 했던 일에 대해 이야기할 때 사용됩니다.

**I had to read a textbook for the project.** 저는 프로젝트를 위해 교재를 읽어야 했습니다.

**나의 답변** 🎤

> 저는 프로젝트를 위해 _____ 해야 했습니다.
>
> _____ .

☆ 프로젝트를 위해 했던 일

- read a textbook 교재를 읽다
- do research online 인터넷으로 조사를 하다
- conduct a survey 설문조사를 하다
- meet with my team members 팀원들과 만나다

- compile the data 자료를 수집하다
- write a paper 보고서를 쓰다
- prepare a presentation 발표를 준비하다
- give a presentation 발표를 하다

## I was quite 느낌. 저는 꽤 ☐ 했습니다.

I was quite 다음에 여러 가지 형용사를 붙여 '느낌'을 표현할 수 있어요. 사람이 주어일 때는 느낌을 나타내는 excite, relieve와 같은 단어를 -ing 형태가 아닌 p.p. 형태로 써야 한다는 것을 기억해 두세요.

### I was quite excited.    저는 꽤 신났습니다.

나의 답변

저는 꽤 _____했습니다.

.

★ 느낌 (사람이 주어일 때)

· excited 신난
· relieved 안도한
· proud of myself 스스로가 자랑스러운

· worried 걱정된
· nervous 긴장한
· disappointed 실망한

## At school, I often use 기술·기기. 학교에서, 저는 ☐ 을 자주 사용합니다.

often 대신 always(항상), usually(주로), sometimes(가끔) 등의 빈도 부사를 사용해서 얼마나 자주 학교에서 기술이나 기기를 사용하는지 말할 수 있어요.

### At school, I often use a school computer.    학교에서, 저는 학교 컴퓨터를 자주 사용합니다.

나의 답변

학교에서, 저는 _____을 자주 사용합니다.

.

★ 학교에서 사용하는 기술·기기

· a school computer 학교 컴퓨터
· the wireless Internet 무선 인터넷
· some software programs 몇몇 소프트웨어 프로그램
· a projector 프로젝터
· a printer 프린터
· a photocopier 복사기
· an electronic attendance system 전자 출석 시스템
· the library's self-checkout system 도서관 자동 대여 시스템

여기에서는 <수업> 주제의 빈출 문제를 공략해 봅니다. 앞에서 배운 답변 패턴을 이용하고, 주어진 모범답변을 참고하여 여러분의 답변을 만들어 보세요.

## 1 학교에서 사용하는 기술과 기기

UNIT 03 Track 3

**Q** Technology is playing an increasingly important role in education. Tell me about the technology you use at school. What do you use it for? 기술과 기기가 교육에서 점점 더 중요한 역할을 하고 있습니다. 당신이 학교에서 사용하는 기술과 기기에 대해 이야기해 주세요. 당신은 그것을 무엇을 위해 사용하나요?

 나의 답변

> **Tip** 1. technology라고 해서 거창하고 어려운 기술과 기기를 의미하는 건 아니에요. 컴퓨터, 인터넷과 같은 최신 기술과 기기를 떠올려 답변하면 됩니다.
> 2. 학교에서 자주 사용하는 기술이나 기기를 두 가지 정도 떠올리고, 사용 용도를 덧붙여 이야기해 보세요.
>
> \* 사용할 수 있는 답변 패턴 – 패턴 8 학교에서 사용하는 기술·기기 · 패턴 3 듣고 있는 수업 · 패턴 6 프로젝트를 위해 했던 일

모범답변

**At school, I often use video-conferencing software. I am taking a marketing course this semester,** and the software is very helpful when I have to do a group project. For instance, **I did a project about how companies use social media.** It was a group project, so my team members needed to get together often to discuss the work. But sometimes, we couldn't all meet at the same place. So, we used video calls to have discussions. It was convenient and easy for everyone.

## 2 전공과 전공 선택 이유

UNIT 03 Track 4

**Q** What is your major? Why did you choose this field of study? What kinds of courses are you taking? Please provide as many details as possible. 당신의 전공은 무엇인가요? 당신은 왜 그 학문 분야를 선택했나요? 학교에서 어떤 종류의 과목들을 듣고 있나요? 되도록 상세한 내용을 많이 제시해 주세요.

 나의 답변

> **Tip** 1. 나의 전공 → 전공을 선택한 이유나 목적 → 학교에서 수강하는 전공과목을 순서대로 말하면 자연스러운 답변이 됩니다.
> 2. 복수 전공이나 부전공에 대해 이야기하고 싶다면 double major 또는 minor 등의 표현을 익혀, I am minoring in economics(저는 경제학을 부전공으로 하고 있습니다)와 같이 답변할 때 사용하세요.
>
> \* 사용할 수 있는 답변 패턴 – 패턴 1 나의 전공 · 패턴 2 전공을 선택한 이유·목적 · 패턴 3 듣고 있는 수업

**I am majoring in** economics. **I chose my major** because I am interested in that field. I want to work for a bank in the future. **I am taking** several required courses for my major **this semester**, such as Principles of Economics, Econometrics, and Calculus. These subjects are very difficult, but also very interesting.

## 3 수업 중 기억에 남는 경험

🎧 UNIT 03 Track 5

**Q Can you tell me about a memorable experience that you have had in one of your classes? Why was the experience so unforgettable?** 수업에서 있었던 기억에 남는 경험에 대해 이야기해 줄 수 있나요? 그 경험이 왜 그렇게 잊을 수 없나요?

> **Tip** 1. 초청 강연처럼 특별한 경험뿐만 아니라, 시험을 잘 봤다거나 발표를 성공적으로 마친 것과 같은 일상적인 경험을 떠올려 이야기해 보세요.
> 2. 경험에 대해 말할 때는 언제, 무슨 일이 있었는지 말하고 마지막으로 그때의 느낌을 덧붙이면 자연스럽게 마무리할 수 있어요.
>
> \* 사용할 수 있는 답변 패턴 – **패턴 4** 수업 중 가장 기억에 남는 경험 · **패턴 3** 듣고 있는 수업 · **패턴 7** 나의 느낌

**모범답변**

**The most memorable event in a class was when** I met a famous author. **I was taking** a writing class **that semester**. My professor announced that we would have a special guest lecturer. The lecturer was an author of several best-selling books. **I was quite** excited to meet him in person. He discussed his most recent novel. Everyone in the class really enjoyed his lecture.

---

해 석 | 1 학교에서, 저는 화상 회의 소프트웨어를 자주 사용합니다. 저는 이번 학기에 마케팅 수업을 듣고 있고, 조별 과제를 해야 할 때 그 소프트웨어가 많은 도움이 됩니다. 예를 들어, 저는 기업들이 소셜 미디어를 어떻게 사용하는지에 관한 프로젝트를 했습니다. 그것은 조별 과제라서, 팀원들이 자주 모여 작업에 대해 논의해야 했습니다. 하지만 가끔, 우리는 모두 같은 장소에서 모일 수 없었습니다. 그래서, 우리는 논의를 하기 위해 화상 통화를 사용했습니다. 그것은 모두에게 편리하고 쉬웠습니다.

2 저는 경제학을 전공하고 있습니다. 그 분야에 관심이 있기 때문에 저의 전공을 선택했습니다. 저는 미래에 은행에서 일하고 싶습니다. 저는 이번 학기에 전공을 위해 경제학 원론, 계량 경제학, 그리고 미적분학과 같은 여러 필수과목을 듣고 있습니다. 이 과목들은 매우 어렵지만, 또한 매우 재미있습니다.

3 수업 중 가장 기억에 남는 일은 유명한 작가를 만났을 때였습니다. 저는 그 학기에 작문 수업을 듣고 있었습니다. 교수님께서는 우리가 특별 초청 강사를 맞이하게 될 것을 알려 주셨습니다. 그 강사는 몇몇 베스트셀러 도서의 작가였습니다. 그를 직접 만날 수 있어서 저는 꽤 신났습니다. 그는 자신의 최신 소설에 대해 논하였습니다. 수업에서 모두가 그의 강의를 즐겼습니다.

설문 주제 공략하기 · UNIT 03 · 수업 · 10일 만에 끝내는 **해커스 OPIc START** (Intermediate 공략)

# UNIT 04 직장

음성 바로 듣기

<직장> 관련 문제는 Background Survey에서 "현재 귀하는 어느 분야에 종사하고 계십니까?"라는 질문에 "사업/회사"라고 답한 경우 자주 출제됩니다. 이와 같이 답변할 거라면, 이 UNIT을 통해 자주 나오는 문제와 효과적인 답변 방법을 살펴보고 나만의 답변도 준비해 보세요.

## 어떤 문제가 자주 나오나요?

<직장> 주제의 문제로 아래 문제들이 자주 출제됩니다. 이 중에서도 가장 자주 출제된 '빈출 문제'들을 중심으로 답변을 준비하는 것이 효과적입니다.

· 근무하고 있는 회사 소개와 묘사  빈출 문제
· 사무실이나 일터 묘사  빈출 문제
· 사무실에서 사용하는 기기와 장비  빈출 문제
· 회사에서 제공하는 교육 소개
· 회사로부터 받는 보너스

· 점심시간에 하는 일  빈출 문제
· 직장 내의 복장 규칙

· 동료나 상사와 문제가 있었던 경험
· 동료로부터 도움을 받은 경험
· 회사에 지각한 경험

## 어떻게 준비하나요?

■ 대표문제를 통해 이 주제의 문제에 어떻게 답하는지 살펴보세요. 그런 다음 핵심 답변 패턴을 익혀 나의 답변을 준비하고 연습해 보세요.

■ UNIT 01 <자기소개>에서 배운 직장 관련 답변 패턴을 활용하여 이 주제를 학습하면 더 효과적으로 OPIc 시험을 준비할 수 있어요.

■ 회사를 소개할 때 필요한 회사 정보(설립 연도, 규모 등)는 인터넷을 통해 미리 알아 놓으면 도움이 됩니다.

**근무하고 있는 회사 소개와 묘사**

You indicated in the survey that you are employed. Tell me about the company you currently work for. Where is it located and when was it established? What services or products does it provide to customers? 당신은 설문에서 현재 고용된 상태라고 했습니다. 현재 당신이 일하고 있는 회사에 대해 이야기해 주세요. 회사가 어디에 위치해 있고 언제 설립되었나요? 어떤 서비스 또는 상품을 고객에게 제공하나요?

<직장> 주제에서 가장 자주 나오는 문제가 바로 '근무하고 있는 회사 소개와 묘사'입니다. 이 문제에 답할 때 유용하게 사용할 수 있는 답변 패턴들을 살펴보고, 이 패턴들이 답변에 어떻게 사용되는지 알아보세요.

**답변패턴**

| ① 내가 다니는 회사 | **I am working at 회사 이름/회사 종류.** 저는 ~에서 일하고 있습니다. |
|---|---|
| ② 회사 위치/설립 시기 | **It is located 위치, and it was established 시기.** 그것은 ~에 위치해 있고, ~에 설립되었습니다. |
| ③ 회사에서 제공하는 제품·서비스 | **My company is known for 제품·서비스.** 저희 회사는 ~로 알려져 있습니다. |

**모범답변**

🎤 ①I am working at an electronics company called Kosmo. ②It is located in the downtown area, and it was established in 1984. ③My company is known for producing quality electronic goods. Our digital cameras and TVs are very popular with consumers. I have worked at this company for six years. My work is interesting, and I get along well with my coworkers. So I am very satisfied with my job.

해설 | ① 내가 다니는 회사를 말할 때는 'I am working at 회사 이름/회사 종류.' 패턴을 사용해서 말해요.

② 회사 위치/설립 시기는 'It is located 위치, and it was established 시기.' 패턴을 사용해 말할 수 있어요. 회사 위치는 현재 시제를, 설립 시기는 과거에 일어난 일이므로 과거 시제를 사용해서 말해요.

③ 회사에서 제공하는 제품·서비스를 말할 때는 'My company is known for 제품·서비스.' 패턴으로 말해요. 'be known for ~'는 '~로 알려져 있다', 즉 '~로 유명하다'라는 의미예요.

해석 | 저는 코스모라는 전자 회사에서 일하고 있습니다. 그것은 시내에 위치해 있고, 1984년에 설립되었습니다. 저희 회사는 좋은 품질의 전자제품을 생산하는 것으로 알려져 있습니다. 저희 회사의 디지털카메라와 텔레비전은 고객들 사이에서 매우 인기 있습니다. 저는 6년 동안 이 회사에 근무해 왔습니다. 저의 업무는 재미있고, 저는 동료들과 잘 어울립니다. 그래서 저는 제 직업에 매우 만족합니다.

**나의 답변** 🎤

답변 패턴과 모범답변을 참고하여 나의 답변을 완성해 보세요.

① 내가 다니는 회사

② 회사 위치/설립 시기

③ 회사에서 제공하는 제품·서비스

<직장> 주제의 여러 OPIc 문제에 유창하게 답변할 수 있도록 가장 핵심적인 답변 패턴들을 살펴보세요. 패턴과 함께 제시된 표현리스트를 참고하여 '나의 답변'을 완성한 후 반복해 말하며 익혀두세요.

🎧 UNIT 04 Track 2

내가 다니는 회사

## I am working at 회사 이름/회사 종류. 저는 ⬚ 에서 일하고 있습니다.

직장에서 근무 중인 것을 말할 때는 현재진행 시제(be + -ing)를 사용해서 말해요. 현재 근무 중임을 좀 더 강조하고 싶다면 I am currently working at이라고 말해도 좋아요.

**I am working at an electronics company.** 저는 전자 회사에서 일하고 있습니다.

나의 답변 🎙️

> 저는 _____에서 일하고 있습니다.
>
> .

☆ 회사 종류

- an electronics company 전자 회사
- a food company 식품회사
- a pharmaceutical company 제약회사
- a construction company 건설회사
- a shipbuilding company 조선회사

- an insurance company 보험회사
- an advertising company 광고회사
- an international trading company 국제무역회사
- a small company 중소기업
- a big company 대기업

회사 위치/설립 시기

## It is located 위치, and it was established 시기.
그것은 ~에 위치해 있고, ~에 설립되었습니다.

회사 위치는 in(~에), near(~ 근처에)와 같은 장소 전치사 다음에 지명을 붙여서 말하고, 회사 설립 시기는 in(~에) 다음에 설립 연도를 붙여서 이야기해요.

**It is located in Busan, and it was established in 1984.** 그것은 부산에 위치해 있고, 1984년에 설립되었습니다.

나의 답변 🎙️

> 그것은 _____ 위치해 있고, _____ 설립되었습니다.
>
> .

☆ 위치

- in Busan 부산에
- in the downtown area 시내에
- in Gwanghwamun 광화문에
- near Gangnam Station 강남역 근처에

☆ 시기

- in 1984 1984년에
- in the 90's 90년대에
- 50 years ago 50년 전에
- last year 작년에

## 패턴 3

# My company is known for 제품·서비스. 저희 회사는 [ ]로 알려져 있습니다.

전치사 for 다음에는 its customer service(고객 서비스)와 같은 명사구 또는 producing quality goods(좋은 품질의 제품을 생산하는 것) 와 같은 동명사구를 붙여서 말해요.

### My company is known for its excellent customer service.
저희 회사는 훌륭한 고객 서비스로 알려져 있습니다.

🎤 **나의 답변**

저희 회사는 _____로 알려져 있습니다.

⭐ 회사에서 제공하는 제품·서비스

· its excellent customer service 훌륭한 고객 서비스
· its speedy delivery service 빠른 배송 서비스
· its delicious food products 맛있는 식료품
· its innovative medical research 혁신적인 의학 연구
· producing quality electronic goods 좋은 품질의 전자제품을 생산하는 것
· creating exciting advertisements 흥미로운 광고를 제작하는 것
· building power plants 발전소를 건설하는 것
· designing unique websites 독특한 웹사이트를 디자인하는 것

## 패턴 4

# There are 물품 in my office. 저희 사무실에는 [ ]이 있습니다.

'~이 있다'라고 말할 때는 There is 다음에 a couch(소파)와 같은 단수 명사를 붙여서 말해요. 물품이 여러 개 있다면 There are 다음에 복수 명사를 붙여서 말하세요.

### There are desks and chairs in my office.
저희 사무실에는 책상과 의자들이 있습니다.

🎤 **나의 답변**

저희 사무실에는 _____이 있습니다.

⭐ 사무실에 있는 물품

· desks and chairs 책상과 의자들
· some tables for meetings 몇몇 회의용 테이블
· a bookcase 책장
· a conference room 회의실
· a private office for the manager 임원 전용 사무실

· a water cooler 정수기
· a photocopier 복사기
· an air conditioner 에어컨
· a flower pot 화분
· a coffee machine 커피 머신

**패턴 5**

# I make use of 사무기기 in my office. 저는 사무실에서 ☐를 사용합니다.

make use of 대신 use(사용하다)를 써도 같은 의미입니다. 자신이 좀 더 외우기 쉬운 표현을 익혀두세요.

**I make use of a computer in my office.** 저는 사무실에서 컴퓨터를 사용합니다.

나의 답변 🎤

> 저는 사무실에서 _____.를 사용합니다.
>
> .

☆ 사무기기

- a computer 컴퓨터
- a printer 프린터
- a scanner 스캐너
- a photocopier 복사기

- a fax machine 팩스기
- a projector 프로젝터
- a paper shredder 파쇄기
- a calculator 계산기

**패턴 6**

# I use it to 용도. 저는 ☐하기 위해서 그것을 사용합니다.

I use it 다음에 to 부정사를 붙여서 사무실에서 사용하는 사무기기의 용도를 이야기할 수 있어요. 여기서 'to + 동사원형' 형태의 to 부정사는 '~하기 위해서'라는 의미로 사용돼요.

**I use it to do my work.** 저는 일을 하기 위해서 그것을 사용합니다.

나의 답변 🎤

> 저는 _____하기 위해서 그것을 사용합니다.
>
> .

☆ 사무기기의 용도

- do my work 일을 하다
- print documents 문서를 출력하다
- scan a picture 사진을 스캔하다
- make copies 복사하다

- send documents to clients 고객에게 문서를 보내다
- give a presentation 발표하다
- shred documents 문서를 파쇄하다
- calculate the figures 수치를 계산하다

**패턴 7**

# My office is 모습·분위기. 저희 사무실은 ☐ 합니다.

사무실의 분위기나 모습을 말할 때는 간단하게 My office is 다음에 다양한 형용사를 붙여 말할 수 있어요. 이때 quiet and clean (조용하고 깨끗한)처럼 and로 두 가지 형용사를 연결해서 말해줘도 좋아요.

## My office is quiet. 저희 사무실은 조용합니다.

 나의 답변

> 저희 사무실은 _____ 합니다.
>
> .

☆ 장소의 모습·분위기

- quiet 조용한
- peaceful 평화로운
- busy 바쁜
- noisy 시끄러운
- clean 깨끗한
- big 큰 / spacious 넓은
- small 작은
- crowded 붐비는, 복잡한

점심시간에 주로 하는 일

**패턴 8**

# During my lunch break, I usually 하는 일. 점심시간에, 저는 주로 ~합니다.

usually 대신 always(항상), often(자주), sometimes(가끔) 등의 빈도 부사를 사용해서 자신이 얼마나 자주 그 일을 하는지 표현할 수 있어요.

## During my lunch break, I usually get something to eat. 점심시간에, 저는 주로 무언가를 먹습니다.

 나의 답변

> 점심시간에, 저는 주로 _____.
>
> .

☆ 점심시간에 하는 일

- get something to eat 무언가를 먹다
- surf the Internet 인터넷 서핑을 하다
- check my e-mail 이메일을 확인하다
- take a short nap 잠시 낮잠을 자다
- read a book 책을 읽다
- go for a walk 산책하러 가다

여기에서는 <직장> 주제의 빈출 문제를 공략해 봅니다. 앞에서 배운 답변 패턴을 이용하고, 주어진 모범답변을 참고하여 여러분의 답변을 만들어 보세요.

## 1 사무실이나 일터 묘사

🎧 UNIT 04 Track 3

**Q** **Please describe your office or workplace in detail. What does it look like? What can be found in your place of work?** 당신의 사무실 또는 근무 장소를 상세히 묘사해 주세요. 사무실은 어떻게 생겼나요? 근무하는 장소에서 무엇을 볼 수 있나요?

 나의 답변

> **Tip** 1. 자신이 다니고 있는 직장이 어디인지 먼저 말한 후 자연스럽게 사무실이나 일터의 분위기와 규모를 말해보세요.
> 2. 사무실에 있는 가구나 장식품 두세 가지에 대해 구체적으로 이야기하고, 사무실에 어떤 공간이 있는지 덧붙여 말하면 좋은 답변이 됩니다.
> * 사용할 수 있는 답변 패턴 – **패턴 1** 내가 다니는 회사 · **패턴 7** 사무실 모습·분위기 · **패턴 4** 사무실에 있는 물품

모범답변

**I am working at** a small company. So **my office is** quiet and small. There aren't a lot of employees. **There are** two water coolers and some tables for meetings **in my office**. We also have a conference room for the employees and a private office for the manager. In the backroom, there is a photocopier and a fax machine.

## 2 사무실에서 사용하는 기기와 장비

🎧 UNIT 04 Track 4

**Q** **Tell me about the technology or equipment in your office or workplace. Which devices do you use regularly? What do you use them for?** 당신이 사무실이나 근무 장소에서 사용하는 기술과 기기 또는 장비에 대해 이야기해 주세요. 당신은 어떤 기기를 정기적으로 사용하나요? 무엇을 위해 그것들을 사용하나요?

 나의 답변

> **Tip** 1. 자신이 사무실에서 가장 자주 사용하는 기술과 기기, 장비가 무엇인지 떠올려 보세요. 컴퓨터나 프로젝터, 프린터 같은 기기 등을 사용한다고 말할 수 있을 거예요.
> 2. 사용하는 기기를 이야기한 후, 무엇을 위해 사용하는지 용도에 대해 말하면 됩니다. 일상적으로 사용하는 기기에 대해 말하는 것이기 때문에 현재 시제를 사용하면 돼요.
> * 사용할 수 있는 답변 패턴 – **패턴 5** 사무실에서 사용하는 기기 · **패턴 6** 사무기기의 용도 · **패턴 4** 사무실에 있는 물품

**I am working at an animation company. My company is known for making Web comics**, so **there are many types of computers in my office**. I am in charge of designing new characters. So **I make use of the large touch screen monitor in my office. I use it to** draw some sketches of characters.

## 3 점심시간에 하는 일

🎧 UNIT 04 Track 5

**Q** Different people enjoy doing different things during their lunch breaks. What do you usually do during your lunch breaks? Give me as many details as you can. 서로 다른 사람들은 점심시간에 서로 다른 일들을 하는 것을 즐깁니다. 당신은 주로 점심시간 동안 무엇을 하나요? 가능한 한 상세한 내용을 많이 알려주세요.

Tip  점심시간에 자기가 주로 하는 일들을 떠올려 답변에 이용하세요. 대부분의 직장인들이 점심시간에 식사를 하거나 휴식을 취하므로 말할 내용을 떠올리는 것이 어렵지 않을 거예요.
* **사용할 수 있는 답변 패턴 - 패턴 8** 점심시간에 주로 하는 일 · **패턴 4** 사무실에 있는 물품 · **패턴 7** 사무실 모습·분위기

 **During my lunch break, I usually** get something to eat in a restaurant near my office. If I come back to the office early, I often check my e-mail. **There is** a coffee machine **in my office**, so I can get a coffee while I relax. If there's nothing to do, I like to take a short nap. **My office is** very quiet, so it is easy to rest during my lunch break.

해 석 | 1  저는 중소기업에서 일하고 있습니다. 그래서 저희 사무실은 조용하고 작습니다. 직원들이 많지는 않습니다. 저희 사무실에는 두 개의 정수기와 몇몇 회의용 테이블이 있습니다. 저희는 또한 직원용 회의실과 임원 전용 사무실이 있습니다. 안쪽 방에는, 복사기와 팩스기가 있습니다.

2  저는 애니메이션 회사에서 일하고 있습니다. 저희 회사는 웹툰을 만드는 것으로 알려져 있어서, 저희 사무실에는 많은 종류의 컴퓨터가 있습니다. 저는 새로운 캐릭터를 디자인하는 것을 담당하고 있습니다. 그래서 저는 사무실에서 큰 터치스크린 모니터를 사용합니다. 저는 캐릭터의 스케치를 그리기 위해서 그것을 사용합니다.

3  점심시간에, 저는 주로 사무실 근처의 식당에서 무언가를 먹습니다. 사무실에 일찍 돌아오면, 저는 자주 이메일을 확인합니다. 저희 사무실에는 커피 머신이 있어서, 쉬는 동안 커피를 마실 수 있습니다. 할 일이 아무것도 없을 때는, 저는 잠시 낮잠을 자는 것을 좋아합니다. 저희 사무실은 매우 조용해서, 점심시간에 휴식을 취하기 좋습니다.

# UNIT 05 업무

음성 바로 듣기

<업무> 관련 문제는 Background Survey에서 "현재 귀하는 어느 분야에 종사하고 계십니까?"라는 질문에 "사업/회사"라고 답한 경우 자주 출제됩니다. 이와 같이 답변할 거라면, 이 UNIT을 통해 자주 나오는 문제와 효과적인 답변 방법을 살펴보고 나만의 답변도 준비해 보세요.

### 어떤 문제가 자주 나오나요?

<업무> 주제의 문제로 아래 문제들이 자주 출제됩니다. 이 중에서도 가장 자주 출제된 '빈출 문제'들을 중심으로 답변을 준비하는 것이 효과적입니다.

· 회사에서의 직급과 직무  빈출 문제

· 초과 근무 빈도와 초과 근무를 하는 이유
· 초과 업무가 주어졌을 때 기분
· 참여하고 싶은 프로젝트

· 기억에 남는 프로젝트  빈출 문제
· 기억에 남는 교육  빈출 문제
· 어려움을 겪었던 프로젝트  빈출 문제
· 프로젝트 마감 기한 관련 경험
· 최근에 프로젝트에서 사용한 기술
· 지난주 회사에서 한 업무

### 어떻게 준비하나요?

■ 대표문제를 통해 이 주제의 문제에 어떻게 답하는지 살펴보세요. 그런 다음 핵심 답변 패턴을 익혀 나의 답변을 준비하고 연습해 보세요.

■ UNIT 01 <자기소개>에서 배운 직장 관련 답변 패턴을 활용하여 이 주제를 학습하면 더 효과적으로 OPIc 시험을 준비할 수 있어요.

■ 이 주제에서는 자신이 맡은 업무나 프로젝트를 최대한 쉽고 간단하게 이야기하도록 하세요.

## 대표문제 | 기억에 남는 프로젝트

**In your background survey, you indicated that you have a job. Describe the most memorable project you've worked on for your company. Why was it so memorable?**
배경 설문에서, 당신은 직업이 있다고 했습니다. 당신이 회사를 위해 했던 가장 기억에 남는 프로젝트를 묘사해 주세요. 왜 그것이 그렇게 기억에 남나요?

<업무> 주제에서 가장 자주 나오는 문제가 바로 '기억에 남는 프로젝트'를 묻는 문제입니다. 이 문제에 답할 때 유용하게 사용할 수 있는 답변 패턴들을 살펴보고, 이 패턴들이 답변에 어떻게 사용되는지 알아보세요.

**답변패턴**

| ① 수행했던 프로젝트 | **I worked on 프로젝트 종류 project.** 저는 ~ 프로젝트를 했습니다. |
| --- | --- |
| ② 기억에 남는 이유 | **It was memorable because 이유.** ~ 때문에 기억에 남습니다. |
| ③ 프로젝트 후 기분 | **When the project was completed, I felt really 기분.** 프로젝트를 마쳤을 때, 저는 정말 ~했습니다. |

**모범답변**

🎤 ①I worked on a product promotion project last February. ②It was memorable because I helped launch a popular new product. I had to make a presentation on recent consumer trends. I was also responsible for researching our competitors' products. ③When the project was completed, I felt really proud of myself.

**해설 |** ① **수행했던 프로젝트**를 말할 때는 'I worked on 프로젝트 종류 project.' 패턴을 사용해서 말해요. a research (조사), a promotion(홍보)과 같은 프로젝트 종류를 넣어 말할 수 있어요.

② **기억에 남는 이유**는 It was memorable because 다음에 이유를 붙여 말해요. because 다음에는 '주어 + 동사' 형태의 절이 와야 합니다.

③ **프로젝트 후 기분**을 말할 때는 'When the project was completed, I felt really 기분.' 패턴을 사용해서 말해요. completed 대신 finished를 써도 같은 의미를 표현할 수 있어요.

**해석 |** 저는 지난 2월에 제품 홍보 프로젝트를 했습니다. 제가 인기 있는 신상품 출시를 도왔기 때문에 기억에 남습니다. 저는 최근 소비자 동향에 대해 발표를 해야 했습니다. 저는 또한 우리의 경쟁사 제품을 조사하는 것도 담당했습니다. 프로젝트를 마쳤을 때, 저는 정말 제 자신이 자랑스러웠습니다.

**나의 답변** 🎤 답변 패턴과 모범답변을 참고하여 나의 답변을 완성해 보세요.

① 수행했던 프로젝트

② 기억에 남는 이유

③ 프로젝트 후 기분

<업무> 주제의 여러 OPIc 문제에 유창하게 답변할 수 있도록 가장 핵심적인 답변 패턴들을 살펴보세요. 패턴과 함께 제시된 표현리스트를 참고하여 '나의 답변'을 완성한 후 반복해 말하며 익혀두세요.

🎧 UNIT 05 Track 2

**직급과 부서**

## I am 직급 in the 부서 . 저는 ◯의 ◯입니다.

직급은 I am 다음에 직급을 붙여서 간단하게 표현할 수 있어요. 내가 속한 부서를 말할 때는 부서 앞에 정관사 the를 붙여서 말해요.

**I am a regular employee in the Planning Department.** 저는 기획부의 정규직 사원입니다.

> 🎤 나의 답변
>
> 저는 _____의 _____입니다.

☆직급
- a regular employee 정규직 사원
- an assistant manager 대리
- a team manager 팀장
- a manager 과장
- a deputy general manager 차장
- a general manager 부장

☆부서
- Planning Department 기획부
- Marketing Department 마케팅부
- Sales Department 영업부
- Human Resources Department 인사부
- Accounting Department 회계부
- General Affairs Department 총무부

**맡은 직무**

## My responsibilities include 직무 . 제 직무는 ◯을 포함합니다.

include는 -ing 형태의 동명사를 목적어로 취합니다. include 다음에 'to + 동사원형'의 to 부정사를 사용하지 않도록 주의하세요.

**My responsibilities include researching industry trends.** 제 직무는 산업 동향을 조사하는 것을 포함합니다.

> 🎤 나의 답변
>
> 제 직무는 _____을 포함합니다.

☆직무
- researching industry trends 산업 동향을 조사하는 것
- writing research reports 연구 보고서를 쓰는 것
- creating marketing campaigns 마케팅 캠페인을 제작하는 것
- dealing with customers 고객을 상대하는 것
- meeting with clients 고객과 만나는 것
- managing employee records 직원 기록을 관리하는 것
- leading a team of employees 직원들 팀을 이끄는 것
- maintaining financial records 재무 기록을 관리하는 것

수행했던 프로젝트

**패턴 3**

# I worked on 프로젝트 종류 project. 저는 ☐ 프로젝트를 했습니다.

work on 대신 manage(관리하다)나 assist with(돕다)를 사용해서 프로젝트에서 어떤 역할을 했는지 더 구체적으로 이야기할 수 있어요.

**I worked on a market analysis project.** 저는 시장 분석 프로젝트를 했습니다.

나의 답변 🎤

저는 ＿＿＿＿＿＿＿＿＿＿＿＿＿＿＿ 프로젝트를 했습니다.
.

☆ 프로젝트 종류

· a market analysis 시장 분석
· a consumer trends research 소비자 동향 조사
· a research and development 연구 개발
· a sales networking 판매망 형성

· an advertising 광고
· a product promotion 제품 홍보
· an employee training 사원 교육
· innovation management 혁신 관리

기억에 남는 이유

**패턴 4**

# It was memorable because 이유. ☐ 때문에 기억에 남습니다.

because 다음에 '주어 + 동사'의 절 형태를 사용해서 프로젝트가 기억에 남는 이유를 말해요.

**It was memorable because I helped launch a popular new product.**

제가 인기 있는 신상품 출시를 도왔기 때문에 기억에 남습니다.

나의 답변 🎤

＿＿＿＿＿＿＿＿＿＿＿＿＿＿＿ 때문에 기억에 남습니다.
.

☆ 프로젝트가 기억에 남는 이유

· I helped launch a popular new product 제가 인기 있는 신상품 출시를 도왔습니다
· it was a big success 그것은 큰 성공이었습니다
· my team received a bonus 저희 팀이 보너스를 받았습니다
· I made an important business deal 제가 중요한 사업 거래를 성사시켰습니다
· I worked overtime a lot 제가 초과 근무를 많이 했습니다
· it happened on my first day in the office 그것은 제 출근 첫날에 일어났습니다
· I learned valuable skills from it 그것으로부터 유용한 기술을 익혔습니다

**패턴 5**

# I had a problem with 문제 발생 대상. 저는 ⬜ 와/에 문제가 있었습니다.

problem은 '문제' 또는 '어려움'을 의미하는 단어예요. 누구와 또는 무엇에 문제가 있었는지 표현할 때는 problem에 전치사 with를 붙여 말해요.

## I had a problem with my coworker. 저는 동료와 문제가 있었습니다.

**나의 답변** 🎤 | 저는 _____와/에 문제가 있었습니다.
　　　　　　　　　　　　　　　　　　　　　　　　　　　　.

☆ 문제 발생 대상

· my coworker 동료
· my team members 팀원들
· my boss 상사

· my computer 컴퓨터
· the project schedule 프로젝트 일정
· the Accounting Department 회계부

---

**패턴 6**

# When the project was completed, I felt really 기분.
프로젝트를 마쳤을 때, 저는 정말 ⬜ 했습니다.

the project 대신 the training을 쓰면 교육을 마쳤을 때의 기분이 어땠는지 표현할 수 있어요.

## When the project was completed, I felt really proud of myself.
프로젝트를 마쳤을 때, 저는 정말 제 자신이 자랑스러웠습니다.

**나의 답변** 🎤 | 프로젝트를 마쳤을 때, 저는 정말 _____했습니다.
　　　　　　　　　　　　　　　　　　　　　　　　　　　　　.

☆ 기분

· proud of myself 제 자신이 자랑스러운
· happy with my performance 저의 성과 때문에 기쁜
· satisfied 만족하는
· excited 들뜬

· relieved 안도한
· frustrated 절망적인
· worried 걱정되는
· dissatisfied 불만스러운

**패턴 7**

# The most memorable training I've had was 교육 종류.

제가 받은 가장 기억에 남는 교육은 ☐ 이었습니다.

조금 더 간단하게 말하고 싶다면 위 패턴에서 I've had를 빼고 The most memorable training was라고 말해도 괜찮아요.

### The most memorable training I've had was the leadership training.

제가 받은 가장 기억에 남는 교육은 리더십 교육이었습니다.

> **나의 답변 🎙**
>
> 제가 받은 가장 기억에 남는 교육은 _____ 이었습니다.

☆ **교육 종류**

· the leadership training 리더십 교육
· the business language course 비즈니스 언어 강좌
· the time management workshop 시간 관리 워크숍
· the orientation 오리엔테이션

· the customer service training 고객 서비스 교육
· the marketing seminar 마케팅 세미나
· the IT training IT 교육
· the presentation skill workshop 발표 기술 워크숍

**패턴 8**

# I work overtime 이유·목적. ~ 때문에/위해서 저는 초과 근무를 합니다.

위 패턴에서 work 대신 do(하다)를 사용해도 같은 의미예요. work overtime 또는 do overtime 중에서 자신이 외우기 쉬운 표현을 사용해 말해보세요.

### I work overtime because I have many projects these days.

요즘 프로젝트가 많기 때문에 저는 초과 근무를 합니다.

> **나의 답변 🎙**
>
> _____ 저는 초과 근무를 합니다.

☆ **초과 근무 이유·목적**

· because I have many projects these days 요즘 프로젝트가 많기 때문에
· because the company is short-staffed 회사에 직원이 모자라기 때문에
· because I deal with overseas clients 해외 고객들을 상대하기 때문에
· to finish all my tasks 모든 업무를 마치기 위해서
· to meet my deadlines 마감 기한을 지키기 위해서

여기에서는 <업무> 주제의 빈출 문제를 공략해 봅니다. 앞에서 배운 답변 패턴을 이용하고, 주어진 모범답변을 참고하여 여러분의 답변을 만들어 보세요.

## 1 회사에서의 직급과 직무

UNIT 05 Track 3

**Q** **What is your position in your company? What are your duties and responsibilities? Give me as many details as you can.** 회사에서 당신의 직급은 무엇인가요? 당신의 직무와 책임은 무엇인가요? 가능한 한 상세한 내용을 많이 알려주세요.

 나의 답변

> **Tip** 1. 자신의 직급을 말할 때 소속 부서 이름까지 말해주면 더 구체적인 답변이 돼요.
> 2. 질문의 duties and responsibilities는 '직무와 책임'을 뜻하는 표현으로, 회사에서 자신이 담당하고 있는 업무들을 가능한 한 많이 말해보세요.
> \* 사용할 수 있는 답변 패턴 - 패턴 1 직급과 부서 · 패턴 2 맡은 직무 · 패턴 8 초과 근무를 하는 이유·목적

모범답변

**I am** an assistant manager **in the** Human Resources Department. **My responsibilities include** managing employee records. I keep track of employee leave and schedules. Also, it is my job to conduct orientation seminars for new employees. I introduce new staff to company policies and make sure they fill out the necessary paperwork. So when my company hires new staff, usually I **work overtime** to finish all my tasks.

## 2 기억에 남는 교육

UNIT 05 Track 4

**Q** **Please tell me about the most memorable training you have had in your company. What kind of training was it? Why was it memorable? Provide as many details as possible.** 당신의 회사에서 받았던 가장 기억에 남는 교육에 대해 이야기해 주세요. 어떤 종류의 교육이었나요? 왜 그 교육이 기억에 남았나요? 되도록 상세한 내용을 많이 제시하세요.

 나의 답변

> **Tip** 1. 가장 기억에 남는 교육의 종류 → 기억에 남는 이유 → 교육받은 내용 순으로 답변한 뒤, 교육을 마친 후 기분을 말하며 마무리하면 좋은 답변이 됩니다.
> 2. 그날 받은 여러 가지 교육 내용에 대해 이야기할 때 In the morning(오전에), Then(그다음에), In the afternoon(오후에) 등과 같이 시간을 나타내는 말을 적절히 사용하면 답변 흐름이 자연스러워집니다.
> \* 사용할 수 있는 답변 패턴 - 패턴 7 가장 기억에 남는 교육 · 패턴 4 기억에 남는 이유 · 패턴 6 프로젝트 후 기분

모범답변

**The most memorable training I've had was** my orientation. **It was memorable because** it happened on my first day in the office. In the morning, I learned about the company and its products. Then I listened to a presentation about company regulations. In the afternoon, I met my new coworkers. They gave me a warm welcome and showed me around the office. **When the training was completed, I felt really** excited.

## 3 어려움을 겪었던 프로젝트

🎧 UNIT 05 Track 5

**Q** Did you ever have a problem with a particular project? What was the problem, and how was it resolved? Please provide as many details as possible. 특정 프로젝트에서 문제가 있었던 적이 있나요? 문제가 무엇이었으며, 문제를 어떻게 해결했나요? 되도록 상세한 내용을 많이 제시해 주세요.

나의 답변

> **Tip**
> 1. 자신이 겪은 어려움을 이야기할 때는 I had a problem with 다음에 문제를 붙여서 말해요. 이때 문제가 심각하다면 problem 앞에 big을, 사소하다면 small을 붙여서 표현할 수 있어요.
> 2. 프로젝트를 하면서 겪은 문제와 그 문제가 어떻게 해결되었는지를 말한 후, 자신의 느낌을 덧붙여 말하면 좋은 답변이 됩니다.
>
> \* 사용할 수 있는 답변 패턴 – 패턴 3 수행했던 프로젝트 · 패턴 5 프로젝트 중 생겼던 문제 · 패턴 6 프로젝트 후 기분

모범답변

**I worked on** a market analysis **project** last fall. While working on the project, **I had a problem with** my computer. A coworker borrowed my laptop and some of my files were accidentally deleted. Those files were very important. Luckily, a technician was able to recover the files and the project was a success. **When the project was completed, I felt really** relieved.

---

**해 석 | 1** 저는 인사부의 대리입니다. 제 직무는 직원 기록을 관리하는 것을 포함합니다. 저는 직원의 휴가와 일정을 기록합니다. 또한, 신입사원들을 위한 오리엔테이션 세미나를 하는 것도 제 업무입니다. 저는 신입사원들에게 회사의 규정을 소개하고 그들이 필요한 서류들을 반드시 작성하도록 합니다. 그래서 저희 회사에서 신입사원을 채용할 때, 모든 업무를 마치기 위해서 주로 저는 초과 근무를 합니다.

**2** 제가 받은 가장 기억에 남는 교육은 제 오리엔테이션이었습니다. 그것은 제 출근 첫날에 일어났기 때문에 기억에 남습니다. 오전에, 저는 회사와 회사의 제품들에 대해 배웠습니다. 그다음에 저는 회사 규정에 대한 발표를 들었습니다. 오후에, 저는 제 새로운 동료들을 만났습니다. 그들은 저를 따뜻하게 환영해 주었으며, 저에게 사무실을 구경시켜 주었습니다. 교육을 마쳤을 때, 저는 정말 들떠있었습니다.

**3** 저는 작년 가을에 시장 분석 프로젝트를 했습니다. 프로젝트 업무를 하는 동안, 저는 컴퓨터에 문제가 있었습니다. 한 동료가 제 노트북을 빌려 갔는데 파일 몇 개가 잘못하여 지워졌습니다. 그 파일들은 매우 중요했습니다. 다행히, 기술자가 파일들을 복구할 수 있었고 프로젝트는 성공적이었습니다. 프로젝트를 마쳤을 때, 저는 정말 안도했습니다.

# UNIT 06 사는곳

음성 바로 듣기

<사는 곳> 관련 문제는 Background Survey에서 "현재 귀하는 어디에 살고 계십니까?"라는 질문에 대해 본인이 선택한 항목과 관련하여 자주 출제됩니다. 이 UNIT을 통해 자주 나오는 문제와 효과적인 답변 방법을 살펴보고 나만의 답변도 준비해 보세요.

## 어떤 문제가 자주 나오나요?

<사는 곳> 주제의 문제로 아래 문제들이 자주 출제됩니다. 이 중에서도 가장 자주 출제된 '빈출 문제'들을 중심으로 답변을 준비하는 것이 효과적입니다.

· 집의 모습 묘사  빈출 문제
· 방에 있는 가구나 가전제품 묘사  빈출 문제
· 방의 내부 묘사
· 집에서 좋아하는 공간 묘사

· 집에서 가족들과 함께하는 일  빈출 문제

· 최근에 집에 준 변화  빈출 문제
· 집에서 있었던 기억에 남는 경험
· 집을 구하게 된 방법

## 어떻게 준비하나요?

■ 대표문제를 통해 이 주제의 문제에 어떻게 답하는지 살펴보세요. 그런 다음 핵심 답변 패턴을 익혀 나의 답변을 준비하고 연습해 보세요.

■ <사는 곳>은 Background Survey에서 '거주지'와 관련하여 반드시 선택해야 하는 항목으로, 다른 설문 주제보다 시험에 나올 가능성이 높으니 반드시 준비하도록 합니다.

## 대표문제 집의 모습 묘사

**You indicated in the survey that you live in an apartment. Tell me about your home. What does it look like? What types of rooms does it have? Please describe it in detail.** 당신은 설문에서 아파트에 산다고 했습니다. 당신의 집에 대해 이야기해 주세요. 집의 외관이 어떻게 생겼나요? 어떤 종류의 방들이 있나요? 그것에 대해서 상세히 묘사해 주세요.

<사는 곳> 주제에서 가장 자주 나오는 문제가 바로 '집의 모습 묘사'입니다. 이 문제에 답할 때 유용하게 사용할 수 있는 답변 패턴들을 살펴보고, 이 패턴들이 답변에 어떻게 사용되는지 알아보세요.

**답변패턴**

| ① 내가 사는 집의 형태 | **I live in** 집의 형태. | 저는 ~에 삽니다. |
| ② 집의 모습·분위기 | **My house is** 모습·분위기. | 저희 집은 ~합니다. |
| ③ 집에 있는 방·공간 | **My home has** 방·공간. | 저희 집에는 ~이 있습니다. |

**모범답변**

🎤 ①**I live in** an apartment near the Han River. ②**My house is** very clean and modern. ③**My home has** white walls and wooden floors. There are three bedrooms in my home. It also has two bathrooms, a kitchen, and a living room. The living room has a balcony with a great view of the mountains.

해설 | ① **내가 사는 집의 형태**를 말할 때는 'I live in 집의 형태.' 패턴을 사용해서 말해요. 내가 현재 사는 곳에 대해 말하는 것이므로 현재 시제를 사용해서 이야기하세요.

② **집의 모습·분위기**는 My house is 다음에 집의 모습이나 분위기를 표현하는 다양한 형용사(clean, modern 등)를 붙여서 말할 수 있어요.

③ **집에 있는 방·공간**은 'My home has 방·공간.'으로 표현해요. 이때 My home이 3인칭 단수이므로 have가 아닌 has를 써주는 것 꼭 명심하세요.

해석 | 저는 한강 근처의 아파트에 삽니다. 저희 집은 매우 깨끗하고 현대적입니다. 저희 집에는 하얀 벽과 목재 바닥이 있습니다. 저희 집에는 3개의 침실이 있습니다. 또한 2개의 화장실, 부엌 그리고 거실이 있습니다. 거실에는 산이 보이는 훌륭한 전망의 발코니가 있습니다.

**나의 답변** 🎤 답변 패턴과 모범답변을 참고하여 나의 답변을 완성해 보세요.

① 내가 사는 집의 형태

② 집의 모습·분위기

③ 집에 있는 방·공간

<사는 곳> 주제의 여러 OPIc 문제에 유창하게 답변할 수 있도록 가장 핵심적인 답변 패턴들을 살펴보세요. 패턴과 함께 제시된 표현 리스트를 참고하여 '나의 답변'을 완성한 후 반복해 말하며 익혀두세요.

🎧 UNIT 06 Track 2

### 내가 사는 집의 형태

## I live in 집의 형태. 저는 □ 에 삽니다.

'~에 살다'라는 의미를 표현할 때 live는 주로 전치사 in과 함께 쓰여요.

**I live in an apartment.**  저는 아파트에 삽니다.

🎤 **나의 답변**

> 저는 _____에 삽니다.
>
> .

✿ 집의 형태

- an apartment 아파트
- a studio apartment 원룸
- a duplex apartment 복층 아파트

- a town house 연립 주택
- a dormitory 기숙사
- a two-bedroom house 방 2개짜리 집

### 집에 있는 방·공간

## My home has 방·공간. 저희 집에는 □ 이 있습니다.

집에 어떤 공간이 있는지 말할 때 My home has 대신 '~이 있다'는 뜻의 There is/are ~를 사용해도 좋아요.

**My home has a living room and two bedrooms.**  저희 집에는 거실과 2개의 침실이 있습니다.

🎤 **나의 답변**

> 저희 집에는 _____이 있습니다.
>
> .

✿ 집에 있는 방·공간

- a living room 거실
- a master room 안방
- a bedroom 침실
- a kitchen 부엌
- a bathroom 화장실
- a study 서재

- a balcony 발코니
- a utility room 다용도실
- a high ceiling 높은 천장
- wooden floors 목재 바닥
- white walls 하얀 벽
- large windows 큰 창문

집의 모습·분위기

**패턴 3**

# My house is 모습·분위기. 저희 집은 ☐ 합니다.

만약 집의 모습·분위기가 아니라 방의 모습이나 분위기를 이야기하고 싶다면 My house is 대신에 My room is를 사용할 수 있어요.

## My house is clean and bright. 저희 집은 깨끗하고 밝습니다.

> 나의 답변 🎤
>
> 저희 집은 ＿＿＿＿＿＿＿＿합니다.
>
> .

☆ 장소의 모습·분위기

- clean 깨끗한 / dirty 더러운
- well-organized 잘 정돈된 / messy 지저분한
- large 큰 / small 작은
- modern 현대적인

- bright 밝은
- cheerful 쾌적한
- comfortable 편안한
- cozy 아늑한

방에 있는 가구·가전제품

**패턴 4**

# I have 가구·가전제품 in my room. 제 방에는 ☐ 이 있습니다.

room 대신 bedroom이나 living room 등을 넣어서 말하면 특정 방에 있는 가구나 가전제품에 대해 이야기할 수 있어요.

## I have a bed and a desk in my room. 제 방에는 침대와 책상이 있습니다.

> 나의 답변 🎤
>
> 제 방에는 ＿＿＿＿＿＿＿＿이 있습니다.
>
> .

☆ 가구·가전제품

- a bed 침대
- a desk 책상
- a chair 의자
- a bookshelf 책장
- a closet 옷장
- a dresser 서랍장
- a couch 소파 / a sofa 소파

- TV 텔레비전
- a laptop computer 노트북
- a stereo system 오디오 기기
- an air conditioner 에어컨
- a stove 난로
- a microwave 전자레인지
- a refrigerator 냉장고

## I recently 변화의 종류 my room. 저는 최근에 제 방을 ~했습니다.

최근에 집에 준 변화가 아니라 예전에 준 변화에 대해 말하고 싶다면, recently를 빼고 문장의 끝에 two years ago(2년 전)나 a few years ago(몇 년 전)를 붙여서 이야기할 수 있어요.

**I recently redecorated my room.** 저는 최근에 제 방을 다시 꾸몄습니다.

나의 답변
저는 최근에 제 방을 _____.

                                             .

☆ 집에 준 변화

| | |
|---|---|
| · redecorated 다시 꾸몄다 | · refurnished 가구를 새로 들였다 |
| · wallpapered 도배했다 | · renovated 개조했다 |
| · painted 페인트를 칠했다 | · remodeled 리모델링했다 |

## It made the room 모습·분위기. 그것은 방을 ~하게 만들었습니다.

집이 변화된 후의 모습이나 분위기를 말할 때 '형용사 + -er' 또는 'more + 형용사' 형태의 비교급을 사용하면 돼요.

**It made the room brighter.** 그것은 방을 더 환하게 만들었습니다.

나의 답변
그것은 방을 _____ 만들었습니다.

                                             .

☆ 집이 변화된 후 모습·분위기

| | |
|---|---|
| · brighter 더 환하게 | · more pleasant 더 쾌적하게 |
| · neater 더 세련되게 | · more relaxing 더 편안하게 |
| · cozier 더 아늑하게 | · more stylish 더 멋지게 |
| · more comfortable 더 편안하게 | · more organized 더 정돈되게 |

**패턴 7**

# I usually spend time with my family 시간. 저는 주로 □ 가족들과 함께 시간을 보냅니다.

위 패턴에서 family 대신 mother(엄마), younger sister(여동생) 등 특정 가족 구성원을 넣어 말하면 그 사람과 함께 지내는 시간도 표현할 수 있어요.

**I usually spend time with my family on weekends.** 저는 주로 주말마다 가족들과 함께 시간을 보냅니다.

**나의 답변**

> 저는 주로 _____ 가족들과 함께 시간을 보냅니다.
>
> .

☆시간

- · on weekends 주말마다
- · every morning 매일 아침
- · after work 퇴근 후

- · every day 매일
- · twice a month 한 달에 두 번
- · two or three times a week 일주일에 두세 번

---

**패턴 8**

# We usually 하는 일 together at home. 저희는 주로 집에서 함께 ~합니다.

usually 대신 always(항상), often(자주), sometimes(가끔) 등의 빈도 부사를 사용하여 얼마나 자주 그 일을 하는지 나타낼 수 있어요.

**We usually have meals together at home.** 저희는 주로 집에서 함께 식사를 합니다.

**나의 답변**

> 저희는 주로 집에서 함께 _____.
>
> .

☆ 가족이 집에서 함께 하는 일

- · have meals 식사를 하다
- · have coffee 커피를 마시다
- · prepare dinner 저녁을 준비하다
- · clean the house 집을 청소하다

- · relax 휴식을 취하다
- · watch TV 텔레비전을 보다
- · play video games 비디오 게임을 하다
- · talk about current events 시사 문제에 대해 이야기하다

여기에서는 <사는 곳> 주제의 빈출 문제를 공략해 봅니다. 앞에서 배운 답변 패턴을 이용하고, 주어진 모범답변을 참고하여 여러분의 답변을 만들어 보세요.

## 1 방에 있는 가구나 가전제품 묘사

UNIT 06 Track 3

**Q Tell me about your bedroom. What does it look like and what do you keep in it? Use as many details as possible to describe it.** 당신의 침실에 대해 이야기해 주세요. 침실은 어떻게 생겼고 당신은 침실 안에 무엇을 두고 있나요? 침실을 묘사하기 위해서 되도록 상세한 내용을 많이 사용하세요.

나의 답변

**Tip** 방의 모습이나 분위기를 말한 후, 침대, 책상, 컴퓨터 등 방에 있는 가구 또는 가전제품을 나열해 보세요. 마지막으로 자신의 방이 좋은지 싫은지 자신의 생각을 덧붙여 말하면 좋은 답변이 됩니다.

\* 사용할 수 있는 답변 패턴 – **패턴 3** 집의 모습·분위기 · **패턴 4** 방에 있는 가구·가전제품 · **패턴 5** 집에 준 변화

모범답변

**My room is** clean and well-organized. It has large windows, so it is very bright and cheerful. My room is also very large, so I can keep many things in it. **I have** a bed, a bookshelf, and a closet **in my room**. There is also a desk and a computer where I study. **I recently** wallpapered **my bedroom**. Now the walls are very colorful. I like my room a lot.

## 2 집에서 가족들과 함께하는 일

UNIT 06 Track 4

**Q It is important for a family to spend time together. When do you spend time at home with your family? What does your family usually do at home?** 가족이 함께 시간을 보내는 것은 중요합니다. 당신은 언제 가족과 집에서 시간을 보내나요? 당신의 가족은 집에서 주로 어떤 일을 하나요?

나의 답변

**Tip** 가족과 함께하는 시간이 언제인지, 함께 무엇을 하는지 이야기하세요. 가족과 함께하는 일이 주로 식사 준비, 청소와 같이 집안일이라면 답변 내용이 비슷한 UNIT 23 <집안일 거들기>를 참고할 수 있어요.

\* 사용할 수 있는 답변 패턴 – **패턴 7** 가족과 지내는 시간 · **패턴 8** 가족이 집에서 주로 함께하는 일 · **패턴 3** 집의 모습·분위기

I am very busy during the week, so **I usually spend time with my family** on weekends. **We usually** prepare dinner **together at home**. I help my mother cook and my brother does the dishes. While having our meal, we often talk about current events. After dinner, everyone relaxes. **My house is** very cozy, so we enjoy spending time there. My brother and I usually play video games together. My parents like to watch TV.

**3** 최근에 집에 준 변화

🎧 UNIT 06 Track 5

**Q** Have you made any changes to your house within the last few years? If so, what kinds of changes have you made to your home? Are you satisfied with the changes? 당신은 지난 몇 년간 집에 변화를 준 적이 있나요? 그렇다면, 당신은 집에 어떤 종류의 변화를 주었나요? 그 변화에 만족하나요?

나의 답변 🎤

> Tip  집에 준 변화에 대해 이야기할 때 어렵게 생각하지 말고, 도배를 새로 하거나 가구를 새로 구입한 것과 같은 이야기를 하면 좋습니다. 과거에 집에 준 변화에 대해 말하는 것이기 때문에 과거 시제를 사용해 답변해야 해요.
> * 사용할 수 있는 답변 패턴 – **패턴 1** 내가 사는 집의 형태 · **패턴 5** 집에 준 변화 · **패턴 6** 집이 변화된 후의 모습·분위기

**I live in** an apartment and **I recently** redecorated **my living room**. I replaced the old wallpaper. The new wallpaper has a bright and modern design. **It made the room** brighter. I also decided to get new furniture. I purchased a new couch and a matching chair. Finally, I put up new curtains in the room. I am very happy with my living room now.

해 석 | **1** 제 방은 깨끗하고 잘 정돈되어 있습니다. 방에는 큰 창문들이 있어서, 매우 환하고 쾌적합니다. 제 방은 또한 매우 커서, 방 안에 많은 것을 둘 수 있습니다. 제 방에는 침대, 책장, 그리고 옷장이 있습니다. 제가 공부하는 책상과 컴퓨터 또한 있습니다. 저는 최근에 제 침실을 도배했습니다. 지금 벽은 매우 다채롭습니다. 저는 제 방을 많이 좋아합니다.

**2** 저는 주중에 매우 바빠서, 주로 주말마다 가족들과 함께 시간을 보냅니다. 저희는 주로 집에서 함께 저녁을 준비합니다. 저는 엄마가 요리하는 것을 돕고 저희 오빠는 설거지를 합니다. 식사하는 동안, 우리는 자주 시사 문제에 대해 이야기합니다. 저녁 식사 후, 모두가 휴식을 취합니다. 저희 집은 매우 아늑해서, 우리는 거기서 함께 시간을 보내는 것을 즐깁니다. 저희 오빠와 저는 주로 함께 비디오 게임을 합니다. 저희 부모님은 텔레비전 보는 것을 좋아하십니다.

**3** 저는 아파트에 사는데 최근에 거실을 다시 꾸몄습니다. 저는 오래된 벽지를 교체했습니다. 새 벽지는 밝고 현대적인 디자인입니다. 그것은 방을 더 환하게 만들었습니다. 저는 또한 새 가구를 사기로 했습니다. 저는 새 소파와 그에 어울리는 의자를 구매했습니다. 마지막으로, 저는 방에 새 커튼을 달았습니다. 저는 지금의 제 거실 때문에 매우 기쁩니다.

# UNIT 07 동네 및 이웃

<동네 및 이웃> 관련 문제는 Background Survey에서 "현재 귀하는 어디에 살고 계십니까?"라는 질문에 대해 본인이 선택한 항목과 관련하여 자주 출제됩니다. 이 UNIT을 통해 자주 나오는 문제와 효과적인 답변 방법을 살펴보고 나만의 답변도 준비해 보세요.

## 어떤 문제가 자주 나오나요?

<동네 및 이웃> 주제의 문제로 아래 문제들이 자주 출제됩니다. 이 중에서도 가장 자주 출제된 '빈출 문제'들을 중심으로 답변을 준비하는 것이 효과적입니다.

· 동네 소개와 묘사  빈출 문제
· 이웃 묘사   빈출 문제
· 동네의 명소
· 이웃의 첫인상

· 동네의 장점
· 동네의 교통

· 동네에서 있었던 기억에 남는 경험  빈출 문제
· 과거와 현재의 동네 비교  빈출 문제
· 이웃과 나눈 대화
· 이웃과 친해지게 된 계기
· 최근에 동네에 있었던 변화

## 어떻게 준비하나요?

■ 대표문제를 통해 이 주제의 문제에 어떻게 답하는지 살펴보세요. 그런 다음 핵심 답변 패턴을 익혀 나의 답변을 준비하고 연습해 보세요.

■ <동네 및 이웃>은 Background Survey에서 '거주지'와 관련하여 반드시 선택해야 하는 항목으로, 다른 설문 주제보다 시험에 나올 가능성이 높으니 반드시 준비하도록 합니다.

You indicated in the survey that you live in an apartment. What is your neighborhood like? Where is it located? Please describe your neighborhood in detail. 당신은 설문에서 아파트에 산다고 했습니다. 당신의 동네는 어떤가요? 어디에 위치해 있나요? 당신의 동네에 대해 상세히 묘사해 주세요.

<동네 및 이웃> 주제에서 가장 자주 나오는 문제가 바로 '동네 소개와 묘사'입니다. 이 문제에 답할 때 유용하게 사용할 수 있는 답변 패턴들을 살펴보고, 이 패턴들이 답변에 어떻게 사용되는지 알아보세요.

**답변패턴**

| ① 내가 사는 동네 | **I live in** 동네 종류. 저는 ~에 살고 있습니다. |
| ② 동네에 있는 시설 | **There are** 시설 **in my neighborhood.** 저희 동네에는 ~이 있습니다. |
| ③ 동네의 모습·분위기 | **My neighborhood is** 모습·분위기. 저희 동네는 ~합니다. |

**모범답변**

🎤 ①**I live in** the southern part of Seoul. My home is very close to Sadang Station. ②**There are** many apartment buildings **in my neighborhood.** It has a big supermarket and a small park. Also, there are some schools and traditional Korean markets. ③**My neighborhood is** very clean and nice. It is a good place to live.

**해설 |** ① **내가 사는 동네**를 말할 때는 I live in 다음에 '동네 종류'를 붙여서 말해요. 내가 현재 사는 곳에 대해 이야기하는 것이므로 현재 시제를 사용해서 이야기해요.

② **동네에 있는 시설**은 'There are 시설 in my neighborhood.' 패턴을 사용해서 말해요. 동네에서 볼 수 있는 시설들을 넣어 말해보세요.

③ **동네의 모습·분위기**는 My neighborhood is 다음에 동네의 모습이나 분위기를 나타내는 다양한 형용사 (nice, safe 등)를 붙여서 말해요.

**해석 |** 저는 서울의 남부에 살고 있습니다. 저희 집은 사당역에서 매우 가깝습니다. 저희 동네에는 많은 아파트 건물들이 있습니다. 저희 동네에는 큰 슈퍼마켓과 작은 공원이 있습니다. 또한, 몇몇 학교와 한국 재래시장이 있습니다. 저희 동네는 매우 깨끗하고 좋습니다. 그곳은 살기 좋은 곳입니다.

**나의 답변** 🎤 답변 패턴과 모범답변을 참고하여 나의 답변을 완성해 보세요.

① 내가 사는 동네

② 동네에 있는 시설

③ 동네의 모습·분위기

<동네 및 이웃> 주제의 여러 OPIc 문제에 유창하게 답변할 수 있도록 가장 핵심적인 답변 패턴들을 살펴보세요. 패턴과 함께 제시된 표현리스트를 참고하여 '나의 답변'을 완성한 후 반복해 말하며 익혀두세요.    🎧 UNIT 07 Track 2

내가 사는 동네

**I live in** 동네 종류. 저는 ⬭ 에 살고 있습니다.

I live in 다음에 동네 종류 대신 Seoul(서울), Busan(부산)과 같은 특정 지명을 붙여서 이야기해도 돼요.

**I live in a large city.**    저는 대도시에 살고 있습니다.

> 나의 답변 🎤   저는 _____에 살고 있습니다.
>
> .

☆ 동네 종류

· a large city 대도시
· a small town 작은 도시
· the downtown area 도심 지역
· an apartment complex 아파트 단지

· a suburb 시외
· the countryside 전원 지역
· a residential area 거주 지역
· the southern part of Seoul 서울의 남부

동네에 있는 시설

**There are** 시설 **in my neighborhood.** 저희 동네에는 ⬭ 이 있습니다.

There are 다음에는 -s 형태의 복수 명사를 사용해야 해요. 만약 단수 명사를 사용하고 싶다면 **There is**를 사용하세요.

**There are parks in my neighborhood.**    저희 동네에는 공원이 있습니다.

> 나의 답변 🎤   저희 동네에는 _____이 있습니다.
>
> .

☆ 동네에 있는 시설

· parks 공원
· playgrounds 놀이터
· hospitals 병원
· banks 은행
· restaurants 식당
· coffee shops 커피숍
· bakeries 제과점

· churches 교회
· bookstores 서점
· educational institutes 학원
· a department store 백화점
· a big supermarket 큰 슈퍼마켓
· a traditional Korean market 한국 재래시장
· apartment buildings 아파트 건물

**패턴 3**

# My neighborhood is 모습·분위기. 저희 동네는 ☐ 합니다.

동네의 모습이나 분위기를 말할 때 My neighborhood is 다음에 다양한 형용사를 붙여서 말할 수 있어요. 이때 nice and clean처럼 and 로 두 가지 형용사를 연결해서 한꺼번에 말해도 좋아요.

**My neighborhood is nice.** 저희 동네는 좋습니다.

나의 답변 🎤

저희 동네는 _____ 합니다.

．

✿ 장소의 모습·분위기
- nice 좋은
- clean 깨끗한
- safe 안전한
- peaceful 평화로운
- lively 활기 넘치는
- noisy 시끄러운
- crowded 붐비는
- boring 지루한

이웃의 모습·분위기

**패턴 4**

# I think my neighbors are 모습·분위기. 제 이웃들은 ～한 것 같습니다.

I think(~인 것 같다) 다음에는 '주어 + 동사'의 절 형태를 붙여서 말해요.

**I think my neighbors are nice.** 제 이웃들은 친절한 것 같습니다.

나의 답변 🎤

제 이웃들은 _____ 것 같습니다.

．

✿ 사람들의 모습·분위기
- nice 친절한
- friendly 친근한
- funny 재미있는
- entertaining 즐거움을 주는
- talkative 수다스러운
- outgoing 외향적인
- generous 관대한
- open-minded 마음이 열린
- quiet 조용한
- shy 부끄러운
- selfish 이기적인
- unfriendly 불친절한
- loud 시끄러운
- rude 무례한
- unsociable 비사교적인, 무뚝뚝한
- picky 까다로운
- boring 지루한
- impetuous 성질이 급한

# I recently had a(n) 느낌 experience in my neighborhood.
저는 최근에 동네에서 ~한 경험을 했습니다.

최근에 했던 일을 말할 때는 recently라는 부사를 사용해요.

## I recently had an interesting experience in my neighborhood.
저는 최근에 동네에서 재미있는 경험을 했습니다.

나의 답변 🎤
> 저는 최근에 농네에서 _____ 경험을 했습니다.
>
> .

☆ 느낌
- interesting 재미있는
- surprising 놀라운
- pleasant 기분 좋은
- amazing 굉장한

- memorable 기억에 남는
- unforgettable 잊지 못할
- terrible 끔찍한
- awkward 어색한

# It was 시기 ago. 그때는 □ 전이었습니다.

ago는 '~ 전'이라는 의미로 과거 동사와 함께 사용되며, 현재를 기준으로 과거에 있었던 일을 말할 때 사용해요.

## It was a few days ago. 그때는 며칠 전이었습니다.

나의 답변 🎤
> 그때는 _____ 전이었습니다.
>
> .

☆ 시기
- a few days 며칠
- a couple of weeks 약 2주
- several weeks 몇 주

- a month 한 달
- a year 일 년
- several years 몇 년

**패턴 7**

# We talked about 대화 주제 in our neighborhood.
우리는 동네의 ☐ 에 대해 이야기했습니다.

talk로 '~에 대해 이야기하다'라는 의미를 표현할 전치사 about을 함께 사용해요.

## We talked about a dog that often barks in our neighborhood.
우리는 동네의 자주 짖는 개에 대해 이야기했습니다.

 **나의 답변**

> 우리는 동네의 _____ 에 대해 이야기했습니다.
>
> .

☆ 대화 주제

- · a dog that often barks 자주 짖는 개
- · a robbery 강도
- · a large fire 큰 화재
- · the garbage collection schedule 쓰레기 수거 일정

- · the new subway station 새로운 지하철역
- · a new department store 새로운 백화점
- · a festival that would be held 개최될 축제
- · a famous actor filming 촬영하던 유명한 배우

**패턴 8**

# When I was young, there was nowhere to 할 수 없던 일 in my neighborhood.
제가 어렸을 때, 저희 동네에는 ☐ 할 곳이 아무 데도 없었습니다.

이와 반대로 과거 우리 동네에서 할 수 있었던 일을 말할 경우 위 패턴에서 there was nowhere 대신 there was a place를 넣어 이야기 할 수 있어요.

## When I was young, there was nowhere to eat out in my neighborhood.
제가 어렸을 때, 저희 동네에는 외식할 곳이 아무 데도 없었습니다.

**나의 답변**

> 제가 어렸을 때, 저희 동네에는 _____ 할 곳이 아무 데도 없었습니다.
>
> .

☆ 하는 일

- · eat out 외식하다
- · buy groceries 장을 보다
- · walk my dog 개를 산책시키다
- · park a car 차를 주차하다

- · go shopping 쇼핑하다
- · play basketball 농구를 하다
- · borrow books 책을 빌리다
- · have fun with my friends 친구들과 놀다

여기에서는 <동네 및 이웃> 주제의 빈출 문제를 공략해 봅니다. 앞에서 배운 답변 패턴을 이용하고, 주어진 모범답변을 참고하여 여러분의 답변을 만들어 보세요.

## 1 이웃 묘사

 UNIT 07 Track 3

**Q** I would like to know about your neighbors. Who are they? What do they do? How often do you interact with them? 당신의 이웃에 대해 알고 싶어요. 그들은 누구인가요? 그들은 무슨 일을 하나요? 당신은 얼마나 자주 그들과 교류하나요?

Tip  자신의 이웃에 대해 이야기할 때 그들이 누구인지, 어떤 일을 하는 사람인지 말합니다. 여기에 동네에 대한 이야기나 이웃과 나눈 대화 내용을 덧붙여 말하면 좋은 답변이 됩니다.

\* 사용할 수 있는 답변 패턴 – **패턴 4** 이웃의 모습·분위기 · **패턴 1** 내가 사는 동네 · **패턴 7** 이웃과 이야기했던 대화 주제

**모범답변**

**I think my neighbors are** friendly and nice. They are married and have two young children. The husband owns his own business, and the wife works at a bank. **I live in** an apartment complex, so we often see each other in the elevator. One day, **we talked about** the new subway station **in our neighborhood**. We agreed that it would make our commute to work more convenient.

## 2 동네에서 있었던 기억에 남는 경험

UNIT 07 Track 4

**Q** Can you tell me about an interesting or memorable experience you have had in your neighborhood? Tell me about the experience in detail and explain what made it so memorable. 당신의 동네에서 있었던 재미있거나 기억에 남는 경험에 대해 이야기해 줄 수 있나요? 그 경험에 대해 상세히 이야기하고 무엇 때문에 그 경험이 그렇게 기억에 남게 되었는지 설명해 주세요.

Tip  동네에서 있었던 일들을 떠올려 보세요. 동네에서 갑자기 영화배우를 만나는 것처럼 특별한 경험이 아니더라도 처음 동네로 이사 온 날, 오랜만에 우연히 친구를 만난 일 등 소소한 경험들도 답변에 사용할 수 있답니다.

\* 사용할 수 있는 답변 패턴 – **패턴 3** 동네의 모습·분위기 · **패턴 5** 동네에서 겪은 최근 경험에 대한 느낌 · **패턴 6** 그것을 경험했던 시기

Usually, **my neighborhood is** boring. However, **I recently had an** interesting **experience in my neighborhood. It was** a couple of weeks **ago.** I was surprised to learn that a famous actor was filming in my neighborhood. I was able to take a picture with him and get his autograph. I'm a big fan, so I was really happy to meet him.

## **3** 과거와 현재의 동네 비교

🎧 UNIT 07 Track 5

🔍 **How has your neighborhood changed from when you were young? Describe in detail how it was in the past, and how it is now.** 당신의 동네가 당신이 어렸을 때에 비해 어떻게 변했나요? 과거에 어땠고, 지금은 어떤지 상세히 묘사해 주세요.

┌─────────────────────────────────────────────────────┐
│                                                     │
│                                                     │
│                                                     │
│                                                     │
│   Tip   지금 내가 사는 동네가 어디인지 말한 후, 과거 우리 동네에서 할 수 없던 일이 무엇이었는지, 현재 우리 동네는 어떻게 다 │
│         른지를 설명해 보세요. 마지막으로 이런 변화에 대한 내 생각을 덧붙여 말하면 더 풍부한 답변이 될 거예요.         │
│ * 사용할 수 있는 답변 패턴 – 패턴 1 내가 사는 동네 · 패턴 8 과거 우리 동네에서 할 수 없던 일 · 패턴 3 동네의 모습·분위기 │
└─────────────────────────────────────────────────────┘

 **I live in** a suburb. **When I was young, there was nowhere to** go shopping **in my neighborhood.** I had to take the bus to the nearest city when I needed to buy something. But a few years ago, an outlet mall was built near my house. People from other cities come to my neighborhood now. **My neighborhood is** crowded with shoppers now. I don't mind it because I like busy places.

---

해 석 | 1 제 이웃들은 친근하고 친절한 것 같습니다. 그들은 결혼했고 2명의 어린 아이들이 있습니다. 남편은 자신의 사업을 하고, 아내는 은행에서 일합니다. 저는 아파트 단지에 살아서, 우리는 자주 엘리베이터에서 서로 만납니다. 어느 날, 우리는 동네의 새로운 지하철역에 대해 이야기했습니다. 우리는 새로운 지하철역이 직장으로 출퇴근하는 것을 더 편리하게 해줄 것이라는 데 동의했습니다.

2 보통, 저희 동네는 지루합니다. 하지만, 저는 최근에 동네에서 재미있는 경험을 했습니다. 그때는 약 2주 전이었습니다. 저는 유명한 배우가 저희 동네에서 촬영 중이라는 것을 알고 놀랐습니다. 저는 그와 함께 사진을 찍고 그의 사인을 받을 수 있었습니다. 저는 열렬한 팬이기 때문에, 그를 만났던 것이 정말 기뻤습니다.

3 저는 시외에 살고 있습니다. 제가 어렸을 때, 저희 동네에는 쇼핑할 곳이 아무 데도 없었습니다. 저는 무언가 사야 했을 때 가장 가까운 도시로 버스를 타고 가야 했습니다. 하지만 몇 년 전에, 저희 집 근처에 아웃렛 몰이 지어졌습니다. 이제는 다른 도시에 있는 사람들이 저희 동네로 옵니다. 저희 동네는 이제 쇼핑객들로 붐빕니다. 저는 번잡한 장소를 좋아하기 때문에 그것이 괜찮습니다.

# UNIT 08 영화 보기

음성 바로 듣기

<영화 보기>는 Background Survey의 "여가 활동으로 주로 무엇을 하십니까?"라는 질문에 대한 여러 선택 항목 중 하나입니다. 여가 활동 중에서 <영화 보기>를 선택할 거라면, 이 UNIT을 통해 자주 나오는 문제와 효과적인 답변 방법을 살펴보고 나만의 답변도 준비해 보세요.

## 어떤 문제가 자주 나오나요?

<영화 보기> 주제의 문제로 아래 문제들이 자주 출제됩니다. 이 중에서도 가장 자주 출제된 '빈출 문제'들을 중심으로 답변을 준비하는 것이 효과적입니다.

· 좋아하는 영화 장르와 이유  빈출 문제
· 가장 좋아하는 영화배우  빈출 문제
· 자주 가는 영화관과 이유

· 영화 보기 전·후에 하는 일  빈출 문제
· 영화 보러 가는 시간, 빈도, 사람

· 기억에 남는 영화  빈출 문제
· 최근에 본 영화
· 처음 본 영화
· 영화관에서 다른 관객 때문에 불쾌했던 경험
· 과거와 현재 영화의 차이점

## 어떻게 준비하나요?

■ 대표문제를 통해 이 주제의 문제에 어떻게 답하는지 살펴보세요. 그런 다음 핵심 답변 패턴을 익혀 나의 답변을 준비하고 연습해 보세요.

■ 자신이 가장 좋아하는 영화를 하나 정한 뒤 그 영화를 토대로 답변을 준비하면 좋습니다.

**대표문제** **좋아하는 영화 장르와 이유**

In your background survey, you indicated that you enjoy watching movies. What is your favorite type of movie and why? Please provide as many details as possible. 배경 설문에서, 당신은 영화를 보는 것을 즐긴다고 했습니다. 가장 좋아하는 영화 종류는 무엇이고 왜 좋아하나요? 되도록 상세한 내용을 많이 제시해 주세요.

<영화 보기> 주제에서 가장 자주 나오는 문제가 바로 '좋아하는 영화 장르와 이유'를 묻는 문제입니다. 이 문제에 답할 때 유용하게 사용할 수 있는 답변 패턴들을 살펴보고, 이 패턴들이 답변에 어떻게 사용되는지 알아보세요.

**답변패턴**

| ① 가장 좋아하는 영화 장르 | I like 영화 장르 the best. 저는 ~을 가장 좋아합니다. |
| ② 그 영화 장르를 좋아하는 이유 | I like them because 이유. ~ 때문에 저는 그 장르를 좋아합니다. |
| ③ 가장 기억에 남는 영화 | The most memorable movie I've seen is 영화 제목. 제가 본 가장 기억에 남는 영화는 ~입니다. |

**모범답변**

①I like horror films the best. Horror movies are very scary. These types of movies usually feature monsters like vampires or zombies. ②I like them because they relieve my stress. When I watch a horror movie, I scream loudly and often. This makes me feel much more relaxed after the movie is finished. ③The most memorable movie I've seen is *Night of the Living Dead*.

해설 | ① 가장 좋아하는 영화 장르를 말할 때는 'I like 영화 장르 the best.' 패턴을 사용해요. like 대신 love를 넣어 말하면 좋아하는 정도가 더 강한 것을 의미해요.

② 그 영화 장르를 좋아하는 이유는 I like them because 다음에 자신이 그 장르를 왜 좋아하는지 이유를 붙여 말해요. 영화의 특징이나 장점을 이유로 말하면 좋습니다.

③ 가장 기억에 남는 영화는 'The most memorable movie I've seen is 영화 제목.' 패턴으로 표현할 수 있어요. 자신이 좋아하는 영화의 영어 제목을 알아두었다가 답변할 때 사용하면 좋아요.

해석 | 저는 공포 영화를 가장 좋아합니다. 공포 영화는 매우 무섭습니다. 이런 종류의 영화에는 주로 뱀파이어나 좀비 같은 괴물들이 등장합니다. 스트레스를 없애주기 때문에 저는 그 장르를 좋아합니다. 제가 공포 영화를 볼 때, 저는 비명을 크게 자주 지릅니다. 이것은 영화가 끝나고 난 후 저를 훨씬 더 편안하게 해줍니다. 제가 본 가장 기억에 남는 영화는 '살아있는 시체들의 밤'입니다.

**나의 답변**

답변 패턴과 모범답변을 참고하여 나의 답변을 완성해 보세요.

① 가장 좋아하는 영화 장르

② 그 영화 장르를 좋아하는 이유

③ 가장 기억에 남는 영화

<영화 보기> 주제의 여러 OPIc 문제에 유창하게 답변할 수 있도록 가장 핵심적인 답변 패턴들을 살펴보세요. 패턴과 함께 제시된 표현리스트를 참고하여 '나의 답변'을 완성한 후 반복해 말하며 익혀두세요.　　🎧 UNIT 08 Track 2

가장 좋아하는 영화 장르

## I like 영화 장르 the best. 저는 □ 을 가장 좋아합니다.

'영화 장르'를 말할 때는 comedies, action films처럼 '-s'가 붙은 복수 형태로 말해요. 참고로 '영화 장르' 대신에 '영화 제목'을 넣으면 가장 좋아하는 영화가 무엇인지 말할 수 있어요.

**I like comedies the best.**　　저는 코미디 영화를 가장 좋아합니다.

> 나의 답변 🎤
>
> 저는 ＿＿＿＿＿＿＿을 가장 좋아합니다.
>
> .

☆ 영화 장르

- comedies 코미디 영화
- action films 액션 영화
- blockbusters 블록버스터
- science fiction films 공상 과학 영화
- horror films 공포 영화
- thrillers 스릴러 영화

- romance films 멜로 영화
- adventure films 모험 영화
- classic films 고전 영화
- educational films 교육 영화
- documentaries 다큐멘터리
- musicals 뮤지컬

그 영화 장르를 좋아하는 이유

## I like them because 이유. □ 때문에 저는 그 장르를 좋아합니다.

가장 좋아하는 영화 장르를 이야기한 후, 위 패턴을 이용해 그 이유를 이야기할 수 있어요. because 다음에는 '주어 + 동사'의 절 형태를 붙여서 말해요.

**I like them because they are fun and entertaining.**　　재미있고 흥미진진하기 때문에 저는 그 장르를 좋아합니다.

> 나의 답변 🎤
>
> ＿＿＿＿＿＿＿＿＿＿＿＿＿ 때문에 저는 그 장르를 좋아합니다.
>
> .

☆ 특정 영화 장르를 좋아하는 이유

- they are fun and entertaining 재미있고 흥미진진합니다
- they are touching 감동적입니다
- they relieve my stress 스트레스를 없애줍니다
- they relieve the boredom of everyday life 일상생활의 지루함을 덜어줍니다
- they have great special effects 굉장한 특수효과가 있습니다

주연 영화배우

**패턴 3** 배우 이름 **had the leading role.** ⬜이 주연을 맡았습니다.

위 패턴에서 leading role 대신 supporting role(조연), minor role(단역), cameo role(카메오) 등을 넣어 그 배우가 어떤 역할을 맡았는지 표현할 수 있어요.

**James Dean had the leading role.** 제임스 딘이 주연을 맡았습니다.

> 나의 답변 🎤
>
> _____이 주연을 맡았습니다.
>
> .

그 배우를 좋아하는 이유

**패턴 4** **He is my favorite actor because he** 이유 **.**
그가 ⬜ 때문에 그는 제가 가장 좋아하는 배우입니다.

위 패턴에서 actor 대신 director(감독)를 넣어 말하면 그 감독을 좋아하는 이유도 표현할 수 있어요. 참고로 actor는 대체로 남자 배우를 의미하고, 여자 배우는 actress라고 표현해요.

**He is my favorite actor because he has played my favorite charactor.**

그가 제가 좋아하는 캐릭터를 연기했기 때문에 그는 제가 가장 좋아하는 배우입니다.

> 나의 답변 🎤
>
> 그가 _____ 때문에 그는 제가 가장 좋아하는 배우입니다.
>
> .

☆ 특정 배우를 좋아하는 이유

· play my favorite charactor 내가 좋아하는 캐릭터를 연기하다
· is handsome 잘생겼다 / is beautiful 아름답다
· has a unique face 생김새가 독특하다
· has great acting skills 훌륭한 연기 능력을 가지다
· can play many different types of characters 다양한 종류의 캐릭터를 연기할 수 있다
· helps the poor 불우이웃을 돕다

## The most memorable movie I've seen is 영화 제목.

제가 본 가장 기억에 남는 영화는 ⬚ 입니다.

위 패턴을 좀 더 간단하게 표현하고 싶다면 I've seen을 빼고 말해도 괜찮아요. 자신이 외우기 쉬운 패턴을 골라 사용해 보세요.

### The most memorable movie I've seen is *Parasite*.    제가 본 가장 기억에 남는 영화는 '기생충'입니다.

> 나의 답변 🎤
>
> 제가 본 가장 기억에 남는 영화는 _____ 입니다.
>
> .

★ 영화 제목
- Parasite 기생충
- Avengers 어벤져스
- Mamma Mia! 맘마미아!
- Black Swan 블랙 스완

---

## While watching the movie, I felt 느낌.  영화를 보는 동안, 저는 ⬚ 했습니다.

만약 영화를 본 후의 느낌을 이야기하고 싶다면, While 대신 After를 사용해서 말해보세요.

### While watching the movie, I felt excited.   영화를 보는 동안, 저는 신이 났습니다.

> 나의 답변 🎤
>
> 영화를 보는 동안, 저는 _____ 했습니다.
>
> .

★ 느낌 (사람이 주어일 때)
- excited 신이 난
- happy 행복한
- relaxed 편안한
- cheerful 즐거운
- amused 흥겨운
- sad 슬픈
- scared 무서운
- bored 지루한
- annoyed 괴로운
- depressed 우울한

영화 관람 전에 주로 하는 일

## I usually 관람 전에 하는 일 before the movie. 저는 영화 보기 전에 주로 ~합니다.

영화 관람 전에 주로 하는 일처럼 반복해서 하는 일이나 습관에 대해 말할 때는 choose, check, go처럼 현재 시제를 사용해요.

**I usually check reviews before the movie.** 저는 영화 보기 전에 주로 리뷰를 확인합니다.

나의 답변

> 저는 영화 보기 전에 주로 _____.
>
> .

☆ 관람 전에 하는 일

- · check reviews 리뷰를 확인하다
- · choose a theater 영화관을 고르다
- · purchase a movie ticket 영화 표를 구매하다
- · buy popcorn and a soda 팝콘과 탄산음료를 사다
- · go to the restroom 화장실에 가다
- · turn off my cell phone 핸드폰을 끄다

---

영화 관람 후에 주로 하는 일

## After the movie, I usually 관람 후에 하는 일. 영화가 끝난 후, 저는 주로 ~합니다.

usually 대신 always(항상), often(자주), sometimes(가끔) 등의 빈도 부사를 사용해 얼마나 자주 그 행동을 하는지 말할 수 있어요.

**After the movie, I usually talk about it with my friends.**

영화가 끝난 후, 저는 주로 친구들과 영화에 대해 이야기합니다.

나의 답변

> 영화가 끝난 후, 저는 주로 _____.
>
> .

☆ 관람 후에 하는 일

- · talk about it with my friends 친구들과 영화에 대해 이야기하다
- · grab a bite to eat 간단히 요기하다
- · go back home 집에 돌아가다
- · write a review on my blog 블로그에 감상평을 쓰다

설문 주제 공략하기

UNIT 08

영화 보기

10일 만에 끝내는 빡계스 OPIc START (Intermediate 공략)

여기에서는 <영화 보기> 주제의 빈출 문제를 공략해 봅니다. 앞에서 배운 답변 패턴을 이용하고, 주어진 모범답변을 참고하여 여러분의 답변을 만들어 보세요.

## 1 가장 좋아하는 영화배우

UNIT 08 Track 3

**Q Who is your favorite actor? What movies has this actor starred in? What do you like about him or her?** 가장 좋아하는 배우는 누구인가요? 그 배우가 어떤 영화에 출연했나요? 당신은 그 배우의 어떤 점을 좋아하나요?

나의 답변

> **Tip** 1. 좋아하는 영화배우 이름 → 그 배우를 좋아하는 이유 → 그 배우가 출연한 영화 이름을 말하고, 좋아하는 배우가 그 영화에서 어땠는지 감상을 덧붙여 보세요.
> 2. 그 배우를 좋아하는 이유를 말하기 위해서 예쁘다, 멋있다, 연기를 잘한다 등 쉬운 표현을 여러 개 준비해 두면 유용하게 사용할 수 있어요.
> *** 사용할 수 있는 답변 패턴 - 패턴 4** 그 배우를 좋아하는 이유 · **패턴 5** 가장 기억에 남는 영화 · **패턴 3** 주연 영화배우

**모범답변**

I like many actors, but I like Natalie Portman the best. **She's my favorite actress because she** can play many different character types. She also has a very unique face. **The most memorable movie I've seen is** *Black Swan*. Natalie Portman **had the leading role.** She was very beautiful in the movie.

## 2 영화 보기 전·후에 하는 일

UNIT 08 Track 4

**Q What is your routine when you go to the theater? What do you do before watching movies? What about after? Please describe your routine in detail.** 당신이 극장에 갈 때 늘 하는 일상적인 일은 무엇인가요? 영화를 보기 전에 무엇을 하나요? 영화를 본 후에는 어떤가요? 당신의 일상에 대해 상세히 묘사해 주세요.

나의 답변

> **Tip** 영화를 보기 전과 후에 하는 일들을 순서대로 떠올려 말해보세요. 이 일들에 대해 말할 때는 영화 보기 전에 하는 일들을 먼저 나열한 후, 영화를 보고 나서 하는 일들을 나열하도록 합니다.
> *** 사용할 수 있는 답변 패턴 - 패턴 2** 그 영화 장르를 좋아하는 이유 · **패턴 7** 영화 관람 전에 주로 하는 일 · **패턴 8** 영화 관람 후에 주로 하는 일

I prefer to go to the ABC theater because it's never crowded. I usually watch comedies. **I like them because** they are fun and entertaining. **I usually** buy popcorn and a soda **before the movie**. I also make sure to go to the restroom before the movie. **After the movie, I usually** grab a bite to eat. When I get back home, I sometimes write a review of the movie on my blog and share it with my friends.

## 3 기억에 남는 영화

🎧 UNIT 08 Track 5

**Q** Talk about a movie you remember best. What was it about? Who was in it? How did you feel when watching it? 가장 기억에 남는 영화에 대해 이야기해 주세요. 무엇에 관한 영화였나요? 누가 그 영화에 출연했나요? 그 영화를 보면서 어떤 느낌이 들었나요?

나의 답변 🎙️

> **Tip** 1. 가장 기억에 남는 영화 제목 → 영화 내용 → 출연한 배우 순으로 답변한 뒤, 영화를 본 느낌이나 감상을 말하며 마무리하면 좋은 답변이 됩니다.
> 2. 비슷한 유형의 문제로 최근에 본 영화에 대해 묻는 문제가 시험에 자주 나옵니다. 최근에 본 영화 중 기억에 남는 것을 정하여 답변을 준비해 두면 여러 문제에 답할 때 유용할 거예요.
> \* 사용할 수 있는 답변 패턴 – **패턴 1** 가장 좋아하는 영화 장르 · **패턴 5** 가장 기억에 남는 영화 · **패턴 3** 주연 영화배우 · **패턴 6** 영화 볼 때 나의 느낌

**I like** science-fiction films **the best. The most memorable movie I've seen is** *Edge of Tomorrow*. The story is about a group of soldiers fighting aliens. Tom Cruise **has the leading role**. In the film, he relives each day until he learns how to defeat the aliens. I was thrilled by the story. **While watching the movie, I felt** excited.

해 석 | **1** 저는 많은 배우들을 좋아하지만, 나탈리 포트먼을 가장 좋아합니다. 그녀가 다양한 종류의 캐릭터를 연기할 수 있기 때문에 그녀는 제가 가장 좋아하는 배우입니다. 그녀는 또한 생김새가 매우 독특합니다. 제가 본 가장 기억에 남는 영화는 '블랙 스완'입니다. 나탈리 포트먼이 주연을 맡았습니다. 그녀는 그 영화에서 매우 아름다웠습니다.

**2** 결코 붐비는 일이 없기 때문에 저는 ABC 극장에 가는 것을 선호합니다. 저는 주로 코미디 영화를 봅니다. 재미있고 흥미진진하기 때문에 저는 그 장르를 좋아합니다. 저는 영화 보기 전에 주로 팝콘과 탄산음료를 삽니다. 저는 또한 영화 시작 전에 반드시 화장실에 갑니다. 영화가 끝난 후, 저는 주로 간단히 요기합니다. 집에 돌아오면, 저는 가끔 블로그에 영화 감상평을 쓰고 친구들과 그것을 공유합니다.

**3** 저는 공상 과학 영화를 가장 좋아합니다. 제가 본 가장 기억에 남는 영화는 '엣지 오브 투모로우'입니다. 그 영화의 줄거리는 한 무리의 군인들이 외계인들과 싸우는 것에 관한 것입니다. 톰 크루즈가 주연을 맡았습니다. 이 영화에서, 그는 외계인들을 물리치는 방법을 배울 때까지 매일을 다시 살아갑니다. 저는 그 이야기에 짜릿한 기분을 느꼈습니다. 영화를 보는 동안, 저는 신이 났습니다.

# UNIT 09 공원 가기

음성 바로 듣기

<공원 가기>는 Background Survey의 "여가 활동으로 주로 무엇을 하십니까?"라는 질문에 대한 여러 선택 항목 중 하나입니다. 여가 활동 중에서 <공원 가기>를 선택할 거라면, 이 UNIT을 통해 자주 나오는 문제와 효과적인 답변 방법을 살펴보고 나만의 답변도 준비해 보세요.

## 어떤 문제가 자주 나오나요?

<공원 가기> 주제의 문제로 아래 문제들이 자주 출제됩니다. 이 중에서도 가장 자주 출제된 '빈출 문제'들을 중심으로 답변을 준비하는 것이 효과적입니다.

· 공원 모습 묘사  빈출 문제
· 공원에 있는 사람들 묘사

· 공원에서 주로 하는 일  빈출 문제
· 공원에 가는 빈도, 사람, 하는 일  빈출 문제
· 공원에 갈 때 가지고 가는 것
· 추천하고 싶은 공원

· 공원에서 있었던 뜻밖의 경험  빈출 문제
· 최근에 공원에 간 경험

## 어떻게 준비하나요?

■ 대표문제를 통해 이 주제의 문제에 어떻게 답하는지 살펴보세요. 그런 다음 핵심 답변 패턴을 익혀 나의 답변을 준비하고 연습해 보세요.

■ 공원에서 할 수 있는 활동인 UNIT 19 <자전거 타기> 주제를 함께 학습하면 더 효과적으로 OPIc 시험을 준비할 수 있어요.

■ 자신이 자주 가는 공원을 하나 정한 뒤 그 공원을 토대로 답변을 준비하면 좋습니다.

**공원 모습 묘사**

You indicated in the survey that you like to go to the park. Describe your favorite park in as much detail as possible. What makes it so special? 당신은 설문에서 공원에 가는 것을 좋아한다고 했습니다. 당신이 가장 좋아하는 공원에 대해 가능한 한 상세히 묘사해 주세요. 무엇 때문에 그곳이 그렇게 특별한가요?

<공원 가기> 주제에서 가장 자주 나오는 문제가 바로 '공원 모습 묘사'입니다. 이 문제에 답할 때 유용하게 사용할 수 있는 답변 패턴들을 살펴보고, 이 패턴들이 답변에 어떻게 사용되는지 알아보세요.

**답변패턴**

| ① 좋아하는 공원 | **My favorite park is 공원 이름.** 제가 가장 좋아하는 공원은 ~입니다. |
| ② 공원의 종류와 위치 | **It is a(n) 공원 종류 located 위치.** 그곳은 ~에 위치한 ~입니다. |
| ③ 공원의 모습·분위기 | **The park is very 모습·분위기.** 그 공원은 매우 ~합니다. |
| ④ 공원에 있는 시설 | **There are 시설 in the park.** 공원에는 ~이 있습니다. |

**모범답변**

🎙 ①My favorite park is Han River Park. ②It is a city park located along the Han River in Seoul. ③The park is very beautiful. ④There are many trees and flowers in the park. Also, the park has a bicycle path and exercise equipment. At the park, people have picnics and walk along the riverside. The park is popular with both children and adults.

해설 | ① **좋아하는 공원**을 말할 때는 'My favorite park is 공원 이름.' 패턴을 사용해서 말해요.

② **공원의 종류와 위치**는 'It is a 공원 종류 located 위치.' 패턴을 사용해 말해요. 만약 공원의 위치만 말하고 싶다면 'It is located 위치.' 패턴을 사용할 수 있어요.

③ **공원의 모습·분위기**는 The park is very 다음에 공원의 모습이나 분위기를 묘사할 수 있는 다양한 형용사 (large, quiet 등)를 붙여 이야기해요.

④ **공원에 있는 시설**은 'There are 시설 in the park.' 패턴을 사용해서 말해요.

해석 | 제가 가장 좋아하는 공원은 한강공원입니다. 그곳은 서울의 한강을 따라 위치한 시립공원입니다. 그 공원은 매우 아름답습니다. 공원에는 나무와 꽃들이 많이 있습니다. 또한, 그 공원에는 자전거 도로와 운동 기구가 있습니다. 공원에서, 사람들은 소풍을 즐기고 강가를 따라 걷습니다. 그 공원은 아이들과 어른들 모두에게 인기 있습니다.

**나의 답변** 🎙 답변 패턴과 모범답변을 참고하여 나의 답변을 완성해 보세요.

① **좋아하는 공원**

② **공원의 종류와 위치**

③ **공원의 모습·분위기**

④ **공원에 있는 시설**

<공원 가기> 주제의 여러 OPIc 문제에 유창하게 답변할 수 있도록 가장 핵심적인 답변 패턴들을 살펴보세요. 패턴과 함께 제시된 표현리스트를 참고하여 '나의 답변'을 완성한 후 반복해 말하며 익혀두세요.　🎧 UNIT 09 Track 2

좋아하는 공원

## My favorite park is 공원 이름. 제가 가장 좋아하는 공원은 ☐ 입니다.

favorite은 가장 좋아하는 것을 이야기할 때 사용하는 표현입니다. 위 패턴을 활용해 '공원 이름 is my favorite park.'라고 말해도 좋아요.

**My favorite park is Han River Park.**　제가 가장 좋아하는 공원은 한강공원입니다.

나의 답변 🎤
> 제가 가장 좋아하는 공원은 _____ 입니다.
>
> 　　　　　　　　　　　　　　　　　　　　　　　　.

✬ 공원 이름
- Han River Park 한강공원
- Namsan Park 남산공원
- Seoul Grand Park 서울대공원
- Children's Grand Park 어린이대공원
- Everland 에버랜드
- Lotte World 롯데월드

공원의 종류와 위치

## It is a(n) 공원 종류 located 위치. 그곳은 ~에 위치한 ☐ 입니다.

만약 공원의 종류만 이야기하고 싶다면 'It is a 공원 종류.'라고 말하고, 공원의 위치만 이야기하고 싶다면 'It is located 위치.'라고 말하세요.

**It is a public park located near Seoul.**　그곳은 서울 근처에 위치한 공원입니다.

나의 답변 🎤
> 그곳은 _____ 위치한 _____ 입니다.
>
> 　　　　　　　　　　　　　　　　　　　　　　　　.

✬ 공원 종류
- public park 공원
- national park 국립공원
- city park 시립공원
- amusement park 놀이공원
- theme park 테마공원
- water park 수상 공원
- marine park 해상공원

✬ 위치
- near Seoul 서울 근처에
- in the center of the city 도심에
- in my neighborhood 동네에
- near Seoul Grand Park Station 서울대공원역 근처에
- along the river 강을 따라
- next to the ocean 바다 옆에
- deep in the mountains 깊은 산속에

공원의 모습·분위기

**패턴 3**

# The park is very [모습·분위기]. 그 공원은 매우 [ ] 합니다.

very 대신 quite(꽤), somewhat(다소), a little(조금) 등의 부사를 사용해 공원의 모습을 더 구체적으로 묘사할 수 있어요.

## The park is very large. 그 공원은 매우 큽니다.

 나의 답변

그 공원은 매우 _____ 합니다.

☆ 장소의 모습·분위기

· large 큰
· modern 현대적인
· beautiful 아름다운

· quiet 조용한
· clean 깨끗한
· relaxing 여유로운

· noisy 시끄러운
· messy 지저분한
· crowded 붐비는

공원에 있는 시설

**패턴 4**

# There are [시설] in the park. 공원에는 [ ] 이 있습니다.

There are 다음에는 benches(벤치)와 같이 복수 명사를 붙여서 말해요. a seesaw(시소)와 같은 단수 명사, exercise equipment(운동 기구)와 같은 셀 수 없는 명사를 붙여 말하고 싶다면 There is를 사용하세요.

## There are benches in the park. 공원에는 벤치가 있습니다.

나의 답변

공원에는 _____ 이 있습니다.

☆ 공원에 있는 시설

· benches 벤치
· exercise equipment 운동 기구
· a seesaw 시소
· swings 그네
· a water fountain/a drinking fountain 식수대
· trash cans 쓰레기통
· trees 나무 / flowers 꽃 / plants 식물
· a botanical garden 식물원
· a zoo 동물원

· a public restroom 공용화장실
· a lost and found office 분실물 보관소
· an ice cream store 아이스크림 가게
· a snack bar 매점
· an outdoor performance hall 야외 공연장
· a swimming pool 수영장
· a playground 운동장
· trails 산책로
· a bicycle path 자전거 도로

## At the park, I like to [하는 일]. 공원에서, 저는 [ ] 하는 것을 좋아합니다.

위 패턴에서 like to를 빼고 At the park, I 다음에 '하는 일'을 붙여 말하면 '공원에서 하는 일'도 표현할 수 있어요.

**At the park, I like to relax on a park bench.** 공원에서, 저는 공원 벤치에 앉아 쉬는 것을 좋아합니다.

> 나의 답변 🎤
>
> 공원에서, 저는 _____ 하는 것을 좋아합니다.
>
> .

☆ 공원에서 하기 좋아하는 일

- relax on a park bench 공원 벤치에 앉아 쉬다
- enjoy the sunshine 햇빛을 즐기다
- enjoy nature 자연을 즐기다
- walk my dog 강아지를 산책시키다
- walk along the riverside 강가를 따라 걷다
- hike along the trails 산책로를 따라 하이킹하다
- go on the rides 자전거를 타다

- read a book 책을 읽다
- exercise 운동하다
- play basketball 농구를 하다
- play on the swings 그네를 타다
- have a picnic 소풍을 즐기다
- take many pictures 사진을 많이 찍다
- look at the animals 동물을 구경하다

## When I go to the park, I usually bring [물건]. 공원에 갈 때, 저는 주로 [ ]을 가져갑니다.

만약 공원에 가져가는 물건이 여러 개라면, some snacks and a beverage처럼 and를 이용해 한꺼번에 말해줘도 좋아요.

**When I go to the park, I usually bring something to read.** 공원에 갈 때, 저는 주로 읽을 것을 가져갑니다.

> 나의 답변 🎤
>
> 공원에 갈 때, 저는 주로 _____ 을 가져갑니다.
>
> .

☆ 공원에 가져가는 물건

- something to read 읽을 것
- some snacks 간식
- a water bottle 물병
- a beverage 음료수

- a digital camera 디지털카메라
- a blanket 담요
- a mat 돗자리
- a lunch box 도시락

패턴
7

# I like going to the park with 사람. 저는 □ 와 공원에 가는 것을 좋아합니다.

누군가와 함께 공원에 가는 것보다 혼자 가는 것을 좋아한다면 'with + 사람' 대신에 alone(혼자)을 사용해서 이야기할 수 있어요.

**I like going to the park with my friends.** 저는 친구들과 공원에 가는 것을 좋아합니다.

나의 답변 🎤

저는＿＿＿＿＿＿＿＿와 공원에 가는 것을 좋아합니다.

.

☆ 사람

· my friends 친구들
· my family 가족

· my boyfriend 남자친구 / my girlfriend 여자친구
· my classmates 반 친구들

---

공원에서 경험한 일

패턴
8

# I remember the time when 경험한 일. 저는 □ 때를 기억합니다.

'~ 때'라고 표현하기 위해서 the time when이라고 말할 수 있습니다. 이때 when 다음에는 '주어 + 동사'의 절 형태를 사용하세요.

**I remember the time when I got lost in the park.** 저는 공원에서 길을 잃었던 때를 기억합니다.

나의 답변 🎤

저는 ＿＿＿＿＿＿＿＿＿＿＿＿ 때를 기억합니다.

.

☆ 공원에서 경험한 일

· I got lost in the park 공원에서 길을 잃었습니다
· I was chased by a dog 개에게 쫓겼습니다
· I was caught in a sudden rain shower 갑작스러운 소나기를 만났습니다
· I met an old friend unexpectedly 우연히 오랜 친구를 만났습니다
· I saw a beautiful sunset 아름다운 일몰을 보았습니다

# 빈출 문제 공략

여기에서는 <공원 가기> 주제의 빈출 문제를 공략해 봅니다. 앞에서 배운 답변 패턴을 이용하고, 주어진 모범답변을 참고하여 여러분의 답변을 만들어 보세요.

## 1 공원에서 주로 하는 일

🎧 UNIT 09 Track 3

**Q** Tell me about what you usually do at the park. What is a typical day at the park like from beginning to end? 당신이 주로 공원에서 무엇을 하는지에 대해 이야기해 주세요. 시작부터 끝까지 공원에서의 전형적인 하루는 어떤가요?

 나의 답변

> **Tip** 1. 공원에서 하는 일과 공원에서의 전형적인 하루에 대해 이야기할 때는 시간 순서에 따라 답변하면 좋아요. 이때 then (그리고 나서), afterwards(그 후에는) 등의 부사를 적절히 사용하면 답변 흐름이 자연스러워집니다.
> 2. 답변할 때 좋아하는 공원의 이름, 공원에 함께 가는 사람 등을 이야기하면 답변이 풍부해집니다.
>
> * 사용할 수 있는 답변 패턴 – **패턴 1** 좋아하는 공원 · **패턴 7** 함께 공원에 가기 좋은 사람 · **패턴 6** 공원에 가져가는 물건 · **패턴 5** 공원에서 하기 좋아하는 일 · **패턴 3** 공원의 모습·분위기

모범답변

**My favorite park is** Namsan Park. **I like going to the park** alone. **When I go to the park, I usually bring** a digital camera. **At the park, I like to** hike along the trails until I reach the top of the mountain. Then I enjoy the view and take some pictures. Afterwards, I get some coffee. **The park is very** relaxing.

## 2 공원에 가는 빈도, 사람, 하는 일

🎧 UNIT 09 Track 4

**Q** How often do you go to the park? Who do you usually go with? What do you like to do? Tell me in as much detail as possible. 당신은 얼마나 자주 공원에 가나요? 주로 누구와 함께 가나요? 무슨 일을 하기 좋아하나요? 가능한 한 상세히 이야기해 주세요.

 나의 답변

> **Tip** 공원에 가는 빈도, 함께 가는 사람, 공원에서 하는 일을 모두 답변에 포함하도록 합니다. 이렇게 여러 가지를 묻는 문제는 그 질문 포인트를 잘 기억해 두었다가 빠뜨리지 않고 답변하는 것이 중요합니다.
>
> * 사용할 수 있는 답변 패턴 – **패턴 7** 함께 공원에 가기 좋은 사람 · **패턴 6** 공원에 가져가는 물건 · **패턴 4** 공원에 있는 시설

**모범답변**

I like going to the park with my girlfriend on weekends. **When we go to the park, we usually bring** something to read and some snacks. **There are** benches **in the park**. We sit on the benches, read, and enjoy being outside. Sometimes we hike along the trails in the park. It is good exercise and very fun.

## 3 공원에서 있었던 뜻밖의 경험

UNIT 09 Track 5

**Q** Please tell me about a time something interesting or unexpected happened at the park. Where and when did it occur? What were you doing at the time? 공원에서 재미있거나

예상치 못했던 일이 있었던 때에 대해 이야기해 주세요. 어디에서 그리고 언제 그 일이 일어났나요? 그때 당신은 무엇을 하고 있었나요?

 나의 답변

**Tip** 1. 뜻밖의 경험을 묻는 문제가 나오면 말할 내용이 떠오르지 않아 당황스러울 수 있어요. 이때 꼭 뜻밖의 경험이 아니라도 좋으니, 인상 깊었던 일, 재미있었던 일 등을 떠올려 답변하면 돼요.
2. 과거 경험에 대해 말하는 것이므로 과거 시제(went, was)를 사용해 이야기하도록 하세요.

* 사용할 수 있는 답변 패턴 – **패턴 8** 공원에서 경험한 일 · **패턴 2** 공원의 종류와 위치 · **패턴 3** 공원의 모습·분위기

**모범답변**

**I remember the time when** I got lost in the park. I went to Children's Grand Park when I was an elementary school student. **It is an** amusement park **located** near Seoul. **The park was very** crowded. I was watching a parade. Suddenly I realized that I couldn't see my family. I looked everywhere for them. I was very scared. Luckily, my older sister found me. It was a very stressful experience.

**해 석** | **1** 제가 가장 좋아하는 공원은 남산공원입니다. 저는 혼자 공원에 가는 것을 좋아합니다. 공원에 갈 때, 저는 주로 디지털카메라를 가져갑니다. 공원에서, 저는 산 정상에 도착할 때까지 산책로를 따라 하이킹하는 것을 좋아합니다. 그러고 나서 저는 경치를 즐기고 사진을 몇 장 찍습니다. 그 후에는, 커피를 마십니다. 그 공원은 매우 여유롭습니다.

**2** 저는 주말마다 여자친구와 공원에 가는 것을 좋아합니다. 공원에 갈 때, 우리는 주로 읽을 것과 간식을 가져갑니다. 공원에는 벤치가 있습니다. 우리는 의자에 앉아서, 독서하고 야외에 있는 것을 즐깁니다. 가끔 우리는 공원에서 산책로를 따라 하이킹합니다. 이것은 좋은 운동이고 매우 재미있습니다.

**3** 저는 공원에서 길을 잃었던 때를 기억합니다. 제가 초등학생이었을 때 어린이대공원에 갔습니다. 그곳은 서울 근처에 위치한 놀이공원입니다. 그 공원은 매우 붐볐습니다. 저는 퍼레이드를 구경하고 있었습니다. 갑자기 저는 가족들이 보이지 않는다는 것을 알게 되었습니다. 저는 가족을 찾아 모든 곳을 둘러보았습니다. 저는 매우 무서웠습니다. 다행히도, 저희 누나가 저를 찾았습니다. 이것은 매우 힘든 경험이었습니다.

# UNIT 10 해변·캠핑 가기

음성 바로 듣기

<해변 가기>와 <캠핑하기>는 Background Survey의 "여가 활동으로 주로 무엇을 하십니까?"라는 질문에 대한 여러 선택 항목 중 하나입니다. 여가 활동 중에서 <해변 가기>와 <캠핑하기> 중 하나 또는 모두를 선택할 거라면, 이 UNIT을 통해 자주 나오는 문제와 효과적인 답변 방법을 살펴보고 나만의 답변도 준비해 보세요.

## 어떤 문제가 자주 나오나요?

<해변·캠핑 가기> 주제의 문제로 아래 문제들이 자주 출제됩니다. 이 중에서도 가장 자주 출제된 '빈출 문제'들을 중심으로 답변을 준비하는 것이 효과적입니다.

· 좋아하는 해변·캠핑장과 이유  빈출 문제

· 해변·캠핑을 갈 때 가지고 가는 것  빈출 문제

· 해변·캠핑 여행 중에 하는 일  빈출 문제
· 해변·캠핑 가기를 좋아하게 된 계기

· 해변·캠핑 여행에서 기억에 남는 경험  빈출 문제
· 최근에 해변·캠핑을 간 경험
· 해변·캠핑장에서 예기치 못한 일을 겪은 경험

## 어떻게 준비하나요?

■ 대표문제를 통해 이 주제의 문제에 어떻게 답하는지 살펴보세요. 그런 다음 핵심 답변 패턴을 익혀 나의 답변을 준비하고 연습해 보세요.

■ <해변 가기>와 <캠핑하기>는 답변 내용이 비슷하므로 Background Survey에서 함께 선택해 학습하면 좋습니다.

■ 자신이 해변 또는 캠핑장에 갔던 경험 중 하나를 정한 뒤 그 경험을 토대로 답변을 준비하면 좋습니다.

**대표문제** **좋아하는 해변과 이유**

In your background survey, you indicated that you like going to beaches. Where is your favorite beach and how often do you go there? Why do you like it? 배경 설문에서, 당신은 해변에 가는 것을 좋아한다고 했습니다. 당신이 가장 좋아하는 해변은 어디이고 그곳에 얼마나 자주 가나요? 왜 그곳을 좋아하나요?

<해변·캠핑 가기> 주제에서 가장 자주 나오는 문제가 바로 '좋아하는 해변과 이유'를 묻는 문제입니다. 이 문제에 답할 때 유용하게 사용할 수 있는 답변 패턴들을 살펴보고, 이 패턴들이 답변에 어떻게 사용되는지 알아보세요.

**답변패턴**

| ① 좋아하는 해변 | I really enjoy going to 해변 이름. 저는 ~에 가는 것을 정말 좋아합니다. |
| --- | --- |
| ② 해변에 가는 빈도 | I go to the beach 빈도. 저는 ~ 그 해변에 갑니다. |
| ③ 그 해변을 좋아하는 이유 | It's my favorite beach because 이유. 그곳은 ~ 때문에 제가 가장 좋아하는 해변입니다. |

**모범답변**

🎤 ①I really enjoy going to Haeundae Beach. It's a famous beach on the south coast of Korea. ②I go to the beach every summer. ③It's my favorite beach because it has clear blue water and beautiful white sand. Also, sometimes there are concerts in the evenings. I always have a lot of fun whenever I go there.

해설 | ① **좋아하는 해변**을 말할 때는 'I really enjoy going to 해변 이름.' 패턴을 사용해서 말해요. 특별히 좋아하는 해변이 없다면 해변 이름 대신 any beach라고 말해도 괜찮아요.

② **해변에 가는 빈도**는 I go to the beach 다음에 빈도를 붙여서 말할 수 있어요. I go to the beach 다음에 '빈도' 대신 'with + 사람'을 붙이면 함께 해변에 가는 사람도 말할 수 있어요.

③ **그 해변을 좋아하는 이유**는 It's my favorite beach because 다음에 자신이 왜 그 해변에 가는 것을 좋아하는지 이유를 붙여 말해요. because 다음에는 주어와 동사가 차례로 나와야 한다는 것을 기억해 두세요.

해석 | 저는 해운대 해수욕장에 가는 것을 정말 좋아합니다. 그곳은 한국의 남해안에 있는 유명한 해변입니다. 저는 매 여름마다 그 해변에 갑니다. 그곳은 맑고 푸른 바닷물과 아름다운 백사장이 있기 때문에 제가 가장 좋아하는 해변입니다. 또한, 저녁에는 때때로 콘서트도 열립니다. 저는 그곳에 갈 때마다 항상 매우 즐거운 시간을 보냅니다.

**나의 답변** 🎤

답변 패턴과 모범답변을 참고하여 나의 답변을 완성해 보세요.

① **좋아하는 해변**

② **해변에 가는 빈도**

③ **그 해변을 좋아하는 이유**

<해변·캠핑 가기> 주제의 여러 OPIc 문제에 유창하게 답변할 수 있도록 가장 핵심적인 답변 패턴들을 살펴보세요. 패턴과 함께 제시된 표현리스트를 참고하여 '나의 답변'을 완성한 후 반복해 말하며 익혀두세요.     🎧 UNIT 10 Track 2

좋아하는 해변

## I really enjoy going to 해변 이름.   저는 ☐ 에 가는 것을 정말 좋아합니다.

enjoy는 to 부정사가 아닌 동명사를 목적어로 취하는 동사이므로 enjoy 다음에는 to go가 아니라 going을 사용해야 해요.

**I really enjoy going to Mangsang Beach.**    저는 망상 해수욕장에 가는 것을 정말 좋아합니다.

> 나의 답변 🎤 저는 _____에 가는 것을 정말 좋아합니다.
>
>                                                          .

☆ 해변 이름

- **Mangsang Beach** 망상 해수욕장
- **Sokcho Beach** 속초 해수욕장
- **Gyeongpo Beach** 경포 해수욕장
- **Daecheon Beach** 대천 해수욕장
- **Naksan Beach** 낙산 해수욕장
- **Haeundae Beach** 해운대 해수욕장

해변에 가는 빈도

## I go to the beach 빈도.   저는 ☐ 그 해변에 갑니다.

I go to the beach 다음에 '빈도' 대신 'with + 사람'을 붙이면 함께 해변에 가는 사람도 말할 수 있어요.

**I go to the beach about three times a year.**    저는 일 년에 세 번 정도 그 해변에 갑니다.

> 나의 답변 🎤 저는 _____ 그 해변에 갑니다.
>
>                                                          .

☆ 빈도

- **about three times a year** 일 년에 세 번 정도
- **on weekends** 주말에
- **every summer** 여름마다
- **whenever I can** 가능할 때마다
- **at least once a month** 적어도 한 달에 한 번
- **a couple of times a year** 일 년에 두어 번

그 해변을 좋아하는 이유

**패턴 3**

# It's my favorite beach because 이유. 그곳은 ⬚ 때문에 제가 가장 좋아하는 해변입니다.

favorite은 가장 좋아하는 것을 이야기할 때 사용하는 표현이에요. 좀 더 간단하게 말하고 싶다면 위 패턴에서 beach를 빼고 말해도 괜찮아요. 자신이 좀 더 외우기 쉬운 표현으로 이야기하세요.

**It's my favorite beach because it is so quiet and peaceful.**
그곳은 매우 조용하고 평화롭기 때문에 제가 가장 좋아하는 해변입니다.

> 나의 답변 🎤  그곳은 _____ 때문에 제가 가장 좋아하는 해변입니다.
>
>                                                              .

☆ 좋아하는 이유

· it is so quiet and peaceful 매우 조용하고 평화롭습니다
· it is the perfect place to swim 수영을 하기에 완벽한 장소입니다
· I don't have to drive long to get there 그곳에 가기 위해 오래 운전하지 않아도 됩니다
· there are delicious seafood restaurants nearby 근처에 맛있는 해산물 음식점들이 있습니다
· it has clear blue water and beautiful white sand 맑고 푸른 바닷물과 아름다운 백사장이 있습니다
· the people are nice to tourists 사람들이 여행객들에게 친절합니다

해변에서 주로 하는 일

**패턴 4**

# At the beach, I usually 하는 일. 해변에서, 저는 주로 ~합니다.

usually 대신 always(항상), often(자주), sometimes(가끔)를 넣어서 그 일을 하는 빈도를 표현할 수 있어요. 평소에 반복해서 하는 일을 나타내는 것이므로 현재 시제로 표현해요. 만약 해변이 아니라 캠핑 여행에서 주로 하는 일을 이야기하고 싶다면 At the beach 대신에 At the camping site를 사용할 수 있어요.

**At the beach, I usually sunbathe on the sand.** 해변에서, 저는 주로 모래사장에서 일광욕을 합니다.

> 나의 답변 🎤  해변에서, 저는 주로 _____.
>
>                                                              .

☆ 해변에서 하는 일

· sunbathe on the sand 모래사장에서 일광욕을 하다
· set up a tent first 먼저 텐트를 치다
· swim in the sea 바다에서 수영을 하다
· collect seashells and build sandcastles 조개껍데기를 모으고 모래성을 쌓다
· rent a parasol and a chair 파라솔과 의자를 빌리다
· take a lot of photos of my friends 친구들의 사진을 많이 찍다

설문 주제 공략하기

**패턴 5**

# I take 물건 with me when I go to the beach. 저는 해변에 갈 때 🔲 을 가져갑니다.

when I 다음에 go to the beach 대신 go on a camping trip을 써서 캠핑 여행에 가져가는 물건에 대해 이야기할 수 있어요.

**I take extra clothing with me when I go to the beach.** 저는 해변에 갈 때 여벌 의류를 가져갑니다.

나의 답변 🎤

> 저는 해변에 갈 때 _____ 을 가져갑니다.
>
> .

✿ 가져가는 물건
- · extra clothing 여벌 의류
- · a beach ball 비치 볼
- · a tent 텐트
- · a first aid kit 구급상자
- · a portable gas burner 휴대용 가스버너

- · flip-flops 샌들
- · sunglasses 선글라스
- · snorkeling gear 스노클링 장비
- · a beach towel 비치타월
- · a bottle of sunblock 자외선 방지 크림 한 통

---

**패턴 6**

# I went on the camping trip with 사람. 저는 🔲 와 함께 캠핑 여행을 갔습니다.

다른 사람과 함께 캠핑 여행을 가지 않고 혼자 갔다면 I went on the camping trip 다음에 'with + 사람' 대신 alone(혼자)을 붙여서 이야기해요.

**I went on the camping trip with my parents.** 저는 부모님과 함께 캠핑 여행을 갔습니다.

나의 답변 🎤

> 저는 _____ 와 함께 캠핑 여행을 갔습니다.
>
> .

✿ 사람
- · my parents 저희 부모님
- · my friends 제 친구들

- · my coworkers 제 동료들
- · my cousins 제 사촌들

- · my classmates 저희 반 친구들
- · my brother 제 오빠, 형, 남동생

## 패턴 7

# While I was camping, 경험한 일. 캠핑을 하던 중, ~했습니다.

접속사 while(~ 동안) 다음에는 주로 '주어 + 동사'의 절 형태를 사용해서 말해요. 위 패턴에서 '주어 + 동사'인 I was를 생략하고 While camping이라고 간단하게 말해도 돼요.

**While I was camping, I got stung by a bee.** 캠핑을 하던 중, 저는 벌에 쏘였습니다.

 나의 답변 | 캠핑을 하던 중, _____.

☆ 캠핑을 하며 경험한 일
- I got stung by a bee 저는 벌에 쏘였습니다
- I got lost in the woods 저는 숲에서 길을 잃었습니다
- I caught some fish from the lake 저는 호수에서 물고기를 잡았습니다
- I became sick 저는 병이 났습니다
- I even saw a small deer 저는 심지어 작은 사슴도 보았습니다

## 패턴 8

# I'll never forget that camping trip because 이유.
☐ 때문에 저는 그 캠핑 여행을 절대 잊지 못할 것입니다.

위 패턴에서 camping trip 대신 trip to the beach를 넣어 말하면 해변으로 갔던 여행에 대해 이야기할 수 있어요.

**I'll never forget that camping trip because the scenery was so beautiful.**
풍경이 매우 아름다웠기 때문에 저는 그 캠핑 여행을 절대 잊지 못할 것입니다.

나의 답변 | _____ 때문에 저는 그 캠핑 여행을 절대 잊지 못할 것입니다.

☆ 캠핑 여행이 기억에 남는 이유
- the scenery was so beautiful 풍경이 매우 아름다웠습니다
- I spent such a wonderful time there 그곳에서 너무나 멋진 시간을 보냈습니다
- it was the best one I ever had 제가 갔던 캠핑 여행 중 최고였습니다
- I had such a miserable time 너무 고생했습니다
- it was my first time camping 그것이 제가 처음으로 한 캠핑이었습니다
- it was so lovely there 그곳은 너무나 좋았습니다

# 빈출 문제 공략

여기에서는 <해변·캠핑 가기> 주제의 빈출 문제를 공략해 봅니다. 앞에서 배운 답변 패턴을 이용하고, 주어진 모범답변을 참고하여 여러분의 답변을 만들어 보세요.

## 1 해변에 갈 때 가지고 가는 것

🎧 UNIT 10 Track 3

**Q** **What items do you pack for a beach trip? Why do you take them with you? Provide as many details as possible.** 해변으로 여행을 갈 때 어떤 물건을 싸 가나요? 왜 그 물건을 가져가나요? 되도록 상세한 내용을 많이 제시하세요.

**나의 답변** 🎤

**Tip** 자외선 방지 크림이나 수영복, 비치타월과 같이 해변에 갈 때 챙겨가는 물건들을 나열한 다음, 각각의 물건을 왜 가져가는지 덧붙여 말하세요.

* 사용할 수 있는 답변 패턴 – 패턴 1 좋아하는 해변 · 패턴 5 해변에 가져가는 물건 · 패턴 4 해변에서 주로 하는 일

**모범답변**

**I really enjoy going to** beaches in the summer, so I go a couple of times a year. **I take** a bottle of sunblock **with me when I go to the beach**. This is because I have sensitive skin. **At the beach, I usually** take a lot of photos of my friends. So, I bring my smartphone and a backup battery. Lastly, I make sure to pack my swimsuit and a beach towel.

## 2 캠핑 여행 중에 하는 일

🎧 UNIT 10 Track 4

**Q** **What do you usually do when you go camping? Please tell me everything you do on a camping trip.** 캠핑 여행을 갈 때 당신은 주로 무엇을 하나요? 캠핑 여행 중에 당신이 하는 모든 일을 말해주세요.

**나의 답변** 🎤

**Tip** 캠핑 여행 중에 하는 일들을 떠올려 이야기하세요. 먼저 텐트를 친 후, 식사를 준비하고, 저녁에 모닥불을 피우는 것과 같이 캠핑 여행을 가서 하는 일들을 시간 순서에 따라 말하면 좋아요.

* 사용할 수 있는 답변 패턴 – 패턴 4 해변에서 주로 하는 일 · 패턴 5 해변에 가져가는 물건

**132** 본 교재 인강·교재 MP3 HackersIngang.com

모범답변 There is a nice valley near my town. It has an ideal camping site. I go there a few times a year with my friends. **At the camping site, I usually** set up the tent first. Next, I prepare a meal. **I take** a portable gas burner **with me when I go on a camping trip**. I often grill meat or cook instant noodles. In the evening, we build a campfire and tell stories to each other.

**3** 캠핑 여행에서 기억에 남는 경험 🎧 UNIT 10 Track 5

Q **Tell me about your most memorable camping trip. What happened? What made the trip so memorable?** 가장 기억에 남는 당신의 캠핑 여행에 대해 말해주세요. 무슨 일이 있었나요? 무엇이 그 여행을 기억에 남게 했나요?

Tip 1. 기억에 남는 캠핑 여행을 갔던 시기와 장소 → 함께 캠핑 여행을 간 사람 → 캠핑 여행에서 있었던 일을 순서대로 말한 후, 왜 그 캠핑 여행이 기억에 남는지 덧붙여 보세요.
　　 2. 비슷한 유형으로 최근에 갔던 캠핑 여행에 대해 묻는 문제도 시험에 나올 수 있어요. 최근에 갔던 캠핑 여행 중 기억에 남는 것을 정해서 답변을 준비해 두면 여러 문제에 답할 때 유용할 거예요.
* 사용할 수 있는 답변 패턴 – **패턴 6** 캠핑 여행에 함께 갔던 사람 · **패턴 7** 캠핑을 하며 경험한 일 · **패턴 8** 캠핑 여행이 기억에 남는 이유

모범답변 My most memorable camping trip was the trip to Halla Mountain last year. **I went on the camping trip with** my friends. We set up our tent near a small stream and enjoyed the scenery. It was late spring, so there were a lot of flowers. **While we were camping**, we even saw a small deer. **I'll never forget that camping trip because** it was so lovely there.

해 석 | 1 저는 여름에 해변에 가는 것을 정말 좋아해서 일 년에 두어 번씩은 갑니다. 저는 해변에 갈 때 자외선 방지 크림 한 통을 가져갑니다. 그 이유는 제 피부가 민감하기 때문입니다. 해변에서, 저는 주로 친구들의 사진을 많이 찍습니다. 따라서, 저는 제 스마트폰과 예비 배터리를 가져갑니다. 마지막으로, 저는 제 수영복과 비치타월을 꼭 챙깁니다.

　　　 2 저희 동네 근처에는 괜찮은 계곡이 있습니다. 그곳에는 이상적인 캠핑장이 있습니다. 저는 친구들과 함께 일 년에 몇 번씩 그곳에 갑니다. 캠핑장에서, 저는 주로 텐트를 먼저 칩니다. 그다음, 저는 식사를 준비합니다. 저는 캠핑 여행을 갈 때 휴대용 가스버너를 가져갑니다. 저는 종종 고기를 굽거나 라면을 끓입니다. 저녁에, 저희는 모닥불을 피우고 서로 이야기를 나눕니다.

　　　 3 저의 가장 기억에 남는 캠핑 여행은 지난해 한라산으로 가던 여행이었습니다. 저는 제 친구들과 함께 캠핑 여행을 갔습니다. 저희는 작은 냇가 근처에 텐트를 치고 경치를 즐겼습니다. 그때는 늦은 봄이어서, 꽃들이 많이 있었습니다. 캠핑을 하던 중, 저희는 심지어 작은 사슴도 보았습니다. 그곳은 너무나 좋았기 때문에 저는 그 캠핑 여행을 절대 잊지 못할 것입니다.

# UNIT 11 쇼핑하기

음성 바로 듣기

<쇼핑하기>는 Background Survey의 "여가 활동으로 주로 무엇을 하십니까?"라는 질문에 대한 여러 선택 항목 중 하나입니다. 여가 활동 중에서 <쇼핑하기>를 선택할 거라면, 이 UNIT을 통해 자주 나오는 문제와 효과적인 답변 방법을 살펴보고 나만의 답변도 준비해 보세요.

## 어떤 문제가 자주 나오나요?

<쇼핑하기> 주제의 문제로 아래 문제들이 자주 출제됩니다. 이 중에서도 가장 자주 출제된 '빈출 문제'들을 중심으로 답변을 준비하는 것이 효과적입니다.

· 자주 가는 상점과 이유  빈출 문제
· 쇼핑하는 장소, 시간, 사람, 품목  빈출 문제
· 예전과 현재의 쇼핑 환경 변화

· 동네 쇼핑몰의 모습

· 기억에 남는 쇼핑 경험  빈출 문제
· 최근에 쇼핑한 경험
· 어릴 적 쇼핑 경험
· 교환이나 환불한 경험

· 쇼핑하다 겪은 문제  빈출 문제
· 제품 구입 후 문제 발생 경험

## 어떻게 준비하나요?

■ 대표문제를 통해 이 주제의 문제에 어떻게 답하는지 살펴보세요. 그런 다음 핵심 답변 패턴을 익혀 나의 답변을 준비하고 연습해 보세요.
■ 평소에 자신이 자주 가는 쇼핑몰을 하나 정한 뒤 그 쇼핑몰을 토대로 답변을 준비하면 좋습니다.

**대표문제** **쇼핑하다 겪은 문제**

Unexpected difficulties can occur while we are shopping. What was a problem you recently experienced while shopping? How did you resolve this issue? Provide as many details in your response as possible. 우리가 쇼핑을 하는 동안에 예상치 못한 어려움이 발생할 수 있습니다. 당신이 쇼핑하던 중 최근에 겪은 문제는 무엇이었나요? 이 문제를 어떻게 해결했나요? 되도록 답변에 상세한 내용을 많이 제시하세요.

<쇼핑하기> 주제에서 가장 자주 나오는 문제가 바로 '쇼핑하다 겪은 문제'입니다. 이 문제에 답할 때 유용하게 사용할 수 있는 답변 패턴들을 살펴보고, 이 패턴들이 답변에 어떻게 사용되는지 알아보세요.

**답변패턴**

| ① 쇼핑 중에 생긴 문제 | A problem I had while shopping was 문제.<br>제가 쇼핑을 하던 도중 있었던 문제는 ~이었습니다. |
|---|---|
| ② 문제 해결책 | To solve the problem, I 해결책. 문제를 해결하기 위해 저는 ~했습니다. |
| ③ 그 경험에 대한 나의 느낌 | This experience made me feel 느낌.<br>이 경험은 저를 ~하다고 느끼게 만들었습니다. |

**모범답변**

🎤 <sup>①</sup>A problem I had while shopping was I lost my wallet at a department store. I was shopping for a new shirt. I placed my wallet on the counter while paying for my purchase. After paying, I walked away without picking it up. I noticed my mistake the next day. <sup>②</sup>To solve the problem, I called the store manager. The store manager told me that he had my wallet. <sup>③</sup>This experience made me feel lucky.

해설 | ① **쇼핑 중에 생긴 문제**는 'A problem I had while shopping was' 패턴을 사용해서 말해요. 이때, at a department store처럼 '장소 전치사 + 장소'를 덧붙여 말하면 더 좋아요.

② **문제 해결책**은 To solve the problem, I 다음에 내가 문제를 해결하기 위해 했던 행동을 말하면 돼요.

③ **그 경험에 대한 나의 느낌**을 말할 때는 This experience made me feel 다음에 다양한 형용사(lucky, embarrassed 등)를 붙여 말해요.

해석 | 제가 쇼핑을 하던 도중 있었던 문제는 백화점에서 제 지갑을 잃어버렸던 것이었습니다. 저는 새로운 셔츠를 쇼핑하고 있었습니다. 저는 사는 물건에 대해 돈을 내는 동안 제 지갑을 계산대에 두었습니다. 결제한 후에, 저는 그것을 집어 들지 않고 걸어 나왔습니다. 저는 그다음 날에 제 실수를 알아차렸습니다. 문제를 해결하기 위해, 저는 상점 매니저에게 전화했습니다. 그는 그가 제 지갑을 가지고 있다고 말해주었습니다. 이 경험은 저를 운이 좋다고 느끼게 만들었습니다.

**나의 답변** 🎤

답변 패턴과 모범답변을 참고하여 나의 답변을 완성해 보세요.

**① 쇼핑 중에 생긴 문제**

**② 문제 해결책**

**③ 그 경험에 대한 나의 느낌**

<쇼핑하기> 주제의 여러 OPIc 문제에 유창하게 답변할 수 있도록 가장 핵심적인 답변 패턴들을 살펴보세요. 패턴과 함께 제시된 표현리스트를 참고하여 '나의 답변'을 완성한 후 반복해 말하며 익혀두세요.

🎧 UNIT 11 Track 2

쇼핑 중에 생긴 문제

## A problem I had while shopping was 문제.

제가 쇼핑을 하던 도중 있었던 문제는 ☐ 이었습니다.

problem은 '문제' 또는 '어려움'을 의미하는 단어예요. 내가 이미 겪은 문제는 과거에 일어난 일이므로 과거 시제(had)를 사용해서 말해요.

**A problem I had while shopping was I could not decide what to buy.**

제가 쇼핑을 하던 도중 있었던 문제는 제가 무엇을 살지 결정하지 못했던 것이었습니다.

> 나의 답변 🎙️
>
> 제가 쇼핑을 하던 도중 있었던 문제는 _____이었습니다.

☆ 문제

· I could not decide what to buy 제가 무엇을 살지 결정하지 못했습니다
· I could not return a purchase 제가 산 물건을 환불하지 못했습니다
· I could not find something in my size 제 사이즈의 무언가를 찾지 못했습니다
· I forgot to bring my credit card 제 신용카드를 가져가는 것을 잊었습니다
· I spent too much money 저는 너무 많은 돈을 썼습니다
· I bought a dress that didn't fit 저는 맞지 않는 원피스를 샀습니다

문제 해결책

## To solve the problem, I 해결책. 문제를 해결하기 위해 저는 ☐ 했습니다.

To 다음에 동사원형을 붙이면 '~하기 위해서'라는 의미가 돼요. 문제를 해결하기 위해 내가 했던 행동은 과거에 일어난 일이므로 과거 시제를 사용해서 이야기하세요.

**To solve the problem, I called the store and asked if they had my wallet.**

문제를 해결하기 위해 저는 상점에 전화해서 그들이 제 지갑을 가지고 있는지 물어봤습니다.

> 나의 답변 🎙️
>
> 문제를 해결하기 위해 저는 _____ 했습니다.

☆ 해결책

· called the store and asked if they had my wallet 저는 상점에 전화해서 그들이 제 지갑을 가지고 있는지 물어봤습니다
· returned my purchase to the store 제가 구입한 물건을 상점으로 반품했습니다
· asked a manager for assistance 매니저에게 도움을 요청했습니다

그 경험에 대한 나의 느낌

**패턴 3**

# This experience made me feel 느낌. 이 경험은 저를 ~하다고 느끼게 만들었습니다.

위 패턴에서 made가 '~하게 하다'라는 뜻의 사역 동사이므로 뒤에 나오는 동사는 항상 동사원형(feel)이 되어야 해요. feel 다음에 여러 가지 형용사를 붙여 그 경험으로 내가 느꼈던 느낌을 이야기해 보세요.

**This experience made me feel embarrassed.**   이 경험은 저를 창피하다고 느끼게 만들었습니다.

나의 답변 🎤   이 경험은 저를 _____ 느끼게 만들었습니다.

☆ 느낌

- embarrassed 창피한
- relieved 안심한
- angry 화난
- worried 걱정되는
- relaxed 편안한
- stressed-out 스트레스 받는
- overjoyed 매우 기쁜
- confused 혼란스러운

좋아하는 쇼핑 장소

**패턴 4**

# The place I like to shop is 장소. 제가 쇼핑하기 좋아하는 장소는 ☐ 입니다.

좋아하는 쇼핑 장소를 말할 때는 이 패턴을 사용해도 되고, My favorite shopping place is 다음에 장소를 붙여서 말해도 돼요.

**The place I like to shop is a department store near Suwon Station.**

제가 쇼핑하기 좋아하는 장소는 수원역 근처의 백화점입니다.

나의 답변 🎤   제가 쇼핑하기 좋아하는 장소는 _____ 입니다.

☆ 쇼핑 장소

- a department store near Suwon Station 수원역 근처의 백화점
- a traditional market near Insadong in Seoul 서울 인사동 근처의 전통 시장
- a supermarket near my apartment 우리 아파트 근처의 슈퍼마켓
- a little stationery store on my university campus 우리 대학교 교정에 있는 작은 문구점
- a large bookstore in Seoul 서울에 있는 대형 서점
- an outlet mall near my office 내 사무실 근처의 아웃렛몰
- Bliss, a clothing store in Dongdaemun Market 동대문 시장의 옷 가게 Bliss

패턴 **5**

# I often go shopping 시간. 저는 종종 ☐ 쇼핑을 갑니다.

'종종'이라는 의미의 often은 반복적으로 일어나는 일을 이야기할 때 사용되므로, often 다음에는 보통 현재 시제를 붙여서 말해요.

## I often go shopping after work. 저는 종종 퇴근 후에 쇼핑을 갑니다.

**나의 답변** 🎙️

> 저는 종종 _____ 쇼핑을 갑니다.
>
> .

✿ 주로 쇼핑을 가는 시간

- in my free time 여유 시간에
- in the evening 저녁때
- late at night 밤늦게
- on the weekend 주말에
- on Saturday morning 토요일 아침에

- when I'm not too busy 너무 바쁘지 않을 때
- when there is a big sale 큰 할인이 있을 때
- while I'm on vacation 휴가 중일 때
- before picking my children up from school
  학교에서 아이들을 데리러 가기 전에

패턴 **6**

# The most memorable experience was when I 경험한 일.
가장 기억에 남는 경험은 ☐ 때였습니다.

위 패턴에서 when 다음에 '주어 + 동사'의 절 형태를 붙여서 말해요. 이때 경험에 대해 말하는 것이므로 과거 시제를 사용해서 이야기해야 해요. 쇼핑 경험이라고 구체적으로 말하고 싶다면 experience 앞에 shopping만 붙이면 돼요.

## The most memorable experience was when I picked up someone else's shopping bag.
가장 기억에 남는 경험은 제가 다른 사람의 쇼핑백을 들고 왔을 때였습니다.

**나의 답변** 🎙️

> 가장 기억에 남는 경험은 _____ 때였습니다.
>
> .

✿ 쇼핑하다 경험한 일

- I picked up someone else's shopping bag 다른 사람의 쇼핑백을 들고 왔다
- I got an amazing deal on a new dress 새 원피스를 놀라운 가격에 샀다
- I couldn't find my car in a department store parking lot 백화점 주차장에서 내 차를 찾을 수 없었다
- I met my favorite author at a bookstore 서점에서 가장 좋아하는 작가를 만났다
- I test drove a new sports car 새로운 스포츠카를 시승했다
- I bought my first smartphone 첫 스마트폰을 샀다

함께 쇼핑 가기 좋아하는 사람

**패턴 7**

# I like going there with 사람. 저는 □ 와 그곳에 가는 것을 좋아합니다.

누군가와 함께 쇼핑을 가는 것보다 혼자 가는 것을 더 좋아한다면 'with + 사람' 대신에 alone(혼자)을 사용해서 이야기할 수 있어요.

## I like going there with my wife. 저는 아내와 그곳에 가는 것을 좋아합니다.

> **나의 답변** 🎤
>
> 저는 _____와 그곳에 가는 것을 좋아합니다.
>
> .

☆사람

- · my wife 아내
- · my husband 남편
- · my friends 친구들
- · my classmates 반 친구들

- · my sister 언니, 누나, 여동생
- · my best friend 가장 친한 친구
- · my parents 부모님
- · some people from my office 사무실의 몇몇 사람들

그 상점을 좋아하는 이유

**패턴 8**

# I like the store because of 이유. 제가 그 상점을 좋아하는 이유는 □ 때문입니다.

because of 다음에는 its stylish clothes(그곳의 멋진 옷)나 reasonable prices(합리적인 가격)와 같은 명사구를 붙여서 내가 그 상점을 좋아하는 이유를 말할 수 있어요.

## I like the store because of its stylish clothes and reasonable prices.

제가 그 상점을 좋아하는 이유는 그곳의 멋진 옷과 합리적인 가격 때문입니다.

> **나의 답변** 🎤
>
> 제가 그 상점을 좋아하는 이유는 _____ 때문입니다.
>
> .

☆그 상점을 좋아하는 이유

- · friendly staff 친절한 직원
- · convenient location 편리한 위치
- · great selection 아주 좋은 선택 종류
- · frequent sales 자주 있는 할인

- · relaxed atmosphere 여유 있는 분위기
- · high-quality products 좋은 품질의 제품들
- · excellent customer service 훌륭한 고객 서비스
- · generous return policy 관대한 환불 정책

여기에서는 <쇼핑하기> 주제의 빈출 문제를 공략해 봅니다. 앞에서 배운 답변 패턴을 이용하고, 주어진 모범답변을 참고하여 여러분의 답변을 만들어 보세요.

## 1 자주 가는 상점과 이유

UNIT 11 Track 3

**Q** Is there a particular store that you visit regularly? Tell me what the store sells and why you like going there. 당신이 정기적으로 방문하는 특정 상점이 있나요? 그 상점에서 무엇을 판매하는지와 당신이 그곳에 가는 것을 왜 좋아하는지 이야기해 주세요.

 나의 답변

> Tip 1. 자주 가는 상점이 어디인지, 그 상점은 어디에 위치해 있는지 말해보세요. 그 상점에서 주로 판매하는 제품 종류가 무엇인지 뿐만 아니라, 판매 대상은 누구인지, 다른 어떤 제품을 살 수 있는지까지 말해도 좋아요.
> 2. 그 상점에 가는 것을 좋아하는 이유로 제품의 특징이나 합리적인 가격을 이야기할 수 있어요.
> * 사용할 수 있는 답변 패턴 – 패턴 4 좋아하는 쇼핑 장소 · 패턴 8 그 상점을 좋아하는 이유 · 패턴 7 함께 쇼핑 가기 좋아하는 사람

모범답변

**The place I like to shop is** Bliss, a clothing store in Dongdaemun Market. It sells trendy clothing for women. It also has matching shoes and handbags. **I like the store because of its** stylish clothes and reasonable prices. Also, most of its clothes fit me very well, so I always go there when I need to buy something new. **I like going there with** my sister because she makes good fashion recommendations.

## 2 쇼핑하는 장소, 시간, 사람, 품목

UNIT 11 Track 4

**Q** Shopping is a popular activity. Tell me where you usually like to shop. When do you go there, and who do you go with? What do you usually buy? 쇼핑은 인기 있는 활동입니다. 주로 어디에서 쇼핑하기 좋아하는지 이야기해 주세요. 그곳에 언제 가고 누구와 함께 가나요? 주로 무엇을 사나요?

 나의 답변

> Tip 자신이 좋아하는 쇼핑 장소가 어디인지 이야기한 뒤 주로 언제 그곳에 가는지 말합니다. on weekends(주말마다)와 같이 구체적으로 말해도 되고, 대략적으로 여유 시간이 있을 때 간다고 이야기해도 돼요.
> * 사용할 수 있는 답변 패턴 – 패턴 4 좋아하는 쇼핑 장소 · 패턴 8 그 상점을 좋아하는 이유 · 패턴 5 주로 쇼핑을 가는 시간 · 패턴 7 함께 쇼핑 가기 좋아하는 사람

**모범답변**

The place I like to shop is an outlet mall near Sinsa Station. **I like the store because of** its convenient location. **I often go shopping** at this store on the weekend. **I like going there with** my friends. We get a chance to hang out, shop, and eat together. I always go there to buy clothes. It also has a bookstore, so I often browse through the books.

## **3** 기억에 남는 쇼핑 경험

 UNIT 11 Track 5

**Q** Describe a memorable or interesting experience you once had when shopping. What made this experience so unforgettable? Provide as many details as possible. 쇼핑할 때 있었던 기억에 남거나 재미있는 경험에 대해 묘사해 주세요. 무엇이 그 경험을 그렇게 잊을 수 없도록 만들었나요? 되도록 상세한 내용을 많이 제시하세요.

**나의 답변**

> **Tip** 쇼핑을 하다 겪었던 일들을 떠올려 보세요. 쇼핑백을 잘못 바꿔갔다는 창피한 경험이 아니더라도 쇼핑하다 우연히 친구를 만난 일, 깜짝 세일로 엄청 저렴한 가격에 샀던 일 등 소소하지만 좋았던 경험들도 답변에 사용할 수 있답니다.
>
> * **사용할 수 있는 답변 패턴** – **패턴 6** 가장 기억에 남는 쇼핑 경험 · **패턴 2** 문제 해결책 · **패턴 3** 그 경험에 대한 나의 느낌

 **모범답변**

**The most memorable shopping experience was when I** picked up someone else's shopping bag. I was shopping for new shoes. I paid for my shoes and I left the store with my shopping bag. While waiting for the bus, I realized that the bag wasn't mine. **To solve the problem, I** returned to the store and found the right bag. **This experience made me feel** embarrassed.

**해 석 | 1** 제가 쇼핑하기 좋아하는 장소는 동대문 시장의 한 의류 상점, Bliss입니다. 그곳은 유행하는 여성 의류를 팝니다. 그곳에는 어울리는 신발과 핸드백도 있습니다. 그곳의 멋진 옷과 합리적인 가격 때문에 저는 그 상점을 좋아합니다. 또한, 그 상점의 옷 대부분이 제게 매우 잘 맞아서, 저는 뭔가 새것을 사야 할 때 항상 그곳에 갑니다. 제 여동생은 패션 추천을 잘해주기 때문에 저는 그곳에 그녀와 함께 가는 것을 좋아합니다.

**2** 제가 쇼핑하기 좋아하는 장소는 신사역 근처의 아웃렛 몰입니다. 제가 그 상점을 좋아하는 이유는 그곳의 편리한 위치 때문입니다. 저는 주말에 이 상점으로 종종 쇼핑하러 갑니다. 저는 제 친구들과 그곳에 가는 것을 좋아합니다. 우리는 함께 어울려 놀고, 쇼핑을 하며, 먹는 기회를 가집니다. 그곳에는 또한 서점도 있어서 저는 자주 책을 훑어봅니다.

**3** 가장 기억에 남는 경험은 제가 다른 사람의 쇼핑백을 들고 왔을 때였습니다. 저는 새 신발을 쇼핑하고 있었습니다. 저는 제 신발값을 내고 제 쇼핑백을 가지고 그 가게를 나왔습니다. 버스를 기다리는 동안, 저는 그 쇼핑백이 제 것이 아님을 깨달았습니다. 문제를 해결하기 위해서, 저는 가게로 되돌아갔고 맞는 백을 찾았습니다. 이 경험은 저를 창피하게 만들었습니다.

설문 주제 공략하기

**UNIT 11** 쇼핑하기 10일 안에 끝내는 해커스 OPIc START (Intermediate 공략)

# UNIT 12 TV·리얼리티 쇼 시청하기

<TV 시청하기>와 <리얼리티 쇼 시청하기>는 Background Survey의 "여가 활동으로 주로 무엇을 하십니까?"라는 질문에 대한 여러 선택 항목 중 하나입니다. 여가 활동 중에서 <TV 시청하기>와 <리얼리티 쇼 시청하기> 중 하나 또는 모두를 선택할 거라면, 이 UNIT을 통해 자주 나오는 문제와 효과적인 답변 방법을 살펴보고 나만의 답변도 준비해 보세요.

## 어떤 문제가 자주 나오나요?

<TV·리얼리티 쇼 시청하기> 주제의 문제로 아래 문제들이 자주 출제됩니다. 이 중에서도 가장 자주 출제된 '빈출 문제'들을 중심으로 답변을 준비하는 것이 효과적입니다.

· 즐겨보는 TV 프로그램·리얼리티 쇼와 시청 빈도  빈출 문제
· 재미있게 본 TV 프로그램·리얼리티 쇼  빈출 문제

· TV 프로그램·리얼리티 쇼를 보며 하는 일과 함께 보는 사람
· TV 프로그램·리얼리티 쇼 선택 기준
· TV 프로그램·리얼리티 쇼를 보는 이유

· TV를 처음 본 시기와 계기, TV의 변화  빈출 문제
· 최근에 본 TV 프로그램·리얼리티 쇼
· 과거와 현재의 TV 프로그램 비교
· 라이브쇼와 리얼리티 쇼의 비교

· 리얼리티 쇼 방송 진행 장소  빈출 문제

## 어떻게 준비하나요?

■ 대표문제를 통해 이 주제의 문제에 어떻게 답하는지 살펴보세요. 그런 다음 핵심 답변 패턴을 익혀 나의 답변을 준비하고 연습해 보세요.

■ <TV 시청하기>와 <리얼리티 쇼 시청하기>는 답변 내용이 비슷하므로 Background Survey에서 함께 선택해 학습하면 좋습니다.

■ 평소에 자신이 자주 보는 TV 프로그램을 하나 정한 뒤 그 프로그램을 토대로 답변을 준비하면 좋습니다.

**대표문제** **즐겨보는 TV 프로그램과 시청 빈도** 🎧 UNIT 12 Track 1

**Tell me about the TV programs you like to watch. Why do you like to watch them? How often do you usually watch them? Give me as many details as possible.** 당신이 보기 좋아하는 TV 프로그램에 대해 이야기해 주세요. 당신은 왜 그것들을 보기 좋아하나요? 당신은 보통 얼마나 자주 그것들을 보나요? 가능한 한 상세한 내용을 많이 알려주세요.

<TV·리얼리티 쇼 시청하기> 주제에서 가장 자주 나오는 문제가 바로 '즐겨보는 TV 프로그램과 시청 시간'입니다. 이 문제에 답할 때 유용하게 사용할 수 있는 답변 패턴들을 살펴보고, 이 패턴들이 답변에 어떻게 사용되는지 알아보세요.

**답변패턴**

| ① 좋아하는 TV 프로그램 | **I really enjoy watching** 프로그램 이름. <br> 저는 ~을 보는 것을 정말 좋아합니다. |
| --- | --- |
| ② 그 프로그램을 즐겨보는 이유 | **I watch shows like this because** 이유. <br> ~ 때문에 저는 이 같은 프로그램을 봅니다. |
| ③ TV를 보는 빈도 | **I watch TV** 빈도.　저는 ~ TV를 봅니다. |
| ④ 같이 보는 사람 | **I usually watch them with** 사람.　저는 주로 ~와 함께 시청합니다. |

**모범답변**

 ①**I really enjoy watching** *Stranger Things*. It's my favorite American show. ②**I watch shows like this because** they help me learn about new cultures. Also, I am able to learn English while watching them. ③I guess **I watch TV** for one or two hours every day. Normally, I watch a few programs after dinner. ④**I usually watch them with** my roommate.

**해설 |** ① **좋아하는 TV 프로그램**은 'I really enjoy watching 프로그램 이름.' 패턴을 사용해서 말해요. 특정 프로그램 장르를 다 좋아한다면 프로그램 이름이 아니라 장르를 말해도 괜찮아요.

② **그 프로그램을 즐겨보는 이유**는 I watch shows like this because 다음에 이유를 붙여서 말해요. because 다음에는 '주어 + 동사'의 절 형태로 이야기하세요.

③ **TV를 보는 빈도**는 I watch TV 다음에 for one or two hours every day와 같이 빈도를 붙여서 말해요. 특정 시간에 볼 경우 빈도 대신 before I go to bed와 같이 시간을 말할 수 있어요

④ **같이 보는 사람**은 'I usually watch them with 사람' 패턴을 사용해서 말해요. 만약 여러 프로그램이 아니라 하나의 프로그램을 같이 본다면 them 대신에 it으로 말하면 돼요.

**해석 |** 저는 '기묘한 이야기'를 보는 것을 정말 좋아합니다. 그것은 제가 가장 좋아하는 미국 드라마입니다. 제가 새로운 문화에 대해 배울 수 있게 도와주기 때문에 저는 이 같은 프로그램을 봅니다. 또한, 저는 드라마를 보는 동안 영어를 배울 수 있습니다. 저는 매일 한두 시간 동안 TV를 보는 것 같습니다. 보통 저는 저녁 식사 후에 몇몇 프로그램을 봅니다. 저는 주로 제 룸메이트와 함께 시청합니다.

**나의 답변** 🎤 | 답변 패턴과 모범답변을 참고하여 나의 답변을 완성해 보세요.

① 좋아하는 TV 프로그램

② 그 프로그램을 즐겨보는 이유

③ TV를 보는 빈도

④ 같이 보는 사람

<TV·리얼리티 쇼 시청하기> 주제의 여러 OPIc 문제에 유창하게 답변할 수 있도록 가장 핵심적인 답변 패턴들을 살펴보세요. 패턴과 함께 제시된 표현리스트를 참고하여 '나의 답변'을 완성한 후 반복해 말하며 익혀두세요.    🎧 UNIT 12 Track 2

### 좋아하는 TV 프로그램

## I really enjoy watching [프로그램 이름]. 저는 ☐을 보는 것을 정말 좋아합니다.

enjoy는 to 부정사가 아닌 동명사를 목적어로 취하는 동사이므로 enjoy 다음에는 to watch가 아니라 watching을 사용해야 해요.

## I really enjoy watching *Stranger Things*.    저는 '기묘한 이야기'를 보는 것을 정말 좋아합니다.

> **나의 답변** 🎤 저는 _____ 을 보는 것을 정말 좋아합니다. .

★ 프로그램 이름
- Stranger Things 기묘한 이야기
- Money Heist 종이의 집
- Game of Thrones 왕좌의 게임
- Squid Game 오징어게임
- House of Cards 하우스 오브 카드
- The Walking Dead 워킹 데드

### 그 프로그램을 즐겨보는 이유

## I watch shows like this because [이유]. ☐ 때문에 저는 이 같은 프로그램을 봅니다.

그 프로그램을 즐겨보는 이유를 말할 때는 I watch shows like this because 다음에 '주어 + 동사'의 절 형태를 붙이면 돼요. show like this 대신에 내가 좋아하는 TV 프로그램의 이름을 말해도 돼요.

## I watch shows like this because they help me learn about new cultures.
제가 새로운 문화에 대해 배울 수 있게 도와주기 때문에 저는 이 같은 프로그램을 봅니다.

> **나의 답변** 🎤 _____ 때문에 저는 이 같은 프로그램을 봅니다. .

★ 그 프로그램을 즐겨보는 이유
- they help me learn about new cultures 제가 새로운 문화를 배울 수 있게 도와줍니다
- they help me learn English 제가 영어를 배울 수 있게 도와줍니다
- they help me relax after work 제가 퇴근 후에 쉴 수 있게 도와줍니다
- they are more exciting than other shows 다른 프로그램들보다 더 재미있습니다
- I really love sports 저는 정말 스포츠를 좋아합니다
- I want to spend more time with my kids 저는 제 아이들과 더 많은 시간을 보내고 싶습니다
- I want to hear about current events 저는 시사 문제에 대해 듣기 원합니다

TV를 보는 빈도

**패턴 3**

# I watch TV 빈도. 저는 ☐ TV를 봅니다.

I watch TV 다음에 about once a week과 같이 빈도를 붙여서 말해요. 빈도 대신 Sunday mornings(일요일 아침마다)와 같이 특정한 시간을 말할 수도 있어요.

**I watch TV about once a week.**  저는 대략 일주일에 한 번 TV를 봅니다.

나의 답변

> 저는 _____ TV를 봅니다.
>
> .

✿ 빈도
- about once a week 대략 일주일에 한 번
- for one or two hours every day 매일 한두 시간
- every night 매일 밤
- as often as I can 가능한 한 자주

- way too much 너무 많이
- a few times a month 한 달에 몇 번
- less than most people I know
  내가 아는 대부분의 사람들보다 적게

같이 보는 사람

**패턴 4**

# I usually watch them with 사람. 저는 주로 ☐ 와 함께 시청합니다.

usually 대신 often(자주)이나 sometimes(가끔)를 넣어서 자주 또는 가끔 같이 시청하는 사람에 대해 이야기할 수도 있어요.

**I usually watch them with my friends.**  저는 주로 친구들과 함께 시청합니다.

나의 답변

> 저는 주로 _____와 함께 시청합니다.
>
> .

✿ 사람
- my friends 친구들
- my sister 언니, 누나, 여동생
- my wife and kids 아내와 아이들
- my coworkers 동료들

- my boyfriend 남자친구
- my best friend 가장 친한 친구
- my roommate 룸메이트
- one of my classmates 반 친구들 중 한 명

## It took place 장소. 그것은 □ 에서 벌어졌습니다.

프로그램이 벌어진 장소에 대해 이야기할 때는 It took place 다음에 '장소 전치사 + 장소'를 덧붙여서 말하면 돼요. 과거 시제로 말하는 것을 주의하세요.

**It took place on a remote island.** 그것은 외딴섬에서 벌어졌습니다.

> 나의 답변 🎤
>
> 그것은 _____ 에서 벌어졌습니다.
>
> .

✪ 장소

· on a remote island 외딴섬에서
· on a mountain 산에서
· on a plane 비행기에서
· at a university 대학교에서
· at the beach 해변에서

· in a studio 스튜디오에서
· in a luxury hotel 고급 호텔에서
· in South America 남미에서
· in New York City 뉴욕시에서
· in ancient Rome 고대 로마에서

## The setting of the show was 모습·분위기. 프로그램의 장소는 □ 했습니다.

프로그램의 배경이 되는 장소나 무대는 setting으로 말하는 것이 자연스러워요. The setting of the show was 다음에 모습이나 분위기를 묘사할 수 있는 다양한 형용사를 이용해 말하면 돼요.

**The setting of the show was terrifying.** 프로그램의 장소는 섬뜩했습니다.

> 나의 답변 🎤
>
> 프로그램의 장소는 _____ 했습니다.
>
> .

✪ 장소의 모습·분위기

· terrifying 섬뜩한
· famous 유명한
· beautiful 아름다운
· fantastic 환상적인

· imaginative 공상적인
· unfamiliar 생소한
· realistic 현실적인
· impressive 인상적인

### 패턴 7

# The biggest change in TV programming is that 변화.

TV 프로그램 구성에서 가장 큰 변화는 ☐ 는 것입니다.

'가장 ~한'이라고 말할 때는 The 다음에 최상급(biggest, tallest, oldest 등)을 붙여서 표현할 수 있어요.

## The biggest change in TV programming is that there are more commercials.

TV 프로그램 구성에서 가장 큰 변화는 광고가 더 많이 있다는 것입니다.

> **나의 답변** 🎤 TV 프로그램 구성에서 가장 큰 변화는 _____ 는 것입니다.

#### ☆TV 프로그램의 변화

- there are more commercials 광고가 더 많이 있습니다
- there are a lot of reality shows now 이제 리얼리티 쇼가 많이 있습니다
- more foreign shows are broadcast in Korea 한국에 더 많은 외국 프로그램들이 방송됩니다
- there are many more channels than before 이전보다 더욱 많은 채널들이 있습니다
- we can watch television shows online 온라인에서 텔레비전 프로그램을 볼 수 있습니다
- shows use much better special effects 프로그램이 훨씬 더 좋은 특수효과들을 사용합니다

---

프로그램 내용

### 패턴 8

# It was about 내용. 그것은 ☐ 에 관한 것이었습니다.

프로그램이 어떤 내용에 관한 것이었는지 말하고 싶을 때는 It was about 다음에 프로그램 내용을 붙여서 말하면 돼요.

## It was about doctors helping patients in a hospital.

그것은 병원에서 환자들을 돕는 의사들에 관한 것이었습니다.

> **나의 답변** 🎤 그것은 _____ 에 관한 것이었습니다.

#### ☆프로그램 내용

- doctors helping patients in a hospital 병원에서 환자들을 돕는 의사들
- men trying to escape from the prison 그 감옥에서 탈출하려고 시도하는 남자들
- students at an ivy league university in America 미국 아이비리그 대학교에 있는 학생들
- women living exciting lives in New York City 뉴욕시에서 흥미로운 삶을 사는 여자들
- police officers investigating serious crimes 강력 범죄를 조사하는 경찰관들
- superheroes with incredible abilities 놀라운 능력들을 지닌 슈퍼히어로들
- the personal lives of popular celebrities 인기 많은 연예인들의 개인 생활

# 빈출 문제 공략

여기에서는 <TV·리얼리티 쇼 시청하기> 주제의 빈출 문제를 공략해 봅니다. 앞에서 배운 답변 패턴을 이용하고, 주어진 모범답변을 참고하여 여러분의 답변을 만들어 보세요.

## 1 재미있게 본 TV 프로그램

🎧 UNIT 12 Track 3

**Q** **Is there a TV show you used to watch that was particularly enjoyable? What was the title? Tell me what it was about and why you liked it so much.** 당신이 특히 재미있게 보곤 했던 TV 프로그램이 있나요? 제목이 무엇이었나요? 무엇에 관한 내용이었고 당신이 왜 그렇게 많이 좋아했는지 이야기해 주세요.

> **Tip** 1. 재미있게 본 TV 프로그램의 제목 → 그 프로그램이 촬영된 배경 장소 → 프로그램의 내용을 순서대로 말하고 좋아하는 이유를 말하며 답변을 마무리 지어요.
> 2. 재미있게 봤던 프로그램에 대해 설명하는 문제이므로 과거 시제를 사용해서 이야기하도록 하세요.
>
> \* 사용할 수 있는 답변 패턴 – **패턴 1** 좋아하는 TV 프로그램 · **패턴 5** 촬영된 장소 · **패턴 8** 프로그램 내용 · **패턴 6** 촬영 장소의 모습·분위기

**모범답변**

**I really enjoyed watching** *Prison Break*. **It took place** in an American prison. **It was about** men trying to escape from the prison. It was very suspenseful, so I couldn't wait to see each new episode. **The setting of the show was** terrifying and the story was really interesting. I also liked it because the actor was very handsome.

## 2 TV를 처음 본 시기와 계기, TV의 변화

🎧 UNIT 12 Track 4

**Q** **When did you start watching TV and what made you interested in it? Describe in detail how TV shows have changed since you were young.** 당신은 언제 TV를 보기 시작했고 무엇 때문에 그것에 흥미를 갖게 되었나요? 당신이 어렸을 때부터 TV 프로그램이 어떻게 변화해 왔는지 상세히 묘사해 주세요.

> **Tip** 1. TV를 처음 봤을 때 가장 재미있게 봤던 프로그램의 종류나 제목을 이야기하며 TV를 보게 된 계기를 말해보세요.
> 2. 그때와 비교해 TV 프로그램에 어떤 변화가 있었는지에 대해 새로 생기거나 없어진 프로그램을 예로 들어 말하면 좋아요.
>
> \* 사용할 수 있는 답변 패턴 – **패턴 1** 좋아하는 TV 프로그램 · **패턴 7** TV 프로그램의 변화 · **패턴 2** 그 프로그램을 즐겨보는 이유 · **패턴 4** 같이 보는 사람

I started watching TV when I was a kid. At that time, **I really enjoyed watching** animated shows because they were interesting. But now I enjoy watching reality shows. **The biggest change in TV programming is that** there are a lot of reality shows now. These days, **I watch shows like this because** they are more unpredictable than other types of shows. **I usually watch them with** my sister.

**3** 리얼리티 쇼 방송 진행 장소

🎧 UNIT 12 Track 5

**Q** In your background survey, you indicated that you enjoy watching reality shows. Where did your favorite reality show take place? What did that place look like? Why was the show filmed in that place? Provide as many details as you can. 배경 설문에서, 당신은 리얼리티 쇼를 보는 것을 즐긴다고 했습니다. 당신이 가장 좋아하는 리얼리티 쇼는 어디에서 일어납니까? 그 장소는 어떻게 생겼나요? 그 프로그램은 왜 그 장소에서 촬영되었나요? 되도록 상세한 내용을 많이 제시하세요.

**나의 답변** 🎤

> Tip  좋아하는 리얼리티 쇼 제목 → 그 리얼리티 쇼가 촬영된 장소 → 그 촬영 장소의 모습이나 분위기를 순서대로 이야기해요. 그 장소에서 출연진들이 하는 활동을 덧붙여 말하면 좋아요.
> * 사용할 수 있는 답변 패턴 – **패턴 1** 좋아하는 TV 프로그램 · **패턴 5** 촬영된 장소 · **패턴 6** 촬영 장소의 모습·분위기

**I really enjoy watching** *Survivor*. **It took place** on a remote island. **The setting of the show was** extremely beautiful. The island had beautiful beaches and a thick jungle. Everything was very exotic. The show was filmed there so the cast members would face difficult situations. They had to compete in challenging games in the water. They also had to look for food in the jungle.

---

**해 석 | 1** 저는 '프리즌 브레이크'를 보는 것을 정말 좋아합니다. 그것은 미국의 감옥에서 벌어졌습니다. 그것은 그 감옥에서 탈출하려고 시도하는 남자들에 관한 것이었습니다. 그것은 매우 긴장감이 넘쳐서, 저는 새로운 에피소드를 보는 것이 너무 기다려졌습니다. 드라마의 장소는 섬뜩하였고, 이야기는 정말 재미있었습니다. 저는 또한 배우가 매우 잘생겼기 때문에 그것을 좋아했습니다.

**2** 저는 어린아이였을 때 TV를 보기 시작했습니다. 당시에, 저는 만화 영화 프로그램이 재미있었기 때문에 그것들을 보는 것을 정말 좋아했습니다. 하지만 지금은 리얼리티 쇼를 보는 것을 즐깁니다. TV 프로그램 구성에서 가장 큰 변화는 이제 리얼리티 쇼가 많이 있다는 것입니다. 이와 같은 프로그램들은 다른 종류의 프로그램들보다 더 예측할 수 없기 때문에 요즘 저는 이 같은 프로그램들을 봅니다. 저는 주로 제 여동생과 함께 봅니다.

**3** 저는 '서바이벌'을 보는 것을 정말 좋아합니다. 그것은 외딴섬에서 벌어졌습니다. 그 프로그램의 장소는 지극히 아름다웠습니다. 그 섬은 아름다운 해변과 울창한 정글을 갖고 있었습니다. 모든 것이 매우 이국적이었습니다. 출연진들이 어려운 상황을 직면하도록 그 프로그램은 그곳에서 촬영되었습니다. 그들은 물속에서 도전적인 경기로 경쟁해야 했습니다. 그들은 또한 정글에서 음식을 구해야 했습니다.

# UNIT 13 카페/커피전문점에 가기

<카페/커피전문점에 가기>는 Background Survey의 "여가 활동으로 주로 무엇을 하십니까?"라는 질문에 대한 여러 선택 항목 중 하나입니다. 여가 활동 중에서 <카페/커피전문점에 가기>를 선택할 거라면, 이 UNIT을 통해 자주 나오는 문제와 효과적인 답변 방법을 살펴보고 나만의 답변도 준비해 보세요.

## 어떤 문제가 자주 나오나요?

<카페/커피전문점에 가기> 주제의 문제로 아래 문제들이 자주 출제됩니다. 이 중에서도 가장 자주 출제된 '빈출 문제'들을 중심으로 답변을 준비하는 것이 효과적입니다.

· 자주 가는 카페/커피전문점 묘사  빈출 문제
· 한국의 카페/커피전문점 묘사
· 카페/커피전문점에서 좋아하는 메뉴

· 카페/커피전문점에서 주로 하는 일  빈출 문제
· 카페/커피전문점의 변화된 역할

· 카페/커피전문점에서 있었던 기억에 남는 경험  빈출 문제
· 처음으로 카페/커피전문점에 갔던 경험  빈출 문제
· 최근 카페/커피전문점에 갔던 경험

## 어떻게 준비하나요?

■ 대표문제를 통해 이 주제의 문제에 어떻게 답하는지 살펴보세요. 그런 다음 핵심 답변 패턴을 익혀 나의 답변을 준비하고 연습해 보세요.

■ 평소에 자신이 자주 가는 카페 중 하나를 정한 뒤 그 카페를 토대로 답변을 준비하면 좋습니다.

**대표문제** **자주 가는 카페/커피전문점 묘사**

🎧 UNIT 13 Track 1

You indicated in the survey that you like to go to cafés. Tell me about a café you go to often. Where is it located? What does it look like? Please describe it in detail. 당신은 설문에서 카페에 가는 것을 좋아한다고 했습니다. 당신이 자주 가는 카페에 대해 이야기해 주세요. 카페가 어디에 있나요? 어떻게 생겼나요? 그것에 대해서 상세히 묘사해 주세요.

<카페/커피전문점에 가기> 주제에서 가장 자주 나오는 문제가 바로 '자주 가는 카페/커피전문점 묘사'입니다. 이 문제에 답할 때 유용하게 사용할 수 있는 답변 패턴들을 살펴보고, 이 패턴들이 답변에 어떻게 사용되는지 알아보세요.

**답변패턴**

| ① 좋아하는 카페의 위치 | My favorite café is located 위치.<br>제가 가장 좋아하는 카페는 ~에 위치해 있습니다. |
| --- | --- |
| ② 카페의 모습·분위기 | The café is 모습·분위기. 그 카페는 ~합니다. |
| ③ 그 카페를 좋아하는 이유 | I like going there because 이유.<br>~ 때문에 저는 그곳에 가는 것을 좋아합니다. |
| ④ 카페에 있는 물건·상품 | There are 물건·상품 at the café. 그 카페에는 ~이 있습니다. |

**모범답변**

🎤 ①My favorite café is located near my house. So, it's easy to get to, and I go there often. ②The café is very cozy and relaxing. It's not very big, but it's never crowded. ③I like going there because it has great coffee. Also, ④there are comfortable sofas at the café. I can spend the whole day there.

해설 | ① **좋아하는 카페의 위치**는 'My favorite café is located 위치.' 패턴을 사용해서 말해요. 이때, near my house처럼 '장소 전치사 + 장소'를 덧붙여 말하면 돼요.

② **카페의 모습·분위기**는 The café is 다음에 카페의 모습이나 분위기를 묘사할 수 있는 다양한 형용사(cozy, relaxing 등)를 붙여서 말해요.

③ **그 카페를 좋아하는 이유**를 말할 때는 I like going there because 다음에 이유를 붙여 말해요. 카페의 특징이나 장점을 이유로 말하면 좋아요.

④ **카페에 있는 물건·상품**은 'There are 물건·상품 at the café.' 패턴을 사용해서 말해요. 카페에서 볼 수 있는 물건이나 상품을 넣어서 말해보세요.

해석 | 제가 가장 좋아하는 카페는 저희 집 근처에 위치해 있습니다. 그래서 그곳은 가기가 쉽고, 저는 그곳에 자주 갑니다. 그 카페는 매우 아늑하고 편안합니다. 카페는 그리 크진 않지만, 결코 붐비지 않습니다. 그곳은 훌륭한 커피가 있기 때문에 저는 그곳에 가는 것을 좋아합니다. 또한, 그 카페에는 편안한 소파가 있습니다. 저는 그곳에서 하루 종일 보낼 수도 있습니다.

**나의 답변** 🎤

답변 패턴과 모범답변을 참고하여 나의 답변을 완성해 보세요.

**① 좋아하는 카페의 위치**

**② 카페의 모습·분위기**

**③ 그 카페를 좋아하는 이유**

**④ 카페에 있는 물건·상품**

&lt;카페/커피전문점에 가기&gt; 주제의 여러 OPIc 문제에 유창하게 답변할 수 있도록 가장 핵심적인 답변 패턴들을 살펴보세요. 패턴과 함께 제시된 표현리스트를 참고하여 '나의 답변'을 완성한 후 반복해 말하며 익혀두세요.    UNIT 13 Track 2

### 좋아하는 카페의 위치

## My favorite café is located 위치. 제가 가장 좋아하는 카페는 ~에 위치해 있습니다.

위치를 이야기할 때 사용하는 대표적인 표현 중 하나가 be located(위치해 있다)예요. 좀 더 간단하게 말하고 싶다면 My favorite café is 다음에 바로 위치를 붙여 말해도 돼요.

## My favorite café is located next to a subway station.
제가 가장 좋아하는 카페는 지하철역 바로 옆에 위치해 있습니다.

> 나의 답변 🎙️   제가 가장 좋아하는 카페는 ＿＿＿＿＿＿＿＿＿ 위치해 있습니다.
>
> .

☆ 위치
- next to a subway station 지하철역 바로 옆에
- downtown 시내에
- on a street corner 길모퉁이에
- near my house 저희 집 근처에
- ten minutes from my house 저희 집에서 10분 거리에
- in a residential neighborhood 주택가에

### 카페의 모습·분위기

## The café is 모습·분위기. 그 카페는 ☐ 합니다.

카페의 모습이나 분위기를 말할 때 The café is 다음에 다양한 형용사를 붙여서 말할 수 있어요. 이때 cozy and relaxing처럼 and로 두 가지 형용사를 연결해서 한꺼번에 말해도 좋아요.

## The café is quiet. 그 카페는 조용합니다.

> 나의 답변 🎙️   그 카페는 ＿＿＿＿＿＿＿＿＿합니다.
>
> .

☆ 카페의 모습·분위기
- quiet 조용한
- crowded 붐비는
- famous 유명한
- busy 분주한
- brightly lit 불빛이 환히 밝은
- very popular 매우 인기가 많은
- very cozy and relaxing 매우 아늑하고 편안한
- decorated with large photos 대형 사진들로 장식된

그 카페를 좋아하는 이유

# I like going there because 이유. ▢ 때문에 저는 그곳에 가는 것을 좋아합니다.

그 카페를 좋아하는 이유를 말할 때는 I like going there because 다음에 '주어 + 동사'의 절 형태를 붙여서 말해요. like 다음에는 -ing 형태의 동명사 또는 to 부정사를 사용할 수 있어요.

## I like going there because it has a great atmosphere.

그곳은 분위기가 좋기 때문에 저는 그곳에 가는 것을 좋아합니다.

나의 답변 🎤

_____ 때문에 저는 그곳에 가는 것을 좋아합니다.

.

☆ 좋아하는 이유

· it has a great atmosphere 그곳은 분위기가 좋습니다
· the coffee is inexpensive 커피가 저렴합니다
· it's a convenient meeting place 그곳은 편리한 만남의 장소입니다
· the baristas are friendly 바리스타들이 친절합니다
· I can get free refills 무료 리필을 받을 수 있습니다
· I like the decor 실내 장식이 마음에 듭니다
· it has great coffee 그곳은 훌륭한 커피가 있습니다
· it sells homemade cake 그곳은 직접 만든 수제 케이크를 판매합니다

카페에 있는 물건·상품

# There are 물건·상품 at the café. 그 카페에는 ▢ 이 있습니다.

'~이 있다'라고 말하고 싶을 때 하나만 있는 경우 There is 다음에 단수 명사를 붙여서 말해요. 물건이 여러 개 있다고 말할 경우 There are 다음에 복수 명사를 붙여서 말하면 돼요.

## There are freshly baked biscuits at the café. 그 카페에는 갓 구운 비스킷이 있습니다.

나의 답변 🎤

그 카페에는 _____ 이 있습니다.

.

☆ 카페에 있는 물건·상품

· freshly baked biscuits 갓 구운 비스킷
· a diverse menu 다양한 메뉴
· a variety of cakes 여러 가지의 케이크
· a brunch menu 브런치 메뉴

· bookshelves 책장
· pretty teacups 예쁜 찻잔
· famous paintings 유명한 그림
· comfortable sofas 편안한 소파

**패턴 5**

# I usually go to the café to 목적. 저는 주로 ☐ 하기 위해 카페에 갑니다.

'주로'라는 의미의 usually는 반복적으로 일어나는 일을 이야기할 때 사용돼요. usually는 현재 시제 동사와 자주 함께 말해요.

**I usually go to the café to** hang out with my friends. 저는 주로 친구들과 어울리기 위해 카페에 갑니다.

**나의 답변** 🎙️

저는 주로 _____ 하기 위해 카페에 갑니다.

☆ 카페를 방문하는 목적

- hang out with my friends 친구들과 어울리다
- relax 휴식을 취하다
- read a book 책을 읽다
- pass the time 시간을 보내다
- study 공부하다
- grab a quick snack 간단히 요기하다
- get coffee after lunch 점심식사 후 커피를 마시다
- chat with friends 친구들과 수다를 떨다

**패턴 6**

# My favorite menu item to order is 메뉴 이름.
제가 주문하기 가장 좋아하는 메뉴는 ☐ 입니다.

조금 더 간단하게 말하고 싶다면 위 패턴에서 to order를 빼고 My favorite menu item is 다음에 메뉴 이름을 말하면 돼요.

**My favorite menu item to order is** a cafe latte. 제가 주문하기 가장 좋아하는 메뉴는 카페라테입니다.

**나의 답변** 🎙️

제가 주문하기 가장 좋아하는 메뉴는 _____ 입니다.

☆ 메뉴 이름

- cafe latte 카페라테
- Americano 아메리카노
- iced coffee 아이스 커피
- caramel macchiato 캐러멜 마키아토
- cafe mocha 카페모카
- hot chocolate 핫초코
- green tea latte 녹차라테
- a yogurt smoothie 요거트 스무디
- the breakfast combo 아침 식사 세트
- a bagel with cream cheese 베이글과 크림치즈

**패턴 7**

# The most memorable experience was when 경험한 일.

가장 기억에 남는 경험은 ☐ 때였습니다.

'가장 ~한'이라고 말할 때는 The most 다음에 여러 가지 형용사(memorable, interesting, exciting 등)를 붙여서 최상급으로 표현할 수 있어요.

### The most memorable experience was when I visited a famous café in Paris.

가장 기억에 남는 경험은 제가 파리에 있는 유명한 카페를 방문했을 때였습니다.

**나의 답변** 🎤

가장 기억에 남는 경험은 ＿＿＿＿＿＿＿＿＿＿＿＿ 때였습니다.
＿＿＿＿＿＿＿＿＿＿＿＿＿＿＿＿＿＿＿＿＿＿＿ .

☆ 카페에서 경험한 일

· I visited a famous café in Paris 저는 파리에 있는 유명한 카페에 방문했습니다
· I spilled my drink at a café 저는 카페에서 음료를 쏟았습니다
· I met an old friend 저는 오랜 친구와 만났습니다
· I became friends with the barista 저는 바리스타와 친구가 되었습니다
· I tried espresso for the first time 저는 처음으로 에스프레소를 마셔봤습니다
· I went to pick up drinks for my whole team 저희 팀 전체를 위한 음료를 찾으러 갔습니다

**패턴 8**

# The first time I went to a café was 시기.  제가 처음으로 카페에 갔던 것은 ☐ 였습니다.

first는 '맨 처음'이라는 의미로 first처럼 순서를 나타내는 말 앞에는 항상 정관사 the를 붙여서 말해요.

### The first time I went to a café was when I was twenty years old.

제가 처음으로 카페에 갔던 것은 제가 20살이었을 때였습니다.

**나의 답변** 🎤

제가 처음으로 카페에 갔던 것은 ＿＿＿＿＿＿＿＿＿＿＿＿ 였습니다.
＿＿＿＿＿＿＿＿＿＿＿＿＿＿＿＿＿＿＿＿＿＿＿ .

☆ 시기

· when I was 20 years old 제가 20살이었을 때
· when I was in high school 제가 고등학생이었을 때
· after my middle school graduation 제 중학교 졸업 후에
· about 10 years ago 약 10년 전에
· in 2025 2025년에

# 빈출 문제 공략

**카페/커피전문점에 가기**

여기에서는 <카페/커피전문점에 가기> 주제의 빈출 문제를 공략해 봅니다. 앞에서 배운 답변 패턴을 이용하고, 주어진 모범답변을 참고하여 여러분의 답변을 만들어 보세요.

## 1 카페/커피전문점에서 주로 하는 일

🎧 UNIT 13 Track 3

**Q** **What do you usually do at a café? Who do you go with? What do you like to order?**

당신은 카페에서 주로 무엇을 하나요? 누구와 함께 가나요? 무엇을 주문하기 좋아하나요?

Tip  1. 평소 카페/커피전문점에 가는 목적을 떠올려 이야기해 보세요. 카페에 커피를 마시러 가는 것뿐만 아니라 휴식을 취하러 가거나, 친구를 만나서 놀거나, 공부를 하는 것 같은 다양한 활동에 대해 이야기할 수 있어요.
　　　2. 내가 주문하기 좋아하는 메뉴에 대해 이야기할 때 내가 좋아하는 카페에 대한 설명과 그곳에 자주 가는 이유를 먼저 이야기해도 좋아요.

\* **사용할 수 있는 답변 패턴** - **패턴 5** 카페를 방문하는 목적 · **패턴 1** 좋아하는 카페의 위치 · **패턴 3** 그 카페를 좋아하는 이유 · **패턴 6** 주문하기 좋아하는 메뉴 · **패턴 4** 카페에 있는 물건·상품

**모범답변**

**I usually go to the café to** relax. Most of the time, I go with friends, but sometimes I go alone. **My favorite café is located** downtown. **I like going there because** it's a convenient meeting place. **My favorite menu item to order is** an Americano. **There are** a variety of cakes **at the café**. Sometimes, I also get a slice of cake.

## 2 카페/커피전문점에서 있었던 기억에 남는 경험

🎧 UNIT 13 Track 4

**Q** **Please tell me about a memorable experience you have had at a café. What happened? Why was this experience so memorable?** 카페에서 겪은 기억에 남는 경험에 대해 이야기해 주세요. 무슨 일이 있었나요? 왜 이 경험이 그렇게 기억에 남나요?

Tip  카페에서 있었던 일들을 떠올려 보세요. 카페에서 음료를 쏟은 일처럼 창피하고 거창한 경험이 아니더라도 우연히 친구를 만난 일, 너무 맛있는 음료를 마신 일 등 소소하지만 좋았던 경험들도 답변에 사용할 수 있습니다.

\* **사용할 수 있는 답변 패턴** - **패턴 7** 카페에서 가장 기억에 남는 경험 · **패턴 6** 주문하기 좋아하는 메뉴 · **패턴 2** 카페의 모습·분위기

**The most memorable experience was when** I spilled my drink at a café. **My favorite menu item to order is** iced coffee, so I ordered one. But I dropped it by accident, and it spilled all over the floor. **The café was** very quiet at the time, so everyone looked at me. I was embarrassed, but the staff there cleaned it up right away. They even gave me a new drink. Their customer service was excellent.

## 3 처음으로 카페/커피전문점에 갔던 경험

🎧 UNIT 13 Track 5

**Q** **When was the first time you went to a café? Who did you go with? Did you like it? Please tell me in as much detail as you can.** 당신이 처음으로 카페에 갔던 때가 언제였나요? 누구와 함께 갔나요? 그곳을 좋아했나요? 가능한 한 상세히 이야기해 주세요.

나의 답변 🎤

> **Tip** 처음 카페에 갔던 시기 → 함께 갔던 사람 → 그날의 기분을 순서대로 이야기해요. 이때 과거 경험에 대해 이야기하는 것이니 반드시 과거 시제를 사용해 답변하도록 합니다.
> * 사용할 수 있는 답변 패턴 – **패턴 8** 처음 카페에 갔던 시기 · **패턴 4** 카페에 있는 물건·상품 · **패턴 6** 주문하기 좋아하는 메뉴

**The first time I went to a café was** when I was in high school. My friends and I went together after school. We were excited to be there. **There was** a diverse menu **at the café**, and we didn't know what to order. Luckily, the café's staff kindly explained the menu to us. I ordered a caramel macchiato. It was the most delicious drink I'd tasted. Even today, **my favorite menu item to order is** a caramel macchiato.

---

해 석 | **1** 저는 주로 휴식을 취하기 위해 카페에 갑니다. 대부분 저는 친구들과 함께 가지만, 가끔은 혼자 갑니다. 제가 가장 좋아하는 카페는 시내에 위치해 있습니다. 그곳은 편리한 만남의 장소이기 때문에 저는 그곳에 가는 것을 좋아합니다. 제가 주문하기 가장 좋아하는 메뉴는 아메리카노입니다. 그 카페에는 여러 가지의 케이크가 있습니다. 가끔 저는 조각 케이크도 사 먹습니다.

**2** 가장 기억에 남는 경험은 제가 카페에서 음료를 쏟았을 때였습니다. 제가 주문하기 가장 좋아하는 메뉴는 아이스 커피라 저는 그것을 한 잔 주문했습니다. 하지만 실수로 그것을 떨어뜨렸고, 바닥 전체에 쏟아졌습니다. 그때 카페는 매우 조용했기 때문에 모두가 저를 쳐다보았습니다. 저는 당황했지만, 그곳 직원이 곧바로 치워주었습니다. 그들은 심지어 저에게 새로운 음료까지 주었습니다. 그들의 고객 서비스는 훌륭했습니다.

**3** 제가 처음으로 카페에 갔던 것은 제가 고등학생이었을 때였습니다. 제 친구들과 저는 학교 끝나고 함께 갔습니다. 저희는 그곳에 있는 것이 신났습니다. 그 카페에는 다양한 메뉴가 있었고, 저희는 무엇을 주문할지 몰랐습니다. 다행히, 카페 직원은 친절하게 저희에게 메뉴를 설명해 주었습니다. 저는 캐러멜 마키아토를 주문했습니다. 그것은 제가 맛본 가장 맛있는 음료였습니다. 지금까지도, 제가 주문하기 가장 좋아하는 메뉴는 캐러멜 마키아토입니다.

<SNS에 글 올리기>는 Background Survey의 "여가 활동으로 주로 무엇을 하십니까?"라는 질문에 대한 여러 선택 항목 중 하나입니다. 여가 활동 중에서 <SNS에 글 올리기>를 선택할 거라면, 이 UNIT을 통해 자주 나오는 문제와 효과적인 답변 방법을 살펴보고 나만의 답변도 준비해 보세요.

## 어떤 문제가 자주 나오나요?

<SNS에 글 올리기> 주제의 문제로 아래 문제들이 자주 출제됩니다. 이 중에서도 가장 자주 출제된 '빈출 문제'들을 중심으로 답변을 준비하는 것이 효과적입니다.

· 좋아하는 SNS  빈출 문제
· 좋아하는 블로그  빈출 문제
· 최근에 읽은 게시글
· 기억에 남는 블로그 게시글
· SNS에 있는 기능

· SNS에서 주로 하는 일  빈출 문제

· SNS에서 다른 사람을 차단한 경험  빈출 문제
· SNS를 하면서 기억에 남는 경험
· SNS를 하게 된 계기

## 어떻게 준비하나요?

■ 대표문제를 통해 이 주제의 문제에 어떻게 답하는지 살펴보세요. 그런 다음 핵심 답변 패턴을 익혀 나의 답변을 준비하고 연습해 보세요.

■ 평소에 자신이 자주 이용하는 SNS 중 하나를 정한 뒤 그 SNS를 토대로 답변을 준비하면 좋습니다.

■ 참고로, SNS는 한국에서 사용되는 표현이므로, 영어로는 SNS가 아니라 social network 라고 말해주는 것이 좋습니다.

## 대표문제 좋아하는 SNS

**There are many different social networks available these days. Which is your favorite? Why do you like it? Please describe it in detail.** 오늘날에는 이용 가능한 다양한 SNS가 많이 있습니다. 당신이 가장 좋아하는 것은 무엇인가요? 왜 그것을 좋아하나요? 그것에 대해 상세히 묘사해 주세요.

<SNS에 글 올리기> 주제에서 가장 자주 나오는 문제가 바로 '좋아하는 SNS'를 묻는 문제입니다. 이 문제에 답할 때 유용하게 사용할 수 있는 답변 패턴들을 살펴보고, 이 패턴들이 답변에 어떻게 사용되는지 알아보세요.

**답변패턴**

| ① 가장 좋아하는 SNS | **The social network I like the most is** SNS 이름. <br> 제가 가장 좋아하는 SNS는 ~입니다. |
|---|---|
| ② 그 SNS를 이용하는 빈도·시간 | **I usually use the app** 빈도·시간. 저는 보통 ~ 그 앱을 사용합니다. |
| ③ 그 SNS를 좋아하는 이유 | **It's my favorite social network because** 이유. <br> ~ 때문에 저는 그 SNS를 좋아합니다. |

**모범답변**

🎤 ①**The social network I like the most is** Instagram. ②**I usually use the app** three times a day. ③**It's my favorite social network because** all my friends have Instagram accounts. So it's easy for me to keep up with them through the site. I simply need to log on, and then I can see their posts. It's very convenient.

해설 | ① **가장 좋아하는 SNS**를 말할 때는 The social network I like the most is 다음에 'SNS 이름'을 붙여서 말해요. social network를 한국식 표현인 SNS로 줄여서 말하지 않도록 주의하세요.

② **그 SNS를 이용하는 빈도·시간**은 I usually use the app 다음에 three times a day와 같이 빈도를 붙여서 말해요. 빈도 대신 before I go to bed와 같이 시간을 말할 수 있어요.

③ **그 SNS를 좋아하는 이유**는 'It's my favorite social network because 이유' 패턴으로 말해요. because 다음에는 '주어 + 동사'의 절 형태를 붙여 말하세요.

해석 | 제가 가장 좋아하는 SNS는 인스타그램입니다. 저는 보통 하루에 세 번씩 그 앱을 사용합니다. 제 모든 친구들이 인스타그램 계정을 가지고 있기 때문에 저는 그 SNS를 좋아합니다. 그래서 저는 이 사이트를 통해 그들과 계속 연락하고 지내기 쉽습니다. 저는 그저 로그온만 하면, 제 친구들의 게시글을 읽고 그들의 사진을 볼 수 있습니다. 이는 매우 편리합니다.

**나의 답변** 🎤 답변 패턴과 모범답변을 참고하여 나의 답변을 완성해 보세요.

① 가장 좋아하는 SNS

② 그 SNS를 이용하는 빈도·시간

③ 그 SNS를 좋아하는 이유

<SNS에 글 올리기> 주제의 여러 OPIc 문제에 유창하게 답변할 수 있도록 가장 핵심적인 답변 패턴들을 살펴보세요. 패턴과 함께 제시된 표현리스트를 참고하여 '나의 답변'을 완성한 후 반복해 말하며 익혀두세요.　　🎧 UNIT 14 Track 2

가장 좋아하는 SNS

## The social network I like the most is SNS 이름. 제가 가장 좋아하는 SNS는 ⬜입니다.

가장 좋아하는 블로그에 대해 말하고 싶을 경우, social network 대신 blog를 써서 말해도 돼요.

**The social network I like the most is Twitter.**　제가 가장 좋아하는 SNS는 트위터입니다.

> 🎙 나의 답변
> 제가 가장 좋아하는 SNS는 ＿＿＿＿＿＿＿＿입니다.
> .

☆ SNS 이름
- Twitter 트위터
- Facebook 페이스북
- Band 밴드
- KakaoStory 카카오 스토리
- Instagram 인스타그램
- TikTok 틱톡
- Snapchat 스냅챗
- Pinterest 핀터레스트

그 SNS를 이용하는 빈도·시간

## I usually use the app 빈도·시간. 저는 보통 ⬜ 그 앱을 사용합니다.

usually와 현재 시제 동사를 사용해 일상적인 습관을 묘사할 수 있어요.

**I usually use the app before I go to bed.**　저는 보통 잠자리에 들기 전에 그 앱을 사용합니다.

> 🎙 나의 답변
> 저는 보통 ＿＿＿＿＿＿＿＿ 그 앱을 사용합니다.
> .

☆ 빈도·시간
- before I go to bed 잠자리에 들기 전에
- when I'm on the bus 버스에 탔을 때
- several times a week 일주일에 몇 번씩
- every evening 매일 저녁에
- whenever I have time 시간이 날 때마다
- three times a day 하루에 세 번씩
- as soon as I wake up 일어나자마자
- during lunch time 점심시간 동안

그 SNS를 좋아하는 이유

**패턴 3**

# It's my favorite social network because 이유. ☐ 때문에 저는 그 SNS를 좋아합니다.

그 SNS를 좋아하는 이유를 좀 더 간단하게 말하고 싶다면 social network를 생략하고 It's my favorite because 뒤에 이유를 붙여서 말할 수도 있어요.

## It's my favorite social network because it's very easy to use.
이용하는 것이 매우 쉽기 때문에 저는 그 SNS를 좋아합니다.

🎤 나의 답변

_____ 때문에 저는 그 SNS를 좋아합니다.

⭐ 특정 SNS를 좋아하는 이유
- it's very easy to use 이용하는 것이 매우 쉽습니다
- it has many useful features 유용한 기능을 많이 가지고 있습니다
- all my friends have Facebook accounts 제 모든 친구들이 페이스북 계정을 가지고 있습니다
- people often post really funny comments 사람들이 정말 재미있는 코멘트를 종종 올립니다
- my favorite celebrities use it too 제가 가장 좋아하는 연예인들도 그것을 사용합니다
- there are many interesting discussions on it 그곳에는 흥미로운 토론이 많이 있습니다

블로그를 방문하게 된 계기

**패턴 4**

# I started visiting this blog to 계기. 저는 ☐ 하기 위해서 이 블로그를 방문하기 시작했습니다.

'to + 동사원형'은 '~하기 위해서'라는 의미로 계기나 목적을 말할 때 사용할 수 있어요. to 다음에 learn how to cook과 같이 계기를 붙여서 말해보세요.

## I started visiting this blog to learn how to cook.
저는 요리하는 법을 배우기 위해서 이 블로그를 방문하기 시작했습니다.

🎤 나의 답변

저는 _____ 하기 위해서 이 블로그를 방문하기 시작했습니다.

⭐ 블로그를 방문하게 된 계기
- learn how to cook 요리하는 법을 배우다
- find some information about smartphones 스마트폰에 대한 정보를 찾다
- read restaurant reviews 음식점 리뷰를 읽다
- get information for my trip to China 중국 여행을 위한 정보를 얻다
- discover ways to stay fit 건강을 유지하는 방법을 찾다

**패턴 5**

# When I'm logged onto SNS 이름, I typically 하는 일.
제가 ☐ 에 로그인했을 때, 저는 보통 ~합니다.

만약 SNS에 로그인했을 때 여러 가지 일을 한다면, read my friends' posts and chat with friends처럼 and를 이용해 한꺼번에 말해 줘도 좋아요.

## When I'm logged onto Pinterest, I typically look at my friends' photos.
제가 핀터레스트에 로그인했을 때, 저는 보통 친구들의 사진을 봅니다.

> **나의 답변** 🎤
>
> 제가 _____ 에 로그인했을 때, 저는 보통 _____.

☆ SNS에 로그인했을 때 하는 일
- look at my friends' photos 친구들의 사진을 보다
- check for friend requests 친구 신청이 온 것이 있는지 확인하다
- read my friends' posts 친구들의 게시글을 읽다
- chat with friends 친구들과 채팅을 하다
- write short messages for my followers 내 팔로워들에게 짧은 메시지를 쓰다
- search for cute pictures or funny video clips 귀여운 사진이나 재미있는 영상을 검색하다

*SNS 이름 표현리스트는 패턴 1 표현리스트를 참고하세요.

**패턴 6**

# I find the posts interesting because 이유.
저는 ☐ 때문에 그 게시글이 흥미롭다고 생각합니다.

find는 '찾다, 발견하다'라는 뜻도 있지만, 여기서는 '~이라고 생각하다, 여기다'라는 의미로 사용되었어요. 같은 의미로 I think the posts are interesting because 다음에 이유를 붙여서 말할 수도 있어요.

## I find the posts interesting because I can learn about the latest fashion trends.
저는 가장 최근 유행하는 패션 트렌드에 대해 배울 수 있기 때문에 그 게시글이 흥미롭다고 생각합니다.

> **나의 답변** 🎤
>
> 저는 _____ 때문에 그 게시글이 흥미롭다고 생각합니다.

☆ 특정 게시글을 좋아하는 이유
- I can learn about the latest fashion trends 가장 최근 유행하는 패션 트렌드에 대해 배울 수 있습니다
- they are so helpful to me 제게 너무나 도움이 됩니다
- I love to read about celebrity gossip 저는 연예인 가십을 읽는 것을 매우 좋아합니다
- they cover important topics 중요한 주제를 다룹니다
- they have great recipes 훌륭한 조리법이 있습니다
- I can enjoy beautiful scenery from all over the world 전 세계의 아름다운 경치를 즐길 수 있습니다
- they have a lot of information on upcoming movies 개봉 예정인 영화에 대한 정보가 많습니다

**패턴 7**

# The problem was that 문제 . 문제는 ~했다는 것입니다.

SNS를 하면서 생긴 문제나 어려움에 대해 이야기할 때는 The problem was that 다음에 '주어 + 동사'의 절 형태를 붙여서 말해요.

## The problem was that I forgot my password. 문제는 제가 비밀번호를 잊어버렸다는 것입니다.

 **나의 답변** 🎤

문제는 _____ 것입니다.

.

★SNS를 하면서 생긴 문제

· I forgot my password 제가 비밀번호를 잊어버렸습니다
· the Internet connection was cut unexpectedly 인터넷 연결이 예상치 않게 끊겼습니다
· I blocked a friend by mistake 제가 실수로 한 친구를 차단했습니다
· I accidentally set all my posts to "public" 제가 뜻하지 않게 제 모든 게시글을 '공개'로 설정해버렸습니다
· I sent a message to the wrong person 제가 엉뚱한 사람에게 메시지를 보냈습니다
· he kept commenting on my pictures 그 사람이 계속해서 제 사진에 댓글을 남겼습니다
· my Facebook account was hacked 제 페이스북 계정이 해킹당했습니다
· I couldn't log in for some reason 어떤 이유에선지 로그인을 할 수 없었습니다

---

SNS에서 누군가를 차단했던 계기

**패턴 8**

# I blocked a person on SNS 이름 when 계기 . 저는 □ 때 □ 에서 그 사람을 차단했습니다.

SNS에서 누군가를 차단하는 것을 표현할 때 block을 사용해서 말할 수 있어요. 팔로우하는 것을 중단했다고 말하고 싶다면 blocked 대신 unfollowed를 쓰면 돼요.

## I blocked a person on KakaoStory when he sent me spam messages.

저는 어떤 사람이 제게 스팸 메시지를 보냈을 때 카카오 스토리에서 그 사람을 차단했습니다.

**나의 답변** 🎤

저는 _____ 때 _____에서 그 사람을 차단했습니다.

.

★SNS에서 누군가를 차단했던 계기

· he sent me spam messages 그가 제게 스팸 메시지를 보냈습니다
· he would not leave me alone 그가 저를 귀찮게 했습니다
· she made rude comments on my post 그녀가 제 글에 무례한 댓글을 달았습니다
· his post made some of my friends angry 그의 게시글이 제 친구 중 몇몇을 화나게 했습니다
· she posted advertisements on my page 그녀가 제 페이지에 광고를 올렸습니다

*SNS 이름 표현리스트는 패턴 1 표현리스트를 참고하세요.

여기에서는 <SNS에 글 올리기> 주제의 빈출 문제를 공략해 봅니다. 앞에서 배운 답변 패턴을 이용하고, 주어진 모범답변을 참고하여 여러분의 답변을 만들어 보세요.

### 1 좋아하는 블로그

🎧 UNIT 14 Track 3

**Q** **Please tell me about your favorite blog. How did you find it? What are the blog posts about? Give me as many details as you can.** 당신이 가장 좋아하는 블로그에 대해 말해 주세요. 그 블로그를 어떻게 찾았나요? 그 블로그의 게시글은 무엇에 관한 것인가요? 가능한 한 상세한 내용을 많이 알려주세요.

> **Tip** 1. 좋아하는 블로그의 이름 → 그 블로그를 알게 된 계기 → 블로그에 올라오는 게시글의 내용을 순서대로 말해요.
> 2. 그 블로그를 알게 된 계기를 말할 때는 여행을 위한 정보를 얻기 위해서 방문하기 시작했다거나, 인터넷에서 무엇인가를 찾아보다가 발견했다는 등의 이야기를 할 수 있어요.
> \* 사용할 수 있는 답변 패턴 - **패턴 1** 가장 좋아하는 SNS · **패턴 4** 블로그를 방문하게 된 계기 · **패턴 6** 그 게시글을 좋아하는 이유

**모범답변**

**The blog I like the most is** *Kate's Travel Life*. **I started visiting this blog to** get information for my trip to China. These days, I go to the blog to look at pictures. Kate travels a lot and always posts photos of the places she visits. **I find the posts interesting because** I can enjoy beautiful scenery from all over the world. I visit her blog every week to check for new updates.

### 2 SNS에서 주로 하는 일

🎧 UNIT 14 Track 4

**Q** **What do you usually do when you are logged onto a social network? When do you use it? Tell me in as much detail as possible.** SNS에 로그인하면 주로 무엇을 하나요? 언제 그것을 이용하나요? 가능한 한 상세히 이야기해 주세요.

> **Tip** 1. 이용하는 SNS 이름 → 이용하는 시간 → SNS에서 하는 일 순으로 답변해 보세요.
> 2. 평상시에 하는 일에 대해 묘사하는 문제이므로 현재 시제(visit, read)를 사용해 이야기하도록 하세요.
> \* 사용할 수 있는 답변 패턴 - **패턴 1** 가장 좋아하는 SNS · **패턴 2** 그 SNS를 이용하는 빈도·시간 · **패턴 5** SNS에 로그인했을 때 하는 일 · **패턴 6** 그 게시글을 좋아하는 이유

> **The social network I like the most is** Band. **I usually visit the site** every
> evening. **When I'm logged onto** Band, **I typically** read my friends' posts.
> My best friend Jisun often writes reviews of restaurants. **I find the posts**
> **interesting because** they are so helpful to me. Jisun and I like the same kinds
> of food, so I always follow her recommendations.

**3** SNS에서 다른 사람을 차단한 경험　　　　　　　　　　🎧 UNIT 14 Track 5

**Q** Have you ever blocked someone on a social network? Why did you block the person?
Provide as many details as you can. SNS에서 누군가를 차단해 본 적이 있나요? 왜 그 사람을 차단했나요? 되도록
상세한 내용을 많이 제시해 주세요.

나의 답변 🎤

Tip SNS에서 다른 사람을 차단했을 때 그 이유가 무엇이었는지, 어떤 상황에서 그 사람을 차단하게 되었는지를 떠올려 보세
요. 그 사람을 차단한 다음 어떤 일이 있었는지, 또는 어떻게 느꼈는지도 덧붙이면 좋은 답변이 됩니다.
* 사용할 수 있는 답변 패턴 – **패턴 8** SNS에서 누군가를 차단했던 계기 · **패턴 7** SNS를 하면서 생긴 문제

> **I blocked a person on** Facebook **when** he would not leave me alone. I had
> never met him before, and he was a complete stranger to me. I ignored him
> at first. However, **the problem was that** he kept sending me messages and
> commenting on my pictures. I became uncomfortable and decided to block
> him. After I did it, I didn't receive any more messages from him. I felt so relieved.

해 석 | **1** 제가 가장 좋아하는 블로그는 '케이트의 트래블 라이프'입니다. 저는 중국 여행을 위한 정보를 얻기 위해서 이 블로그를 방문하기 시작했습니다. 요즘은, 저는 사진
을 보러 그 블로그에 갑니다. 케이트는 여행을 많이 하며, 방문하는 곳의 사진을 항상 올립니다. 저는 전 세계의 아름다운 경치를 즐길 수 있기 때문에 그 게시글이
흥미롭다고 생각합니다. 저는 새로운 업데이트가 있는지 확인하기 위해 매주 그녀의 블로그를 방문합니다.

**2** 제가 가장 좋아하는 SNS는 밴드입니다. 저는 보통 매일 저녁에 그 사이트를 방문합니다. 제가 밴드에 로그인했을 때, 저는 보통 제 친구들의 게시글을 읽습니다.
제 가장 친한 친구인 지선이는 종종 음식점 리뷰를 씁니다. 저는 제게 너무나 도움이 되기 때문에 그 게시글들이 흥미롭다고 생각합니다. 지선이와 저는 같은 종류
의 음식을 좋아하기 때문에 저는 항상 지선이의 추천을 따릅니다.

**3** 저는 어떤 사람이 저를 귀찮게 했을 때 페이스북에서 그 사람을 차단했습니다. 저는 그 사람을 전에 만난 적이 없었으며 그 사람은 제가 전혀 모르는 사람이었습니
다. 처음에 저는 그 사람을 무시했습니다. 하지만, 문제는 그 사람이 계속해서 제게 메시지를 보내고 제 사진에 댓글을 남겼다는 것입니다. 저는 불편해졌고, 그 사
람을 차단하기로 결심했습니다. 그렇게 한 뒤, 저는 그 사람으로부터 더 이상 메시지를 받지 않았습니다. 저는 매우 안도감을 느꼈습니다.

음성 바로 듣기

<음악 감상하기>는 Background Survey의 "취미나 관심사는 무엇입니까?"라는 질문에 대한 여러 선택 항목 중 하나입니다. 취미나 관심사 중에서 <음악 감상하기>를 선택할 거라면, 이 UNIT을 동해 자주 나오는 문제와 효과적인 답변 방법을 살펴보고 나만의 답변도 준비해 보세요.

## 어떤 문제가 자주 나오나요?

<음악 감상하기> 주제의 문제로 아래 문제들이 자주 출제됩니다. 이 중에서도 가장 자주 출제된 '빈출 문제'들을 중심으로 답변을 준비하는 것이 효과적입니다.

· 좋아하는 음악 장르와 가수 또는 작곡가  빈출 문제

· 음악을 듣는 장소, 시간, 기기  빈출 문제
· 음악을 좋아하는 이유와 음악이 미치는 영향

· 음악에 관심을 갖게 된 계기와 음악 취향 변화  빈출 문제
· 좋아하는 노래와 그 노래와 관련된 추억  빈출 문제
· 특정 음악가를 좋아하게 된 계기
· 음악 감상을 방해받은 경험
· 음악가, 작곡가 및 음악 장르 비교

## 어떻게 준비하나요?

■ 대표문제를 통해 이 주제의 문제에 어떻게 답하는지 살펴보세요. 그런 다음 핵심 답변 패턴을 익혀 나의 답변을 준비하고 연습해 보세요.

■ 자신이 좋아하는 음악 장르와 노래 한 가지를 정한 뒤 그 내용을 토대로 답변을 준비하면 좋습니다.

**좋아하는 음악 장르와 가수 또는 작곡가**

**In your background survey, you indicated that you enjoy listening to music. What kind of music do you like? Who is your favorite singer or composer?** 배경 설문에서, 당신은 음악 감상을 즐긴다고 했습니다. 당신은 어떤 종류의 음악을 좋아하나요? 당신이 가장 좋아하는 가수 또는 작곡가는 누구인가요?

<음악 감상하기> 주제에서 가장 자주 나오는 문제가 바로 '좋아하는 음악 장르와 가수 또는 작곡가'를 묻는 문제입니다. 이 문제에 답할 때 유용하게 사용할 수 있는 답변 패턴들을 살펴보고, 이 패턴들이 답변에 어떻게 사용되는지 알아보세요.

**답변패턴**

| ① 가장 좋아하는 음악 장르 | I like 음악 장르 the best. 저는 ~을 가장 좋아합니다. |
|---|---|
| ② 그 음악 장르에 관심을 갖게 된 계기 | I first became interested in this type of music when 계기. 저는 ~ 때 이 종류의 음악에 처음 관심을 갖게 되었습니다. |
| ③ 그 음악가를 좋아하는 이유 | I like that musician because 이유. ~ 때문에 그 음악가를 좋아합니다. |

**모범답변**

🎤 ①I like pop music the best. ②I first became interested in this type of music when my friend showed me her music video. My favorite singer is Adele. ③I like that musician because she sings with so much emotion. She has a very beautiful voice. She even writes her own songs. I think Adele is a very talented artist.

해설 | ① **가장 좋아하는 음악 장르**를 말할 때는 'I like 음악 장르 the best.' 패턴을 사용해서 말해요. the best는 '가장'이라는 의미를 갖는 표현이에요.

② **그 음악 장르에 관심을 갖게 된 계기**는 I first became interested in this type of music when 다음에 계기를 붙여서 이야기해요. 계기는 과거에 있었던 일과 관련이 있으므로 과거 시제(showed)를 사용해서 말해요.

③ **그 음악가를 좋아하는 이유**는 I like that musician because 다음에 이유를 붙여서 말해요. musician 대신 singer(가수)를 넣어서 말할 수도 있어요.

해석 | 저는 팝 음악을 가장 좋아합니다. 저는 제 친구가 그녀의 뮤직비디오를 보여줬을 때 이 종류의 음악에 처음 관심을 갖게 되었습니다. 제가 가장 좋아하는 가수는 아델입니다. 그녀가 매우 풍부한 감성을 갖고 노래하기 때문에 그 음악가를 좋아합니다. 그녀는 매우 아름다운 목소리를 가졌습니다. 그녀는 자신의 곡도 직접 씁니다. 제 생각에 아델은 매우 재능 있는 아티스트인 것 같습니다.

**나의 답변** 🎤 답변 패턴과 모범답변을 참고하여 나의 답변을 완성해 보세요.

① 가장 좋아하는 음악 장르

② 그 음악 장르에 관심을 갖게 된 계기

③ 그 음악가를 좋아하는 이유

<음악 감상하기> 주제의 여러 OPIc 문제에 유창하게 답변할 수 있도록 가장 핵심적인 답변 패턴들을 살펴보세요. 패턴과 함께 제시된 표현리스트를 참고하여 '나의 답변'을 완성한 후 반복해 말하며 익혀두세요.

🎧 UNIT 15 Track 2

가장 좋아하는 음악 장르

 **패턴 1**

## I like 음악 장르 the best. 저는 ☐을 가장 좋아합니다.

이 패턴에 '음악 장르' 대신 '노래 제목'을 넣어서 말하면 가장 좋아하는 노래를 이야기할 수 있어요.

**I like Korean pop music the best.**　저는 한국 대중음악을 가장 좋아합니다.

나의 답변 🎤
> 저는 _____을 가장 좋아합니다.
>
> .

☆음악 장르

· Korean pop music 한국 대중음악
· pop music 팝 음악
· hip-hop music 힙합 음악
· rock music 록 음악

· jazz music 재즈 음악
· classical music 클래식 음악
· house music 하우스 음악
· electronic music 일렉트로닉 음악

가장 좋아하는 노래

 **패턴 2**

## My favorite song is 노래 제목 by 가수 이름. 제가 가장 좋아하는 곡은 ☐의 ☐입니다.

favorite은 '가장 좋아하는'이라는 뜻이에요. 가장 좋아하는 노래 대신 가장 좋아하는 음악가에 대해 이야기하고 싶다면 **My favorite musician is** 다음에 '음악가 이름'을 붙여서 표현할 수 있어요.

**My favorite song is *Perfect* by Ed Sheeran.**　제가 가장 좋아하는 곡은 에드 시런의 'Perfect'입니다.

나의 답변 🎤
> 제가 가장 좋아하는 곡은 _____의 _____입니다.
>
> .

그 노래/음악 장르를 좋아하는 이유

**패턴 3**

# It's my favorite because 이유. ◻ 때문에 가장 좋아합니다.

특정 노래나 음악 장르를 좋아하는 이유를 말할 때 because 다음에 '주어 + 동사'의 절 형태를 붙여서 말해요.

## It's my favorite because it is very relaxing.   마음을 매우 편안하게 하기 때문에 가장 좋아합니다.

**나의 답변** 🎤

_____ 때문에 가장 좋아합니다.

⭐ 특정 노래/음악 장르를 좋아하는 이유

· it is very relaxing 마음을 매우 편안하게 합니다
· it is very touching 매우 감동적입니다
· it has a soothing rhythm 리듬이 마음에 위안을 줍니다
· it makes me feel happy 저를 행복하게 합니다
· it makes me feel excited 저를 신나게 만들어줍니다
· it is easy to dance to 맞춰서 춤을 추기 쉽습니다
· it helps me concentrate on my work 제가 업무에 집중할 수 있게 도와줍니다

그 음악가를 좋아하는 이유

**패턴 4**

# I like that musician because 이유. ◻ 때문에 그 음악가를 좋아합니다.

그 음악가를 그냥 좋아하는 것이 아니라 많이 좋아한다면 like 대신 love를 사용해서 이야기할 수 있어요.

## I like that musician because she has a beautiful voice.

그녀가 아름다운 목소리를 가지고 있기 때문에 그 음악가를 좋아합니다.

**나의 답변** 🎤

_____ 때문에 그 음악가를 좋아합니다.

⭐ 특정 음악가를 좋아하는 이유

· she has a beautiful voice 그녀가 아름다운 목소리를 가지고 있습니다
· he is full of energy and enthusiasm 그는 에너지와 열정이 충만합니다
· she sings with so much emotion 그녀가 매우 풍부한 감성을 갖고 노래합니다
· he is very handsome 그는 매우 잘 생겼습니다
· her songs remind me of my childhood 그녀의 노래들은 저의 어린 시절을 떠올리게 합니다
· my mom used to sing his songs all the time 저희 엄마가 항상 그의 노래를 부르시곤 했습니다

**패턴 5**

# I usually listen to music 시간/장소 . 저는 주로 ☐ 음악을 듣습니다.

listen은 자동사이므로 '~을 듣다'라고 말할 때는 항상 전치사 to와 함께 사용해야 해요.

**I usually listen to music when I work.** 저는 주로 일할 때 음악을 듣습니다.

> 나의 답변 🎤
>
> 저는 주로 _____ 음악을 듣습니다.
>
> .

☆ **음악을 듣는 시간**
- when I work 일할 때
- whenever I study 공부할 때마다
- on my way to school 학교 가는 길에
- before going to bed 잠자리에 들기 전에

☆ **음악을 듣는 장소**
- at my office 사무실에서
- at the library 도서관에서
- on the subway 지하철에서 / on the bus 버스에서
- in my room 제 방에서

**패턴 6**

# I play music on 음악 감상 기기 . 저는 ☐ 으로 음악을 듣습니다.

스마트폰 음악 스트리밍 애플리케이션에 있는 재생 버튼을 play라고 하는 것처럼 play는 음악을 재생한다는 뜻을 가지고 있어요. 그래서 listen to 대신에 play를 사용해 음악을 듣는 것을 표현할 수 있어요.

**I play music on my smartphone.** 저는 제 스마트폰으로 음악을 듣습니다.

> 나의 답변 🎤
>
> 저는 _____으로 음악을 듣습니다.
>
> .

☆ **음악 감상 기기**
- my smartphone 제 스마트폰
- my bluetooth speaker 제 블루투스 스피커
- my computer 제 컴퓨터
- my home stereo system 저희 집 오디오

**패턴 7**

# I first became interested in this type of music when 계기.

저는 [ ] 때 이 종류의 음악에 처음 관심을 갖게 되었습니다.

become interested in은 '~에 관심을 갖게 되다'라는 의미예요. be interested in은 '~에 관심이 있다'는 의미로 become interested in 과는 의미에 살짝 차이가 있어요.

### I first became interested in this type of music when I saw a performance on TV.

저는 TV에서 공연을 봤을 때 이 종류의 음악에 처음 관심을 갖게 되었습니다.

> **나의 답변** 🎙
>
> 저는 _____ 때 이 종류의 음악에 처음 관심을 갖게 되었습니다.
>
> _____ .

☆ 그 음악 장르에 관심을 갖게 된 계기

· I saw a performance on TV TV에서 공연을 봤습니다
· I heard it played on the radio 이 음악이 라디오에서 나오는 것을 들었습니다
· I read an article about it in a newspaper 신문에서 이 음악에 대한 기사를 읽었습니다
· my friend showed me her music video 제 친구가 그녀의 뮤직비디오를 보여주었습니다
· I listened to a song in my music class 음악 수업에서 음악 한 곡을 들었습니다
· I saw a concert by a popular band 인기 있는 밴드의 콘서트를 관람했습니다

---

**패턴 8**

# This song means a lot to me because 이유.

[ ] 때문에 이 노래는 제게 큰 의미가 있습니다.

mean은 '~을 뜻하다'라는 의미뿐 아니라 'to + 사람'과 함께 사용되어 '~에게 의미가 있다'라는 뜻으로도 자주 사용됩니다.

### This song means a lot to me because it helped me get through a difficult time.

제가 힘든 시간을 이겨내도록 도와주었기 때문에 이 노래는 제게 큰 의미가 있습니다.

> **나의 답변** 🎙
>
> _____ 때문에 이 노래는 제게 큰 의미가 있습니다.
>
> _____ .

☆ 이 노래가 의미 있는 이유

· it helped me get through a difficult time 제가 힘든 시간을 이겨내도록 도와주었습니다
· my boyfriend sang it for me on my birthday 남자친구가 제 생일날 이 노래를 불러줬습니다
· my mom always sang this song when I was a kid 어렸을 때 엄마가 항상 이 노래를 불러 주셨습니다
· I performed it in front of many people at a festival 축제에서 많은 사람들 앞에서 이 노래를 연주했습니다

여기에서는 <음악 감상하기> 주제의 빈출 문제를 공략해 봅니다. 앞에서 배운 답변 패턴을 이용하고, 주어진 모범답변을 참고하여 여러분의 답변을 만들어 보세요.

## 1 음악을 듣는 장소, 시간, 기기

🎧 UNIT 15 Track 3

**Q** **Where and when do you usually listen to music? What do you use to listen to music? Provide as many details as possible in your response.** 당신은 어디에서 그리고 언제 주로 음악을 듣나요? 음악을 듣기 위해 무엇을 사용하나요? 답변에 되도록 상세한 내용을 많이 제시하세요.

 나의 답변

> **Tip** 1. 아침 등굣길 또는 출근길에 많은 사람들이 귀에 이어폰을 끼고 무언가를 듣고 있는 모습을 쉽게 볼 수 있어요. 자신은 주로 어디에서, 언제, 무엇으로 음악을 듣는지를 떠올려 답변해 보세요.
> 2. 일상적으로 일어나는 일을 설명해야 하므로 현재 시제(listen, take, have to 등)를 사용해서 이야기하세요.
> \* 사용할 수 있는 답변 패턴 – **패턴 5** 음악을 듣는 시간/장소 · **패턴 1** 가장 좋아하는 음악 장르 · **패턴 6** 음악 감상 기기

모범답변

> **I usually listen to music** on the subway. I take the subway to get to work every morning. Although I have to travel for a long time, listening to music relieves my boredom. **I like** Korean pop music **the best** because it makes me feel excited. **I play music on** my smartphone. The app I use for music has so many songs and playlists to choose from. Listening to music on the subway is a great way to begin my day.

## 2 음악에 관심을 갖게 된 계기와 음악 취향 변화

🎧 UNIT 15 Track 4

**Q** **What first interested you in music? When you first heard your favorite singer or composer, how did you feel? Has your taste in music changed at all?** 처음 음악에 관심을 갖게 한 것이 무엇이었나요? 당신이 가장 좋아하는 가수 혹은 작곡가의 노래를 처음 들었을 때, 기분이 어땠나요? 당신의 음악적 취향은 조금이라도 변했나요?

 나의 답변

> **Tip** 음악에 처음 관심을 가지게 된 계기는 과거에 일어난 일이므로 과거 시제를 사용해서 이야기하고, 음악 취향이 변해서 요즘은 어떤 음악을 좋아하는지 이야기할 때는 현재 시제를 사용해요.
> \* 사용할 수 있는 답변 패턴 – **패턴 1** 가장 좋아하는 음악 장르 · **패턴 7** 그 음악 장르에 관심을 갖게 된 계기 · **패턴 2** 가장 좋아하는 노래 · **패턴 3** 그 노래/음악 장르를 좋아하는 이유

**I like** classical music **the best. I first became interested in this type of music when** I listened to a song in my music class. It was very soothing and made me feel relaxed. At first, I listened to popular composers like Mozart or Beethoven. However, now I prefer Russian composers. **My favorite song is** *Piano Concerto No. 1* **by** Tchaikovsky. **It's my favorite because** it is very relaxing.

## 3 좋아하는 노래와 그 노래와 관련된 추억

🎧 UNIT 15 Track 5

Q **What is your favorite song? What makes it so special? Do you have a special memory associated with the song?** 당신이 가장 좋아하는 노래는 무엇인가요? 무엇 때문에 그 노래가 그렇게 특별한가요? 그 노래와 관련된 특별한 추억이 있나요?

> Tip 즐겨 듣는 노래 하나를 선정해서 그 노래를 즐겨 듣는 이유를 떠올려 보세요. 그 노래 덕분에 힘든 시간을 이겨낸 것과 같은 특별한 이유뿐 아니라, 노래가 신난다거나 마음을 편안하게 해준다는 것도 좋은 이유가 됩니다.
> * 사용할 수 있는 답변 패턴 – 패턴 2 가장 좋아하는 노래 · 패턴 3 그 노래/음악 장르를 좋아하는 이유 · 패턴 8 이 노래가 의미 있는 이유

**모범답변** **My favorite song is** *Perfect* **by** Ed Sheeran. **It's my favorite because** it is very touching. Also, **this song means a lot to me because** it helped me get through a difficult time. During the winter, I was lonely after my boyfriend and I broke up. However, listening to this song made me feel better. I realized that my situation would improve and I was more optimistic.

해 석 | 1 저는 주로 지하철에서 음악을 듣습니다. 저는 매일 아침 출근하기 위해 지하철을 탑니다. 비록 오랜 시간 동안 통근해야 하지만, 음악을 듣는 것이 저의 지루함을 덜어줍니다. 저를 신나게 만들어 주기 때문에 저는 한국 대중음악을 가장 좋아합니다. 저는 스마트폰으로 음악을 듣습니다. 제가 음악에 사용하는 앱에는 선택할 수 있는 노래와 재생 목록이 매우 많습니다. 지하철에서 음악을 듣는 것은 저의 하루를 시작하는 좋은 방법입니다.

2 저는 클래식 음악을 가장 좋아합니다. 저는 음악 수업에서 음악 한 곡을 들었을 때 이 종류의 음악에 처음 관심을 갖게 되었습니다. 그 곡이 마음에 위안을 주고 저를 편안하게 만들어 주었습니다. 처음에는, 모차르트나 베토벤 같은 유명한 작곡가들의 곡을 들었습니다. 하지만 지금은 러시아 작곡가들을 선호합니다. 제가 가장 좋아하는 곡은 차이콥스키의 '피아노 협주곡 1악장'입니다. 마음을 매우 편안하게 하기 때문에 가장 좋아합니다.

3 제가 가장 좋아하는 곡은 에드 시런의 'Perfect'입니다. 저는 이 노래가 매우 감동적이기 때문에 가장 좋아합니다. 또한, 제가 힘든 시간을 이겨내도록 도와주었기 때문에 이 노래는 제게 큰 의미가 있습니다. 겨울 동안, 저는 남자친구와 헤어지고 나서 외로웠습니다. 하지만, 이 노래를 듣는 것이 저의 기분이 나아지게 했습니다. 저는 제 상황이 나아질 것이라는 점을 깨닫고 더 긍정적으로 되었습니다.

# UNIT 16 요리하기

음성 바로 듣기

<요리하기>는 Background Survey의 "취미나 관심사는 무엇입니까?"라는 질문에 대한 여러 선택 항목 중 하나입니다. 취미나 관심사 중에서 <요리하기>를 선택할 거라면, 이 UNIT을 통해 자주 나오는 문제와 효과적인 답변 방법을 살펴보고 나만의 답변도 준비해 보세요.

## 어떤 문제가 자주 나오나요?

<요리하기> 주제의 문제로 아래 문제들이 자주 출제됩니다. 이 중에서도 가장 자주 출제된 '빈출 문제'들을 중심으로 답변을 준비하는 것이 효과적입니다.

· 요리하기 좋아하는 음식과 조리법  빈출 문제
· 좋아하는 요리 도구

· 요리하는 시간, 빈도, 음식  빈출 문제
· 초보자가 요리를 할 때 주의해야 할 사항
· 식사를 대접할 때 초대하는 과정

· 요리를 시작하게 된 계기  빈출 문제
· 요리하던 중 뜻밖에 생긴 일  빈출 문제
· 특별한 식사 준비 경험

## 어떻게 준비하나요?

■ 대표문제를 통해 이 주제의 문제에 어떻게 답하는지 살펴보세요. 그런 다음 핵심 답변 패턴을 익혀 나의 답변을 준비하고 연습해 보세요.

■ 자신이 평소에 즐겨 하는 요리 또는 요리 방법이 쉬운 요리 하나를 정한 뒤 그 내용을 토대로 답변을 준비하면 좋습니다.

**대표문제** 요리하기 좋아하는 음식과 조리법　🎧 UNIT 16 Track 1

**You indicated in the survey that you like to cook. What's your favorite dish to prepare? Why do you like making it? How do you make it?** 당신은 설문에서 요리하는 것을 좋아한다고 했습니다. 당신이 요리하기 좋아하는 음식은 무엇인가요? 왜 그것을 만들기 좋아하나요? 어떻게 그것을 만드나요?

<요리하기> 주제에서 가장 자주 나오는 문제가 바로 '요리하기 좋아하는 음식과 조리법'을 묻는 문제입니다. 이 문제에 답할 때 유용하게 사용할 수 있는 답변 패턴들을 살펴보고, 이 패턴들이 답변에 어떻게 사용되는지 알아보세요.

**답변패턴**

| ① 요리하기 좋아하는 음식 | **My favorite dish to make is** 음식 이름. <br> 제가 요리하기 좋아하는 음식은 ~입니다. |
|---|---|
| ② 요리하는 것을 좋아하는 이유 | **I enjoy cooking it because** 이유. <br> ~ 때문에 저는 그 요리를 하는 것을 즐깁니다. |
| ③ 요리하기 전에 주로 하는 일 | **Before I cook, I usually** 하는 일. 요리하기 전, 저는 주로 ~합니다. |
| ④ 요리하는 방법 | **To cook it, you need to** 요리 방법. 그것을 요리하기 위해, ~해야 합니다. |

**모범답변**

🎙 ①My favorite dish to make is doenjang soup. ②I enjoy cooking it because it doesn't take a long time to prepare. Also, it is delicious when eaten with rice. ③Before I cook, I usually prepare the ingredients. ④To cook it, you need to boil water and mix in some soybean paste. You should also add some vegetables.

해설 | ① 요리하기 좋아하는 음식은 'My favorite dish to make is 음식 이름.' 패턴을 사용해 말해요.

② 요리하는 것을 좋아하는 이유를 말할 때는 because 다음에 그 음식을 요리하는 것을 좋아하는 이유를 '주어 + 동사'의 절 형태로 말해요.

③ 요리하기 전에 주로 하는 일은 Before I cook, I usually 다음에 요리하기 전에 하는 일을 붙여서 말해요.

④ 요리하는 방법을 말할 때는 'To cook it, you need to 요리 방법.' 패턴을 사용해요. need to 다음에는 동사 원형을 붙여서 말해요.

해석 | 제가 요리하기 좋아하는 음식은 된장국입니다. 준비하는 데 오랜 시간이 소요되지 않기 때문에 저는 그 요리를 하는 것을 즐깁니다. 또한, 된장국은 밥과 함께 먹으면 맛있습니다. 요리하기 전, 저는 주로 재료를 준비합니다. 그것을 요리하기 위해, 물을 끓이고 된장을 약간 풀어줘야 합니다. 또한 야채도 약간 넣어줘야 합니다.

**나의 답변** 🎙

답변 패턴과 모범답변을 참고하여 나의 답변을 완성해 보세요.

① 요리하기 좋아하는 음식

② 요리하는 것을 좋아하는 이유

③ 요리하기 전에 주로 하는 일

④ 요리하는 방법

<요리하기> 주제의 여러 OPIc 문제에 유창하게 답변할 수 있도록 가장 핵심적인 답변 패턴들을 살펴보세요. 패턴과 함께 제시된 표현리스트를 참고하여 '나의 답변'을 완성한 후 반복해 말하며 익혀두세요.　　🎧 UNIT 16 Track 2

요리하기 좋아하는 음식

## My favorite dish to make is 음식 이름. 제가 요리하기 좋아하는 음식은 ☐ 입니다.

이 패턴에서 to make를 생략하고 My favorite dish is 다음에 음식 이름을 붙이면 자신이 좋아하는 음식이 무엇인지 말할 수 있어요.

**My favorite dish to make is ramen.**　제가 요리하기 좋아하는 음식은 라면입니다.

> 나의 답변 🎤　제가 요리하기 좋아하는 음식은 _____입니다.

☆ 음식 이름
- ramen 라면
- fried rice 볶음밥
- bibimbap 비빔밥
- spaghetti 스파게티
- salad 샐러드
- fried eggs 계란 프라이
- doenjang soup 된장국
- kimchi stew 김치찌개
- kimchi pancakes 김치전

요리하기 전에 주로 하는 일

## Before I cook, I usually 하는 일. 요리하기 전, 저는 주로 ~합니다.

usually와 현재 시제 동사를 사용해 일상적인 습관을 묘사할 수 있어요. usually는 주로 동사가 현재 시제일 경우에 사용해요.

**Before I cook, I usually wash my hands.**　요리하기 전, 저는 주로 손을 씻습니다.

> 나의 답변 🎤　요리하기 전, 저는 주로 _____.

 요리 전에 하는 일
- wash my hands 손을 씻다
- prepare the ingredients 재료를 준비하다
- wash the vegetables 야채를 씻다
- peel some potatoes 감자 껍질을 벗기다
- chop up onions 양파를 잘게 썰다
- mince some garlic 마늘을 다지다
- marinade the meat 고기를 양념에 절이다
- heat up a frying pan 프라이팬을 달구다
- look up the recipes 요리법을 찾다
- check out the recipes 요리법을 확인하다

요리하는 방법

**패턴 3**

# To cook it, you need to 요리 방법. 그것을 요리하기 위해, ☐ 해야 합니다.

어떤 일을 하는 방법에 대해 말할 때는 '~해야 하다'라는 뜻을 가진 need to나 should를 사용해 말하면 보다 명확하게 '방법'을 설명할 수 있어요.

**To cook it, you need to boil water.**  그것을 요리하기 위해, 물을 끓여야 합니다.

**나의 답변**

> 그것을 요리하기 위해, ＿＿＿＿＿ 해야 합니다.
>
> .

☆ 요리 방법

- · boil water 물을 끓이다
- · add noodles to boiling water 끓는 물에 면을 넣다
- · add the sauce 소스를 붓다
- · mix in some soybean paste 된장을 약간 풀다
- · steam the vegetables 야채를 찌다

- · mix the vegetables and the rice 야채와 밥을 섞다
- · stir-fry the rice 밥을 볶다
- · grill the meat 고기를 굽다
- · fry the batter 반죽을 부치다
- · flip the pancake 부침개를 뒤집다

음식의 맛

**패턴 4**

# It tastes 맛. 그것은 맛이 ☐ 합니다.

It tastes 다음에 맛을 나타내는 여러 형용사를 붙여서 음식의 맛을 표현할 수 있어요. It 대신에 ramen(라면)과 같은 구체적인 음식 이름을 말해도 좋아요.

**It tastes good.**  그것은 맛이 좋습니다.

**나의 답변** 🎤

> 그것은 맛이 ＿＿＿＿＿ 합니다.
>
> .

☆ 음식의 맛

- · good 좋은
- · delicious 좋은
- · bad 나쁜

- · salty 짠
- · spicy 매운
- · bland 담백한

- · sweet 단
- · sour 신
- · bitter 쓴

설문 주제 공략하기

UNIT 16

요리하기

10일 만에 끝내는 해커스 OPIc START (Intermediate 공략)

# I enjoy cooking it because 이유. ☐ 때문에 저는 그 요리를 하는 것을 즐깁니다.

enjoy는 -ing 형태의 동명사를 목적어로 취하는 대표적인 동사예요. enjoy 뒤에는 to cook이 아닌, cooking(cook + -ing)과 같은 동명사를 붙여서 말하도록 하세요.

**I enjoy cooking it because it's healthy.**  건강에 좋기 때문에 저는 그 요리를 하는 것을 즐깁니다.

나의 답변 🎤

_____ 때문에 저는 그 요리를 하는 것을 즐깁니다.

.

☆ 요리하는 것을 좋아하는 이유
- **it's healthy** 건강에 좋습니다
- **it's delicious** 맛있습니다
- **it's easy to make** 요리하기 쉽습니다
- **it's easy to get the ingredients** 재료를 구하기 쉽습니다
- **it doesn't take a long time to prepare** 준비하는 데 오랜 시간이 소요되지 않습니다
- **it doesn't cost a lot** 비용이 많이 들지 않습니다
- **it's the dish I make the best** 제가 제일 잘하는 음식입니다
- **my children love it** 우리 아이들이 그것을 좋아합니다

# I usually cook 시간. 저는 주로 ☐ 요리를 합니다.

usually 대신 always(항상), often(자주), sometimes(가끔)를 넣어서 요리하는 빈도를 표현할 수 있어요.

**I usually cook in the morning.**  저는 주로 아침에 요리를 합니다.

나의 답변 🎤

저는 주로 _____ 요리를 합니다.

.

☆ 시간
- **in the morning** 아침에
- **after work** 퇴근 후에
- **every day** 매일
- **twice a week** 일주일에 두 번
- **on weekdays** 평일에
- **on weekends** 주말에

**패턴 7**

# I started cooking when 시기. 저는 ▢ 때 요리를 시작했습니다.

요리를 시작했던 시기를 말할 때 접속사 when 다음에 '주어 + 동사'의 절 형태를 사용하면 '~하는 때'라는 표현을 할 수 있어요.

**I started cooking when I was 10 years old.** 저는 10살이었을 때 요리를 시작했습니다.

> 🎤 **나의 답변**
>
> 저는 _____ 때 요리를 시작했습니다.
>
> _____ .

☆ 시기
- I was 10 years old 10살이었습니다
- I started university 대학에 입학했습니다
- I moved out of my parents' house 부모님으로부터 독립했습니다
- I got married 결혼했습니다
- I took a cooking class 요리 수업을 들었습니다

**패턴 8**

# The problem was that I 문제. 문제는 제가 ~했다는 것입니다.

요리를 하면서 생긴 어려움이나 문제에 대해 이야기할 때는 The problem was that 다음에 '주어 + 동사'의 절 형태를 붙여서 말해요.

**The problem was that I overcooked the noodles.** 문제는 제가 면을 너무 오래 삶았다는 것입니다.

> 🎤 **나의 답변**
>
> 문제는 제가 _____ 것입니다.
>
> _____ .

☆ 요리하면서 생긴 문제
- overcooked the noodles 면을 너무 오래 삶았다
- burned the sauce 소스를 태웠다
- added too much salt 소금을 너무 많이 넣었다
- added sugar instead of salt 소금 대신 설탕을 넣었다
- didn't have the right ingredients 마땅한 재료들이 없었다
- cut my finger with a kitchen knife 부엌칼에 손가락을 베였다
- burned my hand 손을 데었다

설문 주제 공략하기

UNIT 16

요리하기  10일 만에 끝내는 해커스 OPIc START (Intermediate 공략)

# 빈출 문제 공략

요리하기

여기에서는 <요리하기> 주제의 빈출 문제를 공략해 봅니다. 앞에서 배운 답변 패턴을 이용하고, 주어진 모범답변을 참고하여 여러분의 답변을 만들어 보세요.

## 1 요리하는 시간, 빈도, 음식

UNIT 16 Track 3

**Q Do you cook often? When do you like to cook? What type of food do you most often make? Provide as many details as possible.** 당신은 요리를 자주 하나요? 언제 요리하는 것을 좋아하나요? 어떤 종류의 음식을 가장 자주 만드나요? 되도록 상세한 내용을 많이 제시하세요.

 나의 답변

---

Tip  간단한 요리라도 좋으니 자신이 일주일에 몇 번이나 요리를 하는지, 언제 하는지 떠올려 보세요. 가장 자주 만드는 음식이 무엇인지 말하며 그 음식의 재료나 조리법을 덧붙여 말하면 답변이 풍부해집니다.

\* **사용할 수 있는 답변 패턴** – **패턴 6** 주로 요리를 하는 시간 · **패턴 1** 요리하기 좋아하는 음식 · **패턴 5** 요리하는 것을 좋아하는 이유 · **패턴 4** 음식의 맛

모범답변

**I usually cook** on weekends. I work a lot during the week, so I am too busy to cook on weekdays. **My favorite dish to make is** fried rice. To cook it, I need ingredients such as kimchi, onions, and carrots. **I enjoy cooking it because** it's easy to get the ingredients. Also, **it tastes** delicious.

## 2 요리를 시작하게 된 계기

UNIT 16 Track 4

**Q How did you become interested in cooking? How old were you? Who taught you how to cook? Who did you make your first meal for?** 당신은 어떻게 요리에 흥미를 가지게 되었나요? 몇 살 때였나요? 누가 당신에게 요리하는 법을 가르쳐 주었나요? 누구를 위해 처음 음식을 만들었나요?

 나의 답변

---

Tip  1. 요리를 시작한 시기 → 요리를 가르쳐 준 사람 → 내가 처음 요리를 대접한 사람을 순서대로 말한 후, 요즘은 얼마나 자주 요리를 하는지 언급하면서 자연스럽게 답변을 마무리할 수 있어요.
　　 2. 요즘에는 요리책이나 인터넷 블로그에 올라온 조리법을 보고 혼자 요리를 시작하는 사람도 많이 있으니 그런 내용을 말해도 좋아요.

\* **사용할 수 있는 답변 패턴** – **패턴 7** 요리를 시작했던 시기 · **패턴 4** 음식의 맛 · **패턴 6** 주로 요리를 하는 시간

**I started cooking when** I was 10 years old. I wanted to learn how to cook so I could help my mother. She is the person who taught me to cook. The first dish I prepared was kimchi pancakes for my father. He said that **it tasted** good, so I was very happy. Now, **I usually cook** on weekends. I use the Internet to find new recipes.

## 3  요리하던 중 뜻밖에 생긴 일

🎧 UNIT 16 Track 5

Q **Think about a time something unexpected happened while you were cooking. What kind of food were you trying to cook? What was the problem?** 당신이 요리하는 동안 예상치 못한 일이 발생했던 때를 떠올려 보세요. 어떤 종류의 음식을 요리하려고 했었나요? 무엇이 문제였나요?

> Tip  어떤 음식을 요리하던 중에 문제가 생겼는지, 문제가 무엇이었는지 이야기하세요. 그리고 그 문제의 결과나 해결했던 방법, 나의 느낌을 덧붙여 답변을 마무리하면 좋아요.
>
> \* 사용할 수 있는 답변 패턴 – 패턴 5 요리하는 것을 좋아하는 이유 · 패턴 3 요리하는 방법 · 패턴 8 요리를 하면서 생긴 문제

 The other day, I cooked spaghetti. **I enjoy cooking it because** it is easy to make. **To cook it, you need to** add noodles to boiling water. While I was cooking, a friend called me. I talked on the phone for a long time. **The problem was that I** overcooked the noodles. So, I had to start over from the beginning.

---

해 석 | 1  저는 주로 주말에 요리합니다. 저는 주중에 일을 많이 해서 평일에는 요리하기에는 너무 바쁩니다. 제가 요리하기 좋아하는 음식은 볶음밥입니다. 그것을 요리하기 위해, 김치, 양파, 당근과 같은 재료들이 필요합니다. 재료를 구하기 쉽기 때문에 저는 그 요리를 하는 것을 즐깁니다. 또한, 그것은 맛도 좋습니다.

2  저는 10살이었을 때 요리를 시작했습니다. 저는 어머니를 도와드릴 수 있도록 요리하는 법을 배우고 싶었습니다. 어머니는 제게 요리하는 법을 가르쳐 주신 분입니다. 제가 준비한 첫 요리는 아버지를 위한 김치전이었습니다. 아버지께서 맛이 좋다고 말씀하셔서 저는 매우 기뻤습니다. 요즘, 저는 주로 주말에 요리를 합니다. 저는 새로운 조리법을 찾기 위해 인터넷을 이용합니다.

3  며칠 전, 저는 스파게티를 요리했습니다. 요리하기 쉽기 때문에 저는 그 요리를 하는 것을 즐깁니다. 그것을 요리하기 위해, 끓는 물에 면을 넣어야 합니다. 제가 요리하는 동안, 친구가 제게 전화를 했습니다. 저는 오랜 시간 통화를 했습니다. 문제는 제가 면을 너무 오래 삶았다는 것입니다. 그래서 저는 처음부터 다시 시작해야 했습니다.

# UNIT 17 농구/야구/축구

음성 바로 듣기

<농구>, <야구>, <축구>는 Background Survey의 "주로 어떤 운동을 즐기십니까?"라는 질문에 대한 여러 선택 항목 중 일부입니다. 운동 중에서 <농구>, <야구>, <축구> 중 하나 또는 모두를 선택할 거라면, 이 UNIT을 통해 자주 나오는 문제와 효과적인 답변 방법을 살펴보고 나만의 답변도 준비해 보세요.

## 어떤 문제가 자주 나오나요?

<농구/야구/축구> 주제의 문제로 아래 문제들이 자주 출제됩니다. 이 중에서도 가장 자주 출제된 '빈출 문제'들을 중심으로 답변을 준비하는 것이 효과적입니다.

· 좋아하는 운동 장소와 이유  빈출 문제
· 운동 방법과 규칙
· 야구의 포지션과 기술

· 운동하는 장소, 시간, 사람  빈출 문제
· 운동 전·후에 하는 일

· 처음으로 운동을 한 경험  빈출 문제
· 기억에 남는 경기 경험  빈출 문제
· 최근에 경기를 한 경험
· 운동 중 부상당한 경험
· 과거와 현재 경기의 차이점

## 어떻게 준비하나요?

■ 대표문제를 통해 이 주제의 문제에 어떻게 답하는지 살펴보세요. 그런 다음 핵심 답변 패턴을 익혀 나의 답변을 준비하고 연습해 보세요.

■ <농구>, <야구>, <축구>는 답변 내용이 비슷하므로 Background Survey에서 함께 선택해 학습하면 좋습니다.

**대표문제** **운동하는 장소, 시간, 사람** 🎧 UNIT 17 Track 1

**대표문제** **운동하는 장소, 시간, 사람** 🎧 UNIT 17 Track 1

In the background survey, you indicated that you like to play basketball. When do you like to play basketball? Where do you play it? Who do you usually play with? 배경 설문
에서 당신은 농구하는 것을 좋아한다고 했습니다. 당신은 언제 농구하는 것을 좋아하나요? 어디서 하나요? 주로 누구와 함께 하나요?

<농구/야구/축구> 주제에서 가장 자주 나오는 문제가 바로 '운동하는 장소, 시간, 사람'을 묻는 문제입니다. 이 문제에 답할 때 유용하게 사용할 수 있는 답변 패턴들을 살펴보고, 이 패턴들이 답변에 어떻게 사용되는지 알아보세요.

**답변패턴**

| ① 그 운동을 하기 좋아하는 시간 | **I like to play basketball** 시간. 저는 ~에 농구하는 것을 좋아합니다. |
|---|---|
| ② 좋아하는 운동 장소 | **The place I like to play is** 장소. 제가 운동하기 좋아하는 장소는 ~입니다. |
| ③ 그 장소에서 운동하는 것을 좋아하는 이유 | **I prefer playing there because** 이유. ~ 때문에 저는 거기서 운동하는 것을 좋아합니다. |
| ④ 함께 운동하는 사람 | **I usually play basketball with** 사람. 저는 주로 ~와 농구를 합니다. |

**모범답변**

🎤 ①**I like to play basketball** on weekends. This is because I only have free time on weekends. ②**The place I like to play is** in the schoolyard. ③**I prefer playing there because** the field is well maintained. ④**I usually play basketball with** the members of my basketball club. It is really good to play basketball with them because they are enthusiastic.

해설 | ① **그 운동을 하기 좋아하는 시간**은 I like to play basketball 다음에 '시간'을 붙여서 말해요. basketball 대신 baseball이나 soccer를 넣어 말할 수도 있어요.

② **좋아하는 운동 장소**는 The place I like to play is 다음에 in the schoolyard처럼 '전치사 + 장소'를 붙여서 표현해요.

③ **그 장소에서 운동하는 것을 좋아하는 이유**를 말할 때는 I prefer playing there because 다음에 '주어 + 동사'의 절 형태를 붙여서 말해요.

④ **함께 운동하는 사람**은 'I usually play basketball with 사람.' 패턴을 사용해서 말해요. 운동 경기 앞에는 정관사 the를 붙이지 않는다는 것을 기억해 두세요.

해석 | 저는 주말마다 농구하는 것을 좋아합니다. 이것은 제가 주말에만 여가 시간이 있기 때문입니다. 제가 운동하기 좋아하는 장소는 학교 운동장입니다. 경기장이 유지가 잘 되어 있기 때문에 저는 거기서 운동하는 것을 좋아합니다. 저는 주로 저희 농구 동호회 회원들과 농구를 합니다. 그들이 열정적이기 때문에 그들과 농구하는 것이 정말 좋습니다.

**나의 답변** 🎤 답변 패턴과 모범답변을 참고하여 나의 답변을 완성해 보세요.

① 그 운동을 하기 좋아하는 시간

② 좋아하는 운동 장소

③ 그 장소에서 운동하는 것을 좋아하는 이유

④ 함께 운동하는 사람

<농구/야구/축구> 주제의 여러 OPIc 문제에 유창하게 답변할 수 있도록 가장 핵심적인 답변 패턴들을 살펴보세요. 패턴과 함께 제시된 표현리스트를 참고하여 '나의 답변'을 완성한 후 반복해 말하며 익혀두세요.  🎧 UNIT 17 Track 2

그 운동을 하기 좋아하는 시간

### I like to play basketball 시간. 저는 ☐ 농구하는 것을 좋아합니다.

위 패턴에서 basketball 대신 baseball(야구), soccer(축구)를 넣어 야구나 축구를 하기 좋아하는 시간도 표현할 수 있어요.

**I like to play basketball after school.**  저는 방과 후에 농구하는 것을 좋아합니다.

> 🎤 나의 답변  저는 _____ 농구하는 것을 좋아합니다.
>
> .

☆ 시간
- after school 방과 후에
- after work 퇴근 후에
- during my lunch breaks 점심시간 동안
- on weekends 주말마다
- every Sunday morning 매주 일요일 아침마다
- whenever I have time 시간이 있을 때마다

좋아하는 운동 장소

### The place I like to play is 장소. 제가 운동하기 좋아하는 장소는 ☐ 입니다.

좋아하는 운동 장소를 말할 때는 이 패턴을 사용해도 되고, I like to play basketball 다음에 in the schoolyard와 같은 장소를 붙여서 말해도 돼요.

**The place I like to play is in the schoolyard.**  제가 운동하기 좋아하는 장소는 학교 운동장입니다.

> 🎤 나의 답변  제가 운동하기 좋아하는 장소는 _____ 입니다.
>
> .

☆ 운동하는 장소
- in the schoolyard 학교 운동장에서
- on the soccer field 축구장에서
- at the park 공원에서
- at a nearby school 근처 학교에서

그 장소에서 운동하는 것을 좋아하는 이유

패턴
3

## I prefer playing there because 이유. □ 때문에 저는 거기서 운동하는 것을 좋아합니다.

prefer는 '(더) 좋아하다'라는 의미로, 여러 장소들 중에서 특정한 곳을 선호한다고 이야기할 때 사용할 수 있어요.

### I prefer playing there because it is easy to get there.
그곳은 가기가 쉽기 때문에 저는 거기서 운동하는 것을 좋아합니다.

 나의 답변 | _____ 때문에 저는 거기서 운동하는 것을 좋아합니다.

☆ 특정 운동 장소를 좋아하는 이유
- it is easy to get there 그곳은 가기가 쉽습니다
- it is free to use 그곳은 무료로 사용할 수 있습니다
- it is big enough to use 그곳은 사용하기에 충분히 큽니다
- it is clean and pleasant 그곳은 깨끗하고 쾌적합니다
- it is well-maintained 그곳은 유지가 잘 되어 있습니다
- it was recently renovated 그곳은 최근에 보수되었습니다

함께 운동하는 사람

패턴
4

## I usually play basketball with 사람. 저는 주로 □ 와 농구를 합니다.

usually 대신 often(자주)이나 sometimes(가끔)를 넣어서 자주 함께 운동하는 사람 또는 가끔 함께 운동하는 사람에 대해 이야기할 수도 있어요.

### I usually play basketball with my friends. 저는 주로 제 친구들과 농구를 합니다.

나의 답변 | 저는 주로 _____와 농구를 합니다.

☆ 사람
- my friends 제 친구들 / my classmates 저희 반 친구들
- my coworkers 제 동료들 / my teammates 저희 팀원들
- the members of my club 저희 동호회 회원들
- people I meet at the court 제가 코트에서 만나는 사람들

## I played basketball for the first time when 시기.

☐ 때 저는 처음으로 농구를 했습니다.

for the first time은 '처음으로'라는 의미예요. 한 덩어리로 외워서 운동을 처음 했던 시기를 설명할 때 사용해 보세요.

### I played basketball for the first time when I was 11 years old.

11살이었을 때 저는 처음으로 농구를 했습니다.

> **나의 답변** 🎤
>
> _____ 때 저는 처음으로 농구를 했습니다.
>
> .

☆ 시기

· I was 11 years old 11살이었습니다
· I was in high school 고등학생이었습니다
· I entered university 대학교에 입학했습니다
· I started working at my company 저희 회사에서 일하기 시작했습니다
· I joined a basketball club 농구 동호회에 가입했습니다

---

## It was pretty 느낌 to learn. 그것은 배우기에 꽤 ☐ 했습니다.

pretty는 형용사로 '예쁜, 귀여운'이라는 뜻이에요. 여기서는 부사로 '꽤, 상당히'라는 의미로 사용되어 느낌을 강조해 주는 역할을 해요.

### It was pretty hard to learn. 그것은 배우기에 꽤 힘들었습니다.

> **나의 답변** 🎤
>
> 그것은 배우기에 꽤 _____ 했습니다.
>
> .

☆ 느낌

| | | |
|---|---|---|
| · hard 힘든 / tough 힘든 | · easy 쉬운 | · fun 재미있는 / interesting 재미있는 |
| · challenging 도전적인 | · difficult 어려운 | · exciting 신나는 |

**패턴 7**

# The most memorable game I played was 경기 종류·시기.
제가 했던 가장 기억에 남는 경기는 □ 였습니다.

memorable 대신 exciting(신나는)이나 difficult(어려운)를 넣으면 가장 신났거나 어려웠던 경기의 종류나 시기를 표현할 수 있어요.

## The most memorable game I played was a playoff game.
제가 했던 가장 기억에 남는 경기는 결승전이었습니다.

**나의 답변** 🎤

제가 했던 가장 기억에 남는 경기는 _____ 였습니다.

☆ 가장 기억에 남는 경기 종류·시기
· a playoff game 결승전
· a basketball tournament 농구 토너먼트
· a baseball game 야구 경기
· a soccer match 축구 시합

· in my senior year of high school
제가 고등학교 졸업반이었을 때
· last November 지난 11월
· a few months ago 몇 달 전

그 경기가 기억에 남는 이유

**패턴 8**

# It was a memorable game because 이유. □ 때문에 그것은 기억에 남는 경기였습니다.

그 경기가 기억에 남는 이유를 좀 더 간단하게 말하고 싶다면, It was memorable because 다음에 '주어 + 동사'의 절 형태를 붙여서 말할 수 있어요.

## It was a memorable game because my team won the championship.
저희 팀이 결승전을 이겼기 때문에 그것은 기억에 남는 경기였습니다.

**나의 답변** 🎤

_____ 때문에 그것은 기억에 남는 경기였습니다.

☆ 특정 경기가 기억에 남는 이유
· my team won the championship 저희 팀이 결승전을 이겼습니다
· everyone cheered for me 모두가 저를 응원해 주었습니다
· I hit a homerun at a critical moment 제가 결정적인 순간에 홈런을 쳤습니다
· I scored the game-winning goal 제가 승리로 이끄는 골을 넣었습니다
· we lost by one point 저희가 1점 차로 졌습니다

여기에서는 <농구/야구/축구> 주제의 빈출 문제를 공략해 봅니다. 앞에서 배운 답변 패턴을 이용하고, 주어진 모범답변을 참고하여 여러분의 답변을 만들어 보세요.

## 1 좋아하는 운동 장소와 이유

🎧 UNIT 17 Track 3

Q **Basketball is very popular these days. How often do you play basketball? Where do you usually go to play and why do you prefer that place?** 농구는 요즘 매우 인기 있습니다. 당신은 얼마나 자주 농구를 하나요? 주로 어디로 농구하러 가고 왜 그 장소를 좋아하나요?

Tip 운동하는 빈도, 좋아하는 운동 장소와 이유에 대해 차례로 이야기해 보세요. 그 장소를 좋아하는 이유에 대해 말할 때는 무료로 사용할 수 있다, 깨끗하다, 쾌적하다 등 쉬운 표현을 여러 개 익혀 유창하게 말하면 좋아요.
* 사용할 수 있는 답변 패턴 – 패턴 1 그 운동을 하기 좋아하는 시간 · 패턴 2 좋아하는 운동 장소 · 패턴 3 그 장소에서 운동하는 것을 좋아하는 이유 · 패턴 4 함께 운동하는 사람

모범답변 **I like to play basketball** every Sunday morning. **The place I like to play is** at the park in my neighborhood. **I prefer playing there because** the court is free to use. Also, it was recently renovated. So it is very clean and pleasant. **I usually play basketball with** my friends. It is a good opportunity to socialize and exercise.

## 2 처음으로 운동을 한 경험

🎧 UNIT 17 Track 4

Q **When did you play soccer for the first time? Where was it and who did you play with? Did someone teach you how to play?** 언제 처음으로 축구를 했나요? 그곳은 어디였고 누구와 함께했나요? 누군가 당신에게 축구를 하는 법을 가르쳐 주었나요?

Tip 축구를 처음 하게 된 시기 → 축구를 처음 했던 장소와 함께 했던 사람 → 축구를 가르쳐 준 사람을 순서대로 말한 후, 요즘은 축구를 누구와 하는지 또는 얼마나 자주 하는지 등을 덧붙여 답변을 마무리할 수 있어요.
* 사용할 수 있는 답변 패턴 – 패턴 5 그 운동을 처음 했던 시기 · 패턴 6 운동을 처음 배웠을 때 느낌 · 패턴 4 함께 운동하는 사람

> **모범답변**
>
> **I played soccer for the first time when** I was in high school. It was during a gym class. I played the game in the schoolyard with my classmates. Our teacher taught us the rules and showed us how to play. **It was pretty** hard **to learn**, but I had so much fun. Now **I usually play soccer with** my friends whenever I can.

## **3** 기억에 남는 경기 경험

🎧 UNIT 17 Track 5

**Q** **What was the most memorable baseball game you have ever played? What made it so memorable? Describe the game in as much detail as possible.** 당신이 했던 가장 기억에 남는 야구 경기는 무엇이었나요? 무엇 때문에 그 경기가 그렇게 기억에 남나요? 그 경기에 대해서 가능한 한 상세히 묘사해 주세요.

 나의 답변

> Tip   1. 가장 기억에 남는 야구 경기와 그 경기가 기억에 남는 이유를 말한 후, 자신의 느낌을 덧붙여서 마무리하면 좋은 답변이 됩니다.
>   2. 비슷한 유형의 문제로 최근에 경기를 한 경험을 묻는 문제도 자주 출제되니 이 문제에 대한 답변을 잘 준비해 두면 시험장에서 활용하여 답할 수 있어요.
> * **사용할 수 있는 답변 패턴** – **패턴 5** 그 운동을 처음 했던 시기 · **패턴 7** 가장 기억에 남는 경기 종류·시기 · **패턴 8** 그 경기가 기억에 남는 이유

> **모범답변**
>
> **I played baseball for the first time when** I was 11 years old. **The most memorable game I played was** in my senior year of high school. **It was a memorable game because** I hit a homerun at a critical moment. My team won the game because of my homerun. All of the spectators cheered, and my teammates congratulated me. I was very proud.

해 석 |  1  저는 매주 일요일 아침마다 농구하는 것을 좋아합니다. 제가 운동하기 좋아하는 장소는 동네의 공원입니다. 농구 코트는 무료로 사용할 수 있기 때문에 저는 거기서 운동하는 것을 좋아합니다. 또한, 그곳은 최근에 보수되었습니다. 그래서 그곳은 매우 깨끗하고 쾌적합니다. 저는 주로 제 친구들과 농구를 합니다. 그것은 사람들과 어울리고 운동하기에 좋은 기회입니다.

2  고등학생이었을 때 저는 처음으로 축구를 했습니다. 그때는 체육 수업 중이었습니다. 저는 저희 반 친구들과 학교 운동장에서 경기를 했습니다. 선생님께서 저희에게 규칙을 가르쳐 주셨고 경기하는 법을 보여 주셨습니다. 그것은 배우기에 꽤 힘들었지만, 매우 재미있었습니다. 요즘 저는 주로 가능할 때마다 친구들과 축구를 합니다.

3  11살이었을 때 저는 처음으로 야구를 했습니다. 제가 했던 가장 기억에 남는 경기는 제가 고등학교 졸업반이었을 때였습니다. 제가 결정적인 순간에 홈런을 쳤기 때문에 그것은 기억에 남는 경기였습니다. 저의 홈런 덕분에 저희 팀이 이겼습니다. 모든 관중이 환호성을 질렀고 저희 팀원들은 저를 축하해 주었습니다. 저는 매우 뿌듯했습니다.

# UNIT 18 수영

음성 바로 듣기

<수영>은 Background Survey의 "주로 어떤 운동을 즐기십니까?"라는 질문에 대한 여러 선택 항목 중 하나입니다. 운동 중에서 <수영>을 선택할 기라면, 이 UNIT을 통해 자주 나오는 문제와 효과적인 답변 방법을 살펴보고 나만의 답변도 준비해 보세요.

## 어떤 문제가 자주 나오나요?

<수영> 주제의 문제로 아래 문제들이 자주 출제됩니다. 이 중에서도 가장 자주 출제된 '빈출 문제'들을 중심으로 답변을 준비하는 것이 효과적입니다.

· 좋아하는 영법 소개하기

· 수영의 장점과 수영을 선호하는 이유  빈출 문제
· 수영하는 빈도와 함께 수영하는 사람  빈출 문제
· 수영할 때 준비해야 하는 것

· 수영을 배운 시기와 마지막 수영 경험  빈출 문제
· 수영하다 겪은 기억에 남는 경험  빈출 문제
· 수영 실력의 향상 정도와 수영을 가르쳐 준 사람
· 수영과 다른 운동의 차이점

## 어떻게 준비하나요?

■ 대표문제를 통해 이 주제의 문제에 어떻게 답하는지 살펴보세요. 그런 다음 핵심 답변 패턴을 익혀 나의 답변을 준비하고 연습해 보세요.

■ 기억에 남는 수영 경험 하나를 정한 뒤 그 경험을 토대로 답변을 준비하면 좋습니다.

## 대표문제 수영을 배운 시기와 마지막 수영 경험

In your background survey, you indicated that you know how to swim. When did you first learn how to swim? When was the last time you went swimming and with whom? 배경 설문에서, 당신은 수영하는 법을 안다고 했습니다. 언제 처음 수영하는 법을 배웠나요? 마지막으로 수영하러 간 것이 언제였고 누구와 함께 갔나요?

<수영> 주제에서 가장 자주 나오는 문제가 바로 '수영을 배운 시기와 마지막 수영 경험'을 묻는 문제입니다. 이 문제에 답할 때 유용하게 사용할 수 있는 답변 패턴들을 살펴보고, 이 패턴들이 답변에 어떻게 사용되는지 알아보세요.

**답변패턴**

| ① 처음 수영을 배웠던 시기 | **I first learned how to swim 시기.** <br> 저는 ~에 수영하는 법을 처음 배웠습니다. |
|---|---|
| ② 마지막으로 수영하러 갔던 시기/장소 | **The last time I went swimming was 시기/장소.** <br> 제가 마지막으로 수영하러 갔던 것은 ~였습니다. |
| ③ 함께 수영했던 사람 | **I went swimming with 사람.** 저는 ~와 수영하러 갔습니다. |
| ④ 수영을 했던 느낌 | **It was 느낌 to swim.** 수영하는 것은 ~했습니다. |

**모범답변**

①I first learned how to swim when I was six years old. I took swimming lessons at the local community pool. ②The last time I went swimming was in August. The weather was really hot. So I went to the water park to cool down. ③I went swimming with three of my friends. ④It was fun to swim, but the pool was too crowded.

해설 | ① 처음 수영을 배웠던 시기는 'I first learned how to swim 시기.' 패턴을 사용해서 말해요. '의문사 + to 부정사' 형태의 how to swim은 '수영하는 법'이라는 의미예요.

② 마지막으로 수영하러 갔던 시기/장소는 The last time I went swimming was 다음에 in August(8월에)와 같은 시기나 at the beach(해변에서)와 같은 장소를 붙여서 말해요.

③ 함께 수영했던 사람은 'I went swimming with 사람.' 패턴을 사용해요.

④ 수영을 했던 느낌을 말할 때는 'It was 느낌 to swim.'을 사용해서 말해요. 수영을 했을 때의 즐거움, 재미, 피곤함 등 여러 가지 느낌을 표현할 수 있어요.

해석 | 저는 여섯 살 때 수영하는 법을 처음 배웠습니다. 저는 지역단체 수영장에서 수영 수업을 받았습니다. 제가 마지막으로 수영하러 갔던 것은 8월이었습니다. 날씨가 정말 더웠습니다. 그래서 저는 더위를 식히기 위해 워터파크에 갔습니다. 저는 제 친구 세 명과 수영하러 갔습니다. 수영하는 것은 재미있었지만, 수영장이 너무 붐볐습니다.

**나의 답변**

답변 패턴과 모범답변을 참고하여 나의 답변을 완성해 보세요.

① 처음 수영을 배웠던 시기

② 마지막으로 수영하러 갔던 시기/장소

③ 함께 수영했던 사람

④ 수영을 했던 느낌

# 핵심 답변 패턴과 표현

수영

<수영> 주제의 여러 OPIc 문제에 유창하게 답변할 수 있도록 가장 핵심적인 답변 패턴들을 살펴보세요. 패턴과 함께 제시된 표현리스트를 참고하여 '나의 답변'을 완성한 후 반복해 말하며 익혀두세요.

🎧 UNIT 18 Track 2

처음 수영을 배웠던 시기

**패턴 1**

## I first learned how to swim 시기. 저는 ☐ 수영하는 법을 처음 배웠습니다.

'how to + 동사원형'은 '~하는 법'이라는 의미를 가진 표현이에요. 위 패턴에서 how to swim 대신 swimming(수영)을 사용해 좀 더 간단하게 이야기해도 돼요.

**I first learned how to swim during my last summer vacation.**
저는 지난 여름 방학 동안 수영하는 법을 처음 배웠습니다.

> 나의 답변 🎤
>
> 저는 _____ 수영하는 법을 처음 배웠습니다.
>
> .

✿ 시기
- · during my last summer vacation 지난 여름 방학 동안
- · during a family holiday 가족 휴가 동안
- · when I was in summer camp 여름 캠프에 참가했을 때
- · when I was six years old 여섯 살 때
- · when I was in elementary school 초등학생이었을 때

수영하는 빈도

**패턴 2**

## I try to go swimming 빈도. 저는 ☐ 수영을 가려고 노력합니다.

try 다음에 to 부정사가 오면 '~하려고 노력하다'라는 의미이고, -ing 형태의 동명사가 오면 '~을 시도하다'라는 의미가 되니 구분해서 사용하세요.

**I try to go swimming every day after work.** 저는 매일 퇴근 후 수영을 가려고 노력합니다.

> 나의 답변 🎤
>
> 저는 _____ 수영을 가려고 노력합니다.
>
> .

✿ 빈도
- · every day after work 매일 퇴근 후
- · every summer 매년 여름마다
- · on weekends 주말마다
- · Tuesday afternoons 화요일 오후마다
- · twice a week 일주일에 두 번
- · once a month 한 달에 한 번

수영하기 전에 항상 하는 일

## I always 하는 일 before I swim. 저는 수영하기 전에 항상 ~합니다.

수영하기 전에 하는 일은 before를 사용해서 이야기해요. 수영한 후에 하는 일을 이야기하고 싶다면 before 대신 after(~ 후에)를 사용하면 돼요.

### I always take a shower before I swim. 저는 수영하기 전에 항상 샤워를 합니다.

 저는 수영하기 전에 항상 _____.

☆ 수영하기 전에 하는 일
· take a shower 샤워를 하다
· change into my swimsuit 수영복으로 갈아입다
· stretch my muscles 근육을 이완시키다
· do warm-up exercises 준비운동을 하다
· put on my goggles 수경을 쓰다
· check the temperature of the water
  물의 온도를 확인하다
· apply sunblock to my body 몸에 선크림을 바르다

수영의 장점

## The advantage of swimming is that 장점. 수영의 장점은 ~한다는 것입니다.

장점에 대해 이야기할 때는 advantage라는 단어를 사용해요. 수영의 단점에 대해 말하고 싶다면 advantage 대신 disadvantage(단점)를 넣어서 말할 수 있어요.

### The advantage of swimming is that it uses every muscle.
수영의 장점은 모든 근육을 사용한다는 것입니다.

 수영의 장점은 _____ 것입니다.

☆ 수영의 장점
· it uses every muscle 모든 근육을 사용합니다
· it exercises your whole body 전신 운동이 됩니다
· it burns many calories 많은 칼로리를 소모시킵니다
· it helps you stay fit 당신이 건강을 유지하도록 도와줍니다
· it has a low risk for injuries 부상의 위험이 낮습니다
· it is very refreshing 매우 상쾌합니다

# The last time I went swimming was 시기.

제가 마지막으로 수영하러 갔던 것은 ☐ 였습니다.

last는 '마지막'이란 의미로 과거 시제와 함께 사용되는 단어예요. time 자리에 place를 써서 장소를 말해도 좋아요.

**The last time I went swimming was yesterday.** 제가 마지막으로 수영하러 갔던 것은 어제였습니다.

> 제가 마지막으로 수영하러 갔던 것은 ＿＿＿＿＿＿＿＿ 였습니다.

☆ 시기
- yesterday 어제
- last summer 지난여름
- in August 8월에
- two years ago 2년 전

☆ 장소
- in a swimming pool 수영장에서
- in the ocean 바다에서
- at the beach 해변에서
- at the water park 워터파크에서

---

# The most memorable experience was when 기억에 남는 일.

가장 기억에 남는 경험은 ☐ 때였습니다.

위 패턴에서 when 다음에 '주어 + 동사'의 절 형태를 붙여서 말해요. 이때 경험에 대해 말하는 것이므로 과거 시제를 사용해서 이야기해야 해요.

**The most memorable experience was when I first swam.**

가장 기억에 남는 경험은 제가 처음으로 수영을 했을 때였습니다.

> 가장 기억에 남는 경험은 ＿＿＿＿＿＿＿＿＿ 때였습니다.

☆ 수영 중 가장 기억에 남는 경험
- I first swam 제가 처음으로 수영을 했습니다
- I learned how to dive 제가 잠수하는 법을 배웠습니다
- I got a cramp in my leg 제 다리에 쥐가 났습니다
- I won second prize in a competition 제가 대회에서 2등을 했습니다
- I saved a child who was drowning 제가 물에 빠진 아이를 구했습니다

**패턴 7**

# I went swimming with 사람 . 저는 ☐와 수영하러 갔습니다.

수영을 할 때 다른 사람과 함께 가기보다는 혼자 한 경험이 많다면 이 패턴에서 'with + 사람' 대신 alone(혼자)을 사용하면 돼요.

**I went swimming with my family.** 저는 저희 가족과 수영하러 갔습니다.

🎤 **나의 답변**

> 저는 _____와 수영하러 갔습니다.
>
> .

☆ **사람**
- **my family** 저희 가족
- **my friend** 제 친구 / **three of my friends** 제 친구 세 명
- **my classmates** 저희 반 친구들
- **some people from my university** 대학교 때 사람들 몇 명
- **my coworkers** 제 동료들

**패턴 8**

# It was 느낌 to swim. 수영하는 것은 ☐했습니다.

위 패턴 대신 'To swim was 느낌.' 또는 'Swimming was 느낌.'으로 수영을 했던 느낌을 표현해도 좋아요.

**It was fun to swim.** 수영하는 것은 재미있었습니다.

🎤 **나의 답변**

> 수영하는 것은 _____했습니다.
>
> .

☆ **느낌**
- **fun** 재미있는
- **energizing** 활기찬
- **nice** 좋은
- **refreshing** 상쾌한
- **relaxing** 여유로운
- **tough** 힘든
- **tiring** 피곤한
- **exhausting** 진이 빠지는
- **difficult** 어려운

여기에서는 <수영> 주제의 빈출 문제를 공략해 봅니다. 앞에서 배운 답변 패턴을 이용하고, 주어진 모범답변을 참고하여 여러분의 답변을 만들어 보세요.

## 1 수영의 장점과 수영을 선호하는 이유

UNIT 18 Track 3

**Q** Please explain why you enjoy swimming. What are some of the advantages of swimming and why is it better than other types of exercise? 당신이 수영을 즐기는 이유를 설명해 주세요. 수영의 장점이 무엇이고 왜 그것이 다른 종류의 운동보다 더 좋은가요?

 나의 답변

> **Tip** 수영의 장점과 수영이 다른 운동보다 더 좋은 이유를 말한 후, 자기가 얼마나 자주 수영을 가는지 말하면서 답변을 마무리할 수 있어요.
>
> * 사용할 수 있는 답변 패턴 – **패턴 4** 수영의 장점 · **패턴 3** 수영하기 전에 항상 하는 일 · **패턴 2** 수영하는 빈도

**모범답변**

**The advantage of swimming is that** it exercises your whole body. **I always** do warm-up exercises **before I swim**. Swimming is my preferred form of exercise because it is very refreshing. Even though I am exercising, my body stays very cool. **I try to go swimming** Tuesday and Thursday afternoons. This helps me to stay fit.

## 2 수영하는 빈도와 함께 수영하는 사람

UNIT 18 Track 4

**Q** Swimming is very popular these days. How often do you swim? Who do you usually go with? Provide as many details as possible in your response. 수영은 요즘 매우 인기 있습니다. 당신은 얼마나 자주 수영을 하나요? 주로 누구와 함께 수영하러 가나요? 답변에 되도록 상세한 내용을 많이 제시하세요.

 나의 답변

> **Tip** 얼마나 자주, 누구와 수영을 하는지 말한 후, 주로 언제 수영을 하는지까지 덧붙여 말하면 답변이 풍부해져요. 마지막으로 수영을 할 때의 느낌을 이야기하면 답변을 자연스럽게 마무리할 수 있어요.
>
> * 사용할 수 있는 답변 패턴 – **패턴 2** 수영하는 빈도 · **패턴 7** 함께 수영했던 사람 · **패턴 8** 수영을 했던 느낌

**모범답변**

I don't have much free time these days, but **I try to go swimming** twice a week. **I go swimming with** my coworkers after we finish work. **It is** tiring **to swim**, but it is a great way to exercise and stay in shape. It is also a good opportunity to socialize with my coworkers. We really enjoy doing this activity together.

## 3 수영하다 겪은 기억에 남는 경험

🎧 UNIT 18 Track 5

**Q** Have you ever had a memorable experience while you were swimming? Tell me about the experience from the beginning to the end. 수영을 하는 동안 기억에 남는 경험이 있었나요? 그 경험에 대해서 처음부터 끝까지 이야기해 주세요.

🎤 **나의 답변**

Tip 수영을 하다 겪은 기억에 남는 경험에 대해 말할 때는 경험한 일을 떠올려서 시간 순서대로 말해요. 물에 빠진 사람을 구해준 것과 같이 특별한 경험이 아니더라도 수영 중 물건을 잃어버린 경험, 친구들과 즐겁게 시간을 보낸 경험 등을 이야기할 수 있어요.

* 사용할 수 있는 답변 패턴 – 패턴 6 수영 중 가장 기억에 남는 경험 · 패턴 7 함께 수영했던 사람 · 패턴 2 수영하는 빈도

 **모범답변**

**The most memorable experience was when** I saved a child who was drowning. **I went swimming with** my friend last August. My friend saw the young girl get knocked over by a big wave. She was pulled into the deeper water. Luckily, I swim very well because **I try to go swimming** every day after work. I jumped into the water and pulled her to the beach. She was very grateful, and I felt proud of myself.

해 석 | **1** 수영의 장점은 전신 운동이 된다는 것입니다. 저는 수영하기 전 항상 준비운동을 합니다. 수영은 매우 상쾌하기 때문에 제가 선호하는 유형의 운동입니다. 비록 제가 운동하는 중이라도, 제 몸은 매우 시원하게 유지됩니다. 저는 화요일과 목요일 오후마다 수영을 가려고 노력합니다. 이것은 제가 건강을 유지하도록 도와줍니다.

**2** 저는 요즘 여가 시간이 많지 않지만, 일주일에 두 번 수영을 가려고 노력합니다. 저는 일을 끝낸 후 제 동료들과 수영하러 갑니다. 수영하는 것은 피곤하지만, 그것은 운동을 하고 몸매를 유지하는 훌륭한 방법입니다. 그것은 또한 제 동료들과 어울리는 좋은 기회입니다. 우리는 함께 이 활동을 하는 것을 정말 즐깁니다.

**3** 가장 기억에 남는 경험은 제가 물에 빠진 아이를 구했을 때였습니다. 저는 지난 8월에 제 친구와 수영하러 갔습니다. 제 친구는 어린 여자아이가 큰 파도에 부딪히는 것을 보았습니다. 그 여자아이는 더 깊은 물 속으로 빠져들었습니다. 다행히, 저는 매일 퇴근 후 수영을 가려고 노력하기 때문에 수영을 매우 잘합니다. 제가 물 속으로 뛰어들었고 아이를 해변으로 데려왔습니다. 아이는 매우 고마워했고, 저는 제 자신이 매우 자랑스러웠습니다.

# UNIT 19 자전거 타기

음성 바로 듣기

<자전거 타기>는 Background Survey의 "주로 어떤 운동을 즐기십니까?"라는 질문에 대한 여러 선택 항목 중 하나입니다. 운동 중에서 <자전거 타기>를 선택할 거라면, 이 UNIT을 통해 자주 나오는 문제와 효과적인 답변 방법을 살펴보고 나만의 답변도 준비해 보세요.

## 어떤 문제가 자주 나오나요?

<자전거 타기> 주제의 문제로 아래 문제들이 자주 출제됩니다. 이 중에서도 가장 자주 출제된 '빈출 문제'들을 중심으로 답변을 준비하는 것이 효과적입니다.

· 내 자전거 묘사  빈출 문제
· 자전거 타는 장소

· 자전거를 타는 장소, 시간, 사람  빈출 문제
· 자전거 타기를 좋아하는 이유
· 자전거 타기 좋은 계절

· 자전거를 타던 중 겪은 경험  빈출 문제
· 자전거를 타게 된 계기  빈출 문제
· 자전거를 타기 어려웠던 경험·사고
· 자전거 교환·환불 경험
· 자전거 고장 경험

## 어떻게 준비하나요?

■ 대표문제를 통해 이 주제의 문제에 어떻게 답하는지 살펴보세요. 그런 다음 핵심 답변 패턴을 익혀 나의 답변을 준비하고 연습해 보세요.

■ <자전거 타기>는 공원에서 할 수 있는 활동이므로 UNIT 09 <공원 가기>와 함께 학습하면 더 효과적으로 OPIc 시험을 준비할 수 있어요.

**대표문제** ## 자전거를 타던 중 겪은 경험

You indicated in the survey that you enjoy cycling. Describe a memorable experience you have had while cycling. When did it occur? Who were you with? What happened? 당신은 설문에서 자전거 타는 것을 즐긴다고 했습니다. 자전거를 타던 중 있었던 기억에 남는 경험에 대해 묘사해 주세요. 언제 그 일이 일어났나요? 누구와 함께 있었나요? 무슨 일이 있었나요?

<자전거 타기> 주제에서 가장 자주 나오는 문제가 바로 '자전거를 타던 중 겪은 경험'을 묻는 문제입니다. 이 문제에 답할 때 유용하게 사용할 수 있는 답변 패턴들을 살펴보고, 이 패턴들이 답변에 어떻게 사용되는지 알아보세요.

**답변패턴**

| | |
|---|---|
| ① 자전거를 탔던 경험에 대한 느낌 | I had a(n) 느낌 experience while riding my bike.<br>저는 자전거를 타는 동안 ~한 경험을 했습니다. |
| ② 그 일이 일어났던 시기 | It happened 시기.　그 일은 ~에 일어났습니다. |
| ③ 함께 자전거를 탔던 사람 | I was cycling with 사람.　저는 ~와 자전거를 타고 있었습니다. |
| ④ 자전거를 탔을 때 경험한 일 | While I was riding, 경험한 일.　제가 자전거를 타는 동안, ~했습니다. |

**모범답변**

①I had an **unforgettable** experience while riding my bike. ②It happened two years ago. ③I was cycling with my close friend on a rocky trail. ④While I was riding, my bicycle's tire popped and I fell off my bicycle. Luckily, I wasn't seriously injured. I was able to walk my bicycle home and repair the tire.

해설 | ① **자전거를 탔던 경험에 대한 느낌**은 'I had a(n) 느낌 experience while riding my bike.' 패턴을 사용해서 말해요. 느낌을 표현하는 다양한 형용사(unforgettable, interesting 등)를 넣어 말해보세요.

② **그 일이 일어났던 시기**는 It happened 다음에 어떤 일이 일어난 시기를 붙여서 말할 수 있어요. two years ago(2년 전)와 같이 시기를 나타내는 표현을 붙여서 말해요.

③ **함께 자전거를 탔던 사람**은 I was cycling with 다음에 자전거를 함께 탔던 사람을 붙여서 말해요.

④ **자전거를 탔을 때 경험한 일**을 말할 때는 'While I was riding, 경험한 일.' 패턴을 사용해서 말해요. 경험한 일은 과거에 일어났던 일이므로 과거 시제를 사용해서 이야기하도록 하세요.

해석 | 저는 자전거를 타는 동안 잊지 못할 경험을 했습니다. 그 일은 2년 전에 일어났습니다. 저는 돌이 많은 산책로에서 제 친한 친구와 자전거를 타고 있었습니다. 제가 자전거를 타는 동안, 제 자전거의 타이어가 터졌고 저는 자전거에서 떨어졌습니다. 다행히, 저는 심하게 다치지 않았습니다. 저는 집까지 자전거를 끌고 와서 타이어를 수리할 수 있었습니다.

**나의 답변** 답변 패턴과 모범답변을 참고하여 나의 답변을 완성해 보세요.

**① 자전거를 탔던 경험에 대한 느낌**

**② 그 일이 일어났던 시기**

**③ 함께 자전거를 탔던 사람**

**④ 자전거를 탔을 때 경험한 일**

<자전거 타기> 주제의 여러 OPIc 문제에 유창하게 답변할 수 있도록 가장 핵심적인 답변 패턴들을 살펴보세요. 패턴과 함께 제시된 표현리스트를 참고하여 '나의 답변'을 완성한 후 반복해 말하며 익혀두세요.    🎧 UNIT 19 Track 2

**주로 자전거를 타는 시간/장소**

## I usually ride my bike 시간/장소. 저는 주로 ☐ 자전거를 탑니다.

usually 대신 often(자주)이나 sometimes(가끔) 등을 넣어서 자전거를 타는 빈도에 대해 이야기할 수 있어요.

**I usually ride my bike every day.**    저는 주로 매일 자전거를 탑니다.

> 🎤 나의 답변
>
> 저는 주로 _____ 자전거를 탑니다.
>
>   .

✩ 자전거를 타는 시간
- every day 매일
- every morning 매일 아침
- in the evening 저녁에
- every weekend 매주 주말에

✩ 자전거를 타는 장소
- in the park near my house 집 근처 공원에서
- along the river/lake 강/호수를 따라서
- on rugged trails 울퉁불퉁한 산책로에서
- along the cycle path 자전거 도로를 따라서

**자전거의 생김새**

## My bike is 색깔 and has 생김새. 제 자전거는 ☐ 이고 ☐ 를 가지고 있습니다.

자전거의 생김새를 묘사할 때는 My bike is 다음에 색깔을 나타내는 형용사를 붙이고, and has 다음에 자전거의 소품이나 디자인 등의 생김새를 붙여 말해요.

**My bike is black and has a basket.**    제 자전거는 검은색이고 바구니를 가지고 있습니다.

> 🎤 나의 답변
>
> 제 자전거는 _____이고 _____를 가지고 있습니다.
>
>   .

✩ 자전거의 색깔
- black 검은색
- white 하얀색
- red 빨간색
- blue 파란색

✩ 자전거의 생김새
- a basket 바구니
- a bell 벨
- a comfortable seat 편안한 안장
- silver stripes 은색 줄무늬

**자전거를 타게 된 계기**

**패턴 3**

# I started riding my bike to 계기. 저는 ☐ 하기 위해서 자전거를 타기 시작했습니다.

'to + 동사원형'은 '~하기 위해서'라는 의미로 목적이나 계기를 말할 때 사용할 수 있어요. to 다음에 hang out with my friends와 같이 계기를 붙여서 말해보세요.

### I started riding my bike to hang out with my friends.
저는 제 친구들과 어울려 놀기 위해서 자전거를 타기 시작했습니다.

**나의 답변** 🎤

저는 _____ 하기 위해서 자전거를 타기 시작했습니다.

☆ **자전거를 타게 된 계기**
- hang out with my friends 내 친구들과 어울려 놀다
- lose weight 체중을 감량하다
- build up physical strength 체력을 기르다
- save money 돈을 절약하다
- avoid traffic jams 교통 체증을 피하다
- commute to work 회사에 통근하다
- spend time outdoors 야외에서 시간을 보내다
- enjoy nature 자연을 즐기다

**자전거를 가르쳐 준 사람**

**패턴 4**

# 사람 taught me how to ride a bike. ☐ 이 제게 자전거 타는 법을 가르쳐 주었습니다.

'가르치다'라는 의미의 teach 대신 '배우다'라는 의미의 learn을 사용해서 'I learned how to ride a bike from 사람(저는 ~로부터 자전거 타는 법을 배웠습니다).' 패턴을 사용할 수도 있어요.

### My older brother taught me how to ride a bike. 저희 형이 제게 자전거 타는 법을 가르쳐 주었습니다.

**나의 답변** 🎤

_____ 이 제게 자전거 타는 법을 가르쳐 주었습니다.

☆ **사람**
- my older brother 저희 형, 오빠
- my father 저희 아버지 / my mother 저희 어머니
- my friend 제 친구
- my teacher 저희 선생님

**패턴 5**

# I had a(n) [느낌] experience while riding my bike.
저는 자전거를 타는 동안 [~한] 경험을 했습니다.

접속사 while(~ 동안) 다음에는 주로 '주어 + 동사'의 절 형태를 사용해서 말해요. 위 패턴의 경우 while 다음에 I was가 생략되어 좀 더 간단하게 이야기할 수 있어요.

**I had an interesting experience while riding my bike.**　저는 자전거를 타는 동안 재미있는 경험을 했습니다.

> 🎤 **나의 답변**
>
> 저는 자전거를 타는 동안 ＿＿＿＿＿＿＿＿ 경험을 했습니다.
>
> .

☆ 느낌
- interesting 재미있는
- pleasant 즐거운
- memorable 기억에 남는
- unforgettable 잊지 못할
- unusual 흔치 않은
- painful 고통스러운

---

**패턴 6**

# It happened [시기]. 그 일은 [　] 일어났습니다.

happen은 자동사라서 'be + p.p.' 형태의 수동태로 쓰일 수 없으므로 It was happened라고 말하지 않도록 주의하세요.

**It happened when I was young.**　그 일은 제가 어렸을 때 일어났습니다.

> 🎤 **나의 답변**
>
> 그 일은 ＿＿＿＿＿＿＿＿＿＿ 일어났습니다.
>
> .

☆ 시기
- when I was young 제가 어렸을 때
- when I was in university 제가 대학교에 다녔을 때
- two years ago 2년 전
- last month 지난달
- yesterday evening 어제저녁
- after work 퇴근 후

함께 자전거를 탔던 사람

**패턴 7**

# I was cycling with 사람. 저는 □와 자전거를 타고 있었습니다.

'was/were + -ing' 형태의 과거진행 시제를 사용하면 과거의 행동을 생생하게 묘사할 수 있어요. was cycling 대신 현재 시제인 cycle을 넣어 말하면 요즘 함께 자전거를 타는 사람에 대해 말할 수 있습니다.

**I was cycling with my close friend.** 저는 제 친한 친구와 자전거를 타고 있었습니다.

**나의 답변**

저는 _____와 자전거를 타고 있었습니다.

.

☆ 사람

· my close friend 제 친한 친구
· my classmates 저희 반 친구들

· my younger brother 저희 남동생
· my parents 저희 부모님

---

자전거를 탔을 때 경험한 일

**패턴 8**

# While I was riding, 경험한 일. 제가 자전거를 타는 동안, ~했습니다.

접속사 while(~ 동안) 다음에는 주로 '주어 + 동사'의 절 형태를 사용해서 말해요. 위 패턴에서 '주어 + 동사'인 I was를 생략하고 While riding이라고 간단하게 말해도 돼요.

**While I was riding, I got a flat tire.** 제가 자전거를 타는 동안, 타이어 바람이 빠졌습니다.

**나의 답변**

제가 자전거를 타는 동안, _____.

.

☆ 자전거를 탔을 때 경험한 일

· I got a flat tire 타이어 바람이 빠졌습니다
· my bicycle's tire popped 제 자전거의 타이어가 터졌습니다
· the chain fell off 체인이 빠졌습니다
· I fell off my bicycle 저는 자전거에서 떨어졌습니다
· I crashed into a tree 저는 나무와 충돌했습니다
· I enjoyed the beautiful scenery 저는 아름다운 풍경을 즐겼습니다

설문 주제 공략하기

UNIT 19

자전거 타기

10일 만에 끝내는 해커스 OPIc START (Intermediate 공략)

# 빈출 문제 공략 `자전거 타기`

여기에서는 <자전거 타기> 주제의 빈출 문제를 공략해 봅니다. 앞에서 배운 답변 패턴을 이용하고, 주어진 모범답변을 참고하여 여러분의 답변을 만들어 보세요.

## 1 내 자전거 묘사

UNIT 19 Track 3

**Q** There are many different types of bicycles. Please describe your bicycle in detail. What does it look like? Where did you buy it? 여러 가지 종류의 자전거가 많이 있습니다. 당신의 자전거를 상세히 묘사해 주세요. 자전거가 어떻게 생겼나요? 자전거를 어디에서 구입했나요?

**나의 답변**

> Tip 자전거의 색깔이나 무늬 등 특징을 떠올려 자전거가 어떻게 생겼는지 말한 후, 자전거를 산 장소에 대해 이야기하세요. 이때 자전거를 산 계기나 자전거를 사고 난 후 느낌을 덧붙여 말하면 더 풍부한 답변이 돼요.
> *사용할 수 있는 답변 패턴 – 패턴 2 자전거의 생김새 · 패턴 1 주로 자전거를 타는 시간/장소 · 패턴 3 자전거를 타게 된 계기

**모범답변** **My bike is** black **and has** silver stripes. It is a mountain bike. This is important because **I usually ride my bike** on rugged trails. **I started riding my bike to** enjoy nature. I bought my bike at a store near my house. It was very expensive, but I am happy with my purchase.

## 2 자전거를 타는 장소, 시간, 사람

UNIT 19 Track 4

**Q** Cycling is a very popular hobby. When do you enjoy riding your bicycle? Where do you usually go and with whom? 자전거 타기는 매우 인기 있는 취미입니다. 당신은 언제 자전거를 즐겨 타나요? 주로 어디를 가고 누구와 함께 가나요?

**나의 답변**

> Tip 자전거를 타는 시간 → 자전거를 타는 장소 → 함께 자전거를 타는 사람을 순서대로 이야기해요. 여기에 자전거 타기를 좋아하는 이유를 덧붙여 말하면 좋아요.
> *사용할 수 있는 답변 패턴 – 패턴 1 주로 자전거를 타는 시간/장소 · 패턴 3 자전거를 타게 된 계기 · 패턴 7 함께 자전거를 탔던 사람

**I usually ride my bike** every weekend. **I started riding my bike to** spend time outdoors. So I often ride my bike in the park near my house. The park is very beautiful. Usually, **I cycle with** my close friend. It gives us a chance to have a chat with each other and get some exercise.

## 3 자전거를 타게 된 계기

🎧 UNIT 19 Track 5

**Q** How did you develop your interest in bike riding? Who taught you how to ride and how old were you? Provide as many details as possible. 당신은 어떻게 자전거 타기에 대한 관심을 발전시켰나요? 누가 당신에게 자전거 타는 법을 가르쳐 주었고 당신은 몇 살이었나요? 되도록 상세한 내용을 많이 제시하세요.

**나의 답변**

> **Tip** 1. 자전거 타기를 처음 가르쳐 준 사람 → 자전거를 처음 배웠던 때의 나이 → 자전거 타기에 대한 관심이 어떻게 발전해 왔는지 순서대로 설명해 보세요.
> 2. 자전거 타기에 대한 관심이 어떻게 변해 왔는지 말할 때 시기별로 나누어 이야기하면 좋아요. 어렸을 때는 어땠는지, 중·고등학교 때는 어땠는지, 지금은 어떤지 시간의 흐름에 따라 말하세요.
> *사용할 수 있는 답변 패턴 – **패턴 4** 자전거를 가르쳐 준 사람 · **패턴 3** 자전거를 타게 된 계기 · **패턴 1** 주로 자전거를 타는 시간/장소

**모범답변**

My older brother **taught me how to ride a bike** when I was seven. **I started riding my bike to** hang out with my friends. We would ride our bikes together every weekend. In university, I didn't have time for bicycle riding. Now **I usually ride my bike** every day to work. It is a cheap way to commute. Also, it is a great form of exercise.

---

해석 | 1 제 자전거는 검은색이고 은색 줄무늬가 있습니다. 그것은 산악용 자전거입니다. 저는 주로 울퉁불퉁한 산책로에서 자전거를 타기 때문에 이것은 중요합니다. 저는 자연을 즐기기 위해서 자전거를 타기 시작했습니다. 저는 저희 집 근처의 가게에서 자전거를 샀습니다. 그것은 매우 비쌌지만, 저는 자전거를 구매한 것이 기쁩니다.

2 저는 주로 매주 주말에 자전거를 탑니다. 저는 야외에서 시간을 보내기 위해서 자전거를 타기 시작했습니다. 그래서 저는 자주 저희 집 근처의 공원에서 자전거를 탑니다. 그 공원은 매우 아름답습니다. 주로, 저는 제 친한 친구와 자전거를 탑니다. 이것은 우리에게 서로 대화를 나누고 운동할 수 있는 기회를 줍니다.

3 제가 7살이었을 때 저희 형이 제게 자전거 타는 법을 가르쳐 주었습니다. 저는 친구들과 어울려 놀기 위해서 자전거를 타기 시작했습니다. 저희는 매주 주말에 함께 자전거를 타곤 했습니다. 대학교 때, 저는 자전거를 탈 시간이 없었습니다. 요즘 저는 주로 회사까지 매일 자전거를 탑니다. 그것은 통근하는 저렴한 방법입니다. 또한, 그것은 훌륭한 운동 방식입니다.

# UNIT 20 국내·해외여행

<국내 여행>과 <해외여행>은 Background Survey의 "어떤 휴가나 출장을 다녀온 경험이 있습니까?"라는 질문에 대한 여러 선택 항목 중 일부입니다. 휴가나 출장 중에서 <국내 여행>, <해외여행> 중 하나 또는 모두를 선택할 거라면, 이 UNIT을 통해 자주 나오는 문제와 효과적인 답변 방법을 살펴보고 나만의 답변도 준비해 보세요.

## 어떤 문제가 자주 나오나요?

<국내·해외여행> 주제의 문제로 아래 문제들이 자주 출제됩니다. 이 중에서도 가장 자주 출제된 '빈출 문제'들을 중심으로 답변을 준비하는 것이 효과적입니다.

· 좋아하는 여행 장소  빈출 문제
· 사람들이 여행을 좋아하는 이유

· 여행 가기 전 준비  빈출 문제
· 여행 중에 하는 일

· 처음 해외여행을 갔던 장소, 시기, 사람  빈출 문제
· 기억에 남는 여행 경험  빈출 문제
· 어렸을 때 여행 경험
· 최근 여행 경험

## 어떻게 준비하나요?

■ 대표문제를 통해 이 주제의 문제에 어떻게 답하는지 살펴보세요. 그런 다음 핵심 답변 패턴을 익혀 나의 답변을 준비하고 연습해 보세요.
■ <국내 여행>과 <해외여행>은 답변 내용이 비슷하므로 Background Survey에서 함께 선택해 학습하면 좋습니다.
■ 이 주제에서는 여행 경험을 묻는 문제가 주로 출제되므로, 기억에 남는 여행 경험 하나를 정한 뒤 그 경험을 토대로 답변을 준비하면 좋습니다.

**대표문제** **좋아하는 여행 장소**

🎧 UNIT 20 Track 1

You indicated in the survey that you enjoy traveling within your home country. What are your favorite places to visit and why do you like them? 당신은 설문에서 국내 여행을 하는 것을 즐긴다고 했습니다. 당신이 방문하기 가장 좋아하는 장소들은 어디이고 왜 그곳들을 좋아하나요?

<국내·해외여행> 주제에서 가장 자주 나오는 문제가 바로 '좋아하는 여행 장소'를 묻는 문제입니다. 이 문제에 답할 때 유용하게 사용할 수 있는 답변 패턴들을 살펴보고, 이 패턴들이 답변에 어떻게 사용되는지 알아보세요.

**답변패턴**

| ① 여행하기 좋아하는 장소 | I enjoy traveling to 장소. 저는 ~로 여행 가는 것을 좋아합니다. |
| ② 그 장소를 좋아하는 이유 | I like going there because 이유.<br>~ 때문에 저는 그곳에 가는 것을 좋아합니다. |
| ③ 함께 갔던 사람 | I went there with 사람. 저는 ~와 그곳에 갔습니다. |

**모범답변**

 ①I enjoy traveling to Jeju Island. ②I like going there because it is warm and the scenery is beautiful. Also, the local food is very delicious. ③I went there with my girlfriend last summer and we had a great time. Another place I like is Seorak Mountain. It is one of the highest mountains in my country. I enjoy visiting this mountain in the fall because the leaves are very colorful.

해설 | ① **여행하기 좋아하는 장소**는 I enjoy traveling to 다음에 자신이 여행하기 좋아하는 '장소'를 붙여 말해요.

② **그 장소를 좋아하는 이유**를 말할 때는 I like going there because 다음에 '주어 + 동사'의 절 형태를 붙여서 이유를 이야기할 수 있어요.

③ **함께 갔던 사람**은 'I went there with 사람.' 패턴을 사용해서 말해요. 만약 혼자 간 여행에 대해 말하고 싶다면 'with + 사람' 대신에 alone(혼자)을 사용해 말할 수 있어요.

해석 | 저는 제주도로 여행 가는 것을 좋아합니다. 날씨가 따뜻하고 경치가 아름답기 때문에 저는 그곳에 가는 것을 좋아합니다. 또한, 현지 음식이 매우 맛있습니다. 저는 지난여름에 제 여자친구와 그곳에 갔고 즐거운 시간을 보냈습니다. 제가 좋아하는 또 다른 장소는 설악산입니다. 그곳은 우리나라에서 제일 높은 산들 중 하나입니다. 단풍잎이 매우 화려하기 때문에 저는 가을에 이 산에 가는 것을 좋아합니다.

**나의 답변** 🎤 답변 패턴과 모범답변을 참고하여 나의 답변을 완성해 보세요.

① **여행하기 좋아하는 장소**

② **그 장소를 좋아하는 이유**

③ **함께 갔던 사람**

<국내·해외 여행> 주제의 여러 OPIc 문제에 유창하게 답변할 수 있도록 가장 핵심적인 답변 패턴들을 살펴보세요. 패턴과 함께 제시된 표현리스트를 참고하여 '나의 답변'을 완성한 후 반복해 말하며 익혀두세요. 　　🎧 UNIT 20 Track 2

### 여행하기 좋아하는 장소

## I enjoy traveling to 장소. 저는 ▢로 여행 가는 것을 좋아합니다.

I enjoy traveling 다음에 'to + 장소'를 붙여 여행하기 좋아하는 특정 장소를 말해요. 위 패턴에서 'to + 장소' 대신 abroad(해외)를 넣어 말하면 해외여행을 좋아한다는 의미가 돼요.

**I enjoy traveling to the beach.** 　저는 해변으로 여행 가는 것을 좋아합니다.

> 나의 답변 🎤 │ 저는 _____로 여행 가는 것을 좋아합니다.
> │
> │                                                                    .

☆ 여행 장소
- · the beach 해변
- · the mountains 산
- · Jeju Island 제주도
- · the Gangwon area 강원도
- · Japan 일본
- · the Philippines 필리핀

### 그 장소를 좋아하는 이유

## I like going there because 이유. ▢ 때문에 저는 그곳에 가는 것을 좋아합니다.

because 다음에는 '주어 + 동사'의 절 형태를 붙여서 여행 장소를 좋아하는 이유를 말할 수 있어요.

**I like going there because there are a lot of tourist attractions.**
많은 관광명소가 있기 때문에 저는 그곳에 가는 것을 좋아합니다.

> 나의 답변 🎤 │ _____ 때문에 저는 그곳에 가는 것을 좋아합니다.
> │
> │                                                                    .

 특정 여행 장소를 좋아하는 이유
- · there are a lot of tourist attractions 많은 관광명소가 있습니다
- · the local food is delicious 현지 음식이 맛있습니다
- · it is warm 날씨가 따뜻합니다
- · the scenery is beautiful 경치가 아름답습니다
- · the air is fresh and clean 공기가 신선하고 맑습니다
- · it's quiet and there aren't many people 조용하고 사람들이 많지 않습니다
- · it takes a short time to get there 가는 데 시간이 짧게 걸립니다
- · it doesn't cost much to travel there 그곳을 여행하는 데 비용이 많이 들지 않습니다

여행하기 전에 주로 하는 일

**패턴 3**

## Before a trip, I usually 하는 일. 여행 전, 저는 주로 ~합니다.

'주로'라는 의미의 usually는 반복적으로 일어나는 일을 이야기할 때 사용되므로, usually 다음에는 주로 현재 시제를 붙여서 말해요.

**Before a trip, I usually plan my budget.** 여행 전, 저는 주로 예산을 계획합니다.

나의 답변

여행 전, 저는 주로 _____.

_____ .

☆ 여행 전에 하는 일

· plan my budget 예산을 계획하다
· read some travel guidebooks 여행안내 책자를 읽다
· search for information about my destination 여행지에 대한 정보를 찾다
· make an itinerary 여행 일정표를 만들다
· make a list of things to pack 챙겨야 할 짐의 목록을 만들다
· pack enough clothes 충분한 옷을 챙기다
· put my camera in my bag 가방에 카메라를 넣다
· charge my cell phone 핸드폰을 충전하다
· go to bed early 일찍 잠자리에 들다
· study a phrase book 기본 회화 표현 책을 공부하다

여행할 때 가져가는 물건

**패턴 4**

## I make sure to bring 물건. 저는 ☐ 을 꼭 가져갑니다.

make sure는 '확실하게 하다'라는 뜻으로 '꼭 ~하다'라고 해석하면 자연스러워요. make sure 다음에는 'to + 동사원형' 형태의 to 부정사를 붙여 말할 수 있어요.

**I make sure to bring two pairs of shoes.** 저는 두 켤레의 신발을 꼭 가져갑니다.

나의 답변

저는 _____을 꼭 가져갑니다.

_____ .

☆ 여행할 때 가져가는 물건

· two pairs of shoes 두 켤레의 신발
· my smartphone 제 스마트폰
· my laptop 제 노트북

· my passport 제 여권
· my plane ticket 제 비행기 탑승권
· a first-aid kit 구급상자

· some guidebooks 여행안내 책자
· some local currency 약간의 현지 통화

# The first time I traveled abroad was 시기.

제가 해외여행을 처음 했던 시기는 □ 였습니다.

first는 '맨 처음'이라는 의미로 first처럼 순서를 나타내는 말 앞에는 항상 정관사 the를 붙여서 말해요.

## The first time I traveled abroad was when I was 10 years old.

제가 해외여행을 처음 했던 시기는 제가 10살이었을 때였습니다.

나의 답변 🎤 | 제가 해외여행을 처음 했던 시기는 _____ 였습니다.
.

⭐ 시기

· when I was 10 years old 제가 10살이었을 때
· when I was a high school student 제가 고등학생이었을 때
· in 2020 2020년에
· last summer 지난해 여름
· last year 지난해
· two years ago 2년 전에

# I went to 도시/나라. 저는 □ 에 갔습니다.

go의 과거형인 went를 사용하면 '~에 갔다'라는 의미예요. '~에 가본 적이 있다'라고 말하고 싶다면 'I have been to 장소.' 패턴을 사용하세요.

## I went to Tokyo. 저는 도쿄에 갔습니다.

나의 답변 🎤 | 저는 _____ 에 갔습니다.
.

⭐ 도시
· Tokyo 도쿄
· Beijing 베이징
· New York 뉴욕
· Busan 부산

⭐ 나라
· America 미국
· Thailand 태국
· Singapore 싱가포르
· France 프랑스

**패턴 7**

# I went there with 사람. 저는 □ 와 그곳에 갔습니다.

다른 사람과 함께 여행을 가지 않고 혼자 여행을 갔다면 I went there 다음에 'with + 사람' 대신 alone(혼자)을 붙여서 이야기해요.

**I went there with** my family.　저는 저희 가족과 그곳에 갔습니다.

나의 답변 🎤 | 저는 _____ 와 그곳에 갔습니다.
_____ .

★ 사람

· **my family** 저희 가족 　　· **my friends** 제 친구들 　　· **my girlfriend** 제 여자친구
· **my cousin** 제 사촌 　　· **my classmates** 저희 반 친구들 　　· **my coworker** 제 직장 동료

**패턴 8**

# During the trip, I 했던 일. 여행하는 동안, 저는 ~했습니다.

during은 '~ 동안'이라는 뜻의 전치사로, 뒤에 the trip과 같은 명사가 붙어 '여행하는 동안'이라는 의미가 돼요.

**During the trip, I** took a lot of pictures.　여행하는 동안, 저는 사진을 많이 찍었습니다.

나의 답변 🎤 | 여행하는 동안, 저는 _____.
_____ .

★ 여행하는 동안 했던 일

· **took a lot of pictures** 사진을 많이 찍었다
· **went sightseeing** 관광을 했다
· **tried local foods** 현지 음식을 먹어 보았다
· **swam in the ocean** 바다에서 수영했다
· **relaxed on the beach** 해변에서 휴식을 취했다
· **enjoyed the exotic atmosphere** 이국적인 분위기를 즐겼다
· **met a friend who lives there** 그곳에 사는 친구를 만났다
· **visited some traditional temples** 몇몇 전통 사원을 방문했다
· **bought some souvenirs to bring back home** 집에 가져올 기념품을 몇 개 샀다
· **sent postcards to my friends** 친구들에게 엽서를 보냈다

# 빈출 문제 공략

여기에서는 <국내·해외여행> 주제의 빈출 문제를 공략해 봅니다. 앞에서 배운 답변 패턴을 이용하고, 주어진 모범답변을 참고하여 여러분의 답변을 만들어 보세요.

## 1  여행 가기 전 준비

🎧 UNIT 20 Track 3

**Q** Before you travel, what do you usually prepare for your trip? What things do you include in your luggage? Please list a few items you take with you.  여행 가기 전, 당신은 주로 여행을 위해 무엇을 준비하나요? 당신의 여행 가방에 어떤 물건들을 담요? 당신이 가져가는 몇몇 물건들을 나열해 주세요.

 나의 답변

> **Tip**  여행 가기 전, 여행 준비를 위해 어떤 일을 하는지 말한 후, 여행 가방에 챙겨 가는 물건들을 나열해 보세요. 여행에서 그 물건들이 왜 필요한지 용도를 덧붙여 말하면 더 풍부한 답변이 될 거예요.
>
> \* 사용할 수 있는 답변 패턴 – **패턴 1** 여행하기 좋아하는 장소 · **패턴 3** 여행하기 전에 주로 하는 일 · **패턴 4** 여행할 때 가져가는 물건

**모범답변**

**I enjoy traveling** abroad. **Before a trip, I usually** make a list of things to pack. This ensures that I don't forget anything. **I make sure to bring** two pairs of shoes. I usually put them in my bag. I also bring some guide books of the places I want to visit. Lastly, before I leave, I charge my smartphone. I use my smartphone to listen to music and take some pictures while I travel.

## 2  처음 해외여행을 갔던 장소, 시기, 사람

🎧 UNIT 20 Track 4

**Q** More and more people are traveling abroad these days. When did you first travel abroad? Where did you go and who did you go with?  점점 더 많은 사람들이 요즘 해외로 여행을 갑니다. 당신은 언제 처음 해외로 여행을 갔나요? 어디로 갔고 누구와 함께 갔나요?

 나의 답변

> **Tip**  해외여행을 했던 시기 → 해외여행을 했던 장소 → 함께 여행했던 사람을 순서대로 말한 후, 여행하는 동안 했던 일을 덧붙여 말해보세요. 이 문제에 대한 답변을 잘 준비해 두면 '기억에 남는 여행 경험'을 묻는 문제의 답변으로도 활용할 수 있어요.
>
> \* 사용할 수 있는 답변 패턴 – **패턴 5** 처음 해외여행을 했던 시기 · **패턴 6** 내가 갔던 도시/나라 · **패턴 7** 함께 갔던 사람 · **패턴 8** 여행하는 동안 했던 일

The first time I traveled abroad was when I was 10 years old. **I went to** Tokyo. **I went there with** my family. There were a lot of tourist attractions to see. We visited many traditional temples. We also spent a day hiking up Mount Fuji. The view from the top was amazing. **During the trip, I** took a lot of pictures.

**3** 기억에 남는 여행 경험

🎧 UNIT 20 Track 5

❓ You must have had a trip that was particularly memorable. Describe that trip, and tell me why it was unforgettable. Provide as many details as possible. 당신은 특별히 기억에 남는 여행을 한 적이 있을 거예요. 그 여행에 대해 묘사하고 그것이 왜 잊지 못할 여행인지 이야기해 주세요. 되도록 상세한 내용을 많이 제시하세요.

**Tip** 기억에 남는 여행 한 가지를 떠올려 여행을 했던 장소, 시기, 함께 여행했던 사람에 대해 이야기하고, 왜 그 여행이 잊지 못할 여행인지 이야기할 수 있어요. 또한 여행에서 했던 일들까지 말하면 답변이 더욱 풍부해져요.

\* 사용할 수 있는 답변 패턴 – **패턴 6** 내가 갔던 도시/나라 · **패턴 7** 함께 갔던 사람 · **패턴 8** 여행하는 동안 했던 일

The most memorable trip was when **I went to** Thailand. **I went there with** my friends two years ago. I had never been to a tropical country before. I was amazed at how beautiful the scenery was. There were many exotic plants and flowers. Also, the beaches were large and had white sand. **During the trip, we** swam in the ocean and relaxed on the beach. It was one of my best vacations ever.

해 석 | **1** 저는 해외로 여행 가는 것을 좋아합니다. 여행 전, 저는 주로 챙겨가 할 짐의 목록을 만듭니다. 이것은 제가 어떤 것도 잊지 않도록 해줍니다. 저는 두 켤레의 신발을 꼭 가져갑니다. 저는 보통 제 가방에 신발을 넣습니다. 저는 또한 제가 방문하고 싶은 장소의 여행 안내서를 가져갑니다. 마지막으로, 떠나기 전에, 저는 제 스마트폰을 충전합니다. 저는 여행하면서 음악을 듣고 사진을 몇 장 촬영하는 데 제 스마트폰을 사용합니다.

**2** 제가 해외여행을 처음 했던 시기는 제가 10살이었을 때였습니다. 저는 도쿄에 갔습니다. 저는 저희 가족과 그곳에 갔습니다. 볼만한 관광명소가 많이 있었습니다. 우리는 많은 전통 사원을 방문했습니다. 우리는 또한 후지산을 오르면서 하루를 보냈습니다. 정상에서 바라보는 경치는 놀라웠습니다. 여행하는 동안, 저는 사진을 많이 찍었습니다.

**3** 가장 기억에 남는 여행은 제가 태국에 갔을 때였습니다. 저는 2년 전 제 친구들과 그곳에 갔습니다. 저는 이전에 열대 국가에 가본 적이 전혀 없었습니다. 그곳 경치가 어찌나 아름다운지 놀랐습니다. 이국적인 식물들과 꽃들이 많이 있었습니다. 또한, 해변은 넓었고 하얀 모래가 있었습니다. 여행하는 동안, 저희는 바다에서 수영을 했고 해변에서 휴식을 취했습니다. 그것은 이제까지 최고의 휴가들 중 하나였습니다.

음성 바로 듣기

<국내 출장>과 <해외 출장>은 Background Survey의 "어떤 휴가나 출장을 다녀온 경험이 있습니까?" 라는 질문에 대한 여러 선택 항목 중 일부입니다. 휴가나 출장 중에서 <국내 출장>, <해외 출상> 중 하나 또는 모두를 선택할 거라면, 이 UNIT을 통해 자주 나오는 문제와 효과적인 답변 방법을 살펴보고 나만의 답변도 준비해 보세요.

 **어떤 문제가 자주 나오나요?**

<국내·해외 출장> 주제의 문제로 아래 문제들이 자주 출제됩니다. 이 중에서도 가장 자주 출 제된 '빈출 문제'들을 중심으로 답변을 준비하는 것이 효과적입니다.

· 최근 출장 갔던 장소와 만난 사람 묘사  빈출 문제

· 출장 가기 전 준비  빈출 문제
· 출장 중 자유시간에 하는 일  빈출 문제
· 출장 가서 하는 일
· 출장을 함께 가는 사람, 빈도, 목적
· 출장지까지의 이동 수단

· 기억에 남는 출장 경험  빈출 문제
· 최근의 출장 경험

**어떻게 준비하나요?**

■ 대표문제를 통해 이 주제의 문제에 어떻게 답하는지 살펴보세요. 그런 다음 핵심 답변 패턴 을 익혀 나의 답변을 준비하고 연습해 보세요.

■ <국내 출장>과 <해외 출장>은 답변 내용이 비슷하므로 Background Survey에서 함께 선택해 학습하면 좋습니다.

■ 이 주제에서는 업무 관련 내용이 답변에 포함되므로 UNIT 04 <직장>과 UNIT 05 <업무> 에서 배운 관련 답변 패턴을 활용하면 더 효과적으로 OPIc 시험을 준비할 수 있어요.

## 대표문제 기억에 남는 출장 경험

UNIT 21 Track 1

You indicated in the survey that you go on business trips. Tell me about your most memorable business trip. Please explain what made it so memorable, and describe anything interesting that happened. 당신은 설문에서 출장을 간다고 했습니다. 가장 기억에 남는 출장에 대해 이야기해 주세요. 어떤 점이 그 출장을 그렇게 기억에 남게 했는지 설명하고, 일어났던 재미있는 일을 묘사해 주세요.

<국내·해외 출장> 주제에서 가장 자주 나오는 문제가 바로 '기억에 남는 출장 경험'을 묻는 문제입니다. 이 문제에 답할 때 유용하게 사용할 수 있는 답변 패턴들을 살펴보고, 이 패턴들이 답변에 어떻게 사용되는지 알아보세요.

**답변패턴**

① 출장을 갔던 도시/나라 — I went on a business trip to 도시/나라. 저는 ~로 출장을 갔습니다.

② 출장 갔던 시기 — I went there 시기. 저는 ~에 그곳에 갔습니다.

③ 그 출장을 잊을 수 없는 이유 — I will never forget that business trip because 이유. ~ 때문에 저는 그 출장을 절대 잊지 못할 것입니다.

**모범답변**

🎤 ①I went on a business trip to London. ②I went there last August. Unfortunately, I arrived late at the airport and missed my flight. I asked the airline staff if they could reschedule my flight. Eventually, they were able to put me on an afternoon flight. ③I will never forget that business trip because I was late for my meeting. It was so stressful.

해설 | ① 출장을 갔던 도시/나라는 I went on a business trip to 다음에 자신이 갔던 '도시'나 '나라' 이름을 붙여서 말해요. go on a business trip(출장 가다)을 한 덩어리로 외워두면 좋아요.

② 출장 갔던 시기는 I went there 다음에 last August처럼 '시기'를 나타내는 표현을 붙여 말할 수 있어요.

③ 그 출장을 잊을 수 없는 이유를 말할 때는 'I will never forget that business trip because 이유.' 패턴을 사용해요.

해석 | 저는 런던으로 출장을 갔습니다. 저는 지난 8월에 그곳에 갔습니다. 불행하게도, 저는 공항에 늦게 도착했고 비행기를 놓쳤습니다. 저는 항공사 직원에게 제 항공편 일정을 다시 잡아줄 수 있는지 물어보았습니다. 결국, 그들은 저를 오후 항공편에 넣어줄 수 있었습니다. 회의에 늦었기 때문에 저는 그 출장을 절대 잊지 못할 것입니다. 스트레스를 많이 받았습니다.

---

**나의 답변** 🎤

답변 패턴과 모범답변을 참고하여 나의 답변을 완성해 보세요.

① 출장을 갔던 도시/나라

② 출장 갔던 시기

③ 그 출장을 잊을 수 없는 이유

<국내·해외 출장> 주제의 여러 OPIc 문제에 유창하게 답변할 수 있도록 가장 핵심적인 답변 패턴들을 살펴보세요. 패턴과 함께 제시된 표현리스트를 참고하여 '나의 답변'을 완성한 후 반복해 말하며 익혀두세요.　🎧 UNIT 21 Track 2

출장 가기 전에 하는 일

### Before I go on a business trip, I 하는 일 . 출장 가기 전에, 저는 ~합니다.

출장 가기 전에 하는 일은 자신이 항상 하는 일상적인 일이므로 pack, charge와 같은 현재 시제를 사용해서 말해요.

**Before I go on a business trip, I** pack everything that I will need.
출장 가기 전에, 저는 제가 필요로 할 모든 것을 챙깁니다.

나의 답변🎙️ | 출장 가기 전에, 저는 _____ .

☆ 출장 가기 전에 하는 일
· pack everything that I will need 제가 필요로 할 모든 것을 챙깁니다
· print out my flight information 제 항공편 정보를 출력합니다
· confirm my hotel reservation 호텔 예약을 확인합니다
· exchange some money 약간의 돈을 환전합니다
· charge my cell phone 핸드폰을 충전합니다

출장 갈 때 가져가는 물건

### I make sure to bring 물건 . 저는 ☐ 을 꼭 가져갑니다.

make sure는 '확실하게 하다'라는 뜻으로 '꼭 ~하다'라고 해석하면 자연스러워요. make sure 다음에는 'to + 동사원형' 형태의 to 부정사를 붙여 말할 수 있어요.

**I make sure to bring** my laptop computer.　저는 제 노트북을 꼭 가져갑니다.

나의 답변🎙️ | 저는 _____ 을 꼭 가져갑니다.

☆ 출장 갈 때 가져가는 물건
· my laptop computer 제 노트북
· my clients' contact numbers 제 고객들의 연락처
· the documents for my meeting 회의에 필요한 서류들
· a product sample 제품 견본
· my book 제 책
· my passport 제 여권
· my credit card 제 신용카드
· local currency 현지 통화

출장 중 주어지는 자유시간의 정도

**패턴 3**

# I usually have 시간 free time on a business trip.
저는 출장 중 보통 ⬚ 자유시간이 있습니다.

출장 중 주어지는 자유시간이 거의 없거나 전혀 없다면 '시간'에 very little 또는 no를 넣어서 말해요.

**I usually have a few hours of free time on a business trip.**
저는 출장 중 보통 몇 시간의 자유시간이 있습니다.

나의 답변
> 저는 출장 중 보통 ＿＿＿＿＿＿ 자유시간이 있습니다.
>
> .

☆ 시간
- a few hours of 몇 시간의
- a lot of 많은
- one or two days of 하루 이틀의
- a couple of days of 이틀 정도의

자유시간에 하는 일

**패턴 4**

# During my free time, I 하는 일. 자유시간에, 저는 ~합니다.

위 패턴에서 '~ 동안'이라는 뜻을 가진 during 대신 in을 사용해서 in my free time(자유시간에)이라고 말해도 같은 의미가 됩니다. 더 기억하기 쉬운 표현을 익혀 답변할 때 이용하세요.

**During my free time, I explore the city I'm in.** 자유시간에, 저는 제가 있는 도시를 구경합니다.

나의 답변 
> 자유시간에, 저는 ＿＿＿＿＿＿＿＿＿.
>
> .

☆ 자유시간에 하는 일
- explore the city I'm in 내가 있는 도시를 구경하다
- visit tourist attractions 관광명소를 방문하다
- try the local food 현지 음식을 먹어 보다
- go shopping 쇼핑을 하다
- play golf 골프를 치다
- relax at the spa 온천에서 휴식을 취하다
- take a rest at the hotel 호텔에서 휴식을 취하다
- call my family 가족에게 전화하다

# I went on a business trip to 도시/나라. 저는 □로 출장을 갔습니다.

go on a business trip(출장을 가다)을 한 덩어리로 외워 사용하면 편해요. 참고로 이 표현에서 business를 빼고 go on a trip이라고 말하면 '여행을 가다'라는 의미가 돼요.

**I went on a business trip to Daegu.** 저는 대구로 출장을 갔습니다.

> **나의 답변** 🎙
>
> 저는 _____로 출장을 갔습니다.
>
> .

**☆도시**
- Daegu 대구
- New York 뉴욕
- Los Angeles 로스앤젤레스
- London 런던

**☆나라**
- Japan 일본
- China 중국
- America 미국
- England 영국

# I went there 시기. 저는 □ 그곳에 갔습니다.

위 패턴에서 there 대신 'to + 장소'를 넣어 출장을 갔던 장소를 더 구체적으로 말할 수 있어요.

**I went there last month.** 저는 지난달에 그곳에 갔습니다.

> **나의 답변** 🎙
>
> 저는 _____ 그곳에 갔습니다.
>
> .

**☆시기**
- last month 지난달
- last summer 지난여름
- last year 지난해
- last August 지난 8월에
- in the spring 봄에
- three months ago 3개월 전에

### 패턴 7

# During the trip, I 했던 일. 출장에서 저는 ~했습니다.

출장에서 했던 일은 과거에 일어난 일이므로 met, attended와 같은 과거 시제를 사용해서 이야기하세요.

## During the trip, I attended a seminar.   출장에서 저는 세미나에 참석했습니다.

**나의 답변** 🎤

출장에서 저는 _____.

### ☆ 출장 간 동안 했던 일

- attended a seminar 세미나에 참석했다
- met with clients 고객들과 만났다
- negotiated a contract 거래를 성사시켰다
- demonstrated a product 상품을 시연했다
- launched a new product 신상품을 출시했다
- inspected a factory 공장을 시찰했다
- visited our branch office 지사를 방문했다
- discovered new investments
  새로운 투자 대상을 발견했다
- researched new markets 새로운 시장을 조사했다

### 패턴 8

# I will never forget that business trip because 이유.

때문에 저는 그 출장을 절대 잊지 못할 것입니다.

because 다음에 '주어 + 동사'의 절 형태를 붙여서 출장을 잊을 수 없는 이유에 대해 이야기해요.

## I will never forget that business trip because I was late for my meeting.

회의에 늦었기 때문에 저는 그 출장을 절대 잊지 못할 것입니다.

**나의 답변** 🎤

_____ 때문에 저는 그 출장을 절대 잊지 못할 것입니다.

### ☆ 특정 출장을 잊을 수 없는 이유

- I was late for my meeting 제가 회의에 늦었습니다
- it was so successful 매우 성공적이었습니다
- it was so interesting 매우 재미있었습니다
- I missed my flight 제가 비행기를 놓쳤습니다
- I met with a major client 제가 주요 고객을 만났습니다
- I signed an important contract 제가 중요한 계약서에 서명을 했습니다

여기에서는 <국내·해외 출장> 주제의 빈출 문제를 공략해 봅니다. 앞에서 배운 답변 패턴을 이용하고, 주어진 모범답변을 참고하여 여러분의 답변을 만들어 보세요.

## 1 최근 출장 갔던 장소와 만난 사람 묘사

🎧 UNIT 21 Track 3

**Q** When did you last go on a business trip? Describe the places you visited and the people you met while on that trip. Give me as many details as you can. 당신은 언제 마지막으로 출장을 갔나요? 출장 중에 당신이 방문한 장소와 만난 사람들에 대해 묘사해 주세요. 가능한 한 상세한 내용을 많이 알려주세요.

나의 답변

> **Tip** 최근에 출장 갔던 장소와 시기를 이야기하고, 출장에서 만난 사람들에 대해 말해보세요. 출장 갔던 일은 과거에 일어난 일이므로 답변할 때 과거 시제를 사용해서 이야기하면 돼요.
>
> \* 사용할 수 있는 답변 패턴 – **패턴 6** 출장 갔던 시기 · **패턴 7** 출장 간 동안 했던 일 · **패턴 4** 자유시간에 하는 일

**모범답변**

My last business trip was to Los Angeles. **I went there** last month. **During the trip, I** attended a seminar. I was able to meet many other people in my field. They were all very enthusiastic about the seminar. It was a good opportunity to network. **During my free time, I** went shopping. I visited the LA Fashion District and Beverly Hills. I was impressed by how many stores there were. I really enjoyed my trip to Los Angeles.

## 2 출장 가기 전 준비

🎧 UNIT 21 Track 4

**Q** Please tell me how you prepare for a business trip. What do you take with you? What do you prepare prior to your departure? 당신이 출장을 어떻게 준비하는지 이야기해 주세요. 무엇을 가져가나요? 출발 전에 무엇을 준비하나요?

나의 답변

> **Tip** 출장은 단순히 여행을 가는 것과는 다르기 때문에 여행용품 외에 업무와 관련된 자료를 챙기거나 미팅을 준비하는 등 준비해야 할 것들이 많습니다. 자신이 출장 가기 전에 주로 무엇을 하는지 떠올려 답변해 보세요.
>
> \* 사용할 수 있는 답변 패턴 – **패턴 1** 출장 가기 전에 하는 일 · **패턴 2** 출장 갈 때 가져가는 물건

**모범답변**

**Before I go on a business trip, I** pack everything that I will need. **I make sure to bring** my laptop computer. I need this to work. Also, **I make sure to bring** some local currency and my credit cards. I also pack a book to read on the plane. Lastly, I print out my flight information in case I need it.

## 3 출장 중 자유시간에 하는 일

 UNIT 21 Track 5

**Q** Do you usually have a lot of free time on a business trip? When you have free time, what do you do? Provide as many details as possible. 보통 출장 중에 자유시간이 많이 있나요? 출장 중 자유시간이 있을 때, 당신은 무엇을 하나요? 되도록 상세한 내용을 많이 제시하세요.

**나의 답변** 🎙️

> **Tip** 출장 중 자유시간이 거의 없다면, 주로 휴식을 취하거나 가족에게 전화를 하면서 시간을 보내게 됩니다. 간혹 출장 중 자유시간이 주어지기도 하는데, 이때 주로 자신이 무엇을 하면서 시간을 보내는지 이야기해 보세요.
>
> *사용할 수 있는 답변 패턴 – **패턴 5** 출장을 갔던 도시/나라 · **패턴 3** 출장 중 주어지는 자유시간의 정도 · **패턴 4** 자유시간에 하는 일

**모범답변**

Last month, **I went on a business trip to** New York. **I usually have** one or two days of **free time on a business trip**. **During my free time, I** explore the city I'm in. I like visiting tourist attractions and taking pictures of the area. I also like to try the local food. If there is enough time, I visit the shopping district to buy gifts for my family. Having free time makes a business trip more enjoyable.

해 석 | 1 저의 마지막 출장은 로스앤젤레스에서였습니다. 저는 지난달에 그곳에 갔습니다. 출장에서 저는 세미나에 참석했습니다. 저는 제 분야에 있는 다른 사람들을 많이 만날 수 있었습니다. 그들은 모두 그 세미나에 대해 열정적이었습니다. 그것은 인맥을 형성할 좋은 기회였습니다. 자유시간에 저는 쇼핑을 했습니다. LA 패션 거리와 베벌리 힐스를 방문했습니다. 저는 그곳에 얼마나 많은 상점들이 있는지에 깊은 인상을 받았습니다. 저는 로스앤젤레스로의 출장이 정말 즐거웠습니다.

2 출장 가기 전에, 저는 제가 필요로 할 모든 것을 챙깁니다. 저는 제 노트북을 꼭 가져갑니다. 일을 하기 위해 이것이 필요합니다. 또한, 저는 현지 통화와 제 신용카드를 꼭 가져갑니다. 저는 또한 비행기에서 읽기 위해 책을 챙깁니다. 마지막으로, 저는 필요할 경우를 대비해 저의 항공편 정보를 출력합니다.

3 지난달에, 저는 뉴욕으로 출장을 갔습니다. 저는 출장 중 보통 하루 이틀의 자유시간이 있습니다. 자유시간에, 저는 제가 있는 도시를 구경합니다. 저는 관광명소를 방문하고 그 지역의 사진을 찍는 것을 좋아합니다. 저는 또한 현지 음식을 먹어 보는 것을 좋아합니다. 만약 충분한 시간이 있다면, 저는 가족들을 위한 선물을 사기 위해 상점가를 방문합니다. 자유시간이 있는 것은 출장을 더욱 즐겁게 만듭니다.

# UNIT 22  집에서 보내는 휴가

음성 바로 듣기

<집에서 보내는 휴가>는 Background Survey의 "어떤 휴가나 출장을 다녀온 경험이 있습니까?"라는 질문에 대한 여러 선택 항목 중 하나입니다. 휴가나 출장 중에서 <집에서 보내는 휴가>를 선택할 거라면, 이 UNIT을 통해 자주 나오는 문제와 효과적인 답변 방법을 살펴보고 나만의 답변도 준비해 보세요.

## 어떤 문제가 자주 나오나요?

<집에서 보내는 휴가> 주제의 문제로 아래 문제들이 자주 출제됩니다. 이 중에서도 가장 자주 출제된 '빈출 문제'들을 중심으로 답변을 준비하는 것이 효과적입니다.

· 집에서 휴가를 함께 보내고 싶은 사람
· 집에서 휴가를 보내면서 만난 사람

· 집에서 휴가를 보내면서 하는 일  빈출 문제
· 휴가 중 집에 방문하는 사람과 함께 하는 일  빈출 문제
· 집에서 휴가를 보내는 이유  빈출 문제
· 휴가 첫날과 마지막 날에 하는 일

· 집에서 보낸 휴가 중 기억에 남는 경험  빈출 문제
· 휴가를 보내며 이룬 것

## 어떻게 준비하나요?

■ 대표문제를 통해 이 주제의 문제에 어떻게 답하는지 살펴보세요. 그런 다음 핵심 답변 패턴을 익혀 나의 답변을 준비하고 연습해 보세요.

■ UNIT 06 <사는 곳>에서 배운 거주지 관련 답변 패턴을 활용하여 이 주제를 학습하면 더 효과적으로 OPIc 시험을 준비할 수 있어요.

## 대표문제 집에서 휴가를 보내면서 하는 일

You indicated in the survey that you prefer to stay at home during your vacations. Please describe the types of activities you like to do during your vacations at home. 당신은 설문에서 휴가 기간 동안 집에 있는 것을 좋아한다고 했습니다. 집에서 보내는 휴가 기간 동안 하기 좋아하는 활동들을 묘사해 주세요.

<집에서 보내는 휴가> 주제에서 가장 자주 나오는 문제가 바로 '집에서 휴가를 보내면서 하는 일'을 묻는 문제입니다. 이 문제에 답할 때 유용하게 사용할 수 있는 답변 패턴들을 살펴보고, 이 패턴들이 답변에 어떻게 사용되는지 알아보세요.

**답변패턴**

| ① 휴가를 집에서 보내는 이유 | **I spend my vacations at home because** 이유. <br> ~ 때문에 저는 집에서 휴가를 보냅니다. |
|---|---|
| ② 휴가에 주로 하는 일 | **During my vacation, I usually** 하는 일. 휴가 동안 저는 주로 ~합니다. |
| ③ 그 일을 하는 시간 | **I do that** 시간. 저는 ~에 그것을 합니다. |

**모범답변**

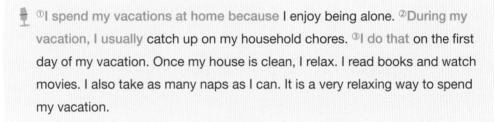

①**I spend my vacations at home because** I enjoy being alone. ②**During my vacation, I usually** catch up on my household chores. ③**I do that** on the first day of my vacation. Once my house is clean, I relax. I read books and watch movies. I also take as many naps as I can. It is a very relaxing way to spend my vacation.

해설 | ① **휴가를 집에서 보내는 이유**는 I spend my vacations at home because 다음에 자신이 집에서 휴가를 보내는 '이유'를 덧붙여 말해요. because 다음에는 '주어 + 동사'의 절 형태를 붙여 말하세요.

② **휴가에 주로 하는 일**은 During my vacation, I usually 다음에 휴가 동안 주로 '하는 일'을 붙여서 말할 수 있어요.

③ **그 일을 하는 시간**을 말할 때는 I do that 다음에 '시간'을 붙여서 말해요. 일상적으로 반복되는 일에 대해 이야기할 때는 현재 시제를 사용하므로 패턴에 현재 시제인 do가 사용되었어요.

해석 | 혼자 있는 것을 즐기기 때문에 저는 집에서 휴가를 보냅니다. 휴가 동안 저는 주로 밀린 집안일을 합니다. 저는 휴가 첫날에 그것을 합니다. 집이 깨끗해지면, 저는 느긋하게 쉽니다. 저는 책을 읽고 영화를 봅니다. 저는 또한 가능한 한 낮잠을 많이 잡니다. 이것은 휴가를 보내는 매우 편안한 방법입니다.

**나의 답변** 답변 패턴과 모범답변을 참고하여 나의 답변을 완성해 보세요.

**① 휴가를 집에서 보내는 이유**

**② 휴가에 주로 하는 일**

**③ 그 일을 하는 시간**

<집에서 보내는 휴가> 주제의 여러 OPIc 문제에 유창하게 답변할 수 있도록 가장 핵심적인 답변 패턴들을 살펴보세요. 패턴과 함께 제시된 표현리스트를 참고하여 '나의 답변'을 완성한 후 반복해 말하며 익혀두세요.    🎧 UNIT 22 Track 2

### 휴가를 집에서 보내는 이유

## I spend my vacations at home because 이유.
☐ 때문에 저는 집에서 휴가를 보냅니다.

spend 다음에 my vacations처럼 시간을 나타내는 명사가 오면 '(시간을) 보내다'라는 뜻이 돼요.

**I spend my vacations at home because I can relax without any interruptions.**
어떤 방해도 받지 않고 쉴 수 있기 때문에 저는 집에서 휴가를 보냅니다.

> 나의 답변 🎙
> _____ 때문에 저는 집에서 휴가를 보냅니다.

☆ 휴가를 집에서 보내는 이유
- I can relax without any interruptions 어떤 방해도 받지 않고 쉴 수 있습니다
- I can spend time with my family 가족과 시간을 보낼 수 있습니다
- I can save money 돈을 아낄 수 있습니다
- I enjoy being alone 혼자 있는 것을 즐깁니다
- my house is very comfortable 저희 집이 매우 편안합니다

### 여행을 좋아하지 않는 이유

## I don't like traveling because it is too 여행에 대한 느낌.
너무 ~하기 때문에 저는 여행하는 것을 좋아하지 않습니다.

위 패턴에서 too는 '너무 ~한' 또는 '지나치게 ~한'이라는 부정적인 의미를 가진 단어로, 여행을 좋아하지 않는 이유로 여행에 대한 부정적인 느낌을 말할 때 의미를 더 강조해 줄 수 있어요.

**I don't like traveling because it is too tiring.**    너무 피곤하기 때문에 저는 여행하는 것을 좋아하지 않습니다.

> 나의 답변 🎙
> 너무 _____ 때문에 저는 여행하는 것을 좋아하지 않습니다.

☆ 여행에 대한 느낌
| | | |
|---|---|---|
| · tiring 피곤한 | · stressful 스트레스가 많은 | · expensive 비싼 |
| · exhausting 진을 빼는 | · dangerous 위험한 | · time-consuming 시간을 낭비하는 |

휴가에 주로 하는 일

**패턴 3**

# During my vacation, I usually [하는 일]. 휴가 동안 저는 주로 [~합니다].

usually 대신 often(자주), sometimes(가끔) 등을 사용해서 휴가 동안 하는 일의 빈도를 표현할 수 있어요.

**During my vacation, I usually read books.** 휴가 동안 저는 주로 책을 읽습니다.

> 나의 답변 🎤
>
> 휴가 동안 저는 주로 _____.
>
> _____.

☆ 휴가에 하는 일

- read books 책을 읽다
- listen to music 음악을 듣다
- watch movies 영화를 보다
- watch my favorite shows 좋아하는 프로그램을 보다
- play computer games 컴퓨터 게임을 하다

- shop online 인터넷 쇼핑을 하다
- talk to my friends on the phone
  전화로 친구들과 이야기하다
- take many naps 낮잠을 많이 자다
- catch up on my chores 밀린 집안일을 하다

그 일을 하는 시간

**패턴 4**

# I do that [시간]. 저는 [ ] 그것을 합니다.

위 패턴에서 do that 대신 read books 또는 listen to music 등을 넣어 어떤 일을 하는지 구체적으로 이야기해도 돼요.

**I do that on the first day of my vacation.** 저는 휴가 첫날에 그것을 합니다.

> 나의 답변 🎤
>
> 저는 _____ 그것을 합니다.
>
> _____.

☆ 시간

- on the first day of my vacation 휴가 첫날에
- in the middle of my vacation 휴가 중간에
- on the last day of my vacation 휴가 마지막 날에

- as soon as my vacation starts 휴가가 시작되자마자
- throughout my vacation 휴가 내내
- before my vacation ends 휴가가 끝나기 전에

**패턴 5**

# When I'm off work, 사람 usually visit(s) me. 제가 휴가일 때, ☐가 주로 저를 방문합니다.

off는 '~에서 벗어나'라는 의미의 전치사로, off work라고 하면 '일에서 벗어난', 즉 '휴가'라는 의미가 돼요.

**When I'm off work, my family usually visits me.** 제가 휴가일 때, 저희 가족이 주로 저를 방문합니다.

나의 답변

> 제가 휴가일 때, _____가 주로 저를 방문합니다.
>
> .

☆ 사람

· my family 제 가족 · my relatives 제 친척들 · my classmates 저희 반 친구들
· my friend 제 친구 · my in-laws 제 인척들 · my coworkers 제 직장 동료들

**패턴 6**

# During my vacation, we normally 하는 일 together.
휴가 동안, 저희는 보통 함께 ~합니다.

normally는 '보통'이라는 의미로 normally 대신 usually(주로)를 사용해서 말해도 같은 뜻이 돼요.

**During my vacation, we normally watch TV together.** 휴가 동안, 저희는 보통 함께 텔레비전을 봅니다.

나의 답변

> 휴가 동안, 저희는 보통 함께 _____.
>
> .

☆ 휴가에 사람들과 함께하는 일

· watch TV 텔레비전을 보다 · prepare food 음식을 준비하다
· play games 게임을 하다 · have dinner 저녁을 먹다
· spend time talking 이야기하며 시간을 보내다 · clean the house 집을 청소하다

패턴 7

## One memorable vacation was when 있었던 일. 기억에 남는 휴가는 ☐ 때였습니다.

when 다음에 '주어 + 동사'의 절 형태를 붙여서 휴가에 있었던 일을 이야기하세요.

### One memorable vacation was when my sister came to visit me.

기억에 남는 휴가는 제 여동생이 저를 방문하러 왔을 때였습니다.

나의 답변 🎤
> 기억에 남는 휴가는 _____ 때였습니다.
>
> .

☆ 기억에 남는 휴가 때 있었던 일

- · my sister came to visit me 제 여동생이 저를 방문하러 왔습니다
- · I spent a lot of time with my cousins 제 사촌들과 많은 시간을 보냈습니다
- · I watched an entire season of my favorite drama 제가 가장 좋아하는 드라마의 한 시즌 전체를 봤습니다
- · I played online games for 10 hours straight 10시간 연속으로 온라인 게임을 했습니다
- · I redecorated my bedroom 침실을 다시 꾸몄습니다
- · I slept for 12 hours every night 매일 밤 12시간 동안 잤습니다

패턴 8

## It was my most 느낌 vacation ever. 그것은 이제까지 저의 가장 ~한 휴가였습니다.

ever는 '이제까지' 또는 '지금까지'라는 의미로, most(가장)와 같이 최상급이 쓰인 문장에서 최상급의 의미를 더 강조할 수 있어요.

### It was my most relaxing vacation ever. 그것은 이제까지 저의 가장 편안한 휴가였습니다.

나의 답변 🎤
> 그것은 이제까지 저의 가장 _____ 휴가였습니다.
>
> .

☆ 느낌

| | | |
|---|---|---|
| · relaxing 편안한 | · enjoyable 즐거운 | · unforgettable 잊을 수 없는 |
| · peaceful 평화로운 | · exciting 신나는 | · stressful 스트레스가 많은 |

여기에서는 <집에서 보내는 휴가> 주제의 빈출 문제를 공략해 봅니다. 앞에서 배운 답변 패턴을 이용하고, 주어진 모범답변을 참고하여 여러분의 답변을 만들어 보세요.

## 1 휴가 중 집에 방문하는 사람과 함께 하는 일

UNIT 22 Track 3

**Q** When you spend your vacation at home, who usually visits you? What do you do together? Provide as many details as possible. 당신이 집에서 휴가를 보낼 때, 주로 누가 당신을 방문하나요? 당신들은 함께 무엇을 하나요? 되도록 상세한 내용을 많이 제시하세요.

**나의 답변**

> **Tip** 휴가 중 주로 집을 방문하는 사람, 그 사람과 함께 하는 일들을 떠올려 이야기하세요. 함께 식사하거나 이야기를 나누는 등 집에서 다른 사람과 함께 할 수 있는 일들을 답변에 포함할 수 있어요.
>
> * 사용할 수 있는 답변 패턴 – 패턴 1 휴가를 집에서 보내는 이유 · 패턴 5 휴가에 나를 방문하는 사람 · 패턴 6 휴가에 사람들과 함께하는 일

**모범답변**

**I spend my vacations at home because** my house is very comfortable. **When I'm off work,** my friends **usually visit me**. They like to come to my house because we can relax without any interruptions. **During my vacation, we normally** have dinner **together**. We also talk together about work and our personal lives. It is difficult to spend time together when we are working. So we try to meet during our vacations.

## 2 집에서 휴가를 보내는 이유

UNIT 22 Track 4

**Q** Most people want to travel during their vacations. Tell me why you prefer to stay at home. What makes a vacation at home enjoyable? 대부분의 사람들은 휴가 동안 여행을 하고 싶어 합니다. 당신은 왜 집에 있는 것을 선호하는지 이야기해 주세요. 무엇이 집에서 보내는 휴가를 즐겁게 하나요?

**나의 답변**

> **Tip** 집에서 보내는 휴가의 장점을 떠올려 집에서 휴가를 보내는 이유를 말한 후, 여행 가는 것의 단점에 대해서도 말하면 더 풍부한 답변이 될 거예요.
>
> * 사용할 수 있는 답변 패턴 – 패턴 1 휴가를 집에서 보내는 이유 · 패턴 3 휴가에 주로 하는 일 · 패턴 2 여행을 좋아하지 않는 이유

**I spend my vacations at home because** I can relax without any interruptions. **During my vacation, I usually** read books and take many naps. I don't have to worry about planning a trip or preparing anything. I can just relax and enjoy myself. **I don't like traveling because it is too** tiring and expensive. I don't understand why people go on vacations and spend so much time and money.

## 3 집에서 보낸 휴가 중 기억에 남는 경험

🎧 UNIT 22 Track 5

**Q** Describe one memorable experience you had during a vacation at home. What happened? Why was the vacation so unforgettable? 집에서 보낸 휴가 동안 있었던 기억에 남는 경험을 묘사해 주세요. 무슨 일이 있었나요? 왜 그 휴가를 그렇게 잊을 수 없나요?

나의 답변 🎤

> Tip 1. 집에서 보낸 휴가 중에서 기억에 남는 것을 한 가지 떠올려서 답변할 때 이용하도록 하세요. 뭔가 특별한 일이 없었다면 집에 있을 때 주로 하는 일들로 답변을 구성해도 괜찮아요.
> 2. 기억에 남는 일은 과거에 있었던 일을 설명하는 것이므로 과거 시제를 사용해서 답변하도록 하세요.
> * 사용할 수 있는 답변 패턴 – **패턴 5** 휴가에 나를 방문하는 사람 · **패턴 7** 기억에 남는 휴가 때 있었던 일 · **패턴 8** 그 휴가에 대한 느낌

 **When I'm off work,** my family **usually visits me. One memorable vacation was when** my sister came to visit me. My sister lives in the US. We hadn't seen each other for several years. During my vacation, she stayed at my house. We watched movies, talked, and listened to music. We also prepared meals together and ate lots of delicious food. We spent my entire vacation together. **It was my most** enjoyable **vacation ever.**

해 석 | **1** 저희 집이 매우 편안하기 때문에 저는 집에서 휴가를 보냅니다. 제가 휴가일 때, 제 친구들이 주로 저를 방문합니다. 어떤 방해도 받지 않고 쉴 수 있기 때문에 제 친구들은 저희 집에 오는 것을 좋아합니다. 휴가 동안, 저희는 보통 함께 저녁을 먹습니다. 저희는 또한 일과 개인적인 생활에 대해 함께 이야기합니다. 우리가 일을 할 때는 함께 시간을 보내는 것이 어렵습니다. 그래서 우리는 휴가 동안 만나려고 노력합니다.

**2** 어떤 방해도 받지 않고 쉴 수 있기 때문에 저는 집에서 휴가를 보냅니다. 휴가 동안 저는 주로 책을 읽고 낮잠을 많이 잡니다. 저는 여행을 계획하거나 무언가를 준비하는 것에 대해 걱정하지 않아도 됩니다. 그저 쉬면서 스스로 즐길 수 있습니다. 너무 피곤하고 비싸기 때문에 저는 여행하는 것을 좋아하지 않습니다. 저는 사람들이 왜 휴가를 가고 그렇게 많은 시간과 돈을 쓰는지 이해가 되지 않습니다.

**3** 제가 휴가일 때, 저희 가족이 주로 저를 방문합니다. 기억에 남는 휴가는 제 여동생이 저를 방문하러 왔을 때였습니다. 여동생은 미국에 살고 있습니다. 우리는 몇 년 동안 서로 보지 못했습니다. 제 휴가 동안, 여동생이 저희 집에 머물렀습니다. 우리는 영화를 보고, 이야기하고, 음악을 들었습니다. 우리는 또한 함께 식사를 준비하고 맛있는 음식을 많이 먹었습니다. 우리는 제 휴가 전체를 함께 보냈습니다. 그것은 이제까지 저의 가장 즐거운 휴가였습니다.

# 돌발 주제 공략하기

'돌발 주제 공략하기'에서는 Background Survey에는 없지만 OPIc 시험에 등장하는 주제의 문제를 다룹니다. 고득점을 바라는 수험생이라면 반드시 준비해 두세요.

| 음성 바로 듣기 |

# UNIT 23 집안일 거들기

음성 바로 듣기

<집안일 거들기> 주제는 Background Survey에는 없으나 OPIc 시험에 자주 등장하는 돌발 주제입니다. 이 UNIT을 통해 자주 나오는 문제와 효과적인 답변 방법을 살펴보고 답변 연습도 해보세요.

## 어떤 문제가 자주 나오나요?

<집안일 거들기> 주제의 문제로 아래 문제들이 자주 출제됩니다. 이 중에서도 가장 자주 출제된 '빈출 문제'들을 중심으로 시험을 준비하는 것이 효과적입니다.

· 주로 하는 집안일  빈출 문제
· 가족들이 맡은 집안일  빈출 문제
· 하기 싫은 집안일
· 집안일을 하는 빈도와 시간
· 지난주에 한 집안일과 이번 주에 할 집안일

· 어릴 때 맡았던 집안일  빈출 문제
· 집안일을 하지 못했던 경험  빈출 문제
· 맡은 집안일이 힘들었던 경험
· 남자와 여자의 집안일 역할 변화

## 어떻게 준비하나요?

■ OPIc 시험 중 미리 준비하지 않은 돌발 주제가 갑자기 나오면 당황하기 쉽습니다. 이 주제에서 자주 나오는 문제와 답변에 사용할 수 있는 표현을 미리 살펴보세요.

■ 좀 더 철저히 준비하고 싶다면 문제와 함께 제시된 표현들을 이용해 답변 연습을 해보세요.

**대표문제** **주로 하는 집안일**

**Everyone has to do housework on a regular basis. What kind of chores do you usually do at home? Tell me about them in detail.** 모든 사람은 정기적으로 집안일을 해야 합니다. 당신은 집에서 주로 어떤 종류의 집안일을 하나요? 그것들에 대해 상세히 이야기해 주세요.

<집안일 거들기> 주제로 가장 자주 나오는 문제가 바로 '주로 하는 집안일'을 묻는 문제입니다. 이 문제에 어떻게 답하는지 살펴보세요.

**답변전략** 내가 주로 해야 하는 집안일을 떠올려 보세요. 집안일에 사용하는 도구나 가전제품, 집안일을 하는 빈도나 시간에 대해 구체적으로 설명하면 좋아요. 그 후, 집안일을 끝낸 후 나의 느낌을 말하며 답변을 마무리하세요.

| ① 내가 주로 해야 하는 집안일 | 방 청소, 설거지 등 내가 주로 해야 하는 집안일이 무엇인지 이야기하세요. 이때 내가 자주 사용하는 가전제품이나 도구가 있다면 덧붙여 말해도 좋아요. |
| --- | --- |
| ② 집안일을 하는 빈도 | 정기적으로 집안일을 한다면 얼마나 자주 집안일을 하는지 말해보세요. |
| ③ 집안일을 끝낸 후 나의 느낌 | '피곤하다', '상쾌하다' 등 집안일을 끝낸 후 어떤 느낌이 드는지 말할 수 있어요. |

**모범답변**

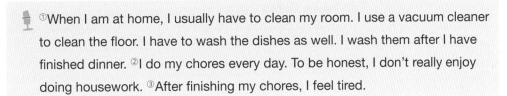

①When I am at home, I usually have to clean my room. I use a vacuum cleaner to clean the floor. I have to wash the dishes as well. I wash them after I have finished dinner. ②I do my chores every day. To be honest, I don't really enjoy doing housework. ③After finishing my chores, I feel tired.

**해석 |** 집에 있을 때, 저는 주로 제 방을 청소해야 합니다. 저는 바닥을 청소하기 위해서 진공청소기를 사용합니다. 저는 설거지도 해야 합니다. 저는 저녁 식사를 끝낸 후 설거지를 합니다. 저는 매일 집안일을 합니다. 솔직히 말해, 저는 집안일 하는 것을 정말 즐기는 것은 아닙니다. 집안일을 끝낸 후, 저는 피곤합니다.

**표현 |** clean my room 내 방을 청소하다  vacuum cleaner 진공청소기  wash the dishes 설거지를 하다  do my chores 집안일을 하다  to be honest 솔직히 말해  housework 집안일

**나의 답변** 모범답변과 표현을 참고하여 나의 답변을 완성해 보세요.

**① 내가 주로 해야 하는 집안일**

**② 집안일을 하는 빈도**

**③ 집안일을 끝낸 후 나의 느낌**

여기에서는 <집안일 거들기> 주제의 빈출 문제를 공략해 봅니다. 주어진 표현과 모범답변을 참고하여 답변 연습을 해보세요.

## 1 가족들이 맡은 집안일

UNIT 23 Track 2

**Q** You and your family probably have different responsibilities at home. Tell me about which chores each family member is responsible for. 당신과 당신 가족들은 아마도 집에서 서로 다른 일들을 맡고 있을 거예요. 각 가족 구성원이 어떤 집안일을 담당하고 있는지에 대해 이야기해 주세요.

 나의 답변

> **Tip** 함께 살고 있는 가족 구성원에 누가 있는지 말한 후, 그 사람들이 맡고 있는 집안일을 차례대로 말해보세요. 집안일을 전혀 하지 않는 사람이 있다면 He/She doesn't have any chores라고 표현할 수 있어요.

✦ 집안일의 종류

· make meals 식사를 만들다
· set the table 식탁을 차리다
· sweep the floor 바닥을 쓸다
· take out the garbage 쓰레기를 갖다 버리다
· prepare dinner 저녁 식사를 준비하다
· wash the dishes 설거지하다

· do my laundry 빨래를 하다
· iron the clothes 옷을 다림질하다
· hang up the clothes 옷들을 걸어놓다
· organize the shoe rack 신발장을 정리하다
· clean my room 내 방을 청소하다
· vacuum the floor 진공청소기로 바닥을 청소하다

모범답변 | I live at home with my parents and younger brother. My responsibilities are doing the laundry and taking out the garbage. My brother vacuums the floor and usually sets the table. My dad likes to cook, so he usually makes meals. My mom washes the dishes. On the weekend, they prepare dinner together.

해　석 | 저는 부모님 그리고 남동생과 삽니다. 제가 맡은 업무는 빨래를 하는 것과 쓰레기를 갖다 버리는 것입니다. 제 남동생은 진공청소기로 바닥을 청소하고 주로 식탁을 차립니다. 제 아버지는 요리하는 것을 좋아하셔서, 보통 식사를 만드십니다. 제 어머니는 설거지를 하십니다. 주말에는, 모두 함께 저녁 식사를 준비합니다.

**2** 집안일을 하지 못했던 경험

**Q** **Have you ever had chores that you weren't able to do? If so, explain why you weren't able to do them. Tell me using as many details as possible.** 당신이 할 수 없었던 집안일이 있었던 적이 있나요? 만약 그렇다면, 당신이 왜 그것을 할 수 없었는지 설명해 주세요. 되도록 상세한 내용을 많이 사용해서 이야기하세요.

 나의 답변 🎤

> **Tip** 집안일을 할 수 없었던 이유와 집안일을 할 수 없어서 생겼던 문제, 그 문제를 해결한 방법을 순서대로 말한 후, 자신의 느낌까지 덧붙여 말하면 좋은 답변이 됩니다.

☆ 집안일을 할 수 없었던 이유
- I caught a cold 감기에 걸렸습니다
- I was sick 아팠습니다
- I was busy studying for midterms 중간고사를 위해 공부를 하느라 바빴습니다
- I was on a business trip 출장 중이었습니다
- I had to work overtime 초과 근무를 해야 했습니다
- I had to meet my friends 친구들을 만나야 했습니다

☆ 집안일을 할 수 없어서 생긴 문제
- I had no shirts to wear 입을 셔츠가 없었습니다
- there were no clean dishes 깨끗한 그릇이 없었습니다
- my house was dirty 저희 집이 더러웠습니다
- my room was disorganized 제 방이 정돈되지 않았습니다
- my mother was angry with me 엄마가 제게 화가 나셨습니다

모범답변 | I do my chores on weekends. However, one week I couldn't do my chores because I was very busy studying for midterms. I was so busy that I couldn't even do my laundry. The problem was that I had no shirts to wear. I live with my older sister, so I was able to borrow her clothes. When my midterms were over, I did all of the laundry. After finishing my chores, I felt relieved.

해    석 | 저는 주말마다 집안일을 합니다. 하지만, 한 주는 중간고사를 위해 공부를 하느라 매우 바빴기 때문에 저는 집안일을 할 수 없었습니다. 저는 너무 바빠서 심지어 빨래도 하지 못했습니다. 문제는 제가 입을 셔츠가 없었다는 것입니다. 저는 언니와 함께 살고 있어서, 언니의 옷을 빌릴 수 있었습니다. 중간고사가 끝났을 때, 저는 모든 빨래를 했습니다. 집안일을 끝낸 후, 저는 안심했습니다.

# UNIT 24 외식

음성 바로 듣기

<외식> 주제는 Background Survey에는 없으나 OPIc 시험에 자주 등장하는 돌발 주제입니다. 이 UNIT을 통해 자주 나오는 문제와 효과적인 답변 방법을 살펴보고 답변 연습도 해보세요.

## 어떤 문제가 자주 나오나요?

<외식> 주제의 문제로 아래 문제들이 자주 출제됩니다. 이 중에서도 가장 자주 출제된 '빈출 문제'들을 중심으로 시험을 준비하는 것이 효과적입니다.

· 한국의 전통 음식  빈출 문제
· 자주 주문하는 음식
· 한국의 식당
· 가장 좋아하는 식당
· 식당의 모습 묘사

· 자주 가는 식당과 이유  빈출 문제

· 최근에 외식한 경험  빈출 문제
· 기억에 남는 외식 경험
· 기억에 남는 식당이나 음식

## 어떻게 준비하나요?

■ OPIc 시험 중 미리 준비하지 않은 돌발 주제가 갑자기 나오면 당황하기 쉽습니다. 이 주제에서 자주 나오는 문제와 답변에 사용할 수 있는 표현을 미리 살펴보세요.

■ 좀 더 철저히 준비하고 싶다면 문제와 함께 제시된 표현들을 이용해 답변 연습을 해보세요.

**대표문제** 자주 가는 식당과 이유

🎧 UNIT 24 Track 1

Is there a particular restaurant you often go to? What kind of food does it serve? Why do you like to go there? 당신이 자주 가는 특정 식당이 있나요? 그 식당은 어떤 종류의 음식을 제공하나요? 당신은 왜 그곳에 가는 것을 좋아하나요?

<외식> 주제로 가장 자주 나오는 문제가 바로 '자주 가는 식당과 이유'를 묻는 문제입니다. 이 문제에 어떻게 답하는지 살펴보세요.

**답변전략**  가족이나 친구들과 자주 가는 식당을 떠올려 보세요. 어떤 식당에 자주 가는지 말한 뒤, 그 식당의 메뉴 중 가장 좋아하는 음식이 무엇인지 말하세요. 그 후, 그 식당을 좋아하는 이유를 말하며 답변을 마무리하세요.

| ① 자주 가는 식당 | 외식하러 자주 가는 식당의 이름과 종류, 위치에 대해 말하세요. |
| --- | --- |
| ② 그 식당에서 파는 음식 | 그 식당에서 파는 메뉴에 무엇이 있는지 3~4가지 정도 생각나는 음식 이름을 나열하세요. |
| ③ 가장 좋아하는 음식 | 그 음식들 중 가장 좋아하는 음식의 이름을 말하고 이유를 덧붙여 주세요. |
| ④ 그 식당을 좋아하는 이유 | 그 식당을 좋아하는 이유로 합리적인 가격이나 맛있는 음식 등 식당의 장점이나 특징에 대해 이야기해보세요. |

**모범답변**

🎤 ①I often go to *Haoma*, a Chinese restaurant near my place. ②They serve many different types of food, such as noodles, dumplings, and fried rice. ③My favorite dish to get there is the sweet and sour pork. ④I like this restaurant because the prices are reasonable. Also, the food is really good. Sometimes they give customers free appetizers.

**해석 |** 저는 저희 집 근처의 중식당 Haoma에 자주 갑니다. 그곳은 면, 만두, 볶음밥과 같은 여러 가지 종류의 음식을 제공합니다. 제가 그곳에서 가장 먹기 좋아하는 음식은 탕수육입니다. 가격이 합리적이기 때문에 저는 이 식당을 좋아합니다. 또한, 음식이 정말 맛있습니다. 가끔 그곳은 손님들에게 무료 애피타이저를 줍니다.

**표현 |** I often go to ~ 나는 ~에 자주 간다  Chinese restaurant 중식당  They serve ~ 그곳은 ~을 제공한다  My favorite dish to get there is ~ 내가 그곳에서 가장 먹기 좋아하는 음식은 ~이다  I like this restaurant because ~ ~ 때문에 나는 이 식당을 좋아한다  free 무료의

**나의 답변** 🎤

모범답변과 표현을 참고하여 나의 답변을 완성해 보세요.

① 자주 가는 식당

② 그 식당에서 파는 음식

③ 가장 좋아하는 음식

④ 그 식당을 좋아하는 이유

여기에서는 <외식> 주제의 빈출 문제를 공략해 봅니다. 주어진 표현과 모범답변을 참고하여 답변 연습을 해보세요.

## 1 한국의 전통 음식

🎧 UNIT 24 Track 2

**Q** Many countries have special or unique foods. What are some of the traditional dishes in your country? Please describe them in detail. 많은 나라들이 특별하거나 고유한 음식을 가지고 있습니다.
당신의 나라에는 어떤 전통 음식들이 있나요? 그것들에 대해서 상세히 묘사해 주세요.

**나의 답변** 🎙️

> **Tip** 전통 음식에 무엇이 있는지 말할 때는 생각나는 전통 음식 몇 가지와 각각의 특징을 이야기하세요. 생각나는 전통 음식이 별로 없을 때는 한두 가지 전통 음식에 대해 자세하게 이야기해도 좋아요.

☆ 한국의 전통 음식 소개

· **Traditional dishes in my country include** kimchi, bulgogi, and samgyeopsal.
우리나라의 전통 음식에는 김치, 불고기, 그리고 삼겹살이 있습니다.

· **The most famous traditional food is** kimchi. 가장 유명한 전통 음식은 김치입니다.

· **Another popular traditional food is called** bulgogi.
또 하나의 인기 있는 전통 음식은 불고기라고 불립니다.

☆ 한국의 전통 음식 종류

· kimchi 김치
· bulgogi 불고기
· samgyeopsal 삼겹살

· bibimbap 비빔밥
· tteokguk 떡국
· samgyetang 삼계탕

모범답변 | The most famous traditional food from my country is kimchi. It's a spicy pickle made from cabbage and chili powder. Usually, we eat kimchi everyday as a side dish. Another popular traditional food is called bulgogi. It's sliced beef in a special sauce. We cook it ourselves on a small grill at our table. We eat bulgogi with vegetables like lettuce, pepper, and onions.

해　석 | 우리나라의 가장 유명한 전통 음식은 김치입니다. 그것은 배추와 고춧가루로 만들어진 매운맛의 절임 음식입니다. 주로, 우리는 반찬으로 매일 김치를 먹습니다. 또 하나의 인기 있는 전통 음식은 불고기라고 불립니다. 그것은 특별한 양념의 얇게 썬 쇠고기입니다. 우리는 테이블의 작은 그릴에서 그것을 직접 굽습니다. 우리는 상추, 고추 그리고 양파와 같은 야채들과 함께 불고기를 먹습니다.

## 2 최근에 외식한 경험

**Q** What was the last restaurant you ate at? What did you have there? Who did you go with? Provide as many details in your response as possible. 마지막으로 식사한 식당이 어디였나요? 당신은 그곳에서 무엇을 먹었나요? 누구와 함께 갔나요? 되도록 답변에 상세한 내용을 많이 제시하세요.

**나의 답변** 🎤

> **Tip** 가장 마지막으로 외식했던 식당의 이름과 종류, 함께 갔던 사람, 주문했던 음식, 그 음식의 맛을 이야기하세요. 마지막으로 그 식당에 대한 자신의 생각이나 느낌을 덧붙이면 답변이 더욱 풍부해져요.

☆ 식당 종류

- a Korean restaurant 한식당
- a Chinese restaurant 중식당
- an Italian restaurant 이탈리아 식당
- a café 카페
- a buffet restaurant 뷔페
- a family restaurant 패밀리 레스토랑

☆ 외식 관련 경험

- The last restaurant I ate at was an Italian restaurant.
  마지막으로 식사한 식당은 이탈리아 식당입니다.
- I went to a buffet restaurant for my birthday. 저는 제 생일에 뷔페에 갔습니다.

- We ordered ramen and gimbap. 우리는 라면과 김밥을 주문했습니다.
- We had pasta with tomato sauce. 우리는 토마토소스 파스타를 먹었습니다.

- I was on a date with my girlfriend. 저는 여자친구와 데이트를 하던 중이었습니다.
- I went there with my family. 저는 가족과 그곳에 갔습니다.

**모범답변 |** The last restaurant I ate at was an Italian restaurant, *Noriba*. I was on a date with my girlfriend. We went there to celebrate her birthday. We both had pasta with tomato sauce. The restaurant is a little expensive, but the food is really good. I don't like to go there often, but it's nice to eat there once in a while.

**해　석 |** 마지막으로 식사한 식당은 이탈리아 식당, Noriba입니다. 저는 여자친구와 데이트를 하던 중이었습니다. 우리는 그녀의 생일을 축하하기 위해 그곳에 갔습니다. 우리 둘 다 토마토소스 파스타를 먹었습니다. 그 식당은 조금 비싸지만, 음식이 정말 맛있습니다. 저는 자주 그곳에 가는 것은 좋아하지 않지만, 이따금 그곳에서 먹는 것은 좋습니다.

# UNIT 25 인터넷 서핑

음성 바로 듣기

<인터넷 서핑> 주제는 Background Survey에는 없으나 OPIc 시험에 자주 등장하는 돌발 주제입니다. 이 UNIT을 통해 자주 나오는 문제와 효과적인 답변 방법을 살펴보고 답변 연습도 해보세요.

## 어떤 문제가 자주 나오나요?

<인터넷 서핑> 주제의 문제로 아래 문제들이 자주 출제됩니다. 이 중에서도 가장 자주 출제된 '빈출 문제'들을 중심으로 시험을 준비하는 것이 효과적입니다.

· 프로젝트를 할 때 인터넷의 유용성  빈출 문제
· 가지고 있는 컴퓨터와 프로그램의 종류  빈출 문제
· 자주 방문하는 사이트

· 인터넷을 처음 사용했던 시기와 요즘 사용하는 시간  빈출 문제
· 인터넷 서핑을 하는 장소, 시간, 목적
· 인터넷 서핑을 하는 이유

· 기억에 남는 인터넷 서핑 경험
· 인터넷 서핑을 할 때 겪는 어려움

## 어떻게 준비하나요?

■ OPIc 시험 중 미리 준비하지 않은 돌발 주제가 갑자기 나오면 당황하기 쉽습니다. 이 주제에서 자주 나오는 문제와 답변에 사용할 수 있는 표현을 미리 살펴보세요.

■ 좀 더 철저히 준비하고 싶다면 문제와 함께 제시된 표현들을 이용해 답변 연습을 해보세요.

**대표문제**  **프로젝트를 할 때 인터넷의 유용성**  🎧 UNIT 25 Track 1

**When you work on projects, do you use the Internet? Please explain what you use it for and why it is useful. Provide as many details in your response as possible.** 프로젝트를 할 때, 당신은 인터넷을 사용하나요? 무엇을 위해 그것을 사용하고 왜 유용한지 설명해 주세요. 되도록 답변에 상세한 내용을 많이 제시하세요.

<인터넷 서핑> 주제로 가장 자주 나오는 문제가 바로 '프로젝트를 할 때 인터넷의 유용성'을 묻는 문제입니다. 이 문제에 어떻게 답하는지 살펴보세요.

**답변전략**  프로젝트를 할 때 연구나 조사 등을 위해 인터넷을 사용합니다. 이러한 목적을 밝히고, 장점을 몇 가지 말하며 인터넷의 유용성을 설명하세요. 그 후, 인터넷 사용에 대한 느낌을 덧붙여 답변을 마무리하세요.

| | |
|---|---|
| ① 프로젝트에서 인터넷을 사용하는 목적 | '조사를 위해', '연구를 위해' 등과 같이 프로젝트에서 인터넷을 사용하는 목적을 말할 수 있어요. |
| ② 인터넷의 유용성 | 프로젝트에 인터넷이 어떻게 도움이 되는지를 한두 가지 말하면 돼요. |
| ③ 인터넷 사용에 대한 나의 느낌 | '프로젝트에 꼭 필요하다', '중요한 자원이다' 등 인터넷 사용에 대한 자신의 생각을 이야기해 보세요. |

**모범답변**

🎤 ①Whenever I have a project to work on, I use the Internet for research. ②It is really useful when I need to find some information for the project. By using the Internet, I can easily complete my projects. I can find lots of information through online encyclopedias. Also, there are many past studies I can look at for reference. ③I feel that the Internet is a very important resource for all of my projects. I can't imagine working on projects without it.

해석 | 제가 해야 할 프로젝트가 있을 때마다, 저는 조사를 위해 인터넷을 사용합니다. 제가 프로젝트를 위해 어떤 정보를 찾아야 할 때 그것은 정말 유용합니다. 인터넷을 사용함으로써, 저는 프로젝트를 쉽게 끝낼 수 있습니다. 저는 온라인 백과사전을 통해 많은 정보를 찾을 수 있습니다. 또한, 제가 참고로 볼 수 있는 과거 연구 자료들이 많이 있습니다. 저는 인터넷이 제 모든 프로젝트를 위해 매우 중요한 자원이라고 생각합니다. 저는 인터넷 없이 프로젝트를 하는 것은 상상할 수 없습니다.

표현 | whenever ~ ~할 때마다  I use the Internet for ~ 나는 ~을 위해 인터넷을 사용한다  It is useful when ~ ~할 때 정말 유용하다  online encyclopedia 온라인 백과사전  look at ~을 보다, ~을 검토하다  for reference 참고로  I feel that ~ ~라고 생각한다  resource 자원

**나의 답변** 🎤  모범답변과 표현을 참고하여 나의 답변을 완성해 보세요.

**① 프로젝트에서 인터넷을 사용하는 목적**

**② 인터넷의 유용성**

**③ 인터넷 사용에 대한 나의 느낌**

## 빈출 문제 공략

여기에서는 <인터넷 서핑> 주제의 빈출 문제를 공략해 봅니다. 주어진 표현과 모범답변을 참고하여 답변 연습을 해보세요.

**1** 가지고 있는 컴퓨터와 프로그램의 종류

🎧 UNIT 25 Track 2

**Q** There are many different types of computers and programs available now. What kind of computer and programs do you have? Please describe them in detail. 요즘 이용할 수 있는

여러 가지 종류의 컴퓨터와 프로그램이 많이 있습니다. 당신은 어떤 종류의 컴퓨터와 프로그램을 가지고 있나요? 그것들에 대해 상세히 묘사해 주세요.

> **Tip** 먼저 자신이 어떤 종류의 컴퓨터를 가지고 있는지 말하고, 그 컴퓨터를 사용하게 된 이유나 장점을 덧붙여 보세요. 그리고 자주 사용하는 프로그램이 무엇인지, 각각의 특징이나 장점은 무엇인지 간단하게 말하면 좋습니다.

✿ 컴퓨터·프로그램 종류

· a laptop computer 노트북 컴퓨터
· a desktop computer 데스크톱 컴퓨터
· a tablet PC 태블릿 PC
· a photo-editing program 사진 편집 프로그램
· an illustrator program 일러스트레이터 프로그램

· a video-player program 비디오 재생 프로그램
· a program for listening to music 음악 감상용 프로그램
· a word processor 문서 작성 프로그램
· an excel program 엑셀 프로그램

✿ 컴퓨터·프로그램의 장점

· It's really **fast and easy to use.** 사용하기 정말 빠르고 쉽습니다.
· It can **run many programs at once.** 그것은 동시에 많은 프로그램을 작동시킬 수 있습니다.
· I can **bring it wherever I go.** 제가 어딜 가든 저는 그것을 가져갈 수 있습니다.

· It can **play any format of movie.** 그것은 어떤 형식의 영화라도 재생할 수 있습니다.
· It lets me **make changes to the pictures I take.** 그것은 제가 찍는 사진들을 수정할 수 있게 해 줍니다.

모범답변 | I have a desktop computer at home. I like it because it's really fast and easy to use. It can also run many programs at once without slowing down. I often use a photo-editing program. It's great because it lets me make changes to the pictures I take. As a result, I always have great photos to share with my friends and family members.

해　　석 | 저는 집에 데스크톱 컴퓨터가 있습니다. 저는 그것이 정말 빠르고 사용하기 쉽기 때문에 좋아합니다. 그것은 또한 속도가 느려지는 것 없이 동시에 많은 프로그램들을 작동시킬 수 있습니다. 저는 사진 편집 프로그램을 자주 사용합니다. 그것은 제가 찍는 사진들을 수정할 수 있게 해주므로 좋습니다. 결과적으로, 저는 친구들 그리고 가족 구성원들과 공유할 훌륭한 사진들을 항상 갖고 있습니다.

**2** 인터넷을 처음 사용했던 시기와 요즘 사용하는 시간

**Q** Everyone uses the Internet regularly these days. When did you use the Internet for the first time? Do you use it a lot these days? How much time do you spend on the Internet each day? 요즘 모든 사람들이 정기적으로 인터넷을 사용합니다. 당신은 언제 처음으로 인터넷을 사용했나요? 요즘 인터넷을 많이 사용하나요? 하루 인터넷에 얼마나 많은 시간을 보내나요?

**Tip** 처음 인터넷을 사용한 시점과 계기에 대해 말해보세요. 그런 다음 요즘 인터넷을 하며 얼마나 많은 시간을 보내는지 말한 후, 인터넷으로 주로 무엇을 하는지 덧붙이면 좋습니다.

☆ 인터넷 사용 경험
- I first used the Internet when I was 10 years old. 저는 10살 때 처음 인터넷을 사용했습니다.
- My brother taught me how to use the Internet.
  저희 형이 인터넷 사용 방법을 가르쳐 주었습니다.

☆ 인터넷 사용 시간
- I spend **about two hours each day** online. 저는 온라인에서 하루 두 시간 정도를 보냅니다.
- I use the Internet **almost every day.** 저는 거의 매일 인터넷을 사용합니다.
- I use the Internet **more on weekends than on weekdays.**
  저는 평일보다 주말에 인터넷을 더 많이 사용합니다.

☆ 인터넷을 이용해 하는 일
- check e-mail 이메일을 확인하다
- shop online 온라인 쇼핑을 하다
- do school assignments 학교 과제를 하다
- search for information 정보를 찾다
- post a picture 사진을 올리다
- play online games 온라인 게임을 하다

모범답변 | I first used the Internet when I was 10 years old. My parents bought a computer at that time. It was difficult to use the Internet, so my brother taught me how to use it. These days, I use the Internet a lot for many different activities. I spend about two hours each day online. I check my e-mail and shop online. I sometimes do my school assignments using the Internet.

해　석 | 저는 10살 때 처음 인터넷을 사용했습니다. 저희 부모님께서 그때 컴퓨터를 사셨습니다. 인터넷을 사용하는 것이 어려워서, 저희 형이 인터넷 사용 방법을 가르쳐 주었습니다. 요즘, 저는 여러 가지 활동들을 위해 인터넷을 많이 사용합니다. 저는 온라인에서 하루 두 시간 정도를 보냅니다. 저는 이메일을 확인하고 온라인 쇼핑을 합니다. 가끔 인터넷을 사용해 학교 과제를 합니다.

<명절> 주제는 Background Survey에는 없으나 OPIc 시험에 자주 등장하는 돌발 주제입니다. 이 UNIT을 통해 자주 나오는 문제와 효과적인 답변 방법을 살펴보고 답변 연습도 해보세요.

## 어떤 문제가 자주 나오나요?

<명절> 주제의 문제로 아래 문제들이 자주 출제됩니다. 이 중에서도 가장 자주 출제된 '빈출 문제'들을 중심으로 시험을 준비하는 것이 효과적입니다.

· 한국에서 가장 큰 명절  빈출 문제
· 한국의 명절 종류

· 명절을 보내는 방법  빈출 문제

· 기억에 남는 어릴 적 명절  빈출 문제
· 기억에 남는 명절
· 특별했던 명절

## 어떻게 준비하나요?

■ OPIc 시험 중 미리 준비하지 않은 돌발 주제가 갑자기 나오면 당황하기 쉽습니다. 이 주제에서 자주 나오는 문제와 답변에 사용할 수 있는 표현을 미리 살펴보세요.

■ 좀 더 철저히 준비하고 싶다면 문제와 함께 제시된 표현들을 이용해 답변 연습을 해보세요.

**대표문제** **기억에 남는 어릴 적 명절**

Can you tell me about a particularly memorable holiday you had when you were young? Describe what you did and what made it so memorable. Give me as many details as you can. 당신이 어렸을 때 있었던 특별히 기억에 남는 명절에 대해 이야기해 줄 수 있나요? 당신이 무엇을 했고 무엇 때문에 그 명절이 그렇게 기억에 남는지 묘사해 주세요. 가능한 한 상세한 내용을 많이 알려주세요.

<명절> 주제로 가장 자주 나오는 문제가 바로 '기억에 남는 어릴 적 명절'을 묻는 문제입니다. 이 문제에 어떻게 답하는지 살펴 보세요.

**답변전략**　설이나 추석과 같은 큰 명절에 가족들과 함께 시간을 보냈던 경험을 떠올려 보세요. 가장 기억에 남는 어릴 적 명절이 언제였는지, 그때 무엇을 했는지 말한 후, 그 명절이 특히 기억에 남는 이유를 말하며 답변을 마무리하세요.

| ① 기억에 남는 어릴 적 명절 | 기억에 남는 어릴 적 명절에 관해 이야기할 때는 그 명절이 언제였는지, 그때 자신이 몇 살이었는지 말할 수 있어요. |
| --- | --- |
| ② 명절에 했던 일 | 명절에 주로 하는 일을 떠올려 보세요. 오랜만에 가족들이 모두 모였던 것, 함께 전통 놀이를 하며 시간을 보냈던 것 등 일반적인 이야기를 하면 돼요. |
| ③ 기억에 남는 이유 | 맛있는 명절 음식을 먹은 경험, 예상치 못하게 용돈을 받아 기분이 좋았던 경험 등 가장 기억에 남는 일을 한두 가지 이야기하세요. |

**모범답변**

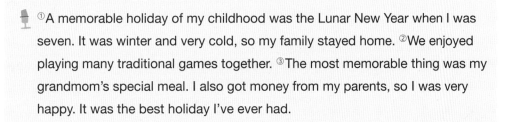

①A memorable holiday of my childhood was the Lunar New Year when I was seven. It was winter and very cold, so my family stayed home. ②We enjoyed playing many traditional games together. ③The most memorable thing was my grandmom's special meal. I also got money from my parents, so I was very happy. It was the best holiday I've ever had.

해석 | 어린 시절 기억에 남는 명절은 제가 7살이었을 때의 음력 설이었습니다. 그때는 겨울이었고 매우 추워서, 저희 가족은 집에 머물렀습니다. 우리는 함께 많은 전통 놀이를 하는 것을 즐겼습니다. 가장 기억에 남는 것은 저희 할머니의 특별한 식사였습니다. 저는 또한 저희 부모님께 세뱃돈을 받아서, 매우 기뻤습니다. 그날은 지금까지 제가 보낸 최고의 명절이었습니다.

표현 | A memorable holiday of my childhood was ~ 어린 시절 기억에 남는 명절은 ~이었다　Lunar New Year 음력 설　stay home 집에 머무르다　traditional game 전통 놀이　The most memorable thing was ~ 가장 기억에 남는 것은 ~이었다

**나의 답변**　모범답변과 표현을 참고하여 나의 답변을 완성해 보세요.

　① 기억에 남는 어릴 적 명절

　② 명절에 했던 일

　③ 기억에 남는 이유

# 빈출 문제 공략

여기에서는 <명절> 주제의 빈출 문제를 공략해 봅니다. 주어진 표현과 모범답변을 참고하여 답변 연습을 해보세요.

## 1 한국에서 가장 큰 명절

UNIT 26 Track 2

**Q** Certain holidays are more important than others. What is the biggest holiday in your country? Tell me what you usually do on that holiday and how you celebrate it.

어떤 명절들은 다른 명절들보다 더 중요합니다. 당신의 나라에서 가장 큰 명절은 무엇인가요? 당신이 그 명절에 주로 무엇을 하고 그 명절을 어떻게 기념하는지 말해주세요.

 나의 답변

> **Tip** 한국에서 가장 큰 명절은 설과 추석입니다. 두 명절에 하는 일이 거의 비슷하므로 둘 중 하나를 골라 그 명절에 주로 하는 일을 이야기하면 돼요. 이때, 그 명절의 의미나 특징을 가볍게 소개하면 좋습니다.

☆ 한국의 명절
- New Year's Day 설, 신정
- Lunar New Year 음력 설, 구정
- Chuseok(= Korean Thanksgiving Day) 추석(= 한국의 추수감사절)

☆ 명절 소개
- **The biggest holiday in my country is** Chuseok. 우리나라의 가장 큰 명절은 추석입니다.
- **It's a day of** thanksgiving in my country. 이날은 우리나라의 추수감사절입니다.
- **The celebration lasts** about three days. 명절은 약 사흘간 계속됩니다.

모범답변 | The biggest holiday in my country is probably Chuseok. It's a day of thanksgiving in my country. All my relatives go to my grandfather's house. We play traditional Korean games together and eat a lot of food. The celebration lasts about three days. I really enjoy spending this time with my family.

해　석 | 우리나라의 가장 큰 명절은 아마 추석일 것입니다. 이날은 우리나라의 추수감사절입니다. 친척들 모두 할아버지 집에 갑니다. 우리는 함께 한국의 전통 놀이를 하고 음식을 많이 먹습니다. 명절은 약 3일간 계속됩니다. 저는 가족들과 이 시간을 보내는 것을 정말 즐깁니다.

## 2 명절을 보내는 방법

🎧 UNIT 26 Track 3

**Q** There are many different ways to celebrate a holiday. How are holidays celebrated in your country, and what kinds of special food are prepared? 명절을 기념하는 여러 가지 방법들이 많이 있습니다. 당신의 나라에서는 명절이 어떻게 기념되고 어떤 종류의 특별한 음식들이 준비되나요?

 나의 답변

> **Tip** 가족이 모두 모여 차례를 지내고, 성묘를 가고, 전통 음식을 요리하는 등 명절에 하는 일들을 여러 개 말하며 명절을 보내는 방법을 설명할 수 있어요.

☆ 명절에 하는 일
- **get together** 함께 모이다
- **cook traditional food** 전통 음식을 요리하다
- **eat various kinds of food** 다양한 종류의 음식을 먹다
- **wear a hanbok, the traditional clothing of Korea** 한국의 전통 의상인 한복을 입다
- **visit the graves of our ancestors** 조상들의 묘를 방문하다, 성묘하다
- **bow to family elders** 가족 어른들께 절하다
- **receive some money** 세뱃돈을 받다

☆ 명절에 먹는 음식
- **songpyeon** 송편
- **tteokguk** 떡국
- **newly harvested fruits** 햇과일
- **jeon(= Korean pancake)** 전(= 한국식 팬케이크)

모범답변 | In my country, families and relatives get together during the holidays. They usually meet at the home of the oldest man in the family. During the holidays, they cook traditional food together such as jeon, a Korean pancake. They also eat various kinds of food like songpyeon and tteokguk. Families also visit the graves of their ancestors to pay their respects.

해 석 | 우리나라에서는, 가족들과 친척들이 명절 동안 함께 모입니다. 그들은 주로 가족 중 나이가 가장 많은 사람의 집에서 만납니다. 명절 동안, 그들은 한국의 팬케이크인 전과 같은 전통 음식을 함께 요리합니다. 그들은 또한 송편과 떡국 같은 다양한 종류의 음식을 먹습니다. 가족들은 또한 존경을 표하기 위해 조상의 묘를 방문합니다.

음성 바로 듣기

<은행> 주제는 Background Survey에는 없으나 OPIc 시험에 자주 등장하는 돌발 주제입니다. 이 UNIT을 통해 자주 나오는 문제와 효과적인 답변 방법을 살펴보고 답변 연습도 해보세요.

## 어떤 문제가 자주 나오나요?

<은행> 주제의 문제로 아래 문제들이 자주 출제됩니다. 이 중에서도 가장 자주 출제된 '빈출 문제'들을 중심으로 시험을 준비하는 것이 효과적입니다.

· 사람들이 은행에 가는 이유  빈출 문제
· 한국의 은행 묘사  빈출 문제
· 자주 가는 은행 소개

· 최근 은행에 갔던 경험  빈출 문제
· 은행에서 겪은 기억에 남는 경험

· 어릴 때와 지금 은행의 변화

## 어떻게 준비하나요?

■ OPIc 시험 중 미리 준비하지 않은 돌발 주제가 갑자기 나오면 당황하기 쉽습니다. 이 주제에서 자주 나오는 문제와 답변에 사용할 수 있는 표현을 미리 살펴보세요.

■ 좀 더 철저히 준비하고 싶다면 문제와 함께 제시된 표현들을 이용해 답변 연습을 해보세요.

**대표문제** 사람들이 은행에 가는 이유

UNIT 27 Track 1

**People go to the bank for many reasons. Why do people go to the bank? Please give me as many details as possible.** 사람들은 여러 이유로 은행에 갑니다. 사람들이 왜 은행에 가나요? 가능한 한 상세한 내용을 많이 알려주세요.

<은행> 주제로 가장 자주 나오는 문제가 바로 '사람들이 은행에 가는 이유'를 묻는 문제입니다. 이 문제에 어떻게 답하는지 살펴보세요.

**답변전략** 평소 은행에 가서 하는 업무를 한두 가지 이야기하세요. 그 후, 이런 은행 업무를 처리하기 위해 필요한 준비물과 처리 방법을 각각 설명하며 답변을 마무리하세요.

| ① 은행에 가서 하는 업무 | 계좌를 개설하거나 돈을 인출하는 등 은행에서 자주 하는 일을 이야기하세요. |
| --- | --- |
| ② 은행 업무에 필요한 준비물 | 신분증이나 은행카드처럼 은행 업무를 보기 위해 필요한 준비물이 무엇인지 설명하면 돼요. |
| ③ 은행 업무 처리 방법 | 계좌를 개설하기 위해 양식을 작성한다거나, 돈을 인출하기 위해 ATM을 이용한다는 등 은행 업무를 처리하는 방법에 대해 설명할 수 있어요. |

**모범답변**

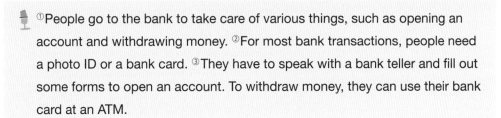

①People go to the bank to take care of various things, such as opening an account and withdrawing money. ②For most bank transactions, people need a photo ID or a bank card. ③They have to speak with a bank teller and fill out some forms to open an account. To withdraw money, they can use their bank card at an ATM.

**해석 |** 사람들은 계좌를 개설하는 것이나 돈을 인출하는 것처럼 다양한 업무를 처리하기 위해 은행에 갑니다. 대부분의 은행 거래를 위해서 사람들은 사진이 부착된 신분증이나 은행 카드가 필요합니다. 계좌를 개설하기 위해서 그들은 은행원과 이야기하고 몇몇 양식을 작성해야 합니다. 돈을 인출하기 위해서는, ATM에서 은행 카드를 사용하면 됩니다.

**표현 |** People go to the bank to ~ 사람들은 ~하기 위해 은행에 간다  open an account 계좌를 개설하다  withdraw 인출하다  transaction 거래, 매매  photo ID 사진이 부착된 신분증  bank teller 은행원  fill out 작성하다

**나의 답변**

모범답변과 표현을 참고하여 나의 답변을 완성해 보세요.

① 은행에 가서 하는 업무

② 은행 업무에 필요한 준비물

③ 은행 업무 처리 방법

# 빈출 문제 공략

여기에서는 <은행> 주제의 빈출 문제를 공략해 봅니다. 주어진 표현과 모범답변을 참고하여 답변 연습을 해보세요.

## **1** 한국의 은행 묘사

🎧 UNIT 27 Track 2

**Q** Tell me about the banks in your country. Where are they located? When do they open and close? What do they look like? Please describe in as much detail as possible. 당신의 나라의 은행에 대해 이야기해 주세요. 은행들은 어디에 위치해 있나요? 언제 문을 열고 닫나요? 어떻게 생겼나요? 가능한 한 상세히 묘사해 주세요.

 나의 답변 🎤

> **Tip** 1. 은행이 많이 몰려 있는 곳을 떠올려 은행들이 주로 어디에 위치해 있는지 이야기하세요. 그 후, 은행이 몇 시에 문을 열고 닫는지 영업시간을 말하면 돼요.
> 2. 은행의 모습을 설명할 때는 은행의 전반적인 분위기를 먼저 말한 후, 직원들이 일하는 장소와 고객들이 대기하는 장소에 대한 설명을 간략히 덧붙이면 좋아요.

☆ 은행의 분위기

· They are clean and organized. 은행은 깨끗하고 잘 정리되어 있습니다.
· They are warm and welcoming. 은행은 따뜻하고 환대하는 분위기입니다.
· People speak in hushed voices. 사람들은 조용한 소리로 말합니다.
· They can be very crowded at times. 가끔 은행은 매우 붐빌 때도 있습니다.

☆ 은행의 모습

· In front of the counters, there are rows of chairs. 카운터 앞에는, 의자들이 줄지어 있습니다.
· Most banks have brightly lit interiors. 대부분의 은행은 실내의 불빛이 환합니다.
· There are racks displaying brochures. 브로슈어를 진열하는 선반이 있습니다.
· Some banks have marble floors. 어떤 은행은 대리석 바닥으로 되어있습니다.
· There are counters where customers can fill out forms.
고객들이 양식을 작성할 수 있는 카운터가 있습니다.

모범답변 | The banks in my country are often located in the business and shopping districts of cities. They usually open at 9 a.m. and close at 4 p.m. on weekdays. Some banks are open on Saturdays as well. Inside, banks are clean and organized. There are large counters, and the bank tellers work behind them. In front of the counters, there are rows of chairs. Customers can wait there until a teller is free.

해　　석 | 우리나라에 있는 은행은 흔히 도시의 상업지구와 쇼핑지구에 위치해 있습니다. 은행은 주로 평일 오전 9시에 열고, 오후 4시에 닫습니다. 어떤 은행은 토요일에도 엽니다. 은행 내부는 깨끗하고 잘 정리되어 있습니다. 대형 카운터가 있고, 은행원들은 그 뒤에서 일합니다. 카운터 앞에는, 의자들이 줄지어 있습니다. 고객들은 은행원이 시간이 날 때까지 그곳에서 기다릴 수 있습니다.

**2** 최근 은행에 간 경험

**Q** Tell me about the last time you went to a bank. What did you do at the bank? Please describe your experience in detail. 당신이 마지막으로 은행에 갔던 때에 대해 이야기해 주세요. 당신은 은행에서 무엇을 했나요? 당신의 경험을 상세히 묘사해 주세요.

 나의 답변

> **Tip** 가장 마지막으로 은행에 갔을 때 무엇을 하러 간 것인지 이야기하세요. 신용카드를 신청했는지, 계좌를 개설했는지 등과 같이 보통 은행에 가서 하는 업무에 대해 말한 후, 은행원이 어떻게 업무를 도와주었는지, 그리고 그에 대한 나의 생각을 덧붙이면 좋아요.

☆ 은행에 간 목적

- apply for a credit card 신용카드를 신청하다
- withdraw money 돈을 인출하다
- consult with a bank employee 은행 직원과 상담하다
- open a new account 신규 계좌를 개설하다
- close my account 계좌를 해지하다
- apply for a loan 대출을 신청하다

☆ 은행에서 겪은 경험

- The bank employee helped me with my application. 은행 직원은 제 신청서 작성을 도와주었습니다.
- The ATM malfunctioned and ate my card. ATM이 오작동하였고 제 카드를 먹었습니다.
- I forgot to bring my photo ID with me. 저는 사진이 부착된 신분증을 가져오는 것을 잊었습니다.
- I couldn't withdraw money from the ATM late at night. 저는 늦은 밤에 ATM에서 돈을 인출할 수 없었습니다.
- Even the security guard was polite to visitors. 경비원조차 방문객들에게 공손했습니다.
- The teller was quite rude, so I complained to her manager. 은행원이 상당히 무례해서, 저는 그녀의 매니저에게 항의했습니다.

모범답변 | The last time I went to a bank was to apply for a credit card. There were many types of cards, but I knew almost nothing about them. So I consulted with a bank employee. She gave me a very detailed explanation of each card. Then she helped me with my application. Thanks to her, everything went very smoothly. I was really grateful to her.

해　석 | 제가 마지막으로 은행에 갔던 것은 신용카드를 신청하기 위해서였습니다. 많은 종류의 카드가 있었지만, 저는 그것들에 대해 거의 아무것도 몰랐습니다. 그래서 저는 은행 직원과 상담했습니다. 그녀는 각각의 카드에 대해 매우 상세하게 설명해 주었습니다. 그런 다음 그녀는 제 신청서 작성을 도와주었습니다. 그녀 덕분에, 모든 것이 매우 순조롭게 진행되었습니다. 저는 그녀에게 정말 감사했습니다.

<교통> 주제는 Background Survey에는 없으나 OPIc 시험에 자주 등장하는 돌발 주제입니다. 이 UNIT을 통해 자주 나오는 문제와 효과적인 답변 방법을 살펴보고 답변 연습도 해보세요.

## 어떤 문제가 자주 나오나요?

<교통> 주제의 문제로 아래 문제들이 자주 출제됩니다. 이 중에서도 가장 자주 출제된 '빈출 문제'들을 중심으로 시험을 준비하는 것이 효과적입니다.

· 선호하는 대중교통 수단과 이유  빈출 문제
· 국내 여행 시 이용하는 교통수단

· 어릴 때와 지금의 교통수단 변화  빈출 문제
· 교통수단의 장단점
· 대중교통 이용 시 주의사항

· 대중교통을 이용하면서 있었던 문제  빈출 문제
· 기차 이용 시 힘들었던 경험

## 어떻게 준비하나요?

■ OPIc 시험 중 미리 준비하지 않은 돌발 주제가 갑자기 나오면 당황하기 쉽습니다. 이 주제 에서 자주 나오는 문제와 답변에 사용할 수 있는 표현을 미리 살펴보세요.

■ 좀 더 철저히 준비하고 싶다면 문제와 함께 제시된 표현들을 이용해 답변 연습을 해보세요.

**대표문제**  **선호하는 대중교통 수단과 이유**    🎧 UNIT 28 Track 1

**What is public transportation like in your country? Tell me which type of public transportation you prefer to use and why. Provide as many details in your response as possible.** 당신의 나라의 대중교통은 어떤가요? 어떤 종류의 대중교통을 이용하는 것을 선호하는지와 그 이유를 이야기해 주세요. 되도록 답변에 상세한 내용을 많이 제시하세요.

<교통> 주제로 가장 자주 나오는 문제가 바로 '선호하는 대중교통 수단과 이유'를 묻는 문제입니다. 이 문제에 어떻게 답하는 지 살펴보세요.

**답변전략**    대중교통을 이용하며 느꼈던 점을 간단히 이야기하며 답변을 시작하세요. 그 후, 지하철, 버스 등 여러 교통수단 중 자신이 선호하는 것이 무엇인지, 그리고 왜 선호하는지 이야기하며 답변을 마무리하세요.

| ① 우리나라 대중교통에 대한 나의 생각 | 대중교통에 대한 생각을 이야기할 때는 '저렴하다', '편리하다', '친절하다' 등 쉬운 표현을 여러 개 떠올려 말할 수 있어요. |
|---|---|
| ② 선호하는 대중교통 | 다양한 대중교통 수단 중에서 자신이 자주 이용하고, 가장 선호하는 수단이 무엇인지 이야기하세요. |
| ③ 선호하는 이유 | 그 대중교통의 특징이나 장점을 한두 가지 설명해 보세요. |

**모범답변**

🎙️ ①Public transportation in my country is very cheap and convenient. ②I particularly like taking the bus. ③It is easy to go anywhere in the city by bus. Buses come frequently and travel quickly because my city has many bus lanes. So I prefer to take the bus to get to wherever I have to go.

해석 | 우리나라의 대중교통은 매우 싸고 편리합니다. 저는 특히 버스를 타는 것을 좋아합니다. 버스로 도시 안에서 어디든지 가기가 쉽습니다. 우리 도시에는 버스전용 차로가 많기 때문에 버스가 자주 오고 빨리 이동합니다. 그래서 저는 제가 가야 하는 곳 어디든지 가기 위해 버스를 타는 것을 선호합니다.

표현 | Public transportation in my country is ~ 우리나라의 대중교통은 ~하다  I particularly like ~ 나는 특히 ~을 좋아한다  take the bus 버스를 타다  It is easy to ~ ~하기가 쉽다  frequently 자주  travel 이동하다  bus lanes 버스전용 차로  prefer 선호하다  get to ~로 가다

**나의 답변** 🎙️    모범답변과 표현을 참고하여 나의 답변을 완성해 보세요.

　① 우리나라 대중교통에 대한 나의 생각

　② 선호하는 대중교통

　③ 선호하는 이유

여기에서는 <교통> 주제의 빈출 문제를 공략해 봅니다. 주어진 표현과 모범답변을 참고하여 답변 연습을 해보세요.

## 1  어릴 때와 지금의 교통수단 변화

🎧 UNIT 28 Track 2

**Q** Public transportation systems are constantly being improved. Have there been any changes to the public transportation system in your city since you were young? Please tell me about them in detail. 대중교통 시스템은 끊임없이 개선되고 있는 중입니다. 어린 시절 이래로 당신의 도시에서 대중교통 시스템에 어떤 변화들이 있었나요? 그것들에 대해 상세히 이야기해 주세요.

**나의 답변**

> **Tip** 자신이 주로 이용하는 교통수단을 골라 변화된 점을 설명하거나, 대중교통 시스템의 전반적인 변화에 대해 설명할 수 있어요. 이러한 변화의 장단점에 대해 덧붙여 주면 답변이 풍부해집니다.

☆ 교통수단의 종류
- a bus 버스
- a subway 지하철
- a taxi 택시

- a train 기차
- a bike 자전거
- a plane 비행기

☆ 어릴 때와 지금의 교통수단 변화
- When I was young, there were **only a few subway lines.**
  제가 어렸을 때, 지하철 노선이 몇 개밖에 없었습니다.
- When I was a child, there were **no transportation cards.**
  제가 아이였을 때, 교통 카드가 없었습니다.
- Passengers **get a discount when they transfer** now. 승객들은 이제 환승할 때 할인을 받습니다.
- Public transportation is much **more convenient than before.**
  대중교통이 예전보다 훨씬 더 편리합니다.

**모범답변** | When I was young, there were only a few subway lines. The subway was a convenient way to travel, but some parts of the city weren't easy to get to. So I had to take a bus or taxi instead. But now there are many lines and the system covers the entire city. The subway map is more complicated, but the additional lines make traveling a lot easier.

**해    석** | 제가 어렸을 때, 지하철 노선이 몇 개밖에 없었습니다. 지하철은 이동하기 편리한 방법이었지만, 도시의 몇몇 지역에 가는 것은 쉽지 않았습니다. 그래서 저는 대신 버스나 택시를 타야 했습니다. 하지만 지금은 노선이 많이 있고 지하철이 도시 전역에 걸쳐 있습니다. 지하철 노선도는 더 복잡하지만, 추가된 노선들은 이동하는 것을 훨씬 더 쉽게 해줍니다.

# 2  대중교통을 이용하면서 있었던 문제

**Q** **Sometimes riding the subway or bus can be uncomfortable. Have you ever had any problems while taking public transportation? Please describe your experience in detail.** 가끔 지하철이나 버스를 타는 것은 불편할 수 있습니다. 대중교통을 이용하면서 문제가 있었던 적이 있나요? 당신의 경험에 대해 상세히 묘사해 주세요.

 나의 답변 🎤

> **Tip** 대중교통을 이용하다 보면 차가 막히거나 교통사고가 나는 등 다양한 문제 상황을 경험하게 됩니다. 이런 경험을 이야기하며 자신이 그 상황을 어떻게 해결했는지 덧붙여 주면 더욱 좋습니다.

🌟 **대중교통 문제를 겪었던 경험**

· The traffic was so bad that the bus couldn't move.
교통 상황이 너무 나빠서 버스가 움직일 수 없었습니다.

· I was stuck in traffic and late for my appointment. 저는 교통 체증에 갇혀서 약속에 늦었습니다.

· There was a huge accident on the road. 도로에서 큰 교통사고가 있었습니다.

· The problem was that I missed my bus. 문제는 제가 버스를 놓쳤다는 것입니다.

· I decided to get off the bus and walk. 저는 버스에서 내려서 걷기로 결정했습니다.

· I needed to take a taxi instead. 저는 대신 택시를 타야 했습니다.

모범답변 | Once I was on the bus during rush hour, and we got stuck in traffic. The traffic was so bad that the bus couldn't move for 20 minutes. Luckily, I was almost at my destination, so I decided to get off the bus and walk. When I arrived, the bus was still stuck in traffic.

해　석 | 한번은 혼잡한 시간에 버스에 있었고, 교통 체증에 갇혔습니다. 교통 상황이 너무 나빠서 버스가 20분 동안 움직일 수 없었습니다. 다행히, 목적지에 거의 다 와서, 저는 버스에서 내려서 걷기로 결정했습니다. 제가 도착했을 때, 그 버스는 여전히 교통 체증에 갇혀 있었습니다.

# UNIT 29 건강·병원

<건강·병원> 주제는 Background Survey에는 없으나 OPIc 시험에 자주 등장하는 돌발 주제입니다. 이 UNIT을 통해 자주 나오는 문제와 효과적인 답변 방법을 살펴보고 답변 연습도 해보세요.

 ## 어떤 문제가 자주 나오나요?

<건강·병원> 주제의 문제로 아래 문제들이 자주 출제됩니다. 이 중에서도 가장 자주 출제된 '빈출 문제'들을 중심으로 시험을 준비하는 것이 효과적입니다.

· 주로 가는 치과
· 한국의 병원 묘사
· 주변의 건강한 사람 소개
· 주로 운동하는 장소와 장점

· 건강을 유지하기 위해 해야 하는 일  빈출 문제
· 건강한 삶의 정의
· 건강한 사람이 주는 영향

· 치과에서 불쾌했던 경험  빈출 문제
· 건강을 위해 무언가를 그만둔 경험  빈출 문제
· 처음 치과에 갔던 경험
· 어릴 적 병원에 갔던 경험
· 최근 병원에 간 경험
· 오래 다닌 병원의 변화

 ## 어떻게 준비하나요?

■ OPIc 시험 중 미리 준비하지 않은 돌발 주제가 갑자기 나오면 당황하기 쉽습니다. 이 주제에서 자주 나오는 문제와 답변에 사용할 수 있는 표현을 미리 살펴보세요.

■ 좀 더 철저히 준비하고 싶다면 문제와 함께 제시된 표현들을 이용해 답변 연습을 해보세요.

■ 병원에 대한 문제 중에서는 특히 치과에 대해 묻는 문제가 자주 출제되므로, 자주 가는 치과를 떠올려 답변 연습에 이용하면 좋아요.

**건강을 유지하기 위해 해야 하는 일**

🎧 UNIT 29 Track 1

There are many different ways to stay healthy. What do you think a person should do to stay healthy? Give me as many details as possible. 건강을 유지하기 위한 여러 가지 방법들이 많이 있습니다. 당신은 사람들이 건강을 유지하기 위해 무엇을 해야 한다고 생각하나요? 가능한 한 상세한 내용을 많이 알려주세요.

<건강·병원> 주제로 가장 자주 나오는 문제가 바로 '건강을 유지하기 위해 해야 하는 일'을 묻는 문제입니다. 이 문제에 어떻게 답하는지 살펴보세요.

**답변전략**   좋은 음식 섭취, 충분한 운동 등 건강을 유지하기 위해 해야 하는 일을 2~3가지 말하며 답변을 시작한 뒤, 각각에 대해 구체적으로 이야기해 보세요.

| ① 건강 유지를 위해 해야 하는 일 | 좋은 음식 섭취, 충분한 운동 등 건강 유지를 위해 어떤 일을 해야 하는지 이야기하세요. |
|---|---|
| ② 건강에 좋은 음식 | 건강을 유지하기 위해 꼭 챙겨 먹어야 하는 음식과 피해야 하는 음식이 무엇인지 말해보세요. |
| ③ 건강에 좋은 운동 | 건강을 위해 어떤 운동을 하면 좋은지, 어디서 얼마나 자주 하면 되는지 설명해 보세요. |

**모범답변**

🎤 ①People should eat good food and get enough exercise if they want to stay healthy. ②They should eat lots of fruits, vegetables, and protein. They should avoid foods high in fat or sugar and only drink alcohol occasionally. ③It is also important to exercise every day. Most people do this by going to the gym. But if a person doesn't have enough time, walking is also good exercise.

해석 | 건강을 유지하고 싶다면 사람들은 좋은 음식을 먹고 충분한 운동을 해야 합니다. 그들은 과일, 야채, 그리고 단백질을 많이 먹어야 합니다. 그들은 지방이나 설탕이 많은 음식은 피하고 술은 가끔만 마셔야 합니다. 매일 운동하는 것 또한 중요합니다. 대부분의 사람들은 체육관에 가는 것으로 이것을 합니다. 하지만 만약 시간이 충분하지 않다면, 걷기 또한 좋은 운동입니다.

표현 | get enough exercise 충분한 운동을 하다  stay healthy 건강을 유지하다  They should eat ~ 그들은 ~을 먹어야 한다  protein 단백질  avoid 피하다  high in fat or sugar 지방이나 설탕이 많은  occasionally 가끔  It is also important to ~ ~하는 것 또한 중요하다

**나의 답변** 🎤   모범답변과 표현을 참고하여 나의 답변을 완성해 보세요.

**① 건강 유지를 위해 해야 하는 일**

**② 건강에 좋은 음식**

**③ 건강에 좋은 운동**

여기에서는 <건강·병원> 주제의 빈출 문제를 공략해 봅니다. 주어진 표현과 모범답변을 참고하여 답변 연습을 해보세요.

## 1 치과에서 불쾌했던 경험

🎧 UNIT 29 Track 2

**Q** Going to the dentist can be stressful. Are you afraid to visit the dentist? Have you ever had an unpleasant experience at a dental clinic? 치과에 가는 것은 스트레스가 될 수 있습니다. 당신은 치과를 방문하는 것이 두렵나요? 당신은 치과에서 불쾌한 경험을 한 적이 있나요?

 나의 답변

> **Tip** 많은 사람들이 기계 소리, 비싼 치료비, 통증 등의 이유로 치과를 방문하는 것을 좋아하지 않습니다. 이와 관련하여 치과에서 겪었던 불쾌한 경험, 힘들었던 경험을 떠올려 답변해 보세요.

---

✿ 치과 관련 경험

· I had a severe toothache. 저는 심각한 치통이 있었습니다.

· I had a tooth pulled out. 저는 치아를 뺐습니다.

· I had my teeth cleaned, and my gums bled. 저는 스케일링을 했는데, 잇몸에서 피가 났습니다.

· I was in a lot of pain. 저는 아주 고통스러웠습니다.

· I hate to go to the dentist because of the sound of the drill.
저는 드릴 소리 때문에 치과에 가는 것을 싫어합니다.

· Going to the dental clinic makes me nervous. 치과에 가는 것은 저를 초조하게 합니다.

· The treatment costs too much. 치료는 비용이 너무 많이 듭니다.

---

모범답변 | To tell the truth, I hate to go to the dentist because of the sound of the drill. It always makes me nervous. Also, my teeth are rather sensitive, so even little things can cause me pain. Once I just went to have my teeth cleaned, but it really hurt. After I left the clinic, I was in a lot of pain and I felt stressed.

해　석 | 솔직히 말해, 저는 드릴 소리 때문에 치과에 가는 것을 싫어합니다. 그 소리는 항상 저를 초조하게 합니다. 또한, 제 치아가 다소 민감해서, 아주 작은 것도 제게 고통을 줄 수 있습니다. 한번은 그저 스케일링을 하러 갔는데, 그것은 정말 아팠습니다. 병원을 나온 후, 저는 아주 고통스러웠고 스트레스를 받았습니다.

**Q** Have you ever had to quit doing something for health reasons? What was it that you had to give up? 건강상의 이유로 어떤 일을 하는 것을 그만둬야 했던 적이 있나요? 당신이 포기해야 했던 것이 무엇이었나요?

 나의 답변 🎙

> **Tip** 술이나 담배를 끊은 경험, 간식 먹는 것을 그만둔 경험 등 건강을 위해 무엇을 했는지 이야기하면 돼요. 그리고 그 결과나 느낌을 덧붙여 말하면 답변이 더욱 풍부해집니다.

☆ 건강에 좋지 않은 행동

· drink too much 과음하다
· eat too much 과식하다
· smoke a lot 흡연을 많이 하다
· eat snacks all the time 항상 간식을 먹다
· eat junk food 정크 푸드를 먹다
· skip meals 끼니를 거르다

☆ 건강에 좋지 않은 행동을 그만둔 경험

· I stopped drinking to improve my health. 저는 건강을 향상하기 위해 술을 끊었습니다.
· I stopped eating snacks to lose weight. 저는 체중을 줄이기 위해 간식 먹는 것을 끊었습니다.
· I quit smoking right after I graduated. 저는 졸업 직후 담배를 끊었습니다.

· After I quit drinking, I felt much better. 술을 끊은 후, 저는 몸이 훨씬 더 나아졌습니다.
· As a result, I lost about five kilograms. 결과적으로, 저는 약 5킬로그램이 줄었습니다.

모범답변 | I used to drink too much in college. My friends all drank, so I felt a lot of pressure to drink as well. I often felt sick and didn't get enough sleep. I decided to spend less time with those friends and focus more on my life. I stopped drinking to improve my health. After I quit drinking, I felt much better.

해　석 | 저는 대학교 때 과음을 하곤 했습니다. 제 친구들이 모두 술을 마셔서, 저도 마셔야 한다는 부담을 많이 느꼈습니다. 저는 몸이 자주 아팠고 충분히 자지 못했습니다. 저는 그 친구들과 시간을 덜 보내고 제 생활에 더 집중하기로 결정했습니다. 저는 건강을 향상하기 위해 술을 끊었습니다. 술을 끊은 후, 저는 몸이 훨씬 더 나아졌습니다.

# UNIT **30** 호텔

음성 바로 듣기

<호텔> 주제는 Background Survey에는 없으나 OPIc 시험에 자주 등장하는 돌발 주제입니다. 이 UNIT을 통해 자주 나오는 문제와 효과적인 답변 방법을 살펴보고 답변 연습도 해보세요.

## 어떤 문제가 자주 나오나요?

<호텔> 주제의 문제로 아래 문제들이 자주 출제됩니다. 이 중에서도 가장 자주 출제된 '빈출 문제'들을 중심으로 시험을 준비하는 것이 효과적입니다.

· 한국의 호텔  빈출 문제
· 자주 가는 호텔

· 호텔을 이용하는 순서  빈출 문제
· 호텔에서 하는 활동
· 호텔에서 이용하는 시설

· 기억에 남는 호텔 숙박 경험  빈출 문제
· 최근에 갔던 호텔 숙박 경험
· 호텔을 이용하며 겪었던 문제

## 어떻게 준비하나요?

■ OPIc 시험 중 미리 준비하지 않은 돌발 주제가 갑자기 나오면 당황하기 쉽습니다. 이 주제에서 자주 나오는 문제와 답변에 사용할 수 있는 표현을 미리 살펴보세요.

■ 좀 더 철저히 준비하고 싶다면 문제와 함께 제시된 표현들을 이용해 답변 연습을 해보세요.

## 대표문제 한국의 호텔

**Please tell me about the hotels in your country. What do they look like? Where are they located? What kind of facilities do they have?** 당신의 나라의 호텔에 대해 이야기해 주세요. 호텔들이 어떻게 생겼나요? 어디에 위치해 있나요? 어떤 종류의 시설이 있나요?

<호텔> 주제로 가장 자주 나오는 문제가 바로 '한국의 호텔'을 묻는 문제입니다. 이 문제에 어떻게 답하는지 살펴보세요.

**답변전략** 롯데 호텔, 신라 호텔 등 우리나라에서 유명한 호텔을 떠올려 보세요. 호텔 건물이 어떻게 생겼는지, 대부분 어디에 위치해 있는지 말한 후, 호텔에는 어떤 시설이 있는지 설명하며 답변을 마무리하세요.

| ① 호텔의 모습 | 우리나라에 있는 호텔을 떠올려 보고 호텔의 모습을 묘사해 보세요. 건물의 높이나 크기, 건물의 색상에 대해 말해도 괜찮아요. |
| --- | --- |
| ② 호텔의 위치 | 대부분의 호텔이 어디에 자리 잡고 있는지, 그 위치에 있어서 좋은 점 또는 나쁜 점이 무엇인지에 대해 말하면 좋아요. |
| ③ 호텔에 있는 시설 | 호텔에 있는 식당이나 수영장, 피트니스 센터 등 호텔의 시설에 대해 한두 가지 설명해 보세요. |

**모범답변**

①The hotels in my country are quite fancy. Most of them are very tall, so they have incredible sky lounges. ②A lot of hotels are near subway stations, so they are convenient to get to. ③In the hotels, there are usually buffets or elegant restaurants. They also have fitness centers and pools. Additionally, Korean hotels have very luxuriously decorated lobbies to impress their guests.

**해석 |** 우리나라에 있는 호텔은 상당히 화려합니다. 대부분의 호텔은 매우 높기 때문에, 훌륭한 스카이라운지를 가지고 있습니다. 많은 호텔들은 지하철역 근처에 있어서 가기가 편합니다. 호텔 안에는 주로 뷔페나 품격 있는 식당들이 있습니다. 또한 피트니스 센터와 수영장도 있습니다. 게다가, 한국의 호텔들은 손님을 감동시키고자 매우 호화롭게 장식된 로비를 갖추고 있습니다.

**표현 |** The hotels in my country are ~ 우리나라의 호텔은 ~하다 **fancy** 화려한, 고급스러운 **incredible** 훌륭한 **convenient to get to** 가기가 편한 **elegant** 품격 있는 **luxuriously** 호화롭게 **impress** 감동시키다

**나의 답변** 모범답변과 표현을 참고하여 나의 답변을 완성해 보세요.

① 호텔의 모습

② 호텔의 위치

③ 호텔에 있는 시설

여기에서는 <호텔> 주제의 빈출 문제를 공략해 봅니다. 주어진 표현과 모범답변을 참고하여 답변 연습을 해보세요.

## 1 호텔을 이용하는 순서

🎧 UNIT 30 Track 2

**Q** **What do you usually do when you arrive at a hotel? Describe the steps you take when you stay at a hotel.** 당신이 호텔에 도착하면 주로 무엇을 하나요? 당신이 호텔에 숙박할 때 거치는 절차를 묘사해 주세요.

 나의 답변

> **Tip** 호텔을 이용하는 순서를 떠올려 보세요. 호텔 입구에 들어가면 가장 먼저 가는 곳이 어디인지, 짐을 어떻게 옮기는지, 방에 도착한 후 무엇을 하는지 등을 순서대로 설명하면 돼요.

☆ 호텔에 있는 시설 및 서비스
- front desk 안내 데스크
- room service 룸서비스
- business center 비즈니스 센터
- sauna 사우나
- Wi-Fi 와이파이
- fitness center and pool 피트니스 센터와 수영장

☆ 호텔에서 하는 일
- When I arrive at a hotel, I **go to the front desk to check in.**
  호텔에 도착하면, 저는 체크인을 하기 위해 안내 데스크로 갑니다.
- I **unpack my bags and relax** for a while. 저는 가방을 풀고 잠깐 휴식을 취합니다.
- I **enjoy a swim** in the pool. 저는 수영장에서 수영을 즐깁니다.
- I **take a shower** and **change my clothes.** 저는 샤워를 하고 옷을 갈아입습니다.
- I **take pictures** to post on my blog. 저는 사진을 찍어 제 블로그에 올립니다.
- I enjoy **browsing the room service menu.** 저는 룸서비스 메뉴를 훑어보는 것을 즐깁니다.
- I **sit down for a cup of coffee** in the hotel's lounge.
  저는 호텔 라운지에 앉아 커피를 한 잔 마십니다.
- I **look around the hotel** to find out what facilities there are.
  저는 어떤 시설들이 있는지 알아보려고 호텔을 둘러봅니다.

모범답변 | First, when I arrive at a hotel, I go to the front desk to check in. After I get my keys, I take my luggage to my room. I usually carry my luggage myself, but sometimes a bellhop helps me. Once I get to my room, I unpack my bags and relax for a while. Afterwards, I look around the hotel to find out what facilities there are.

해　석 | 우선, 호텔에 도착하면 저는 체크인을 하기 위해 안내 데스크로 갑니다. 키를 받은 후에, 저는 제 짐을 방으로 가져갑니다. 저는 주로 스스로 짐을 옮기지만, 어떤 때는 사환이 저를 도와줍니다. 일단 제 방에 도착하면, 저는 가방을 풀고 잠시 휴식을 취합니다. 그 후에, 저는 어떤 시설들이 있는지 알아보려고 호텔을 둘러봅니다.

## 2 기억에 남는 호텔 숙박 경험

**Q** Please describe a memorable experience you have had while staying at a hotel. What happened? What made the experience memorable? 호텔에 숙박하면서 가장 기억에 남았던 경험에 대해 묘사해 주세요. 무슨 일이 있었나요? 무엇 때문에 그 경험이 기억에 남나요?

> **Tip** 호텔에 숙박했던 경험 중 가장 기억에 남았던 일을 떠올려 보세요. 누구와 함께였고, 어떤 일이 있었는지 등을 이야기하세요. 마지막으로 그 경험에 대한 자신의 생각이나 느낌을 덧붙여 말하면 답변이 더욱 풍부해집니다.

**☆ 호텔 관련 경험**

· **When we got to the hotel, the front desk clerk upgraded us to a suite.**
저희가 호텔에 도착했을 때, 안내 데스크 직원이 저희를 스위트룸으로 업그레이드해 주었습니다.

· **The room service was incredible.** 룸서비스가 매우 훌륭했습니다.

· **I had the pool all to myself.** 저는 수영장을 혼자 독차지했습니다.

· **Their breakfast buffet was to die for.** 그곳의 조식 뷔페가 최고였습니다.

· **The view from the room was breathtaking.** 방에서의 전망이 숨이 멎을 듯 아름다웠습니다.

· **The hotel staff was friendly and always responded with a smile.**
그 호텔 직원들은 친절했고 항상 미소로 응대했습니다.

**모범답변 |** The most memorable experience I've had was when I got a room upgrade. My family had booked a regular room. However, when we got to the hotel, the front desk clerk upgraded us to a suite. The suite had much more space and a bigger TV. It even had a huge sofa. We really liked our room. I would visit this hotel again the next time I travel.

**해　석 |** 제가 겪었던 가장 기억에 남는 경험은 룸 업그레이드를 받았을 때였습니다. 저희 가족은 일반 룸을 예약했습니다. 하지만, 저희가 호텔에 도착했을 때, 안내 데스크 직원이 저희를 스위트룸으로 업그레이드해 주었습니다. 스위트룸은 훨씬 더 넓은 공간과 더 큰 TV가 있었습니다. 그 방은 심지어 커다란 소파도 있었습니다. 저희는 저희 방이 정말 좋았습니다. 저는 다음번 여행할 때 이 호텔을 다시 찾아올 것입니다.

# UNIT 31 패션

음성 바로 듣기

<패션> 주제는 Background Survey에는 없으나 OPIc 시험에 자주 등장하는 돌발 주제입니다. 이 UNIT을 통해 자주 나오는 문제와 효과적인 답변 방법을 살펴보고 답변 연습도 해보세요.

## 어떤 문제가 자주 나오나요?

<패션> 주제의 문제로 아래 문제들이 자주 출제됩니다. 이 중에서도 가장 자주 출제된 '빈출 문제'들을 중심으로 답변을 준비하는 것이 효과적입니다.

· 한국 사람들의 옷차림  빈출 문제
· 요즘 유행하는 옷 스타일
· 옷을 사는 장소

· 과거와 현재의 옷차림 변화  빈출 문제

· 최근에 옷을 산 경험  빈출 문제
· 옷을 사다가 어려움을 겪은 경험

## 어떻게 준비하나요?

■ OPIc 시험 중 미리 준비하지 않은 돌발 주제가 갑자기 나오면 당황하기 쉽습니다. 이 주제에서 자주 나오는 문제와 답변에 사용할 수 있는 표현을 미리 살펴보세요.

■ 좀 더 철저히 준비하고 싶다면 문제와 함께 제시된 표현들을 이용해 답변 연습을 해보세요.

**대표문제** **한국 사람들의 옷차림**

**I'd like to know the kinds of clothes people typically wear in your country. What do they wear when they are relaxing at home? How is it different from what they wear at work?** 당신의 나라에서 사람들이 보통 입는 옷의 종류를 알고 싶어요. 사람들은 집에서 휴식을 취할 때 무엇을 입나요? 그것은 사람들이 직장에서 입는 것과 어떻게 다른가요?

<패션> 주제로 가장 자주 나오는 문제가 바로 '한국 사람들의 옷차림'을 묻는 문제입니다. 이 문제에 어떻게 답하는지 살펴보세요.

**답변전략** 한국 사람들이 평소 무엇을 입고 다니는지 떠올려 보세요. 한국 사람들 옷차림의 간략한 특징을 말한 뒤, 집에서는 무엇을 입고, 직장에서는 무엇을 입는지 말하며 답변을 마무리하세요.

| ① 한국 사람들의 옷차림 | 한국 사람들이 다양한 스타일의 옷을 입고, 상황에 따라 적절하게 옷을 입는다고 말할 수 있어요. |
| ② 집에서의 옷차림 | 사람들이 집에서 입는 옷의 특징을 말하고, 구체적인 옷의 종류를 이야기하면 돼요. |
| ③ 직장에서의 옷차림 | 사람들이 직장에서 어떤 옷을 입는지 말한 후, 그 이유를 설명하세요. |

**모범답변**

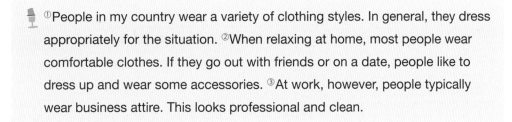

①People in my country wear a variety of clothing styles. In general, they dress appropriately for the situation. ②When relaxing at home, most people wear comfortable clothes. If they go out with friends or on a date, people like to dress up and wear some accessories. ③At work, however, people typically wear business attire. This looks professional and clean.

**해석 |** 우리나라 사람들은 다양한 스타일의 옷을 입습니다. 일반적으로, 사람들은 상황에 따라 적절하게 옷을 입습니다. 집에서 쉴 때, 대부분의 사람들은 편안한 옷을 입습니다. 만약 친구들과 놀러 나가거나 데이트하러 나갈 때, 사람들은 옷을 갖춰 입고 액세서리를 착용하는 것을 좋아합니다. 하지만, 직장에서, 사람들은 보통 비즈니스 정장을 입습니다. 이것은 전문적이고 깔끔하게 보입니다.

**표현 |** a variety of 다양한  in general 일반적으로  appropriately 적절하게  situation 상황  comfortable 편안한  dress up 옷을 갖춰 입다  typically 보통  business attire 비즈니스 정장  professional 전문적인

**나의 답변** 모범답변과 표현을 참고하여 나의 답변을 완성해 보세요.

① 한국 사람들의 옷차림

② 집에서의 옷차림

③ 직장에서의 옷차림

여기에서는 <패션> 주제의 빈출 문제를 공략해 봅니다. 주어진 표현과 모범답변을 참고하여 답변 연습을 해보세요.

## 1 과거와 현재의 옷차림 변화

🎧 UNIT 31 Track 2

**Q** Tell me about the changes in fashion trends in your country. What kind of clothes did people wear in the past? How is it different from what people wear these days? 당신의 나라의 패션 트렌드 변화에 대해 이야기해 주세요. 과거에는 사람들이 어떤 종류의 옷을 입었나요? 그 옷은 요즘 사람들이 입는 것과 어떻게 다른가요?

**나의 답변** 🎤

> **Tip** 어릴 적 유행하던 옷과 지금 유행하는 옷의 종류와 특징을 설명하세요. 옷뿐만 아니라 신발 스타일을 이야기해도 좋아요.

☆ 옷의 종류

- a jacket 재킷
- a skirt 치마
- a T-shirt 티셔츠
- skinny jeans 스키니 진
- a jersey 운동복 상의
- a dress shirt 와이셔츠
- an overcoat 오버코트
- sneakers 스니커즈 운동화
- a hoodie 후드 티셔츠
- cargo pants 카고 바지
- footwear 신발류
- garment 옷, 의류

☆ 옷차림 특징

- **This type of garment is very colorful.** 이러한 종류의 옷은 색깔이 매우 화려합니다.
- **Many people wear comfortable clothes even in the office.**
  많은 사람들이 사무실에서도 편안한 옷을 입습니다.
- **When I was young, people wore more modest clothing.**
  제가 어렸을 때, 사람들은 더 수수한 옷을 입었습니다.

**모범답변 |** When I was very young, people generally wore tight-fitting clothes. For example, my big brother always wore skinny jeans and snug T-shirts. Nowadays, people prefer to wear clothes that are more comfortable. They like oversized pants and loose-fitting hoodies. Also, sneakers are the most common type of footwear these days. Many people wear comfortable clothes even in the office.

**해  석 |** 제가 매우 어렸을 때, 사람들은 보통 몸에 꼭 맞는 옷을 입었습니다. 예를 들어, 제 형은 항상 스키니진과 꼭 끼는 티셔츠를 입었습니다. 요즘, 사람들은 더 편한 옷을 선호합니다. 그들은 매우 큰 바지와 몸에 딱 붙지 않는 후드 티셔츠를 좋아합니다. 또한, 스니커즈 운동화는 요즘 가장 일반적인 신발류입니다. 많은 사람들이 사무실에서도 편안한 옷을 입습니다.

## 2 최근에 옷을 산 경험

UNIT 31 Track 3

**Q** Tell me about the last time you went shopping for clothes. What did you buy and who did you go with? 당신이 마지막으로 옷을 사러 갔던 때에 대해 이야기해 주세요. 무엇을 샀고, 누구와 함께 갔나요?

 나의 답변

Tip 가장 마지막으로 옷을 사러 갔을 때를 떠올려 옷을 산 장소, 함께 갔던 사람, 구입한 옷의 종류를 이야기하세요. 마지막으로 그 경험에 대한 자신의 생각이나 느낌을 덧붙이면 답변이 더욱 풍부해져요.

☆ 옷을 산 시간/장소/함께 간 사람

· The last time I went shopping for clothes was last Sunday.
제가 마지막으로 옷을 사러 갔던 때는 지난 일요일이었습니다.

· I went to a shopping mall near my house. 저는 집 근처에 있는 쇼핑몰에 갔습니다.
· A week ago, I ordered a T-shirt online. 일주일 전에 저는 온라인으로 티셔츠를 주문했습니다.
· I found a nice pair of pants at Dongdaemun Market.
저는 동대문 시장에서 좋은 바지 한 벌을 찾아냈습니다.

· My sister went with me. 제 여동생이 저와 함께 갔습니다.
· I went shopping alone. 저는 혼자 쇼핑하러 갔습니다.

☆ 옷을 산 경험

· My friend recommended a stylish overcoat. 제 친구가 멋진 오버코트 한 벌을 추천해 주었습니다.
· I was very satisfied with my purchase. 저는 제가 산 옷에 매우 만족했습니다.
· The dress shirt fit me perfectly. 그 와이셔츠는 제게 딱 맞았습니다.
· I couldn't find anything I liked. 저는 마음에 드는 것을 아무것도 찾을 수 없었습니다.

**모범답변 |** The last time I went shopping for clothes was last Sunday. I went to a shopping mall near my house. It's my favorite place to shop at because it has so many stores. One of my friends has good fashion sense, so I went with her. I was looking for some coats, and she recommended a stylish overcoat. It matched my dresses well. Also, it was not too expensive. I was very satisfied with my purchase.

**해 석 |** 제가 마지막으로 옷을 사러 갔던 때는 지난 일요일이었습니다. 저는 집 근처에 있는 쇼핑몰에 갔습니다. 그곳은 상점이 매우 많아서 제가 쇼핑하기 가장 좋아하는 장소입니다. 제 친구 중 한 명은 훌륭한 패션 감각이 있으므로, 저는 그녀와 함께 갔습니다. 저는 코트를 찾고 있었는데, 그녀는 멋진 오버코트 한 벌을 추천해 주었습니다. 그 옷은 제 원피스와 잘 어울렸습니다. 또한, 그 옷은 그다지 비싸지 않았습니다. 저는 제가 산 옷에 매우 만족했습니다.

# UNIT 32 약속

음성 바로 듣기

<약속> 주제는 Background Survey에는 없으나 OPIc 시험에 자주 등장하는 돌발 주제입니다. 이 UNIT을 통해 자주 나오는 문제와 효과적인 답변 방법을 살펴보고 답변 연습도 해보세요.

## 어떤 문제가 자주 나오나요?

<약속> 주제의 문제로 아래 문제들이 자주 출제됩니다. 이 중에서도 가장 자주 출제된 '빈출 문제'들을 중심으로 시험을 준비하는 것이 효과적입니다.

· 친구들과 만나기 좋아하는 약속 장소   빈출 문제
· 주로 약속하는 사람

· 주로 하는 약속의 종류   빈출 문제
· 약속을 잡을 때 고려하는 사항

· 친구들과의 기억에 남는 약속   빈출 문제
· 최근에 했던 약속
· 인상 깊었던 약속
· 약속을 지키지 못했던 경험

## 어떻게 준비하나요?

■ OPIc 시험 중 미리 준비하지 않은 돌발 주제가 갑자기 나오면 당황하기 쉽습니다. 이 주제에서 자주 나오는 문제와 답변에 사용할 수 있는 표현을 미리 살펴보세요.

■ 좀 더 철저히 준비하고 싶다면 문제와 함께 제시된 표현들을 이용해 답변 연습을 해보세요.

**People make appointments for a variety of reasons. What kinds of appointments do you usually make with people? Who do you make them with?** 사람들은 다양한 이유로 약속을 잡습니다. 당신은 사람들과 주로 어떤 종류의 약속을 잡나요? 그 약속들을 누구와 하나요?

<약속> 주제로 가장 자주 나오는 문제가 바로 '주로 하는 약속의 종류'를 묻는 문제입니다. 이 문제에 어떻게 답하는지 살펴보세요.

**답변전략** 고객과의 미팅, 친구들과의 약속 등 자신이 주로 하는 약속을 2~3가지 정도 떠올려 보세요. 어떤 종류의 약속인지, 누구와 약속을 하는지 말한 후, 주로 만나는 시간이나 만나서 하는 일을 덧붙여 말하면 좋아요.

| | |
|---|---|
| **① 약속 종류 및 상대 1** | 회사 회의, 학교 스터디와 같은 공적인 약속에 대해 약속 시간, 약속 상대, 만나서 하는 일을 자세히 말해요. |
| **② 약속 종류 및 상대 2** | 친구들을 만나는 것과 같은 사적인 약속에 대해 주로 만나는 시간과 이유 등을 이야기할 수 있어요. |
| **③ 약속 종류 및 상대 3** | 치과 진료, 미용실 예약과 같이 예약을 해야 하는 약속을 말하고, 그 빈도와 목적에 대해 이야기해보세요. |

**모범답변**

🎤 I make many appointments with a variety of people. ①During the week, I often have business meetings with clients. We usually discuss matters related to their accounts. ②I also make social appointments with my friends from college. We usually meet on Friday nights or on weekends. This is because we are all busy working during the week. ③Every six months I have a dentist appointment. I get my teeth cleaned and checked for cavities.

**해석 |** 저는 다양한 사람들과 많은 약속을 잡습니다. 주중에, 저는 고객들과 업무상 회의가 자주 있습니다. 우리는 주로 그들의 거래와 관련된 문제에 대해 논의합니다. 저는 또한 대학교 친구들과 친목을 위한 약속을 잡습니다. 우리는 주로 금요일 밤이나 주말에 만납니다. 이것은 우리가 주중에는 일하느라 모두 바쁘기 때문입니다. 6개월마다 저는 치과 예약이 있습니다. 저는 스케일링을 하고 충치 검사를 받습니다.

**표현 |** I make appointments with ~ 나는 ~와 약속을 잡는다  a variety of 다양한  I have business meetings with ~ 나는 ~와 업무상 회의가 있다  client 고객  matter 문제  related to ~와 관련된  account 거래  get teeth cleaned 스케일링을 받다  cavity 충치

**나의 답변** 🎤 모범답변과 표현을 참고하여 나의 답변을 완성해 보세요.

**① 약속 종류 및 상대 1**

**② 약속 종류 및 상대 2**

**③ 약속 종류 및 상대 3**

여기에서는 <약속> 주제의 빈출 문제를 공략해 봅니다. 주어진 표현과 모범답변을 참고하여 답변 연습을 해보세요.

## 1  친구들과 만나기 좋아하는 약속 장소

🎧 UNIT 32 Track 2

**Q** Where do you like to meet your friends? Why do you prefer this place? Provide as many details as possible in your response. 당신은 친구들을 어디서 만나는 것을 좋아하나요? 그 장소를 왜 선호하나요? 답변에 되도록 상세한 내용을 많이 제시하세요.

 나의 답변 🎤

> **Tip** 친구들과 주로 만나는 장소를 떠올려 그 장소가 어디인지 말해요. 그리고 그곳의 장점을 몇 가지 이야기하면서 그 장소를 좋아하는 이유를 설명할 수 있어요.

☆ 약속 장소

· I usually meet my friends at **a café**. 저는 주로 카페에서 친구들을 만납니다.
· I prefer to meet my friends **somewhere quiet**.
저는 어딘가 조용한 곳에서 친구들을 만나는 것을 선호합니다.

☆ 그 장소를 좋아하는 이유

· We **can talk** together **without being interrupted**.
우리는 방해를 받지 않고 함께 이야기할 수 있습니다.
· It has **a comfortable atmosphere**. 그곳은 편안한 분위기입니다.
· It's **easy to get there**. 그곳에 가는 것은 쉽습니다.

모범답변 | I usually meet my friends at a café near my home. We like to talk together without being interrupted by other people. So we prefer somewhere quiet. The café we usually go to is very relaxing and has a comfortable atmosphere. It is never crowded or noisy, so it is our favorite place to meet.

해　석 | 저는 주로 집 근처의 카페에서 친구들을 만납니다. 우리는 다른 사람들의 방해를 받지 않고 함께 이야기하는 것을 좋아합니다. 그래서 우리는 어딘가 조용한 곳을 선호합니다. 우리가 주로 가는 카페는 매우 안락하고 편안한 분위기입니다. 그곳은 절대 붐비거나 소란스럽지 않아서, 우리가 만나기 가장 좋아하는 장소입니다.

**Q** Tell me about a particularly memorable appointment with your friends. What made this experience so unforgettable? Give me as many details as you can. 친구들과의 특히 기억에 남는 약속에 대해 이야기해 주세요. 무엇이 이 경험을 그렇게 잊을 수 없도록 만들었나요? 가능한 한 상세한 내용을 많이 알려주세요.

**나의 답변**

Tip 친구들과의 기억에 남는 약속에 대해 이야기할 때는 친구들과 밤새워 놀았던 일, 놀이공원에 갔던 일 등 특별했던 일들을 떠올려 어디서 무엇을 했는지 말해보세요.

☆ 친구들과의 기억에 남는 약속

· I met my friends at a bar. 저는 술집에서 친구들을 만났습니다.

· I went to an amusement park with my best friends.
저는 가장 친한 친구들과 놀이공원에 갔습니다.

· We stayed out until six in the morning. 우리는 아침 6시까지 밖에 있었습니다.

· It was my first visit to Everland. 그것은 저의 첫 번째 에버랜드 방문이었습니다.

· It was a very exciting day. 그날은 매우 신나는 날이었습니다.

모범답변 | One Saturday night I met my friends at a bar. We all needed to relieve stress from a busy week. Over the course of the night, we visited four more bars. We stayed out until six in the morning. Even though we were out all night, we never got bored. We enjoyed the freedom of going wherever we wanted. It was a very exciting day.

해　석 | 어느 토요일 밤 저는 술집에서 친구들을 만났습니다. 우리는 모두 바쁜 한 주로 인한 스트레스를 풀어야 했습니다. 밤새도록, 우리는 네 군데의 술집을 더 갔습니다. 우리는 아침 6시까지 밖에 있었습니다. 비록 우리는 밤새 밖에 있었지만, 전혀 지루해지지 않았습니다. 우리는 우리가 원하는 곳은 어디든지 가는 자유로움을 즐겼습니다. 그날은 매우 신나는 날이었습니다.

# UNIT 33 가구·가전

<가구·가전> 주제는 Background Survey에는 없으나 OPIc 시험에 자주 등장하는 돌발 주제입니다. 이 UNIT을 통해 자주 나오는 문제와 효과적인 답변 방법을 살펴보고 답변 연습도 해보세요.

 **어떤 문제가 자주 나오나요?**

<가구·가전> 주제의 문제로 아래 문제들이 자주 출제됩니다. 이 중에서도 가장 자주 출제된 '빈출 문제'들을 중심으로 시험을 준비하는 것이 효과적입니다.

· 좋아하는 가구·가전  빈출 문제
· 집에 있는 가구·가전
· 최근 산 가구·가전  빈출 문제
· 과거와 현재의 가구 비교

· 전자제품과 관련된 문제를 겪은 경험  빈출 문제
· 빌린 가전제품이 고장 나 겪은 문제
· 구입한 가구에 문제가 있었던 경험

 **어떻게 준비하나요?**

■ OPIc 시험 중 미리 준비하지 않은 돌발 주제가 갑자기 나오면 당황하기 쉽습니다. 이 주제에서 자주 나오는 문제와 답변에 사용할 수 있는 표현을 미리 살펴보세요.

■ 좀 더 철저히 준비하고 싶다면 문제와 함께 제시된 표현들을 이용해 답변 연습을 해보세요.

**가장 좋아하는 가구**

🎧 UNIT 33 Track 1

**Tell me about your favorite piece of furniture in your house. What does it look like? Why is it your favorite? Give me as many details as possible.** 당신이 집에서 가장 좋아하는 가구에 대해 이야기해 주세요. 그 가구는 어떻게 생겼나요? 왜 그 가구를 가장 좋아하나요? 가능한 한 상세한 내용을 많이 알려주세요.

<가구·가전> 주제로 가장 자주 나오는 문제가 바로 '가장 좋아하는 가구'를 묻는 문제입니다. 이 문제에 어떻게 답하는지 살펴 보세요.

**답변전략**    가장 좋아하는 가구에 대해 간단히 이야기하며 답변을 시작하세요. 그 후, 그 가구의 특징과 언제 구매했는지, 그리고 왜 좋아하는지 이야기하며 답변을 마무리하세요.

| | |
|---|---|
| ① 가장 좋아하는 가구 | 집에 있는 가구 중 가장 좋아하는 가구가 무엇인지 말해보세요. 가장 자주 이용하는 가구를 선택해서 말하면 좋아요. |
| ② 그 가구의 특징 | 그 가구가 어떻게 생겼는지, 사이즈는 어떤지, 어떤 특징이 있는지 설명할 수 있어요. |
| ③ 그 가구를 구매한 시기 | 그것을 언제 샀는지 이야기하면 돼요. 구매한 시기가 정확히 기억나지 않는다면 오래 전에 구매했다고 말해도 좋아요. |
| ④ 가장 좋아하는 이유 | 그 가구를 좋아하는 이유로 휴식을 취하기 완벽하다거나, 실용적이라거나, 튼튼하다 등 그 가구가 갖고 있는 장점에 대해 이야기해보세요. |

**모범답변**

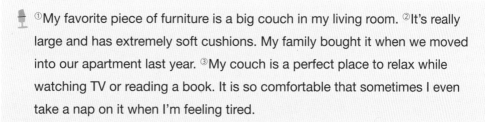

🎙 ①My favorite piece of furniture is a big couch in my living room. ②It's really large and has extremely soft cushions. My family bought it when we moved into our apartment last year. ③My couch is a perfect place to relax while watching TV or reading a book. It is so comfortable that sometimes I even take a nap on it when I'm feeling tired.

**해석** | 제가 가장 좋아하는 가구는 거실에 있는 큰 소파입니다. 그것은 정말 크고 아주 부드러운 쿠션을 가지고 있습니다. 저희 가족은 그것을 작년에 저희 아파트로 이사 올 때 샀습니다. 제 소파는 TV를 보거나 책을 읽으면서 휴식을 취하기에 완벽한 장소입니다. 그것은 정말 편안해서 가끔 저는 심지어 피곤할 때 그곳에서 낮잠을 자기도 합니다.

**표현** | **move into** ~로 이사 오다 **a perfect place to** ~하기에 완벽한 장소 **so ~ that -** 너무 ~해서 -하다 **take a nap** 낮잠을 자다

**나의 답변** 🎙 모범답변과 표현을 참고하여 나의 답변을 완성해 보세요.

    **① 가장 좋아하는 가구**

    **② 그 가구의 특징**

    **③ 그 가구를 구매한 시기**

    **④ 가장 좋아하는 이유**

여기에서는 <가구·가전> 주제의 빈출 문제를 공략해 봅니다. 주어진 표현과 모범답변을 참고하여 답변 연습을 해보세요.

###  1 최근에 산 가구

🎧 UNIT 33 Track 2

**Q**  Can you tell me about a piece of furniture you bought recently? Where did you buy that? Give me as many details as possible. 당신이 최근에 산 가구에 대해 이야기해 줄 수 있나요? 당신은 그것을 어디에서 샀나요? 가능한 한 상세한 내용을 많이 알려주세요.

**나의 답변**

> **Tip** 최근에 산 가구나 집에 있는 가구를 하나 떠올려 보세요. 그것을 구입한 장소에 대해 말한 뒤, 가구의 크기나 특징, 그리고 어떤 용도로 사용하고 있는지 말해보세요. 마지막으로 그 가구를 구매한 것에 대한 나의 느낌으로 답변을 마무리하면 좋습니다.

☆ 가구의 종류
- a desk 책상
- a bookcase 책장
- a kitchen table 식탁
- a bed 침대
- a couch 소파
- a dresser 옷장

☆ 가구를 구입한 장소
- got it at a department store 백화점에서 샀다
- ordered it from a Web site 웹사이트에서 주문했다
- found it in an antique store 골동품 상점에서 발견했다
- bought it from a second hand shop 중고상점에서 샀다

☆ 가구를 사용하는 용도
- work at this desk almost every night 이 책상에서 거의 매일 밤 일한다
- get a good night's sleep 잠을 푹 잔다
- relax with a good book 좋은 책과 함께 휴식을 취한다
- eat breakfast with my family 가족과 아침을 먹는다
- store all of my clothes 내 모든 옷을 보관한다

**모범답변 |** Recently I bought a new desk for my bedroom. I got it at a department store in Seoul. I chose a very large desk, so that I would have enough space for my computer and my books. It has two drawers. I keep all of my stationery in the drawers. I work at this desk almost every night. I am very satisfied with my purchase.

**해　석 |** 최근에 저는 제 침실을 위한 새로운 책상을 샀습니다. 저는 그것을 서울에 있는 백화점에서 샀습니다. 저는 매우 큰 책상을 선택했는데, 제 컴퓨터와 책들을 위한 충분한 공간이 있도록 하기 위해서였습니다. 그것은 두 개의 서랍을 가지고 있습니다. 저는 제 모든 문구류를 서랍에 보관합니다. 저는 이 책상에서 거의 매일 밤 일합니다. 저는 제 구매에 대해 매우 만족합니다.

## 2 전자제품과 관련된 문제를 겪은 경험

**Q** Have you experienced any problems with your electronics? Describe a recent difficulty you faced, and explain how it happened. How did you solve this problem? 당신의 전자제품과 관련된 어떤 문제를 경험한 적이 있나요? 당신이 직면한 최근의 어려움을 묘사하고, 어떻게 그 일이 일어났는지 설명해 주세요. 당신은 이 문제를 어떻게 해결했나요?

Tip 스마트폰 고장 또는 분실 등 최근 겪은 전자제품과 관련된 문제와 그 일이 어떻게 일어났는지를 말하세요. 문제를 해결한 방법으로는 서비스 센터에서 수리하거나 다른 사람에게 도움을 요청했다고 말하면 돼요.

☆ 전자제품의 종류
- smartphone 스마트폰
- laptop computer 노트북 컴퓨터
- smartwatch 스마트워치
- television 텔레비전
- camera 카메라
- tablet computer 태블릿 컴퓨터
- video camera 캠코더
- headphones 헤드폰

☆ 전자제품과 관련된 문제
- I dropped it when I was getting off the bus. 버스에서 내릴 때 그것을 떨어뜨렸습니다.
- There was a big crack in the screen. 화면에 큰 금이 갔습니다.
- The battery died. 배터리가 나갔습니다.
- The screen stopped working. 화면이 작동을 멈췄습니다.
- My laptop computer was infected with a virus. 제 노트북 컴퓨터가 바이러스에 감염되었습니다.
- I forgot my password. 제 비밀번호를 잊어버렸습니다.

☆ 전자제품 관련 문제 해결 방법
- I took it to a service center. 그것을 서비스 센터에 가져갔습니다.
- I recharged the battery. 배터리를 충전했습니다.
- I looked for a solution on the Internet. 인터넷에서 해결책을 찾아 보았습니다.
- I called the manufacturer. 제조업체에 전화했습니다.
- I rebooted the system. 시스템을 재부팅했습니다.

모범답변 | I recently had a problem with my smartphone. I accidentally dropped it when I was getting off the bus. I picked up my phone right away, but there was a big crack in the screen, and it would not turn on. The next day I took it to a service center. Fortunately, a technician was able to repair the damage.

해　석 | 최근에 제 스마트폰에 문제가 있었습니다. 저는 버스에서 내릴 때 실수로 그것을 떨어뜨렸습니다. 저는 제 스마트폰을 바로 집어 들었지만, 화면에 큰 금이 갔고 켜지지 않았습니다. 다음 날 저는 그것을 서비스 센터에 가지고 갔습니다. 다행스럽게도, 기술자가 손상을 수리할 수 있었습니다.

# UNIT 34 재활용

음성 바로 듣기

<재활용> 주제는 Background Survey에는 없으나 OPIc 시험에 자주 등장하는 돌발 주제입니다. 이 UNIT을 통해 자주 나오는 문제와 효과적인 답변 방법을 살펴보고 답변 연습도 해보세요.

## 어떤 문제가 자주 나오나요?

<재활용> 주제의 문제로 아래 문제들이 자주 출제됩니다. 이 중에서도 가장 자주 출제된 '빈출 문제'들을 중심으로 답변을 준비하는 것이 효과적입니다.

· 한국의 재활용  빈출 문제
· 재활용을 하는 물건

· 집에서 하는 재활용 과정  빈출 문제
· 과거와 현재의 재활용 방법 비교

· 재활용을 하던 중 기억에 남는 경험  빈출 문제
· 재활용을 처음 시작하게 된 계기

## 어떻게 준비하나요?

■ OPIc 시험 중 미리 준비하지 않은 돌발 주제가 갑자기 나오면 당황하기 쉽습니다. 이 주제에서 자주 나오는 문제와 답변에 사용할 수 있는 표현을 미리 살펴보세요.

■ 좀 더 철저히 준비하고 싶다면 문제와 함께 제시된 표현들을 이용해 답변 연습을 해보세요.

UNIT 34 Track 1

**대표문제** **한국의 재활용**

**How do the people in your country recycle? What items do they recycle? Tell me about the recycling system in your country in detail.** 당신의 나라의 사람들은 어떻게 재활용을 하나요? 어떤 물건을 재활용하나요? 당신의 나라의 재활용 시스템에 대해 상세히 이야기해 주세요.

<재활용> 주제로 가장 자주 나오는 문제가 바로 '한국의 재활용'을 묻는 문제입니다. 이 문제에 어떻게 답하는지 살펴보세요.

**답변전략**  한국에서는 모든 사람이 재활용을 하고 있다고 설명하며 답변을 시작합니다. 재활용품의 종류와 수거 빈도 등 재활용 절차에 대해 말한 후, 재활용에 대한 자신의 생각이나 느낌을 말하며 답변을 마무리하세요.

| | |
|---|---|
| **① 한국의 재활용 시스템** | 한국에서 모든 사람이 재활용을 하고 있다는 사실과 그 이유에 대해 말할 수 있어요. |
| **② 재활용 절차** | 어떤 종류의 물건을 어떻게 재활용하는지, 얼마나 자주 수거되는지에 대한 설명을 덧붙여도 좋아요. |
| **③ 재활용에 대한 나의 생각** | 재활용에 대해 어떻게 생각하는지를 말하세요. To be honest와 같은 문구를 앞에 붙여서 자신의 솔직한 생각을 말할 수 있어요. |

**모범답변**

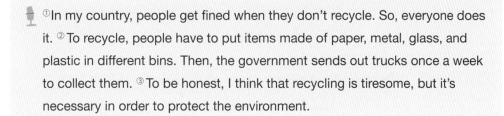

①In my country, people get fined when they don't recycle. So, everyone does it. ②To recycle, people have to put items made of paper, metal, glass, and plastic in different bins. Then, the government sends out trucks once a week to collect them. ③To be honest, I think that recycling is tiresome, but it's necessary in order to protect the environment.

**해석 |** 우리나라에서, 사람들은 재활용을 하지 않으면 벌금을 뭅니다. 따라서, 모든 사람이 재활용을 합니다. 재활용을 하기 위해서, 사람들은 종이, 금속, 유리, 그리고 플라스틱으로 만들어진 물건들을 서로 다른 쓰레기통에 넣어야 합니다. 그러면, 정부에서 일주일에 한 번씩 트럭을 보내서 이를 수거합니다. 솔직히 말해, 저는 재활용이 성가시다고 생각하지만, 그것은 환경을 보호하기 위해서 필요합니다.

**표현 |** get fined 벌금을 물다  made of ~으로 만들어진  bin 쓰레기통  send out 보내다  once a week 일주일에 한 번씩  To be honest, I think that ~ 솔직히 말해, 나는 이렇게 ~이라고 생각한다  tiresome 성가신  protect the environment 환경을 보호하다

**나의 답변**

모범답변과 표현을 참고하여 나의 답변을 완성해 보세요.

**① 한국의 재활용 시스템**

**② 재활용 절차**

**③ 재활용에 대한 나의 생각**

여기에서는 <재활용> 주제의 빈출 문제를 공략해 봅니다. 주어진 표현과 모범답변을 참고하여 답변 연습을 해보세요.

## 1 집에서 하는 재활용 과정

UNIT 34 Track 2

**Q** How do you recycle at home? When and how often do you take out recyclable items? Describe the process in detail. 당신은 집에서 어떻게 재활용을 하나요? 언제, 그리고 얼마나 자주 재활용품을 내놓나요? 그 과정을 상세히 묘사해 주세요.

**나의 답변**

**Tip** 평소에 집에서 어떻게 재활용을 하는지 떠올려 말하세요. 어떻게 재활용품을 모으고, 그것을 언제 밖에 내놓는지, 얼마나 자주 내놓는지 설명하면 돼요. 가족 중 누가 재활용품을 밖에 내놓는 역할을 담당하는지 덧붙여 말해도 좋아요.

**⭐ 재활용품**

- metal can 금속 캔
- newspapers 신문지
- plastic bag 비닐봉지
- paper cup 종이컵
- plastic bottle 플라스틱병
- cardboard box 종이 상자
- milk carton 우유 팩
- worn-out clothes 헌 옷

**⭐ 재활용을 하는 방법**

- My family **keeps several bins for different recyclable items.**
  저희 가족은 서로 다른 재활용품을 위한 통을 몇 개 두고 있습니다.
- I take the bags to the pickup area. 저는 봉투를 수거 장소로 가져갑니다.
- I sort out the recyclables. 저는 재활용품을 분류합니다.
- In our district, **the pickup is scheduled twice a week.**
  우리 동네에서는, 수거가 일주일에 두 번으로 예정되어 있습니다.

**모범답변 |** In my home, my family keeps several bins for different recyclable items. For example, we put all metal cans in a small bin next to the fridge. Newspapers and cardboard are placed in a box at the corner of the kitchen. On Thursday mornings, I take them to the pickup area. When there are many bags, my dad helps me carry them.

**해　　석 |** 저희 집에서, 저희 가족은 서로 다른 재활용품을 위한 통을 몇 개 두고 있습니다. 예를 들어, 저희는 모든 금속 캔들은 냉장고 옆에 있는 작은 통에 넣습니다. 신문지와 종이 상자는 부엌 한쪽 구석의 상자에 보관합니다. 목요일 아침마다 제가 이것들을 수거 장소로 가져갑니다. 봉투가 많을 때는 저희 아버지가 저를 도와 옮겨주십니다.

## 2 재활용을 하던 중 기억에 남는 경험

**Q** Tell me about a memorable experience you have had while recycling. What happened and what did you do? Please describe the experience in detail. 재활용을 하며 겪었던 기억에 남는

경험에 대해 이야기해 주세요. 무슨 일이 있었고, 당신은 무엇을 했나요? 그 경험에 대해 상세히 묘사해 주세요.

> **Tip** 재활용품을 넣은 쓰레기봉투가 터지거나, 재활용품을 잘못된 통에 넣은 것과 같이 재활용을 하던 중 기억에 남는
> 경험을 떠올려 그 일이 언제 어떤 상황에서 발생하게 되었는지를 말하면 돼요.

☆ 재활용을 하던 중 기억에 남는 경험

· The bag burst open suddenly. 봉투가 갑자기 터졌습니다.
· I got a cut on my ankle. 저는 발목을 베였습니다.
· I put plastic bottles into the glass recycling bin. 저는 플라스틱병을 유리 재활용 통에 넣었습니다.
· I put out the recyclables on the wrong day. 저는 재활용품을 엉뚱한 날에 내놓았습니다.
· The food waste bin was knocked over. 음식물 쓰레기통이 넘어져 있었습니다.

모범답변 | About a month ago, I hurt myself while recycling. I needed to take out dozens of empty glass bottles. I wanted to take them out all at once, so I put them in a single bag. However, the bag burst open suddenly. The bottles fell out of the bag and broke on the ground. Broken glass pieces flew everywhere, and I got a cut on my ankle. So, I had to go back inside and take care of it.

해　석 | 약 한 달쯤 전에, 저는 재활용을 하다가 다쳤습니다. 저는 수십 개의 빈 유리병을 내다 버려야 했습니다. 저는 그것들을 모두 한꺼번에 가지고 나가고 싶어서 하나의 봉투에 담았습니다. 하지만 봉투가 갑자기 터졌습니다. 병들은 봉투에서 쏟아져 나와서 바닥에 깨졌습니다. 깨진 유리 조각이 사방으로 날렸으며, 저는 발목을 베였습니다. 그래서 저는 안으로 다시 들어가서 치료해야 했습니다.

# UNIT 35 날씨

음성 바로 듣기

<날씨> 주제는 Background Survey에는 없으나 OPIc 시험에 자주 등장하는 돌발 주제입니다. 이 UNIT을 통해 자주 나오는 문제와 효과적인 답변 방법을 살펴보고 답변 연습도 해보세요.

## 어떤 문제가 자주 나오나요?

<날씨> 주제의 문제로 아래 문제들이 자주 출제됩니다. 이 중에서도 가장 자주 출제된 '빈출 문제'들을 중심으로 시험을 준비하는 것이 효과적입니다.

· 요즘 날씨 묘사  빈출 문제
· 좋아하는 날씨 묘사
· 날씨나 계절에 따른 야외활동 종류

· 예전과 지금의 날씨 변화  빈출 문제
· 날씨가 기분에 미치는 영향

· 날씨 때문에 생긴 기억에 남는 경험  빈출 문제

## 어떻게 준비하나요?

■ OPIc 시험 중 미리 준비하지 않은 돌발 주제가 갑자기 나오면 당황하기 쉽습니다. 이 주제에서 자주 나오는 문제와 답변에 사용할 수 있는 표현을 미리 살펴보세요.

■ 좀 더 철저히 준비하고 싶다면 문제와 함께 제시된 표현들을 이용해 답변 연습을 해보세요.

■ <날씨> 주제에서는 특히 계절과 관련된 문제가 자주 출제되므로, 자신이 좋아하는 계절을 하나 정한 뒤 그 계절에 대한 이야기를 답변 연습에 이용하면 좋아요.

**대표문제** **요즘 날씨 묘사**

The weather varies greatly from season to season. Tell me what the weather has been like these days. Provide as many details as possible. 날씨는 계절마다 매우 다릅니다. 요즘 날씨가 어땠는지 이야기해 주세요. 되도록 상세한 내용을 많이 제시하세요.

<날씨> 주제로 가장 자주 나오는 문제가 바로 '요즘 날씨 묘사'입니다. 이 문제에 어떻게 답하는지 살펴보세요.

**답변전략** 요즘 실제 날씨를 말해도 좋고, 자신이 가장 좋아하는 날씨를 떠올려 요즘 날씨인 것처럼 말해도 좋아요. 날씨에 대해 이야기한 후, 날씨가 자신에게 미치는 영향과 요즘 날씨에 대한 생각을 말하며 답변을 마무리하세요.

| ① 요즘 날씨 묘사 | 날씨가 '좋다', '맑다', '흐리다' 등 쉬운 표현들을 이용해서 날씨를 간단하게 묘사할 수 있어요. 다른 해에 비해 유난히 덥거나 춥다면 온도에 대해 이야기해도 좋아요. |
|---|---|
| ② 날씨가 내게 미치는 영향 | 날씨가 덥거나 추울 때 수영장 또는 스키장에 가는 것처럼 날씨 때문에 하게 되는 일들을 떠올려서 이야기해 보세요. |
| ③ 요즘 날씨에 대한 나의 생각 | 날씨가 마음에 든다면 이런 날씨가 계속되면 좋겠다는 자신의 바람을 말할 수 있어요. 반대로 날씨가 마음에 들지 않는다면 날씨가 얼른 바뀌었으면 좋겠다고 말해요. |

**모범답변**

①The weather has been really nice. It's been very sunny. It's unusually hot for this time of year. ②These days, I like being outdoors. I often meet my friends in the park. We enjoy relaxing in the sun. ③To be honest, the weather couldn't be better. I wish the weather was like this all year round.

**해석 |** 날씨가 정말 계속 좋습니다. 매우 화창합니다. 날씨가 일 년 중 이맘때치고는 유별나게 덥습니다. 요즘, 저는 야외에 있는 것을 좋아합니다. 저는 공원에서 친구들을 자주 만납니다. 우리는 햇살 아래에서 휴식을 취하는 것을 즐깁니다. 솔직히 말해, 이보다 더 좋은 날씨일 수는 없습니다. 저는 날씨가 일 년 내내 이와 같다면 좋겠습니다.

**표현 |** The weather has been ~ 날씨가 계속 ~하다  unusually 유별나게  this time of year 일 년 중 이맘때  outdoors 야외에  to be honest 솔직히 말해  I wish ~ ~라면 좋겠다

**나의 답변**

모범답변과 표현을 참고하여 나의 답변을 완성해 보세요.

① 요즘 날씨 묘사

② 날씨가 내게 미치는 영향

③ 요즘 날씨에 대한 나의 생각

여기에서는 <날씨> 주제의 빈출 문제를 공략해 봅니다. 주어진 표현과 모범답변을 참고하여 답변 연습을 해보세요.

## 1 예전과 지금의 날씨 변화

🎧 UNIT 35 Track 2

**Q** Many people feel that the weather was different when they were children. Have you noticed a change in the weather over the years? Was it different when you were young? 많은 사람들이 그들이 어렸을 때는 날씨가 달랐다고 느낍니다. 당신은 수년간 날씨의 변화를 알아차렸나요? 당신이 어렸을 때는 날씨가 달랐나요?

**나의 답변** 🎤

> **Tip** 여름이 점점 더워진다거나 겨울이 길어졌다는 등의 날씨 변화를 한두 가지 이야기하며 어렸을 때와 달라진 점에 대해 말해 보세요. 그리고 이런 변화에 대한 자신의 생각을 이야기하며 답변을 마무리하면 좋습니다.

☆ **예전과 지금의 날씨 변화**

· I feel like every **summer is hotter** than the last one.
  매 여름이 지난여름보다 더 더운 것 같습니다.

· When I was young, **the summers were not that hot.**
  제가 어렸을 때, 여름은 그렇게 덥지 않았습니다.

· **Winter lasts longer,** so it is cold even in April. 겨울이 더 길어져서, 심지어 4월에도 춥습니다.

· **We used to have four distinct seasons** in Korea. 한국은 사계절이 뚜렷했었습니다.

☆ **날씨 묘사**

| | | |
|---|---|---|
| · sunny 햇살이 좋은, 화창한 | · cloudy 구름이 낀 | · hot 무더운 |
| · good 맑은, 좋은 | · stormy 폭풍우가 몰아치는 | · warm 따뜻한 |
| · clear 맑게 갠, 청명한 | · foggy 안개가 낀 | · cool 시원한, 선선한 |
| · rainy 비가 오는 | · humid 습한 | · cold 추운 |
| · snowy 눈이 오는 | · windy 바람이 부는 | · freezing 꽁꽁 언, 매우 추운 |

**모범답변** | I feel like every summer is hotter than the last one. When I was young, the summers were not that hot. These days it feels like there is never a cool breeze. At night, I have to turn on the air conditioner. It's very unpleasant to be outside these days.

**해 석** | 매 여름이 지난여름보다 더 더운 것 같습니다. 제가 어렸을 때, 여름은 그렇게 덥지 않았습니다. 요즘은 시원한 바람이 전혀 없는 것 같습니다. 밤에, 저는 에어컨을 틀어야 합니다. 요즘 야외에 있는 것은 매우 불쾌합니다.

**Q** Have you ever experienced something memorable because of the weather? Please explain what happened and why it was memorable. Give me as many details as possible. 당신은 날씨 때문에 기억에 남는 어떤 일을 경험한 적이 있나요? 무슨 일이 있었고 그 일이 왜 기억에 남는지 설명해 주세요. 가능한 한 상세한 내용을 많이 알려주세요.

> Tip   눈이나 비가 너무 많이 와서 생겼던 일, 날씨가 너무 덥거나 추워서 생겼던 일 등을 떠올려 이야기해 보세요. 그때 날씨가 어땠는지, 날씨 때문에 어떤 일이 있었는지 구체적으로 이야기하면 좋아요.

☆ 날씨 관련 경험

· It snowed so hard that the train had to stop many times.
  눈이 너무 많이 와서 기차가 여러 번 멈춰야 했습니다.
· I slipped while climbing icy stairs. 저는 얼음이 언 계단을 오르던 중 미끄러졌습니다.
· It was so cold that I couldn't go out for several days.
  너무 추워서 저는 며칠 동안 외출할 수 없었습니다.

· I was stuck in a traffic jam because of a heavy rain. 저는 폭우 때문에 교통 체증에 갇혔습니다.
· I was ill from the heat, so I had to rest in the shade.
  저는 더위를 먹어서, 그늘에서 쉬어야 했습니다.

모범답변 | I once took a train while it was snowing. However, it snowed so hard that the train had to stop many times. Everyone was worried and wanted to get off, but there was nothing we could do. When it finally reached the next station, we all got off.

해　석 | 저는 예전에 눈이 오는 동안 기차를 탔습니다. 하지만, 눈이 너무 많이 와서 기차가 여러 번 멈춰야 했습니다. 모두가 걱정했고 기차에서 내리고 싶었지만, 우리가 할 수 있는 것은 아무것도 없었습니다. 기차가 마침내 다음 역에 도착했을 때, 우리는 모두 기차에서 내렸습니다.

음성 바로 듣기

<도서관> 주제는 Background Survey에는 없으나 OPIc 시험에 자주 등장하는 돌발 주제입니다. 이 UNIT을 통해 자주 나오는 문제와 효과적인 답변 방법을 살펴보고 답변 연습도 해보세요.

## 어떤 문제가 자주 나오나요?

<도서관> 주제의 문제로 아래 문제들이 자주 출제됩니다. 이 중에서도 가장 자주 출제된 '빈출 문제'들을 중심으로 시험을 준비하는 것이 효과적입니다.

· 자주 가는 도서관 묘사 빈출 문제
· 독특한 도서관 묘사

· 도서관에서 있었던 특별한 경험
· 최근에 도서관에 간 경험 빈출 문제
· 처음으로 도서관에 갔던 경험

· 도서관에 원하는 책이 없었던 경험
· 도서관 이용 중 겪은 문제와 해결 방법 빈출 문제

· 예전과 현재의 도서관 변화
· 어릴 때 가던 도서관과 지금 가는 도서관 비교
· 동네 도서관들 비교

## 어떻게 준비하나요?

■ OPIc 시험 중 미리 준비하지 않은 돌발 주제가 갑자기 나오면 당황하기 쉽습니다. 이 주제에서 자주 나오는 문제와 답변에 사용할 수 있는 표현을 미리 살펴보세요.

■ 좀 더 철저히 준비하고 싶다면 문제와 함께 제시된 표현들을 이용해 답변 연습을 해보세요.

🎧 UNIT 36 Track 1

**대표문제** ## 도서관 이용 중 겪은 문제와 해결 방법

**Did you ever have a problem while using a library? What was the problem and how was it resolved? Please provide as many details as possible.** 도서관을 이용하는 동안 문제를 겪은 적이 있나요? 문제가 무엇이었고 어떻게 해결되었나요? 되도록 상세한 내용을 많이 제시해 주세요.

<도서관> 주제로 가장 자주 나오는 문제가 바로 '도서관 이용 중 겪은 문제와 해결 방법'을 묻는 문제입니다. 이 문제에 어떻게 답하는지 살펴보세요.

**답변패턴** 최근 도서관 이용 중 겪은 문제를 떠올려 그에 대해 이야기하세요. 그 후, 그 문제를 해결했던 방법과 결과를 말하며 답변을 마무리하세요.

| ① 도서관에 간 목적 | 그날 도서관에 갔던 목적을 먼저 설명할 수 있어요. |
|---|---|
| ② 도서관 이용 중 겪은 문제 | '필요한 책을 이용할 수 없었다', '연체료가 많이 나왔다' 등 도서관을 이용하다가 어떤 문제가 발생했는지 이야기해 보세요. |
| ③ 해결 방법 | 그 문제를 어떻게 해결했는지 말한 후, 그 일의 최종 결과를 덧붙여 말하면 돼요. |

**모범답변**

🎙 ①Last month I went to the library to find a book for a project at work. ②Unfortunately the book I wanted was not available. Someone else had borrowed it. ③I asked the librarian for help, and she recommended a similar book about the same topic. Thanks to her assistance, I was able to complete my project successfully.

**해석** | 지난달에 저는 직장의 프로젝트를 위한 책을 찾으러 도서관에 갔습니다. 유감스럽게도 제가 원했던 책은 이용할 수 없었습니다. 다른 누군가가 그것을 빌려 갔습니다. 저는 사서에게 도움을 요청했고, 그녀는 같은 주제에 대한 비슷한 책을 추천했습니다. 그녀의 도움 덕분에 저는 제 프로젝트를 성공적으로 완료할 수 있었습니다.

**표현** | available 이용할 수 있는  librarian 사서  recommend 추천하다  thanks to ~ 덕분에  assistance 도움  complete my project successfully 내 프로젝트를 성공적으로 완료하다

**나의 답변** 🎙 모범답변과 표현을 참고하여 나의 답변을 완성해 보세요.

① 도서관에 간 목적

② 도서관 이용 중 겪은 문제

③ 해결 방법

여기에서는 <도서관> 주제의 빈출 문제를 공략해 봅니다. 주어진 표현과 모범답변을 참고하여 답변 연습을 해보세요.

##  자주 가는 도서관 묘사

🎧 UNIT 36 Track 2

**Q** Can you tell me about the library you go to most often? Where is it located, and what does it look like? Why do you go there? Please tell me about it in detail. 가장 자주 가는 도서관에 대해 이야기해 줄 수 있나요? 어디에 위치해 있고, 어떻게 생겼나요? 당신은 왜 그곳에 가나요? 그것에 대해 상세히 이야기해 주세요.

> **Tip** 평소 자주 가는 도서관을 떠올려 보세요. 도서관이 어디에 위치하고, 도서관 건물이 어떻게 생겼는지를 말하세요. 거리가 가깝다거나, 시설이 편리하다는 등 그 도서관에 자주 가는 이유를 이야기하며 답변을 마무리하면 좋습니다.

☆도서관 이용

· There are many **cozy nooks for reading.** 독서를 위한 아늑한 공간이 많이 있습니다.
· The study rooms are **perfect for group projects.** 스터디룸은 그룹 프로젝트에 안성맞춤입니다.
· Library members can use the lockers **free of charge.**
  도서관 회원은 사물함을 무료로 사용할 수 있습니다.
· There is **an automated book return service.** 자동 도서 반납 서비스가 있습니다.
· I can watch movies in **the library's multimedia section.**
  도서관의 멀티미디어 구역에서 영화를 볼 수 있습니다.

☆도서관의 분위기

· The atmosphere in the library is **relaxing and pleasant.**
  도서관의 분위기가 편안하고 쾌적합니다.
· It is **dead quiet** in the library. 도서관은 쥐 죽은 듯이 조용합니다.
· The library **feels quite stuffy** sometimes. 도서관은 가끔 상당히 답답하게 느껴집니다.

**모범답변 |** I mostly go to the library in my neighborhood. It's located close to my house, so I can easily walk there. It's a huge brick building with many windows. I like going to this library because there are many cozy nooks for reading. Also, its atmosphere is relaxing and pleasant.

**해    석 |** 저는 주로 저희 동네에 있는 도서관에 갑니다. 도서관은 저희 집 가까이에 위치해 있어서 그곳에 쉽게 걸어갈 수 있습니다. 그곳은 창문이 많이 있는 거대한 벽돌 건물입니다. 그곳은 독서를 위한 아늑한 공간이 많이 있기 때문에 저는 이 도서관에 가는 것을 좋아합니다. 또한, 그곳의 분위기는 편안하고 쾌적합니다.

**Q** Tell me about your most recent visit to the library. When did you go? Who did you go with? What did you do there? Please provide as many details in your response as possible. 당신의 가장 최근 도서관 방문에 대해 이야기해 주세요. 언제 갔나요? 누구와 갔나요? 그곳에서 무엇을 했나요? 되도록 답변에 상세한 내용을 많이 제시하세요.

 나의 답변

> **Tip** 가장 최근의 도서관 방문에 대해 떠올려 보세요. 언제 갔는지, 누구와 갔는지, 그곳에서 무엇을 했는지를 말하세요. 그때 한 활동과 대출한 책에 대해 구체적으로 이야기하면 좋아요.

☆ 도서관에 간 목적

· get some books for one of his classes 그의 수업 중 하나를 위한 책 몇 권을 얻다
· find something fun to read 읽기 재미있는 무언가를 찾다
· do research for an assignment 과제를 위한 조사를 하다
· pick up a book I had reserved 내가 예약한 책을 가져가다
· attend a public reading 낭독회에 참석하다

☆ 도서관 시설

| | |
|---|---|
| · nonfiction section 논픽션 구역 | · information desk 안내 데스크 |
| · children's section 아동 도서 구역 | · book drop 무인 도서 반환함 |
| · periodicals section 정기 간행물 구역 | · circulation desk 대출대 |
| · multimedia room 멀티미디어실 | · self-checkout 셀프 대출대 |

**모범답변 |** My most recent visit to the library was a few days ago. I went with my younger brother. He wanted to get some books for one of his classes. I took him to the nonfiction section, and then I wandered around looking at novels. I found one by my favorite author that I hadn't read before. After that, my brother and I checked out our books and went home.

**해　석 |** 제 가장 최근 도서관 방문은 며칠 전입니다. 저는 제 남동생과 갔습니다. 그는 자기 수업 중 하나를 위해 책 몇 권을 얻길 원했습니다. 저는 그를 논픽션 구역으로 데려갔고, 그 후 저는 소설들을 둘러보며 돌아다녔습니다. 저는 제가 가장 좋아하는 작가가 쓴 이전에 읽은 적 없는 소설 하나를 찾았습니다. 그 후, 제 남동생과 저는 저희 책을 대출해서 집에 갔습니다.

# 롤플레이 공략하기

'롤플레이 공략하기'에서는 OPIc 시험에서 제시하는 특정 상황에서 연기를 해야 하는 특수한 유형의 문제를 다룹니다. 생각보다 답변하기 어렵지 않으니 가벼운 마음으로 준비해 두세요.

| 음성 바로 듣기 |

# UNIT 37 면접관에게 질문하기

롤플레이의 <면접관에게 질문하기>는 면접관에게 특정 주제에 대해 3~4가지 질문을 하는 유형으로 "Ask me three or four questions."라는 음성이 나오는 것이 특징입니다. 이 UNIT을 통해 자주 나오는 문제와 효과적인 답변 방법을 살펴보고 답변 연습도 해보세요.

## 어떤 문제가 자주 나오나요?

<면접관에게 질문하기> 유형으로 아래 문제들이 자주 출제됩니다. 이 중에서 Background Survey에서 자신이 선택할 설문 주제, 그리고 돌발 주제를 중심으로 시험을 준비하는 것이 효과적입니다.

· 면접관이 다니는 대학교에 대해 질문하기  설문-학생
· 면접관의 새집에 대해 질문하기  설문-거주지
· 면접관의 가족에 대해 질문하기  설문-거주지
· 면접관이 좋아하는 영화 장르에 대해 질문하기  설문-영화 보기
· 면접관의 수영 습관에 대해 질문하기  설문-수영
· 면접관이 여행 갈 곳에 대해 질문하기  설문-국내·해외여행
· 면접관이 다니는 도서관에 대해 질문하기  돌발-도서관

## 어떻게 준비하나요?

■ 대표문제를 통해 이 유형의 문제에 어떻게 답하는지 살펴보세요. 그런 다음 핵심 답변 패턴을 익혀 나의 답변을 준비하고 연습해 보세요.

**대표문제** **면접관의 가족에 대해 질문하기**

**I also live with my family now. Now ask me three or four questions about my family.**
저 또한 지금 가족과 함께 삽니다. 저희 가족에 대해 제게 서너 가지 질문을 해보세요.

<면접관에게 질문하기> 유형에서 가장 대표적으로 나오는 문제가 바로 '면접관의 가족에 대해 질문하기'입니다. 이 문제에 답할 때 유용하게 사용할 수 있는 답변 패턴들을 살펴보고, 이 패턴들이 답변에 어떻게 사용되는지 알아보세요.

**답변패턴**

| ① 집의 위치 질문하기 | **Where is your 장소 located?** 당신의 ~은 어디에 위치해 있나요? |
| ② 가족과 주로 무엇을 하는지 질문하기 | **What do you usually do with 사람?** 당신은 ~와 주로 무엇을 하나요? |
| ③ 가족이 어떻게 생겼는지 질문하기 | **What does 사람 look like?** ~은 어떻게 생겼나요? |

**모범답변**

🎙 It is interesting that you live with your family as well. ①Where is your family's house located? I live near the World Cup Stadium. ②What do you usually do with your family? I often hang out with my sister. ③What does your father look like? How much do you look like him?

해설ㅣ 답변 패턴에 있는 질문 3~4개만 말해도 충분합니다. 여기에 "It is interesting that(~이 흥미롭네요)"을 사용하여 자연스럽게 답변을 시작하거나, 패턴 사이사이에 관련된 내용을 추가해 말해도 좋습니다.

① 집의 위치를 질문할 때는 'Where is your 장소 located?' 패턴을 사용해서 말해요.

② 가족과 주로 무엇을 하는지 질문할 때는 What do you usually do with 다음에 your family(가족)를 붙여 말해요. family 대신 father(아버지), mother(어머니) 등을 붙여 이야기할 수도 있어요.

③ 가족이 어떻게 생겼는지 질문할 때는 'What does 사람 look like?' 패턴을 사용할 수 있어요.

해석ㅣ 당신도 가족과 함께 살고 있다는 것이 흥미롭네요. 당신의 가족의 집은 어디에 위치해 있나요? 저는 월드컵 경기장 근처에 살고 있습니다. 당신은 가족과 주로 무엇을 하나요? 저는 언니와 자주 놀아요. 당신의 아버지는 어떻게 생겼나요? 당신은 그를 얼마나 많이 닮았나요?

<면접관에게 질문하기> 유형의 여러 OPIc 문제에 유창하게 답변할 수 있도록 가장 핵심적인 답변 패턴들을 익혀두세요.

🎧 UNIT 37 Track 2

좋아하는 사람/사물 질문하기

**Who/What is your favorite** 사람/사물 **?** 당신이 가장 좋아하는 ☐ 은 누구/무엇인가요?

좋아하는 사람이나 사물 대신 '장소'에 대해 물어보고 싶다면 의문사 Where(어디에)를 사용할 수 있어요.

**Who is your favorite professor?** 당신이 가장 좋아하는 교수님은 누구인가요?
**What is your favorite facility?** 당신이 가장 좋아하는 시설은 무엇인가요?

이유 질문하기

**Why do you** 하는 일 **?** 당신은 왜 ~하나요?

현재 하는 일에 대한 이유를 물을 때는 do를 사용해요. 만약 과거에 했던 일에 대한 이유를 묻고 싶다면 did를 사용하세요.

**Why do you enjoy swimming?** 당신은 왜 수영하는 것을 즐기나요?

위치 질문하기

**Where is your** 장소 **located?** 당신의 ☐ 은 어디에 위치해 있나요?

좀 더 간단하게 말하고 싶다면 위 패턴에서 located를 빼고 말해도 괜찮아요. 자신이 좀 더 외우기 쉬운 표현으로 이야기하세요.

**Where is your university located?** 당신의 대학교는 어디에 위치해 있나요?

얼마나 자주 하는지 질문하기

**How often do you** 하는 일 **?** 당신은 얼마나 자주 ~하나요?

How often(얼마나 자주)은 빈도를 물을 때 사용되는 표현이에요. How often을 한 덩어리로 외워두면 유용하게 사용할 수 있어요.

**How often do you go swimming?** 당신은 얼마나 자주 수영을 하나요?

누구와 주로 무엇을 하는지 질문하기

패턴
5

# What do you usually do with 사람? 당신은 ☐ 와 주로 무엇을 하나요?

위 패턴에서 'with + 사람' 대신 on a trip(여행할 때)과 같은 시간이나 at home(집에서)과 같은 장소 표현을 붙여서, 어떤 시간이나 장소에서 주로 무엇을 하는지도 질문할 수 있어요.

**What do you usually do with your family?** 당신은 가족과 주로 무엇을 하나요?

누구와 함께하는지 질문하기

패턴
6

# Who do you usually 하는 일 with? 당신은 주로 누구와 함께 ~하나요?

Who do you usually 다음에는 go와 같은 동사원형을 붙여서 질문하세요.

**Who do you usually go swimming with?** 당신은 주로 누구와 함께 수영을 하나요?

어떻게 생겼는지 질문하기

패턴
7

# What does 사람·사물 look like? ☐ 은 어떻게 생겼나요?

위 패턴에서 사람이나 사물 대신 campus(학교)와 같은 '장소'를 넣어 말하면, 그 장소가 어떻게 생겼는지도 질문할 수 있어요.

**What does your father look like?** 당신의 아버지는 어떻게 생겼나요?

가장 좋아하는 종류가 무엇인지 질문하기

패턴
8

# What type of 대상 do you like the most? 당신은 어떤 종류의 ☐ 을 가장 좋아하나요?

What type of(어떤 종류의)는 종류를 물을 때 사용할 수 있는 표현이에요. 위 패턴에서 like 대신 hate를 사용하면 가장 싫어하는 종류가 무엇인지 질문할 수 있어요.

**What type of movie do you like the most?** 당신은 어떤 종류의 영화를 가장 좋아하나요?

여기에서는 <면접관에게 질문하기> 유형의 빈출 문제를 공략해 봅니다. Background Survey에서 선택할 설문 주제, 그리고 돌발 주제 문제를 중심으로 앞에서 배운 답변 패턴을 이용해 어떤 질문을 할 수 있는지 살펴보세요.

## 1 면접관이 다니는 대학교에 대해 질문하기 🎧 UNIT 37 Track 3 설문-학생

**Q** I am currently a student at Harvard University. Please ask me three or four questions about Harvard University. 저는 현재 하버드대학교 학생입니다. 하버드대학교에 대해 제게 서너 가지 질문을 해보세요.

 핵심 답변

> **Tip** 면접관이 다니는 대학교에 대해 질문할 때는 학교를 선택한 이유, 좋아하는 교수님, 학교의 모습에 대해 물어볼 수 있어요.
>
> · Why did you choose that school? 당신은 왜 그 학교를 선택했나요?
> · Who is your favorite professor? 당신이 가장 좋아하는 교수님은 누구인가요?
> · What does the campus look like? 그 캠퍼스는 어떻게 생겼나요?

## 2 면접관의 새집에 대해 질문하기 🎧 UNIT 37 Track 4 설문-거주자

**Q** I moved into a new house recently. Ask me three or four questions about my house.
저는 최근에 새집으로 이사했습니다. 저희 집에 대해 제게 서너 가지 질문을 해보세요.

 핵심 답변

> **Tip** 면접관의 새집에 대해 질문할 때는 집의 위치, 모습, 이사한 이유 등을 물어보면 돼요.
>
> · Where is your new house located? 당신의 새집은 어디에 위치해 있나요?
> · What does your new house look like? 당신의 새집은 어떻게 생겼나요?
> · Why did you move into that house? 당신은 왜 그 집으로 이사했나요?

## 3 면접관이 좋아하는 영화 장르에 대해 질문하기 🎧 UNIT 37 Track 5 설문-영화 보기

**Q** I enjoy going to the movies. Ask me three or four questions about the kinds of movies I like. 저는 영화 보러 가는 것을 즐깁니다. 제가 좋아하는 영화 종류에 대해 제게 서너 가지 질문을 해보세요.

 핵심 답변

> **Tip** 면접관이 좋아하는 영화 장르에 대해 질문할 때는 좋아하는 영화의 종류, 이유를 물어보거나, 영화를 보는 빈도, 함께 영화 보러 가는 사람에 대해 질문해도 좋아요.
>
> · What type of movie do you like the most? 당신은 어떤 종류의 영화를 가장 좋아하나요?
> · Why do you like that type of movie? 당신은 왜 그 종류의 영화를 좋아하나요?
> · How often do you watch movies? 당신은 얼마나 자주 영화를 보나요?
> · Who do you usually go to the movies with? 당신은 주로 누구와 함께 영화를 보러 가나요?

**4** **면접관의 수영 습관에 대해 질문하기** 🎧 UNIT 37 Track 6 설문-수영

**Q** I also enjoy swimming. Please ask me three or four questions about my swimming habits. 저도 수영을 즐깁니다. 저의 수영 습관에 대해 제게 서너 가지 질문을 해보세요.

> Tip 면접관의 수영 습관에 대해 질문할 때는 수영을 즐기는 이유와 빈도, 함께 수영을 가는 사람, 좋아하는 영법 등을 물으면 됩니다.
>
> · Why do you enjoy swimming? 당신은 왜 수영하는 것을 즐기나요?
> · How often do you go swimming? 당신은 얼마나 자주 수영을 하나요?
> · Who do you usually go swimming with? 당신은 주로 누구와 함께 수영을 가나요?
> · What type of stroke do you like the most? 당신은 어떤 종류의 영법을 가장 좋아하나요?

**5** **면접관이 여행 갈 곳에 대해 질문하기** 🎧 UNIT 37 Track 7 설문-국내·해외여행

**Q** I'm planning to go to Vancouver in Canada. Ask me three or four questions about Vancouver. 저는 캐나다의 밴쿠버에 갈 계획이에요. 밴쿠버에 대해 제게 서너 가지 질문을 해보세요.

> Tip 면접관이 여행 갈 도시에 대해 질문할 때는 그 도시에 가려는 이유, 그곳에서 가장 좋아하는 장소, 여행할 때 주로 하는 일, 호텔의 위치 등을 물을 수 있습니다.
>
> · Why did you decide to go there? 당신은 왜 그곳에 가기로 결정했나요?
> · Where is your favorite place in Vancouver?
> 당신이 밴쿠버에서 가장 좋아하는 장소는 어디인가요?
> · What do you usually do on a trip? 당신은 여행할 때 주로 무엇을 하나요?
> · Where is your hotel located? 당신의 호텔은 어디에 위치해 있나요?

**6** **면접관이 다니는 도서관에 대해 질문하기** 🎧 UNIT 37 Track 8 돌발-도서관

**Q** I go to the library often. Ask me three or four questions about the library I go to.
저는 도서관에 자주 다닙니다. 제가 다니는 도서관에 대해 제게 서너 가지 질문을 해보세요.

> Tip 면접관이 다니는 도서관에 대해 질문할 때는 도서관의 모습, 도서관에 가는 빈도, 함께 도서관에 가는 사람, 좋아하는 시설에 대해 물을 수 있어요.
>
> · What does the library look like? 도서관은 어떻게 생겼나요?
> · How often do you visit the library? 당신은 얼마나 자주 도서관을 방문하나요?
> · Who do you usually go to the library with? 당신은 주로 누구와 함께 도서관에 가나요?
> · What is your favorite facility in the library?
> 도서관에서 당신이 가장 좋아하는 시설은 무엇인가요?

롤플레이의 <주어진 상황에서 직접 질문하기>는 면접관이 제시하는 특정 상황에 맞는 질문을 3~4가지 하는 유형으로 "Ask ~ three or four questions."라는 음성이 나오는 것이 특징입니다. 이 UNIT을 통해 자주 나오는 문제와 효과적인 답변 방법을 살펴보고 답변 연습도 해보세요.

## 어떤 문제가 자주 나오나요?

<주어진 상황에서 직접 질문하기> 유형으로 아래 문제들이 자주 출제됩니다. 이 중에서 Background Survey에서 자신이 선택할 설문 주제, 그리고 돌발 주제를 중심으로 시험을 준비하는 것이 효과적입니다.

· 듣고 싶은 수업에 대해 수강 관리자에게 질문하기  설문-학생
· 새로 시작할 프로젝트에 대해 상사에게 질문하기  설문-직장인
· 새 스마트폰을 산 친구에게 질문하기  돌발-가구·가전
· 요리 재료를 사기 위해 점원에게 질문하기  설문-요리하기
· 카페 메뉴에 대해 직원에게 질문하기  설문-카페/커피전문점에 가기
· 비행기 연착에 대해 안내 직원에게 질문하기  설문-국내·해외여행
· 사고 싶은 옷에 대해 점원에게 질문하기  설문-쇼핑하기

## 어떻게 준비하나요?

■ 대표문제를 통해 이 유형의 문제에 어떻게 답하는지 살펴보세요. 그런 다음 핵심 답변 패턴을 익혀 나의 답변을 준비하고 연습해 보세요.

**대표문제** ## 사고 싶은 옷에 대해 점원에게 질문하기

I am going to give you a situation to act out. You are in a department store to purchase new clothes. Ask the salesclerk three or four questions about clothes you would like to buy. 당신에게 연기할 상황을 드릴게요. 당신은 새 옷을 구입하기 위해 백화점에 있습니다. 당신이 사고 싶은 옷에 대해 점원에게 서너 가지 질문을 해보세요.

<주어진 상황에서 직접 질문하기> 유형에서 가장 대표적으로 나오는 문제가 바로 '사고 싶은 옷에 대해 점원에게 질문하기'입니다. 이 문제에 답할 때 유용하게 사용할 수 있는 답변 패턴들을 살펴보고, 이 패턴들이 답변에 어떻게 사용되는지 알아보세요.

**답변패턴**

| ① 옷의 위치 질문하기 | **Where can I find 물건?** ~은 어디서 찾을 수 있나요? |
| ② 가격 질문하기 | **How much does 물건 cost?** ~은 얼마인가요? |
| ③ 도움 요청하기 | **Could you help me 특정한 일?** ~하는 것 좀 도와주시겠어요? |
| ④ 다른 물건이 있는지 질문하기 | **Do you have other 물건?** 다른 ~이 있나요? |

**모범답변**

🎤 Hi, I'd like to buy a shirt for the summer. ①Where can I find shirts? ②How much does this shirt cost? ③Could you help me find a larger size? I think this one is too small. ④Do you have other styles in stock? Thank you for your help.

해설 | 답변 패턴에 있는 질문 3~4개만 말해도 충분합니다. 여기에 "Hi, I'd like to ~(안녕하세요, 저는 ~하고 싶어요)"로 자연스럽게 답변을 시작하고, "Thank you for your help(도와주셔서 감사합니다)."를 사용해 마무리해도 좋습니다.

① **옷의 위치를 질문할 때는** Where can I find 다음에 shirts(셔츠), skirts(치마), pants(바지)와 같이 자신이 찾는 물건을 붙여 말할 수 있어요.

② **가격이 얼마인지 질문할 때는** 'How much does 물건 cost?' 패턴을 사용해서 말해요.

③ **도움을 요청할 때는** Could you help me 다음에 find와 같은 '동사원형'을 붙여 어떤 도움이 필요한지 말해요.

④ **다른 물건이 있는지 질문할 때는** 'Do you have other 물건?' 패턴을 사용해서 말해요. 물건 대신 styles나 types를 넣어 다른 스타일이나 종류가 있는지 물어볼 수 있어요.

해석 | 안녕하세요, 저는 여름용 셔츠를 사고 싶어요. 셔츠는 어디서 찾을 수 있나요? 이 셔츠는 얼마인가요? 더 큰 치수를 찾는 것 좀 도와주시겠어요? 이 셔츠는 너무 작은 것 같네요. 다른 스타일들이 있나요? 도와주셔서 감사합니다.

<주어진 상황에서 직접 질문하기> 유형의 여러 OPIc 문제에 유창하게 답변할 수 있도록 가장 핵심적인 답변 패턴들을 익혀두세요.

🎧 UNIT 38 Track 2

물건의 위치 질문하기

## Where can I find 물건? ☐ 은 어디서 찾을 수 있나요?

물건의 위치를 좀 더 간단하게 질문하고 싶다면 'Where is/are 물건?'이라 말해도 돼요. 위 패턴과 함께 익혀 물건의 위치를 여러 번 물어볼 때 유용하게 사용하세요.

**Where can I find these ingredients?**　　이 재료들은 어디서 찾을 수 있나요?

가격 질문하기

## How much does 물건 cost? ☐ 은 얼마인가요?

How much(얼마)는 물건의 가격을 물을 때 자주 사용되는 표현이에요. '물건'에 that smartphone과 같은 단수 명사를 넣어 말하고 싶다면 does를, these carrots와 같은 복수 명사를 넣어 말하고 싶다면 do를 사용하세요.

**How much does that smartphone cost?**　　그 스마트폰은 얼마인가요?

언제 시작하는지 질문하기

## When will 일정 start? ☐ 은 언제 시작하나요?

will은 미래를 나타내는 조동사예요. '일정'에 수업, 프로젝트 등을 넣으면 앞으로 그 수업 또는 프로젝트가 언제 시작하는지 물어볼 수 있어요.

**When will the class start?**　　그 수업은 언제 시작하나요?

얼마나 오래 걸릴지 질문하기

## How long will 상황? 얼마나 오래 ~하나요?

How long(얼마나 오래)은 어떤 상황에 소요되는 시간을 물을 때 자주 사용되는 표현이에요. will 다음에는 '주어 + 동사'의 절 형태를 붙여서 말해요.

**How long will the project take?**　　그 프로젝트는 얼마나 오래 걸리나요?

다른 물건이 있는지 질문하기

**패턴 5**

# Do you have other 물건? 다른 ▢ 이 있나요?

쇼핑 중 자신이 보고 있는 물건이 마음에 들지 않거나 다른 물건도 보고 싶을 때 사용할 수 있는 패턴이에요.

**Do you have other types of cheese?**   다른 종류의 치즈가 있나요?

특정한 일이 가능한지 질문하기

**패턴 6**

# Is it possible to 특정한 일? ▢ 할 수 있을까요?

possible(가능한)은 자신이 원하는 일이 가능한지 물어볼 때 사용하는 단어예요. to 다음에는 book과 같은 '동사원형'을 붙이세요.

**Is it possible to book an earlier flight?**   좀 더 빠른 항공편을 예약할 수 있을까요?

이유/방법 질문하기

**패턴 7**

# Could you tell me why/how 궁금한 점? 왜/어떻게 ~하는지 알려주실 수 있나요?

why 다음에는 '주어 + 동사'의 절 형태를, how 다음에는 'to + 동사원형'을 사용해서 말해요. 이유나 방법 대신 '누구'인지 질문하고 싶다면 Could you tell me who 다음에 '주어 + 동사'의 절 형태를 붙여서 말해보세요.

**Could you tell me <u>why</u> the flight will be delayed?**   왜 항공편이 연착될 것인지 알려주실 수 있나요?
**Could you tell me <u>how</u> to play the next song?**   어떻게 다음 곡을 재생하는지 알려주실 수 있나요?

도움 요청하기

**패턴 8**

# Could you help me 특정한 일? ~하는 것 좀 도와주시겠어요?

help는 'help + 목적어 + (to) 동사원형'의 형태로 사용될 수 있는데, 이때 to를 생략하고 말할 수 있어요.

**Could you help me register for the class?**   수강 신청하는 것 좀 도와주시겠어요?

# 빈출 문제 공략

여기에서는 <주어진 상황에서 직접 질문하기> 유형의 빈출 문제를 공략해 봅니다. Background Survey에서 선택할 설문 주제, 그리고 돌발 주제 문제를 중심으로 앞에서 배운 답변 패턴을 이용해 어떤 질문을 할 수 있는지 살펴보세요.

## 1 듣고 싶은 수업에 대해 수강 관리자에게 질문하기 🎧 UNIT 38 Track 3 `설문-학생`

**Q** I am going to give you a situation to act out. You'd like to take a writing class. Ask the course director three or four questions about the class. 당신에게 연기할 상황을 드릴게요. 당신은 작문 수업을 듣고 싶어 합니다. 수강 관리자에게 수업에 대해 서너 가지 질문을 해보세요.

**핵심 답변** 🎤

> **Tip** 듣고 싶은 수업에 대해 물을 때는 수업이 언제 시작하는지, 얼마나 오래 진행되는지, 수강 신청을 도와줄 수 있는지 등을 질문할 수 있어요.
>
> · When will the class start? 그 수업은 언제 시작하나요?
> · How long will the class run for? 얼마나 오래 수업이 진행되나요?
> · Could you help me register for the class? 수강 신청하는 것 좀 도와주시겠어요?

## 2 새로 시작할 프로젝트에 대해 상사에게 질문하기 🎧 UNIT 38 Track 4 `설문-직장인`

**Q** I am going to give you a situation to act out. You are about to start working on a new project. Ask your boss three or four questions about it. 당신에게 연기할 상황을 드릴게요. 당신은 새로운 프로젝트를 곧 시작하려고 합니다. 당신의 상사에게 그 프로젝트에 대해 서너 가지 질문을 해보세요.

**핵심 답변** 🎤

> **Tip** 새로 시작할 프로젝트에 대해 질문할 때는 프로젝트 시작 시기, 함께 일하게 될 사람, 프로젝트 소요 기간 등을 질문할 수 있어요.
>
> · When will the project start? 그 프로젝트는 언제 시작하나요?
> · Could you tell me who I will be working with?
>   누가 저와 함께 일하게 될지 알려주실 수 있나요?
> · How long will the project take? 그 프로젝트는 얼마나 오래 걸리나요?

## 3 새 스마트폰을 산 친구에게 질문하기 🎧 UNIT 38 Track 5 `돌발-가구·가전`

**Q** I am going to give you a situation to act out. Your friend recently bought a new smartphone. Ask your friend three or four questions about his or her new smartphone. 당신에게 연기할 상황을 드릴게요. 당신의 친구가 최근에 새 스마트폰을 샀습니다. 당신의 친구에게 그 또는 그녀의 새 스마트폰에 대해 서너 가지 질문을 해보세요.

**핵심 답변** 🎤

> **Tip** 새 스마트폰에 대해 질문할 때는 스마트폰의 가격, 해당 모델을 선택한 이유, 배터리 지속 시간 등을 질문할 수 있어요.
>
> · How much does that smartphone cost? 그 스마트폰은 얼마니?
> · Could you tell me why you chose that model? 왜 그 모델을 선택했는지 알려줄 수 있니?
> · How long will the battery last? 배터리는 얼마나 오래 지속되니?

**4** 요리 재료를 사기 위해 점원에게 질문하기 🎧 UNIT 38 Track 6 〔설문-요리하기〕

**Q** I am going to give you a situation to act out. You are looking for ingredients for a special dinner at the supermarket. Ask an employee there three or four questions about the ingredients. 당신에게 연기할 상황을 드릴게요. 당신은 슈퍼마켓에서 특별한 저녁 식사를 위한 재료들을 찾고 있습니다. 그곳 직원에게 재료들에 대해 서너 가지 질문을 해보세요.

> **Tip** 요리 재료를 사기 위해 질문할 때는 재료의 위치, 재료를 찾는 것을 도와줄 수 있는지, 다른 종류의 재료가 있는지, 가격은 얼마인지 등을 질문할 수 있어요.
>
> · Where can I find these ingredients?   이 재료들은 어디서 찾을 수 있나요?
> · Could you help me find the tomato sauce?   그 토마토소스를 찾는 것 좀 도와주시겠어요?
> · Do you have other types of cheese?   다른 종류의 치즈가 있나요?
> · How much do these carrots cost?   이 당근들은 얼마인가요?

**5** 카페 메뉴에 대해 직원에게 질문하기 🎧 UNIT 38 Track 7 〔설문-카페/커피전문점에 가기〕

**Q** I am going to give you a situation to act out. You are at a café, but your favorite drink is not on the menu. Ask three or four questions about the menu to the café employee. 당신에게 연기할 상황을 드릴게요. 당신은 카페에 있는데, 당신이 가장 좋아하는 음료가 메뉴에 없습니다. 카페 직원에게 메뉴에 대해 서너 가지 질문을 해보세요.

> **Tip** 카페 메뉴에 대해 직원에게 질문할 때는 차가운 음료를 주문할 수 있는지, 다른 음료가 있는지, 가격은 얼마인지 등을 질문할 수 있어요.
>
> · Is it possible to get iced tea?   아이스티를 주문할 수 있을까요?
> · Do you have other types of coffee?   다른 종류의 커피가 있나요?
> · How much does an extra shot of espresso cost?   에스프레소 샷 추가는 얼마인가요?

**6** 비행기 연착에 대해 안내 직원에게 질문하기 🎧 UNIT 38 Track 8 〔설문-국내·해외여행〕

**Q** I am going to give you a situation to act out. You are waiting at the airport and have found out that your flight will be delayed two hours. Ask three or four questions about the delay to the person at the information desk. 당신에게 연기할 상황을 드릴게요. 당신은 공항에서 기다리는 중이고 당신의 항공편이 2시간 지연될 것임을 알게 되었습니다. 안내 데스크 직원에게 항공편 지연에 대해 서너 가지 질문을 해보세요.

> **Tip** 비행기가 연착되는 것에 대해 질문할 때는 비행기가 연착되는 이유가 무엇인지, 이용할 수 있는 다른 항공편이 있는지, 다른 항공편을 예약할 수 있는지 등을 질문할 수 있어요.
>
> · Could you tell me why the flight will be delayed?
>   왜 항공편이 연착될 것인지 알려주실 수 있나요?
> · Do you have other flights available?   이용할 수 있는 다른 항공편이 있나요?
> · Is it possible to book another flight?   다른 항공편을 예약할 수 있을까요?

롤플레이의 <주어진 상황에서 전화로 질문하기>는 면접관이 제시하는 전화 통화 상황에 맞는 질문을 3~4가지 하는 유형으로 "Call and ask three or four questions."라는 음성이 나오는 것이 특징입니다. 이 UNIT을 통해 자주 나오는 문제와 효과적인 답변 방법을 살펴보고 답변 연습도 해보세요.

### 어떤 문제가 자주 나오나요?

<주어진 상황에서 전화로 질문하기> 유형으로 아래 문제들이 자주 출제됩니다. 이 중에서 Background Survey에서 자신이 선택할 설문 주제, 그리고 돌발 주제를 중심으로 시험을 준비하는 것이 효과적입니다.

· 듣고 싶은 수업에 대해 전화로 질문하기  설문-학생
· 신제품에 대해 전화로 질문하기  설문-직장인
· 영화 관람과 티켓 예매에 대해 전화로 질문하기  설문-영화 보기
· 여행 정보를 얻기 위해 전화로 질문하기  설문-국내·해외여행
· 헬스장 서비스에 대해 전화로 질문하기  돌발-건강·병원
· 병원 진료 예약을 위해 전화로 질문하기  돌발-건강·병원

### 어떻게 준비하나요?

■ 대표문제를 통해 이 유형의 문제에 어떻게 답하는지 살펴보세요. 그런 다음 핵심 답변 패턴을 익혀 나의 답변을 연습해 보세요.

I'd like to give you a situation for you to act out. You're planning to travel overseas. Call the travel agent and ask three or four questions to get more information for your trip. 당신에게 연기할 상황을 드릴게요. 당신은 해외로 여행하는 것을 계획 중입니다. 여행사 직원에게 전화해서 여행에 대한 정보를 더 얻기 위한 서너 가지 질문을 해보세요.

<주어진 상황에서 전화로 질문하기> 유형에서 가장 대표적으로 나오는 문제가 바로 '여행 정보를 얻기 위해 전화로 질문하기'입니다. 이 문제에 답할 때 유용하게 사용할 수 있는 답변 패턴들을 살펴보고, 이 패턴들이 답변에 어떻게 사용되는지 알아보세요.

**답변패턴**　여행 정보를 얻기 위해 전화로 질문할 때는 이름과 용건을 말한 뒤 3~4가지의 관련된 질문을 하세요.

| ① 이름과 용건 말하기 | **Hello, this is 이름. I'm calling you about 용건.**<br>안녕하세요. ~입니다. ~와 관련해 전화드립니다. |
|---|---|
| ② 질문하기 1 – 어떤 종류의<br>여행 상품이 있는지 | **What kind of 사물 do you have?**　어떤 종류의 ~이 있나요? |
| ③ 질문하기 2 – 할인을 해주<br>는지 | **Is there a discount for 사람?**　~을 위한 할인이 있나요? |
| ④ 질문하기 3 – 상품 예약이<br>가능한지 | **Can I reserve 대상 for 인원수?**　~로 ~을 예약할 수 있나요? |

*전화 통화를 마무리할 때는 "I appreciate your help(도와주셔서 감사합니다)."와 같은 표현을 사용할 수 있어요.

**모범답변**

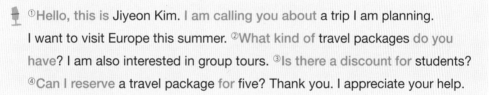

🎤 ①Hello, this is Jiyeon Kim. I am calling you about a trip I am planning. I want to visit Europe this summer. ②What kind of travel packages do you have? I am also interested in group tours. ③Is there a discount for students? ④Can I reserve a travel package for five? Thank you. I appreciate your help.

**해설 |** ① **이름과 용건을 말할 때는** 우선 'Hello, this is 이름.' 패턴을 사용해 자신이 누구인지 밝혀요. 그리고 I'm calling you about 다음에 자신이 전화한 용건을 붙여 자연스럽게 통화를 시작할 수 있어요.

② **어떤 종류의 여행 상품이 있는지 질문할 때는** 'What kind of 사물 do you have?' 패턴을 사용해요.

③ **할인을 해주는지 질문할 때는** Is there a discount for 다음에 students(학생)와 같이 '사람'을 붙여서 특정 집단을 위한 할인이 있는지 질문할 수 있어요.

④ **상품 예약이 가능한지 질문할 때는** 'Can I reserve 대상 for 인원수?' 패턴을 사용해서 말해요.

**해석 |** 안녕하세요, 김지연입니다. 제가 계획 중인 여행과 관련해 전화드립니다. 저는 이번 여름에 유럽을 방문하고 싶습니다. 어떤 종류의 여행 패키지들이 있나요? 저는 단체 관광에도 관심이 있습니다. 학생을 위한 할인이 있나요? 다섯 명으로 여행 패키지를 예약할 수 있나요? 고맙습니다. 도와주셔서 감사합니다.

<주어진 상황에서 전화로 질문하기> 유형의 여러 OPIc 문제에 유창하게 답변할 수 있도록 가장 핵심적인 답변 패턴들을 익혀두세요.

🎧 UNIT 39 Track 2

이름과 용건 말하기

## Hello, this is 이름. I'm calling you about 용건.

안녕하세요, ⬜ 입니다. ⬜ 와 관련해 전화드립니다.

전화한 용건을 말할 때는 I'm calling you 다음에 'about + 명사'를 붙여 말해요. 또는 'to + 동사원형'과 같은 to 부정사를 붙여서 말할 수도 있어요.

**Hello, this is Seongmin Kim. I'm calling you about a trip I am planning.**

안녕하세요, 김성민입니다. 제가 계획 중인 여행과 관련해 전화드립니다.

질문하기-어떤 종류가 있는지

## What kind of 사물 do you have? 어떤 종류의 ⬜ 이 있나요?

What kind of(어떤 종류의)는 사물의 종류에 대해 질문할 때 자주 사용되는 표현이에요. 위 패턴에서 kind 대신 sort나 type을 넣어 말해도 같은 의미이니 외우기 쉬운 표현을 골라 사용해 보세요.

**What kind of facilities do you have?**　어떤 종류의 시설들이 있나요?

질문하기-가격이 얼마인지

## How much is it for 대상? ⬜ 은 얼마인가요?

가격을 좀 더 간단하게 질문하고 싶다면 'for + 대상'을 빼고 'How much is it?'이라고 말할 수도 있어요.

**How much is it for each ticket?**　표 한 장에 얼마인가요?

질문하기-할인을 해주는지

## Is there a discount for 사람? ⬜ 을 위한 할인이 있나요?

위 패턴에서 '사람' 대신 paying with cash(현금으로 지불하는 것)와 같은 동명사구를 사용해 질문할 수도 있어요.

**Is there a discount for students?**　학생을 위한 할인이 있나요?

# Can I reserve 대상 for 인원수? □로 □을 예약할 수 있나요?

위 패턴에서 인원수 대신 tomorrow morning(내일 아침)과 같은 '시간'을 붙여 말하면 예약하고 싶은 시점도 표현할 수 있어요.

**Can I reserve a travel package for five?**   다섯 명으로 여행 패키지를 예약할 수 있나요?

질문하기-약속이 가능한지

# Can I make an appointment with 사람? □와 약속을 잡을 수 있나요?

make an appointment(약속을 잡다)는 약속을 잡을 때 자주 사용되는 표현이에요. 한 덩어리로 외워 유용하게 사용하세요.

**Can I make an appointment with Dr. Kim?**   Dr. Kim과 약속을 잡을 수 있나요?

질문하기-특정 정보를 알고 있는지

# Do you know if 궁금한 점? □ 인지 아닌지 아시나요?

if는 주로 '~이라면'의 뜻으로 사용되지만 여기서는 '~인지 아닌지'의 의미로 사용되었어요. if 뒤에는 '주어 + 동사'의 절 형태를 붙여서 말하도록 하세요.

**Do you know if I can still enroll?**   제가 아직 등록할 수 있는지 아닌지 아시나요?

어떤 일을 해달라고 요청하기

# Would you mind 요청사항? ~해 주시면 안 될까요?

mind는 동명사를 목적어로 취하는 동사이므로 그다음에는 giving, helping과 같은 동명사 형태를 붙여 말해야 해요.

**Would you mind giving me a sample product?**   제게 제품 샘플을 하나 주시면 안 될까요?

여기에서는 <주어진 상황에서 전화로 질문하기> 유형의 빈출 문제를 공략해 봅니다. Background Survey에서 선택할 설문 주제, 그리고 돌발 주제 문제를 중심으로 앞에서 배운 답변 패턴을 이용해 어떤 질문을 할 수 있는지 살펴보세요.

## 1 듣고 싶은 수업에 대해 전화로 질문하기 🎧 UNIT 39 Track 3 설문-학생

**Q** There is a course you want to take, but you can't because registration is now closed. Leave a voice message for your professor asking three or four questions about the course. 당신이 듣고 싶은 수업이 있지만, 현재 등록이 마감되었기 때문에 당신은 들을 수 없습니다. 그 수업에 대해 서너 가지 질문을 하며 교수님께 전화 메시지를 남겨보세요.

 핵심 답변

> **Tip** 자신이 듣고 싶은 수업에 대해 교수님께 전화로 질문할 때는 아직 등록이 가능한지, 만나서 이야기할 수 있는지 질문하고, 수강 신청을 도와달라고 요청할 수 있어요.
>
> · Hello, this is Minsu Lee. I am calling you about class registration.
>   안녕하세요, 이민수입니다. 수강 신청과 관련해 전화드립니다.
>
> · Do you know if I can still enroll?  제가 아직 등록할 수 있는지 아닌지 아시나요?
>
> · Can I make an appointment with you to discuss this?
>   이것에 대해 이야기하기 위해 교수님과 약속을 잡을 수 있나요?
>
> · Would you mind helping me sign up for the class?
>   제가 수강 신청하도록 도와주시면 안 될까요?

## 2 신제품에 대해 전화로 질문하기 🎧 UNIT 39 Track 4 설문-직장인

**Q** Your company has recently released a new product. Call your coworker to ask three or four questions about it. 당신의 회사는 신제품을 최근에 출시했습니다. 신제품에 대해 서너 가지 질문을 하기 위해 동료에게 전화하세요.

 핵심 답변

> **Tip** 신제품에 대해 직장 동료에게 전화로 질문할 때는 주문량이 많은지 물어보고, 샘플을 달라고 요청하면서 이를 위해 약속을 잡을 수 있는지 물어볼 수 있어요.
>
> · Hello, this is Hana Cho. I'm calling you about our company's new product.
>   안녕하세요. 조하나입니다. 우리 회사의 신제품과 관련해 전화드립니다.
>
> · Do you know if there have been many orders?  주문이 많이 있었는지 아닌지 아시나요?
>
> · Would you mind giving me a sample product?
>   제게 제품 샘플을 하나 주시면 안 될까요?
>
> · Can I make an appointment with you to pick it up?
>   그것을 가지러 가기 위해 당신과 약속을 잡을 수 있나요?

## 3. 영화 관람과 티켓 예매에 대해 전화로 질문하기 🎧 UNIT 39 Track 5

설문-영화 보기

**Q** You're planning to watch a movie with your friend. Call the theater, and ask three or four questions about the movie and getting tickets for it. 당신은 친구와 영화를 볼 계획입니다. 극장에 전화해서, 영화와 영화표를 구매하는 것에 대해 서너 가지 질문을 해보세요.

 **핵심 답변**

> **Tip** 영화관에 전화로 질문할 때는 어떤 영화가 있는지, 원하는 시간에 자리를 예약할 수 있는지, 가격이 얼마인지 물어볼 수 있습니다.
>
> · Hello, this is Youngho Choi. I'm calling you to buy some tickets.
>   안녕하세요, 최영호입니다. 표를 구매하기 위해 전화드립니다.
> · Can I reserve seats for *Transformers 3* this weekend?
>   이번 주말에 '트랜스포머 3'로 좌석을 예약할 수 있나요?
> · How much is it for each ticket? 표 한 장에 얼마인가요?
> · Is there a discount for students? 학생을 위한 할인이 있나요?

## 4. 헬스장 서비스에 대해 전화로 질문하기 🎧 UNIT 39 Track 6

돌발-건강·병원

**Q** You are planning to join a gym. Call the gym to ask three or four questions about its services. 당신은 헬스장에 등록할 계획입니다. 헬스장의 서비스에 대해 서너 가지 질문을 하기 위해 그곳에 전화해 보세요.

 **핵심 답변**

> **Tip** 헬스장 서비스에 대해 전화로 질문할 때는 어떤 시설이 있는지, 회비는 얼마인지, 할인을 해주는지 등을 물어볼 수 있어요.
>
> · Hello, this is Sora Kang. I'm calling you to get information about your gym.
>   안녕하세요, 강소라입니다. 당신의 체육관에 대한 정보를 얻기 위해 전화드립니다.
> · What kind of facilities do you have? 어떤 종류의 시설들이 있나요?
> · How much is it for the monthly membership fee? 매월 회비는 얼마인가요?
> · Is there a discount for paying with cash? 현금으로 지불하는 것에 대한 할인이 있나요?

## 5. 병원 진료 예약을 위해 전화로 질문하기 🎧 UNIT 39 Track 7

돌발-건강·병원

**Q** You want to make an appointment with the doctor. Give the clinic a call and ask three or four questions about making an appointment. 당신은 의사와 약속을 잡기를 원합니다. 병원에 전화해서 약속을 잡는 것에 대해 서너 가지 질문을 해보세요.

**핵심 답변**

> **Tip** 병원 진료 예약을 하기 위해 전화할 때는 의사 선생님과 진료 예약이 가능한지, 언제 가능한지 물어보고, 예약 날 전에 미리 알려달라고 요청할 수 있어요.
>
> · Hello, this is Minjae Jeong. I'm calling you to make an appointment.
>   안녕하세요, 정민재입니다. 예약을 하기 위해 전화드립니다.
> · Can I make an appointment with Dr. Kim? Dr. Kim과 약속을 잡을 수 있나요?
> · Do you know if he is available next Wednesday?
>   그가 다음 주 수요일에 가능한지 아시나요?
> · Would you mind confirming my appointment the day before?
>   그 전날 제게 예약을 확인시켜 주시면 안 될까요?

음성 바로 듣기

# UNIT 40 상황 설명하고 대안 제시하기

롤플레이의 <상황 설명하고 대안 제시하기>는 면접관이 제시하는 문제 상황을 설명하고 이에 대한 대안을 제시하는 유형으로 "Explain the situation and suggest solutions."라는 음성이 나오는 것이 특징입니다. 이 UNIT을 통해 자주 나오는 문제와 효과적인 답변 방법을 살펴보고 답변 연습도 해보세요.

## 어떤 문제가 자주 나오나요?

<상황 설명하고 대안 제시하기> 유형으로 아래 문제들이 자주 출제됩니다. 이 중에서 Background Survey에서 자신이 선택할 설문 주제, 그리고 돌발 주제를 중심으로 시험을 준비하는 것이 효과적입니다.

· 시험을 못 보는 상황 설명하고 대안 제시하기  설문-학생
· 회의에 참석하지 못하는 상황 설명하고 대안 제시하기  설문-직장인
· 영화표를 잘못 끊은 상황 설명하고 대안 제시하기  설문-영화 보기
· 비행기가 취소된 상황 설명하고 대안 제시하기  설문-국내·해외여행
· 제품이 손상된 상황 설명하고 대안 제시하기  설문-쇼핑하기

## 어떻게 준비하나요?

■ 대표문제를 통해 이 유형의 문제에 어떻게 답하는지 살펴보세요. 그런 다음 핵심 답변 패턴을 익혀 나의 답변을 연습해 보세요.

■ 간혹 상황만 설명하라는 문제도 출제되는데, 이 경우에도 대안까지 제시하며 유창하게 말하는 것이 좋습니다.

# 대표문제 시험을 못 보는 상황 설명하고 대안 제시하기

**There is a problem you have to take care of. You are not able to go to school to take a test today. Tell your professor what happened and suggest one or two solutions.** 당신이 해결해야 하는 문제가 있습니다. 당신은 오늘 시험을 치기 위해 학교에 갈 수 없습니다. 무슨 일이 있었는지 교수님께 이야기하고 한두 가지 해결책을 제시해 보세요.

<상황 설명하고 대안 제시하기> 유형에서 가장 대표적으로 나오는 문제가 바로 '시험을 못 보는 상황 설명하고 대안 제시하기'입니다. 이 문제에 답할 때 유용하게 사용할 수 있는 답변 패턴들을 살펴보고, 이 패턴들이 답변에 어떻게 사용되는지 알아보세요.

**답변패턴** 시험을 못 보는 상황을 설명하고 대안을 제시할 때는 '용건 말하기 → 문제 상황 설명하기 → 대안이 있다고 말하기 → 대안 제시하기 → 대안에 대한 의견 묻기' 순서로 답변할 수 있어요.

| ① 용건 말하기 | **Hello, I need to talk to you about 용건.** 안녕하세요, ~에 관해 드릴 말씀이 있습니다. |
| --- | --- |
| ② 문제 상황 설명하기 1 – 시험을 볼 수 없는 상황 | **I won't be able to 할 수 없는 일.** 저는 ~할 수 없을 것 같습니다. |
| ③ 문제 상황 설명하기 2 – 몸이 아픈 상황 | **The problem is that 문제 상황.** 문제는 ~라는 것입니다. |
| ④ 대안이 있다고 말하기 | **I can think of 대안 개수 options.** 저는 ~가지 대안을 생각할 수 있습니다. |
| ⑤ 대안 제시하기-일정 변경 | **We could reschedule the 예정된 일.** 우리는 ~ 일정을 변경할 수 있습니다. |
| ⑥ 대안에 대한 의견 묻기 | **Which option do you 의견?** 어떤 대안을 ~하시나요? |

**모범답변**

①Hello, Professor Woodward, I need to talk to you about the final exam. It is today, but ②I won't be able to come to class. ③The problem is that I am very sick. ④I can think of two options. ⑤We could reschedule the exam for another day. Or I could write an essay to make up the marks. ⑥Which option do you prefer?

해설 | ① 대화 용건을 말할 때는 'Hello, I need to talk to you about 용건.' 패턴으로 대화를 시작해요.
② 시험을 볼 수 없는 상황을 설명할 때는 I won't be able to 다음에 '동사원형'을 붙여 말해요.
③ 몸이 아픈 상황을 설명할 때는 The problem is that 다음에 '주어 + 동사' 형태를 붙여 말할 수 있어요.
④ 대안이 있다고 말할 때는 'I can think of 대안 개수 options.' 패턴을 사용해 대안의 개수를 말하세요.
⑤ 일정 변경을 제안할 때는 We could reschedule the 다음에 exam(시험) 또는 meeting(회의)과 같이 예정된 일을 붙여 이야기할 수 있습니다.
⑥ 대안에 대한 의견을 물을 때는 'Which option do you 의견?' 패턴을 사용해서 말해요.

해석 | 안녕하세요, Woodward 교수님, 기말시험에 관해 드릴 말씀이 있습니다. 기말시험이 오늘이지만, 저는 수업에 갈 수 없을 것 같습니다. 문제는 제가 매우 아프다는 것입니다. 저는 두 가지 대안을 생각할 수 있습니다. 우리는 다른 날로 시험 일정을 변경할 수 있습니다. 아니면 제가 점수를 만회하기 위한 에세이를 쓸 수도 있습니다. 어떤 대안을 선호하시나요?

<상황 설명하고 대안 제시하기> 유형의 여러 OPIc 문제에 유창하게 답변할 수 있도록 가장 핵심적인 답변 패턴들을 익혀두세요.

UNIT 40 Track 2

### 용건 말하기

## Hello, I need to talk to you about 용건. 안녕하세요, ⬜ 에 관해 드릴 말씀이 있습니다.

전화로 용건을 말해야 하는 상황이라면 Hello 대신 'Hello, this is 이름(안녕하세요, ~입니다.)'을 사용해 자신이 누구인지부터 밝히고 이야기를 시작할 수 있어요.

**Hello, I need to talk to you about the final exam.** 안녕하세요, 기말시험에 관해 드릴 말씀이 있습니다.

### 문제 상황 설명하기-무엇을 할 수 없는지

## I won't be able to 할 수 없는 일. 저는 ⬜ 할 수 없을 것 같습니다.

be able to(~할 수 있다)는 능력을 나타내는 표현으로 앞에 won't를 붙이면 '~할 수 없다'는 의미를 가지게 돼요. to 다음에는 항상 '동사원형'을 붙여 줍니다.

**I won't be able to attend today.** 저는 오늘 참석할 수 없을 것 같습니다.

### 문제 상황 설명하기-무엇이 문제인지

## The problem is that 문제 상황. 문제는 ~라는 것입니다.

무엇이 문제인지 설명할 때는 that 다음에 '주어 + 동사'의 절 형태를 붙여서 말해요.

**The problem is that my car has broken down.** 문제는 제 차가 고장 났다는 것입니다.

### 대안이 있다고 말하기

## I can think of 대안 개수 options. 저는 ~가지 대안을 생각할 수 있습니다.

'대안 개수'에 two(두 가지)와 같은 대안 개수를 넣어서 말하면 돼요. 생각해 낸 대안이 단 하나라면 I can think of 다음에 only one option을 붙여서 말해요.

**I can think of two options.** 저는 두 가지 대안을 생각할 수 있습니다.

대안 제시하기-교환

## I would like to exchange 대상1 for 대상2. ☐을 ☐로 교환하고 싶습니다.

would like to는 '~하고 싶다'라는 뜻으로 want to와 같은 의미이지만 좀 더 공손하게 자신의 의견을 표현하는 말입니다.

**I would like to exchange** my tickets **for an earlier movie.**
저는 제 표를 더 이른 시간의 영화로 교환하고 싶습니다.

대안 제시하기-환불

## You could refund 대상. ☐을 환불해 주셔도 됩니다.

위 패턴 대신 I want to get a refund(환불받고 싶어요)라고 말하면 더 직접적인 표현이 돼요.

**You could refund** my tickets.     제 표를 환불해 주셔도 됩니다.

대안 제시하기-일정 변경

## We could reschedule the 예정된 일. 우리는 ☐ 일정을 변경할 수 있습니다.

reschedule(일정을 다시 세우다)은 예정된 회의나 시험 등의 일정을 변경할 때 자주 사용되는 단어예요.

**We could reschedule the** meeting.     우리는 회의 일정을 변경할 수 있습니다.

대안에 대한 의견 묻기

## Which option do you 의견? 어떤 대안을 ~하시나요?

대안을 여러 가지 제시한 후에는 위 패턴에 prefer(선호하다), recommend(추천하다), suggest(제안하다)와 같은 단어를 넣어 상대방의 의견을 물으면서 자연스럽게 답변을 마무리할 수 있어요.

**Which option do you** prefer?     어떤 대안을 선호하시나요?

여기에서는 <상황 설명하고 대안 제시하기> 유형의 빈출 문제를 공략해 봅니다. Background Survey에서 선택할 설문 주제, 그리고 돌발 주제 문제를 중심으로 앞에서 배운 답변 패턴을 이용해 어떤 질문을 할 수 있는지 살펴보세요.

## 1 회의에 참석하지 못하는 상황 설명하고 대안 제시하기 🎧 UNIT 40 Track 3    설문-직장인

**Q** You are going to miss an important meeting with a client because your car broke down. Call your client to explain what happened and suggest one or two options. 당신의 차가 고장 났기 때문에 당신은 고객과의 중요한 회의를 놓칠 것 같습니다. 고객에게 전화해서 무슨 일이 있었는지 설명하고 한두 가지 대안을 제안해 보세요.

🎤 핵심 답변

> **Tip** 용건 말하기 → 차가 고장 나 회의에 참석할 수 없는 문제 상황 설명하기 → 대안이 있다고 말하기 → 회의 일정을 변경하자고 제안하기 순서로 답변할 수 있어요.
>
> · Hello, I need to talk to you about our meeting.
> 안녕하세요, 회의에 관해 드릴 말씀이 있습니다.
> · I won't be able to attend today.    저는 오늘 참석할 수 없을 것 같습니다.
> · The problem is that my car has broken down.    문제는 제 차가 고장 났다는 것입니다.
> · I can think of only one option.    저는 단 한 가지 대안을 생각할 수 있습니다.
> · We could reschedule the meeting.    우리는 회의 일정을 변경할 수 있습니다.

## 2 영화표를 잘못 끊은 상황 설명하고 대안 제시하기 🎧 UNIT 40 Track 4    설문-영화 보기

**Q** You found out you purchased the wrong tickets at a theater. Talk to the person at the ticket window about your situation and offer suggestions to solve the problem. 당신은 극장에서 잘못된 표를 구매했다는 것을 발견했습니다. 당신의 상황에 대해 매표소 직원에게 이야기하고 문제를 해결하기 위해 제안을 해보세요.

🎤 핵심 답변

> **Tip** 용건 말하기 → 영화를 보러 갈 수 없는 문제 상황 설명하기 → 대안이 있다고 말하기 → 더 이른 시간의 영화로 표를 교환하는 대안 제시하기 → 영화표 환불 제안하기 → 어떤 대안이 좋은지 물어보기 순서로 답변할 수 있어요.
>
> · Hello, I need to talk to you about the tickets I purchased.
> 안녕하세요, 저는 제가 구매한 표에 관해 드릴 말씀이 있습니다.
> · The problem is that they are for the 9 p.m. show.
> 문제는 그 표가 밤 9시 영화라는 것입니다.
> · I won't be able to go to that movie.    저는 그 영화를 보러 갈 수 없을 것 같습니다.
> · I can think of two options.    저는 두 가지 대안을 생각할 수 있습니다.
> · I would like to exchange my tickets for an earlier movie.
> 저는 제 표를 더 이른 시간의 영화로 교환하고 싶습니다.
> · You could refund my tickets.    제 표를 환불해 주셔도 됩니다.
> · Which option do you recommend?    어떤 대안을 추천하시나요?

## 3 비행기가 취소된 상황 설명하고 대안 제시하기 🎧 UNIT 40 Track 5 `설문-국내·해외여행`

**Q** When you arrive at the airport, you realize that your flight has been canceled. However, all of the other flights are fully booked. Explain the situation to your travel agent and suggest two or three solutions. 공항에 도착했을 때, 당신은 당신의 항공편이 취소되었다는 사실을 알게 됩니다. 하지만, 다른 항공편들 모두가 완전히 예약되어 있습니다. 당신의 여행사 직원에게 상황을 설명하고 두세 가지 해결책을 제안해 보세요.

 핵심 답변

**Tip** 용건 말하기 → 비행기가 취소된 문제 상황 설명하기 → 대안이 있다고 말하기 → 여행 일정 변경 제안하기 → 비행기 표 환불 제안하기 → 어떤 대안을 제안하는지 물어보기 순서로 답변할 수 있어요.

· Hello, I need to talk to you about my flight.
안녕하세요, 제 항공편에 관해 드릴 말씀이 있습니다.

· The problem is that it has been canceled.    문제는 그것이 취소되었다는 것입니다.

· I can think of two options.    저는 두 가지 대안을 생각할 수 있습니다.

· I could reschedule the trip for a later date.
저는 더 늦은 일자로 여행 일정을 변경할 수 있습니다.

· You could refund my ticket.    제 표를 환불해 주셔도 됩니다.

· Which option do you suggest?    어떤 대안을 제안하시나요?

## 4 제품이 손상된 상황 설명하고 대안 제시하기 🎧 UNIT 40 Track 6 `설문-쇼핑하기`

**Q** When you got home, you found out that a product you just purchased is damaged. Call the store to explain what happened and suggest solutions. 집에 도착했을 때, 당신은 당신이 이제 막 구매한 제품이 손상된 것을 발견했습니다. 상점에 전화해서 무슨 일이 있었는지 설명하고 해결책을 제안해 보세요.

 핵심 답변

**Tip** 용건 말하기 → 제품에 손상이 있어서 사용할 수 없는 문제 상황 설명하기 → 대안이 있다고 말하기 → 새 제품으로 교환 제안하기 순서로 답변할 수 있어요.

· Hello, I need to talk to you about the laptop I purchased yesterday.
안녕하세요, 제가 어제 구매한 노트북 컴퓨터에 관해 드릴 말씀이 있습니다.

· The problem is that the screen is cracked.    문제는 화면에 금이 갔다는 것입니다.

· I won't be able to use it.    저는 그것을 사용할 수 없을 것 같습니다.

· I can think of only one option.    저는 단 한 가지 대안을 생각할 수 있습니다.

· I would like to exchange it for a new one.    저는 그것을 새 제품으로 교환하고 싶습니다.

음성 바로 듣기

롤플레이의 <상황 설명하고 부탁하기>는 면접관이 제시하는 상황을 설명하고 이어서 부탁을 하는 유형으로 "Explain the situation and ask ~"라는 음성이 나오는 것이 특징입니다. 이 UNIT을 통해 자주 나오는 문제와 효과적인 답변 방법을 살펴보고 답변 연습도 해보세요.

### 어떤 문제가 자주 나오나요?

<상황 설명하고 부탁하기> 유형으로 아래 문제들이 자주 출제됩니다. 이 중에서 Background Survey에서 자신이 선택할 설문 주제, 그리고 돌발 주제를 중심으로 시험을 준비하는 것이 효과적입니다.

· 창문에 금이 가 있는 상황을 설명하고 수리 부탁하기  돌발-가구·가전
· 놓고 온 지갑을 돌려받도록 부탁하기  설문-헬스
· 공부하기에 조용한 장소를 추천해 달라고 부탁하기  돌발-도서관
· 예약 없이 컴퓨터를 사용하게 해달라고 부탁하기  돌발-도서관
· 웹사이트에 생긴 문제를 설명하고 복구를 부탁하기  설문-쇼핑
· 새로 생긴 식당에 같이 가자고 부탁하기  돌발-외식
· 레스토랑에 예약을 해달라고 부탁하기  돌발-외식

### 어떻게 준비하나요?

■ 대표문제를 통해 이 유형의 문제에 어떻게 답하는지 살펴보세요. 그런 다음 핵심 답변 패턴을 익혀 나의 답변을 준비하고 연습해 보세요.

You noticed that there is a crack in one of your windows. Call the repairperson, explain your situation and ask him or her to repair it as soon as possible.

당신은 창문들 중 하나에 금이 가 있다는 것을 발견하였습니다. 수리공에게 전화하여, 당신의 상황을 설명하고 그것을 최대한 빠르게 수리해달라고 부탁해 보세요.

<상황 설명하고 부탁하기> 유형에서 가장 대표적으로 나오는 문제가 바로 '창문에 금이 가 있는 상황을 설명하고 수리 부탁하기' 입니다. 이 문제에 답할 때 유용하게 사용할 수 있는 답변 패턴들을 살펴보고, 이 패턴들이 답변에 어떻게 사용되는지 알아보세요.

**답변패턴** 창문에 금이 가 있는 상황을 설명하고 수리를 부탁할 때는 '용건 말하기 → 상황 설명하기 → 부탁하기 → 선호하는 것 요청하기 → 감사 표하기' 순서로 답변할 수 있어요.

| | |
|---|---|
| ① 용건 말하기 | **Hello. I need to talk to you about 용건.**<br>안녕하세요. ~에 관해 드릴 말씀이 있습니다. |
| ② 상황 설명하기 | **I noticed that 상황.** 저는 ~라는 것을 알아차렸습니다. |
| ③ 부탁하기<br> – 필요한 것 요청하기 | **I was wondering if you could 필요한 것.**<br>~을 해 주실 수 있으신지 궁금했습니다. |
| ④ 선호하는 것 요청하기 | **I would prefer 선호하는 것.** 저는 ~을 선호합니다. |
| ⑤ 감사 표하기 | **I'd really appreciate if you could 부탁하는 것.**<br>~ 해 주실 수 있다면 정말 감사하겠습니다. |

**모범답변**

🎤 ①Hello. I need to talk to you about a window repair. ②I noticed that I have a crack in my window. ③I was wondering if you could come fix it for me today. ④I would prefer sometime before noon. I have to leave the house at 4 P.M. for a business meeting. ⑤I'd really appreciate if you could deal with this issue.

해설 | ① 용건을 말할 때는 'Hello. I need to talk you about 용건.' 패턴으로 대화를 시작해요.

② 상황을 설명할 때는 I noticed that 다음에 '주어 + 동사' 형태를 붙여 말할 수 있어요.

③ 필요한 것을 요청할 때는 'I was wondering if you could 필요한 것.' 패턴을 사용해 부탁의 내용을 말하세요.

④ 선호하는 것을 요청할 때는 'I would prefer + 선호하는 것' 패턴을 사용해서 말해요.

⑤ 부탁에 대한 감사를 표할 때는 'I'd really appreciate if you could 부탁하는 것.' 패턴을 사용해요.

해석 | 안녕하세요. 창문 수리에 관해 드릴 말씀이 있습니다. 저는 제 창문에 금이 가 있다는 것을 알아차렸습니다. 오늘 오셔서 그것을 고쳐 주실 수 있는지 궁금했습니다. 저는 정오 이전의 시간을 선호합니다. 저는 오후 4시에 비즈니스 미팅을 위해 집을 나서야 해요. 이 문제를 처리해 주실 수 있다면 정말 감사하겠습니다.

# 핵심 답변 패턴과 표현

<상황 설명하고 부탁하기> 유형의 여러 OPIc 문제에 유창하게 답변할 수 있도록 가장 핵심적인 답변 패턴들을 익혀두세요.

🎧 UNIT 41 Track 2

### 용건 말하기

**패턴 1**

## Hello, I need to talk to you about 용건. 안녕하세요, ☐ 에 관해 드릴 말씀이 있습니다.

용건을 말할 때는 about 다음에 'an issue', 'a problem' 등을 사용하여 문제가 있음을 전달할 수 있어요.

**Hello. I need to talk to you about an issue regarding my reservation.**
안녕하세요. 제 예약과 관련된 문제에 관해 드릴 말씀이 있습니다.

### 상황 설명하기

**패턴 2**

## I noticed that 상황. 저는 ~라는 것을 알아차렸습니다.

상황을 설명할 때는 that 다음에 '주어 + 동사'의 절 형태를 붙여서 말해요.

**I noticed that I have a crack in my window.** 저는 제 창문에 금이 가 있다는 것을 알아차렸습니다.

### 부탁하기-추천받기

**패턴 3**

## Could you recommend me 추천 받는 것? 제게 ☐ 을 추천해 주실 수 있나요?

recommend 대신에 suggest(제안하다)와 같은 단어를 넣어 상대방에게 추천을 부탁할 수 있어요.

**Could you recommend me a menu?** 제게 메뉴를 추천해 주실 수 있나요?

### 부탁하기-필요한 것 요청하기

**패턴 4**

## I was wondering if you could 필요한 것. ☐ 을 해주실 수 있으신지 궁금했습니다.

I was wondering if ~는 Could you ~? 와 비슷한 의미의 표현이지만 좀 더 공손하게 부탁할 수 있는 말입니다.

**I was wondering if you could give me a hand.** 저를 도와주실 수 있으신지 궁금했습니다.

## I would prefer 선호하는 것. 저는 □을 선호합니다.

prefer(선호하다)는 자신이 무엇을 선호하는지 말할 때 사용하는 단어예요. prefer 다음에는 a table by the window와 같이 선호하는 것을 넣어 말하면 돼요.

**I would prefer** a table by the window.　　저는 창가 테이블을 선호합니다.

부탁의 이유 말하기

## I would 하고 싶은 일, but I can't because 이유.
저는 □을 하고 싶지만, □ 때문에 그럴 수 없습니다.

부탁의 이유를 말할 때는 '~하고 싶다'라는 뜻을 가진 would를 사용해 하고 싶은 일이 무엇인지 밝힌 후, but I can't because 다음에 하지 못하는 이유를 덧붙여 말할 수 있어요.

**I would** go to the movies, **but I can't because** I'm sick.

저는 영화를 보러 가고 싶지만, 아프기 때문에 갈 수 없습니다.

당부하기

## It would be great if you could 당부. □ 해 주실 수 있다면 정말 좋겠습니다.

great 대신 wonderful, nice 등 다른 긍정적인 의미의 형용사를 사용하여 나타낼 수도 있어요.

**It would be great if you could** join us tomorrow.　　내일 참여해 주실 수 있다면 정말 좋겠습니다.

감사 표하기

## I'd really appreciate if you could 부탁하는 것. □ 해 주실 수 있다면 정말 감사하겠습니다.

I'd really appreciate if(~한다면 감사하겠다)는 부탁을 하며 감사를 표할 때 자주 사용되는 표현이에요. 한 덩어리로 외워 유용하게 사용하세요.

**I'd really appreciate if you could** do that for me.　　저를 위해 그렇게 해 주실 수 있다면 정말 감사하겠습니다.

# 빈출 문제 공략

상황 설명하고 부탁하기

여기에서는 <상황 설명하고 부탁하기> 유형의 빈출 문제를 공략해 봅니다. Background Survey에서 선택할 설문 주제, 그리고 돌발 주제 문제를 중심으로 앞에서 배운 답변 패턴을 이용해 어떤 질문을 할 수 있는지 살펴보세요.

## 1 놓고 온 지갑을 돌려받도록 부탁하기 🎧 UNIT 41 Track 3 〔설문-헬스〕

**Q** I am going to give you a situation to act out. You noticed that you left your wallet at the gym after working out. Call the gym, explain your situation to the manager and ask him or her to look for it. 당신에게 연기할 상황을 드릴게요. 운동하고 나서 당신은 헬스장에 지갑을 놓고 왔다는 것을 알았습니다. 헬스장에 전화를 걸어, 매니저에게 당신의 상황을 설명하고 지갑을 찾아봐 달라고 부탁해 보세요.

 핵심 답변

> **Tip** 용건 말하기 → 지갑이 없어진 상황 설명하기 → 라커룸을 확인해 줄 수 있는지 부탁하기 → 부탁의 이유 말하기 → 감사 표기하기 순서로 답변할 수 있어요.
>
> · Hello. I need to talk to you about a lost item.
>   안녕하세요. 분실물에 관해 드릴 말씀이 있습니다.
> · I noticed that my wallet is gone.   저는 제 지갑이 없어진 것을 알아차렸습니다.
> · I was wondering if you could check the locker room for me.
>   당신이 제 라커룸을 확인해 주실 수 있으신지 궁금했습니다.
> · I would search for it myself, but I can't because I have dinner plans.
>   제가 직접 찾아보고 싶지만, 저녁 약속이 있기 때문에 그럴 수 없습니다.
> · I'd really appreciate if you could keep it at the reception desk.
>   접수처에 보관해 주실 수 있다면 정말 감사하겠습니다.

## 2 공부하기에 조용한 장소를 추천해 달라고 부탁하기 🎧 UNIT 41 Track 4 〔돌발-도서관〕

**Q** I am going to give you a situation to act out. You're in the school library, but it's so noisy that you can't study. Explain your situation to your friend and ask him or her to recommend a quiet place to study. 당신에게 연기할 상황을 드릴게요. 학교 도서관에 있는데, 너무 시끄러워서 공부를 할 수가 없습니다. 당신의 친구에게 상황을 설명하고 공부할 조용한 곳을 추천해 달라고 해보세요.

 핵심 답변

> **Tip** 용건 말하기 → 도서관에 학생들이 많다는 상황 설명하기 → 부탁의 이유 말하기 → 조용한 장소를 추천해 달라고 부탁하기 → 선호하는 것 요청하기 순서로 답변할 수 있어요.
>
> · Hello. I need to talk to you about a little trouble I have.
>   안녕. 내가 가진 문제에 관해 할 말이 있어.
> · I noticed that there are a lot of students at the library today.
>   나는 오늘 도서관에 많은 학생들이 있다는 것을 알아차렸어.
> · I would study for my exam, but I can't because it's too noisy.
>   나는 시험을 위해 공부를 하고 싶은데, 너무 시끄럽기 때문에 그럴 수 없어.
> · Could you recommend me a quiet place to study?
>   내게 공부할 조용한 장소를 추천해 줄 수 있어?
> · I would prefer somewhere on our campus.   나는 우리 캠퍼스 안에 있는 장소를 선호해.
> · I'd really appreciate if you could help me find a proper place.
>   내가 적당한 장소를 찾는 것을 도와줄 수 있다면 정말 고맙겠어.

## 3 웹사이트에 생긴 문제를 설명하고 복구를 부탁하기 🎧 UNIT 41 Track 5 〔설문-쇼핑〕

**Q** I am going to give you a situation to act out. You are having trouble using an online shopping website. Call the technical support, explain your situation and ask them to resolve the problem. 당신에게 연기할 상황을 드릴게요. 당신은 한 온라인 쇼핑 웹사이트를 이용하는 데 문제를 겪고 있습니다. 기술 지원팀에 전화를 걸어, 당신의 상황을 설명하고 그들에게 문제를 해결해 달라고 부탁해 보세요.

> **Tip** 용건 말하기 → 페이지가 로딩되지 않는 상황 설명하기 → 해결 방법 부탁하기 → 웹사이트를 이용하려는 이유 말하기 → 가능한 한 빨리 도와달라고 당부하기 순서로 답변할 수 있어요.
>
> · Hello. I need to talk to you about an issue regarding your online shopping site. 안녕하세요. 당신의 온라인 쇼핑 사이트와 관련된 문제에 관해 드릴 말씀이 있습니다.
>
> · I noticed that the payment page isn't loading properly for some reason. 저는 결제 페이지가 어떤 이유로 정상적으로 로딩되지 않는다는 것을 알아차렸습니다.
>
> · I was wondering if you could let me know how to resolve this problem. 제게 이 문제를 어떻게 해결하는지 알려주실 수 있으신지 궁금했습니다.
>
> · I would visit the store in person, but I can't because I'm abroad at the moment. 저는 가게를 직접 방문하고 싶지만, 지금 제가 해외에 있기 때문에 그럴 수 없습니다.
>
> . It would be great if you could assist me as soon as possible. 가능한 한 빠르게 저를 도와주실 수 있다면 정말 좋겠습니다.

## 4 새로 생긴 식당에 같이 가자고 부탁하기 🎧 UNIT 41 Track 6 〔돌발-외식〕

**Q** I am going to give you a situation to act out. There is a new restaurant close to your home and you want to go there with your friend. Call your friend and ask him or her to go with you. 당신에게 연기할 상황을 드릴게요. 당신의 집 가까이에 새로 문을 연 식당이 있고 당신은 친구와 그곳에 가고 싶습니다. 당신의 친구에게 전화해서 당신과 함께 방문하자고 요청하세요.

> **Tip** 용건 말하기 → 새로운 식당이 문을 연 상황 설명하기 → 같이 가 달라고 부탁하기 → 부탁의 이유 말하기 → 감사 표하기 순서로 답변할 수 있어요.
>
> · Hello. I need to talk to you about a new Italian restaurant that opened around here. 안녕. 이 근처에 문을 연 새로운 이탈리아 식당에 관해 할 말이 있어.
>
> · I noticed that they are offering a special menu this week. 나는 이번 주에 그들이 특별 메뉴를 제공한다는 것을 알아차렸어.
>
> · I was wondering if you could come with me. 네가 나와 함께 갈 수 있는지 궁금했어.
>
> · I would try the lunch course, but I can't go alone because it requires a minimum order of two. 나는 점심 코스를 먹어보고 싶은데, 최소 2인분을 주문해야 하기 때문에 혼자서는 갈 수가 없어.
>
> · I'd really appreciate if you could call me back soon. 곧 다시 전화해 줄 수 있다면 정말 고맙겠어.

음성 바로 듣기

롤플레이의 <상황 설명하고 예매·약속하기>는 면접관이 제시하는 상황을 설명한 뒤 예약을 요청하거나 약속을 잡는 유형으로 "~ make a(n) reservation/appointment"라는 음성이 나오는 것이 특징입니다. 이 UNIT을 통해 자주 나오는 문제와 효과적인 답변 방법을 살펴보고 답변 연습도 해보세요.

## 어떤 문제가 자주 나오나요?

<상황 설명하고 예매·약속하기> 유형으로 아래 문제들이 자주 출제됩니다. 이 중에서 Background Survey에서 자신이 선택할 설문 주제, 그리고 돌발 주제를 중심으로 시험을 준비하는 것이 효과적입니다.

· 식당 예약하기  돌발-외식
· 영화를 보러 갈 약속 잡기  설문-영화 보기
· 여행지 숙소 예약하기  설문-국내·해외여행
· 친구와 공원 갈 약속 잡기  설문-공원 가기
· 축구장 예약하기  설문-농구/야구/축구
· 병원 진료 예약하기  돌발-건강·병원
· 친구와 주말 약속을 잡기  돌발-약속

## 어떻게 준비하나요?

■ 대표문제를 통해 이 유형의 문제에 어떻게 답하는지 살펴보세요. 그런 다음 핵심 답변 패턴을 익혀 나의 답변을 준비하고 연습해 보세요.

## 대표문제 식당 예약하기

**I am going to give you a situation to act out. This weekend, you want to eat out with your family at a nearby restaurant. Call the restaurant, and make a reservation.** 당신에게 연기할 상황을 드릴게요. 이번 주말, 당신은 근방의 레스토랑에서 가족들과 함께 외식을 하고자 합니다. 식당에 전화를 걸어, 예약을 해보세요.

<상황 설명하고 예매·약속하기> 유형에서 가장 대표적으로 나오는 문제가 바로 '식당 예약하기'입니다. 이 문제에 답할 때 유용하게 사용할 수 있는 답변 패턴들을 살펴보고, 이 패턴들이 답변에 어떻게 사용되는지 알아보세요.

**답변패턴** 식당을 예약할 때는 '예약 요청하기 → 예약의 목적 말하기 → 일행의 수 말하기 → 가능 여부 묻기 → 확인 요청하기' 순서로 답변할 수 있어요.

| | |
|---|---|
| ① 용건 말하기<br>– 예약 요청하기 | **Hi, I'd like to make a reservation for 요일 at 시간.**<br>안녕하세요, ~에 예약하고 싶습니다. |
| ② 예약의 목적 말하기 | **I'm planning to 목적.** 저는 ~ 할 계획입니다. |
| ③ 일행의 수 말하기 | **There will be 인원수 in total.** 총 ~명의 사람들이 올 거예요. |
| ④ 추가 정보 문의하기<br>– 가능 여부 묻기 | **Would it be possible to 요청사항?** ~ 하는 것이 가능할까요? |
| ⑤ 추가 정보 문의하기<br>– 확인 요청하기 | **Please let me know if you 확인 요청사항.** ~인지 제게 알려주세요. |

**모범답변**

🎤 ①Hi, I'd like to make a reservation for Friday at 7 P.M. ②I'm planning to have my birthday party with some friends, so I'd prefer a large table. ③There will be eight people in total. Oh, ④would it be possible to book an outdoor area? Also, there are a couple of vegetarians in the group. ⑤Please let me know if you offer vegetarian dishes. Thank you very much.

해설 | ① **식당 예약**을 요청할 때는 'Hi, I'd like to make a reservation for 요일 at 시간.' 패턴으로 대화를 시작해요.
② **예약의 목적**을 말할 때는 'I'm planning to 목적' 다음에 'with + 사람'을 붙여 일행이 있음을 말할 수도 있어요.
③ **일행의 수**는 'There will be 인원수 in total.' 패턴을 사용하여 나타낼 수 있어요.
④ **가능 여부**를 물을 때는 'Would it be possible to 요청사항?' 패턴을 사용해서 말해요.
⑤ **확인**을 요청할 때는 'Please let me know if you 확인 요청사항.'과 같이 나타낼 수 있어요.

해석 | 안녕하세요, 금요일 오후 7시에 예약하고 싶습니다. 저는 몇몇 친구들과 함께 제 생일파티를 할 계획이라, 커다란 테이블을 선호합니다. 총 8명의 사람들이 올 거예요. 아, 야외 자리를 예약하는 것이 가능할까요? 또한, 모임에는 몇 명의 채식주의자들이 있습니다. 식당에서 채식 요리를 제공하시는지 제게 알려주세요. 정말 감사합니다.

<상황 설명하고 예약·약속하기> 유형의 여러 OPIc 문제에 유창하게 답변할 수 있도록 가장 핵심적인 답변 패턴들을 익혀두세요.

🎧 UNIT 42 Track 2

용건 말하기-예약 요청하기

## Hi, I'd like to make a reservation for 요일 at 시간.
안녕하세요, ☐에 예약하고 싶습니다.

요일과 시간 대신에 make a reservation for a seat(자리를 예약하다)과 같이 예약하고 싶은 용건을 말할 수도 있어요. 약속을 잡고 싶은 경우에는 a reservation 대신에 an appointment(약속)를 사용해요.

## Hi, I'd like to make a reservation for this Thursday at 6:30 P.M.
안녕하세요, 이번 주 목요일 오후 6시 30분에 예약하고 싶습니다.

용건 말하기-약속 제안하기

## Hello, 이름. What do you say about 약속 제안? 안녕, ☐. ☐에 대해 어떻게 생각해?

What do you say about 다음에 행동을 제안하는 경우, going(가는 것)과 같은 동명사를 붙여서 말해요.

## Hello, Soyoung. What do you say about going on a picnic tomorrow?
안녕, 소영아. 내일 소풍 가는 것에 대해 어떻게 생각해?

예약·약속의 목적 말하기

## I'm planning to 목적. 저는 ☐ 할 계획이에요.

I'm planning 다음에 to 부정사를 붙여서 계획 중인 활동에 대해 이야기할 수 있어요. 일행이 있는 경우 목적 뒤에 'with + 사람'을 붙여 말할 수 있어요.

## I'm planning to go hiking. 저는 등산할 계획이에요.

일행의 수 말하기

## There will be 인원수 in total. 총 ☐명의 사람들이 올 거예요.

'인원수'에 two(둘), six(여섯)와 같은 숫자를 넣어 말하면 돼요. 혼자인 경우에는 "Just one person." 등으로 간단히 말할 수 있어요.

## There will be eight in total. 총 8명의 사람들이 올 거예요.

## 패턴 5

**Let's meet up at** 장소 **.** 우리 ☐ 에서 만나자.

장소 다음에 'at + 시간'을 사용하여 약속 장소와 시간을 한 번에 정할 수도 있어요.

**Let's meet up at** the café on the first floor.     우리 1층에 있는 카페에서 만나자.

약속 시간 정하기

## 패턴 6

**Would** 시간 **be convenient for you?** ☐ 로 괜찮을까요?

친구나 가까운 사이의 지인에게는 convenient for you 대신에 'OK with you'나 'fine with you' 등을 사용하여 더 편하게 말할 수 있어요.

**Would** 10 A.M. **be convenient for you?**     오전 10시로 괜찮을까요?

추가 정보 문의하기-가능 여부 묻기

## 패턴 7

**Would it be possible to** 요청사항 **?** ☐ 하는 것이 가능할까요?

Would it be possible to로 요청사항의 가능 여부를 문의할 때는 to 부정사 형태를 사용해요.

**Would it be possible to** book an outdoor table?     야외 테이블을 예약하는 것이 가능할까요?

추가 정보 문의하기-확인 요청하기

## 패턴 8

**Please let me know if you** 요청사항 **.** ☐ 인지 제게 알려주세요.

let me know if(~인지 제게 알려주세요)는 예약·약속을 할 때뿐만이 아니라 무언가를 문의할 때 흔히 사용되는 표현이에요. 한 덩어리로 외워 유용하게 사용하세요.

**Please let me know if you** have menus for children.     아이들을 위한 메뉴를 제공하시는지 제게 알려주세요.

여기에서는 <상황 설명하고 예약·약속하기> 유형의 빈출 문제를 공략해 봅니다. Background Survey에서 선택할 설문 주제, 그리고 돌발 주제 문제를 중심으로 앞에서 배운 답변 패턴을 이용해 어떤 질문을 할 수 있는지 살펴보세요.

## 1 영화를 보러 갈 약속 잡기 🎧 UNIT 42 Track 3    설문-영화 보기

**Q** I am going to give you a situation to act out. You would like to watch a new movie tonight with your friends. Call your friend and make an appointment. 당신에게 연기할 상황을 드릴게요. 당신은 오늘 밤 친구들과 함께 신작 영화를 보고 싶습니다. 친구에게 전화를 걸어 약속을 잡아보세요.

**나의 답변**

**Tip** 약속 제안하기 → 영화를 보려는 계획 말하기 → 일행의 수 말하기 → 약속 장소 정하기 → 약속 시간 정하기 → 확인 요청하기 순서로 답변할 수 있어요.

· Hello, Hanna. What do you say about watching a movie tonight?
안녕, 한나야. 오늘 밤에 영화 보는 것에 대해 어떻게 생각해?

· I'm planning to go to the Sky Theater with my friends.
나는 내 친구들과 함께 Sky 극장에 갈 계획이야.

· There will be three of us in total.    나까지 총 3명의 사람들이 올 거야.

· Let's meet up at the box office on the 3rd floor.    우리 3층에 있는 매표소에서 만나자.

· Would 8:30 P.M. be convenient for you?    오후 8시 30분으로 괜찮을까?

· Please let me know if you can go with us.    우리와 함께 갈 수 있는지 내게 알려줘.

## 2 여행지 숙소 예약하기 🎧 UNIT 42 Track 4    설문-국내·해외여행

**Q** I am going to give you a situation to act out. You are planning to travel overseas with your family members. Call the hotel and make a reservation for a room. 당신에게 연기할 상황을 드릴게요. 당신은 가족들과 함께 해외여행을 갈 계획입니다. 호텔에 전화하여 방을 예약해 보세요.

**나의 답변**

**Tip** 예약 요청하기 → 숙박 일정 말하기 → 일행의 수 말하기 → 아기 침대 제공 가능 여부 묻기 → 짐 보관 서비스 유무 확인 부탁하기 순서로 답변할 수 있어요.

· Hi, I'd like to make a reservation for a room.    안녕하세요, 방을 예약하고 싶습니다.

· I'm planning to stay there with my family from April 1st through 4th.
저는 제 가족들과 함께 그곳에서 4월 1일부터 4일까지 머물 계획이에요.

· There will be 5 people in total, including a 3-year-old baby.
3살짜리 아기를 포함해 총 5명의 사람들이 올 거예요.

· Would it be possible to get an extra bed for the baby?
아기를 위한 여분의 침대를 받는 것이 가능할까요?

· Please let me know if you provide a storage service before check-in.
체크인 전 짐 보관 서비스를 제공하시는지 알려주세요.

**3** 친구와 공원 갈 약속 잡기 UNIT 42 Track 5 설문-공원 가기

**Q** I am going to give you a situation to act out. You would like to meet up with a friend at a park tomorrow. Call your friend and make an appointment. 당신에게 연기할 상황을 드릴게요. 당신은 내일 친구와 공원에서 만나고 싶습니다. 친구에게 전화를 걸어 약속을 잡아보세요.

 나의 답변

> **Tip** 약속 제안하기 → 약속의 목적 말하기 → 약속 장소 정하기 → 약속 시간 정하기 → 합류를 원하는지 확인 요청하기 순서로 답변할 수 있어요.
>
> · Hello, Minsu. What do you say about going to the park this weekend?
> 안녕, 민수야. 이번 주말에 공원에 가는 것에 대해 어떻게 생각해?
>
> · I'm planning to ride a bike there with Jinsung.
> 나는 진성이와 함께 그곳에서 자전거를 탈 계획이야.
>
> · Let's meet up at the main entrance of the park. 우리 공원 정문에서 만나자.
>
> · Would 9 A.M. be convenient for you? 오전 9시로 괜찮을까?
>
> · Please let me know if you want to join us. 우리와 합류하길 원하는지 내게 알려줘.

**4** 축구장 예약하기 UNIT 42 Track 6 설문-농구/야구/축구

**Q** I am going to give you a situation to act out. You are planning to have a soccer match with your friends at the public soccer field. Call the facility manager and make a reservation. 당신에게 연기할 상황을 드릴게요. 당신은 공용 축구 경기장에서 친구들과 함께 축구 경기를 할 계획입니다. 시설 관리자에게 전화를 걸어 예약을 잡아보세요.

> 나의 답변
>
> **Tip** 예약 요청하기 → 예약의 목적 말하기 → 일행의 수 말하기 → 경기장 사용 가능 여부 묻기 → 장비 대여 제공 여부 확인 요청하기 순서로 답변할 수 있어요.
>
> · Hi, I'd like to make a reservation for this Saturday at 11 A.M.
> 안녕하세요, 이번 주 토요일 오전 11시에 예약하고 싶습니다.
>
> · I'm planning to have a friendly match with my friends.
> 저는 제 친구들과 친선경기를 가질 계획이에요.
>
> · There will be 20 people in total. 총 20명의 사람들이 올 거예요.
>
> · Would it be possible to use soccer field B at that time?
> 그 시간에 B 축구장을 이용하는 것이 가능할까요?
>
> · Please let me know if you offer equipment rentals as well.
> 장비 대여도 제공하시는지 제게 알려주세요.

롤플레이 공략하기

UNIT 42

상황 설명하고 예약·약속하기

10일 만에 끝내는 해커스 OPIc START (Intermediate 공략)

UNIT 42 상황 설명하고 예약·약속하기 325

# 부록

| 음성 바로 듣기 |

여기서는 시험장에서 예상치 못한 상황에 닥쳤을 때 사용할 수 있는 '위기 상황 대처 표현'을 익힐 수 있습니다. 아래의 표현들을 익혀두면, 정확한 단어가 생각나지 않거나 답변할 내용이 떠오르지 않을 때 자연스럽게 대처할 수 있어요. 🎧 부록

## 상황 1 | 문제를 이해하지 못했을 때

| | |
|---|---|
| I'm sorry, but I don't understand the question. | 죄송하지만, 문제를 이해하지 못했어요. |
| I'm not sure what you're asking me. | 당신이 무엇을 물어보는지 잘 모르겠어요. |
| Give me a second. | 잠깐만 시간을 주세요. |
| Let me tell you something else instead. | 대신 다른 것에 대해 이야기할게요. |

## 상황 2 | 정확한 표현이 생각나지 않을 때

| | |
|---|---|
| Let me see. | 잠시만요. |
| Let me think about it a minute. | 잠깐만 그것에 대해 생각해 볼게요. |
| It's on the tip of my tongue. | 생각이 날 듯 말 듯 해요. |
| I'm not sure how to say this in English. | 영어로 이것을 어떻게 말하는지 잘 모르겠어요. |

## 상황 3 | 질문과 관련된 경험이 잘 기억나지 않을 때

| | |
|---|---|
| I can't remember it clearly. | 정확하게 기억할 수 없어요. |
| It's hard to remember. | 기억하기가 어려워요. |
| It was a long time ago. | 너무 오래전이에요. |
| It has been a long time since then. | 그 이후로 오랜 시간이 지났어요. |
| But I'll try to remember as much as I can. | 하지만 가능한 한 많이 기억해 보려 노력할게요. |

## 상황 4 | 생각해 보지 않은 주제에 대해 물어볼 때

| | |
|---|---|
| To be honest, I'm not familiar with the subject. | 솔직히, 그 주제에 대해 익숙하지 않아요. |
| I haven't given it much thought. | 그것에 대해 많이 생각해 본 적이 없네요. |
| I don't know what to say in this situation. | 이 상황에서 뭐라고 말해야 할지 모르겠어요. |
| I'll talk about a related subject instead. | 대신 관련된 주제에 대해 말할게요. |

## 상황 5 | 질문과 관련된 경험이 없을 때

| | |
|---|---|
| I don't have any experience in that field. | 저는 그 분야에서는 전혀 경험이 없어요. |
| Let me talk about some other subjects. | 다른 주제에 대해 말할게요. |
| I'll talk about my experience in a similar situation. | 비슷한 상황에서의 제 경험에 대해 말할게요. |

## 상황 6 | 이미 답변한 내용에 대해 물어볼 때

| | |
|---|---|
| I mentioned this earlier. | 이것은 이전에 언급했어요. |
| I already discussed this in an earlier response. | 이전 답변에서 이것에 대해 이미 이야기했어요. |
| Let me try again, though. | 그래도 다시 해볼게요. |
| I will give you more details this time. | 이번엔 더 상세히 말할게요. |

## 상황 7 | 내가 한 말을 다시 명확하게 전달하고 싶을 때

| | |
|---|---|
| I think I'm off the topic now. | 제가 지금 주제에서 벗어난 것 같아요. |
| I think what I'm saying is out of the point. | 제가 말하는 것이 요점에서 벗어난 것 같아요. |
| Let me rephrase it clearly. | 명확하게 다시 말해볼게요. |
| Let me say it again. | 다시 말해볼게요. |

여기서는 설문 주제별 추가 문제와 각 문제 답변 시 유용하게 사용할 수 있는 답변 아이디어를 익힐 수 있습니다. 각 설문 주제를 학습한 후 해당 주제의 문제와 답변을 더 많이 익혀두면, 어떤 문제가 나와도 쉽게 답변할 수 있어요.

## UNIT 02 학교

**Q** 가장 좋아하는 교수님은 누구인가요? 그 교수님을 좋아하는 이유는 무엇인가요?

**A** 제가 가장 좋아하는 교수님은 철학 교수님이에요.  My favorite teacher is my philosophy professor.
그녀는 모두가 그 과목을 이해하도록 도와주세요.  She helps everyone understand the subject.

**Q** 학교에서의 하루 일과가 어떻게 되나요?

**A** 첫 수업이 오전 9시에 시작해요.  My first class starts at 9:00 a.m.
그 수업 후에 식당에서 점심을 먹어요.  I have lunch in the cafeteria after that class.
마지막 수업 후에는, 도서관에서 공부해요.  After my last class, I study in the library.

**Q** 학교에서 어떤 동아리에 가입했나요? 당신은 동아리에서 어떤 일을 하나요?

**A** 저는 연극부에 가입했어요.  I joined the drama club.
저는 의상과 세트를 디자인해요.  I design costumes and sets.

**Q** 학교에서 겪은 어려움은 무엇인가요?

**A** 그 과목을 잘 따라가지 못했어요.  I wasn't doing well in that course.
수업을 따라가기 위해 밤늦게까지 공부해야 했어요.  I had to study late at night to catch up with the class.

**Q** 학교에서 가장 좋아하는 장소가 어디인가요?

**A** 제가 학교에서 가장 좋아하는 장소는 도서관이에요.  My favorite place at school is the library.
거기에서 친구들과 함께 공부하는 것을 좋아해요.  I like to study with my friends there.

## UNIT 03 수업

**Q** 현재 어떤 수업을 듣고 있나요? 그중에서 가장 좋아하는 수업은 무엇인가요?

**A** 저는 전공필수 과목을 많이 듣고 있어요.  I'm taking many required courses for my major.
제가 가장 좋아하는 수업은 재무관리예요.  My favorite class is Financial Management.

**Q** 교수님들은 수업을 어떻게 진행하시나요?

**A** 교수님들은 교재의 내용을 설명하세요.  My professors explain the contents of the textbooks.
그러고 나서 관련 영상을 보여주세요.  Then they show related videos.

**Q** 수강 신청을 하다가 어려움을 겪은 적이 있나요?

**A** 제가 수강 신청을 하려고 했을 때 수업이 꽉 차 있었어요.  The class was full when I tried to sign up.
교수님께 말씀드려야 했어요.  I had to talk to the professor.

**Q** 가장 기억에 남는 발표 경험은 무엇인가요?

**A** 제가 읽었던 책에 대한 발표였어요.  It was a presentation about a book I read.
반 친구들이 정말 흥미로워했어요.  My classmates were really interested in it.

**Q** 당신은 시험을 보기 전에 어떻게 준비하나요?

**A** 저는 교재를 꼼꼼히 읽어요.  I read through the textbook.
시험 전, 저의 필기 노트를 복습해요.  Before tests, I review my notes.

## UNIT 04 직장

**Q** 동료나 상사와 문제를 겪은 일이 있었나요? 그 문제를 해결하기 위해 무엇을 했나요?

**A** 동료와 의견 불일치가 있었어요.  I had a disagreement with my coworker.
우리는 문제를 논의하고 합의점을 찾았어요.  We discussed the problem and came to an agreement.

**Q** 당신은 얼마나 자주 보너스를 받나요? 회사에서 제공하는 혜택은 무엇인가요?

**A** 저는 일 년에 한 번 보너스를 받아요.  I receive a bonus once a year.
우리는 무료로 헬스장을 사용할 수 있어요.  We can use the gym for free.

**Q** 당신의 회사에서 제공하는 교육 프로그램은 무엇인가요?

**A** 우리 회사는 리더십 프로그램을 제공해요.  My company provides a leadership program.
직원들은 프로젝트를 관리하는 법을 배워요.  Employees learn how to manage projects.

**Q** 당신의 회사에는 복장에 대한 규정이 있나요? 계절에 따라 복장이 어떻게 달라지나요?

**A** 우리는 정장을 입어야 해요.  We have to dress in formal business attire.
여름에는, 복장 규정이 더 완화돼요.  In the summer, the dress code is more relaxed.

**Q** 직장에 지각한 경험이 있나요? 어떻게 대처했나요?

**A** 제 차가 고장 났어요.  My car broke down.
상사에게 전화해서 상황을 설명했어요.  I called my boss and explained the situation.


## UNIT 05 업무

**Q** 프로젝트의 마감 기한이 촉박했던 경험이 있나요? 어떻게 대처했나요?

**A** 3일 안에 시장조사 프로젝트를 마쳐야 했어요.  I had to complete a market research project in three days.
매일 늦게까지 남아야 했어요.  I had to stay late every day.


**Q** 갑자기 추가 업무가 주어진 경험이 있나요? 그때의 기분은 어땠나요?

**A** 상사가 제게 특별 업무를 주었어요.  My boss gave me a special assignment.
피곤했지만, 보람 있었어요.  I was tired, but it was rewarding.


**Q** 최근에 프로젝트에서 사용한 기술이나 기기는 무엇인가요?

**A** 레이저 포인터와 프로젝터를 사용했어요.  I used a laser pointer and a projector.
발표하는 동안 그것들을 사용했어요.  I used them during the presentation.


**Q** 앞으로 참여하고 싶은 프로젝트는 무엇인가요?

**A** 저는 신제품을 홍보하고 싶어요.  I want to promote a new product.
저는 광고에 대한 아이디어가 많이 있어요.  I have many ideas for advertisements.


**Q** 지난주에 회사에서 어떤 업무를 했나요?

**A** 저는 지난주에 많은 서류 작업을 했어요.  I did a lot of paperwork last week.
회의가 몇 번 있었어요.  I had a few meetings.


## UNIT 06 사는 곳

**Q** 집에서 있었던 기억에 남는 경험이 있나요?

**A** 집에서 파티를 열고 친구들을 많이 초대했어요.  I had a party at home and invited many friends.
우리는 함께 즐거운 시간을 보냈어요.  We had a great time together.

**Q** 당신이 집에서 가장 좋아하는 공간은 어디인가요?

**A** 저는 제 침실을 가장 좋아해요.  I like my bedroom the best.
제 침대는 크고 편안해요.  My bed is big and comfortable.

**Q** 지금 사는 집은 어떻게 구했나요? 집을 구하기 위해 어떤 일을 했나요?

**A** 부동산 중개소에 갔어요.  I went to a real estate agency.
공인중개사가 제게 여러 아파트를 보여줬어요.  The agent showed me several apartments.

**Q** 당신의 방은 어떤 모습인가요?

**A** 제 방에는 큰 창문이 있어요.  There is a large window in my room.
제 방은 약간 지저분해요.  My room is a bit messy.

## UNIT 07 동네 및 이웃

**Q** 최근 동네에 어떤 변화가 있었나요?

**A** 높은 빌딩이 길 건너에 지어졌어요.  A tall building was built across the street.
큰 마트가 집 근처에 개점했어요.  A large mart opened near my house.

**Q** 동네에 유명한 장소나 관광지가 있나요? 그곳이 인기 있는 이유는 무엇인가요?

**A** 동네에 큰 공원이 있어요.  There is a large park in my neighborhood.
그 공원은 경치 좋은 산책로 때문에 인기 있어요.  The park is popular for its scenic walks.

**Q** 당신은 동네의 어떤 점을 좋아하나요?

**A** 저는 우리 동네의 위치를 좋아해요.  I like the location of my neighborhood.
근처에 먹을 곳이 많이 있어요.  There are a lot of places to eat nearby.

**Q** 당신이 사는 동네의 교통은 어떤가요? 당신은 어떤 대중교통을 이용하나요?

**A** 우리 동네는 지하철역에서 멀어요.  My neighborhood is far from any subway stations.
저는 주로 버스를 타요.  I usually take a bus.

**Q** 이웃의 첫인상은 어땠나요?

**A** 그들은 매우 친절하고 공손했어요.  They were very kind and polite.
그들은 인사할 때 항상 밝게 웃었어요.  They always smiled brightly when saying hello.

**Q** 자주 가는 영화관이 있나요? 그곳에 자주 가는 이유는 무엇인가요?

**A** 저는 HC 극장에 가는 것을 좋아해요.  I like to go to the HC Theater.
그곳은 집에서 가까워요.  It is close to my house.

**Q** 주로 누구와, 언제 영화를 보러 가나요?

**A** 저는 친구들과 영화를 보러 가요.  I go to the movies with my friends.
우리는 주로 주말에 가요.  We usually go on the weekends.

**Q** 언제 처음 영화를 봤나요? 그때 어떤 일이 있었나요?

**A** 저는 일곱 살 때 아빠와 영화관에 갔어요.  I went to the theater with my father when I was seven.
아빠가 팝콘과 콜라를 사주셨어요.  He bought me popcorn and a coke.

**Q** 처음 영화에 흥미를 가진 때는 언제인가요? 좋아하는 영화 취향은 어떻게 변했나요?

**A** 초등학생 때부터 영화를 좋아했어요.  I have liked movies since I was in elementary school.
어렸을 때는 만화영화를 좋아했어요.  I liked animated films when I was young.
지금은 코미디 영화를 더 좋아해요.  Now I prefer comedies.

**Q** 공원에 있는 사람들은 어떤 모습인가요? 무엇을 하고 있나요?

**A** 사람들은 공원에서 조깅해요.  People jog in the park.
어린이들은 동물을 구경해요.  Children look at the animals.
그들은 매우 편안해 보여요.  They seem very relaxed.

**Q** 최근에 공원에 간 적이 있나요? 공원에서 무엇을 했나요?

**A** 저는 지난 일요일에 공원에 갔어요.  I went to the park last Sunday.
공원에서 개를 산책시켰어요.  I walked my dog in the park.

**Q** 공원에 갈 때 어떤 것들을 챙겨가나요?

**A** 간식과 음료수를 가져가요.  I bring some snacks and drinks.
깔고 앉을 담요나 돗자리를 챙겨가요.  I take a blanket or mat to sit on.

**Q** 아이들과 함께 가기 좋은 공원은 어디인가요? 그 공원의 어떤 점이 좋은가요?

**A** 가장 좋은 공원은 어린이대공원이에요. **The best park is Children's Grand Park.**
아이들은 공원에 있는 동물원에 가는 것을 좋아해요. **Children like to visit the zoo in the park.**

## UNIT 10 해변·캠핑 가기

**Q** 마지막으로 캠핑을 갔을 때 누구와 무엇을 했나요?

**A** 저는 친구들과 지난여름에 캠핑을 갔어요. **I went camping with my friends last summer.**
우리는 바비큐 파티를 하고 모닥불을 피웠어요. **We had a barbecue and a campfire.**

**Q** 해변 가기를 좋아하게 된 계기가 무엇인가요?

**A** 저희 부모님께서 매년 여름 저를 해변으로 데리고 가셨어요. **My parents took me to the beach every summer.**
바다에서 수영하는 것이 정말 재미있었어요. **It was really fun to swim in the ocean.**

**Q** 해변에서 문제를 겪은 적이 있나요?

**A** 해변에서 저는 깨진 병에 발을 다쳤어요. **I hurt my foot on broken glass on the beach.**
이제, 저는 해변을 걸을 때 항상 신발을 신어요. **Now, I always wear shoes when I walk on the beach.**

## UNIT 11 쇼핑하기

**Q** 어렸을 때 했던 쇼핑 경험에 대해 말해주세요.

**A** 제 부모님이 저에게 첫 자전거를 사주셨어요. **My parents bought me my first bicycle.**
저는 쇼핑몰에서 길을 잃었어요. **I got lost in a shopping mall.**

**Q** 교환이나 환불을 한 경험이 있나요?

**A** 저는 잘 맞지 않는 신발을 교환했어요. **I exchanged shoes that did not fit.**
저는 제 엄마가 고른 재킷을 환불했어요. **I returned a jacket that my mother picked out.**

**Q** 어렸을 때의 쇼핑과 지금 쇼핑의 차이점이 무엇인가요?

**A** 지금은 온라인 쇼핑이 인기 있어요. **Online shopping is popular now.**
과거에는 전자제품들이 더 비쌌어요. **Electronics were more expensive in the past.**

**Q** 동네에 있는 쇼핑몰은 어떻게 생겼나요?

**A** 그것은 5층 높이예요.  It's a five-story building.
쇼핑몰 앞에 큰 공원이 있어요.  There is a big park in front of the mall.

**Q** 최근에 했던 쇼핑은 어땠나요?

**A** 저는 새 카메라를 좋은 조건에 잘 샀어요.  I got a good deal on a new camera.
저는 쇼핑몰의 푸드코트에서 점심을 먹었어요.  I had lunch in the mall's food court.

## UNIT 12 TV·리얼리티 쇼 시청하기

**Q** 리얼리티 쇼를 좋아하는 이유는 무엇인가요?

**A** 저는 등장인물들과 공감할 수 있어요.  I can identify with the characters.
보통의 프로그램들보다 더 흥미진진해요.  They are more exciting than regular shows.
다양한 라이프스타일을 보여줘요.  They show me different lifestyles.

**Q** TV 프로그램을 선택하는 기준이 무엇인가요?

**A** 저는 제가 좋아하는 스타들이 나오는 프로그램을 시청해요.  I watch shows with my favorite stars.
저는 저를 웃게 만드는 프로그램들을 선호해요.  I prefer shows that make me laugh.

**Q** 과거와 현재 TV 프로그램의 공통점이나 차이점은 무엇인가요?

**A** 요즘 TV 프로그램들은 특수 효과들이 더 좋아요.  TV programs today have better special effects.
과거의 프로그램들은 더 가정 친화적이었어요.  Shows in the past were more family-friendly.
요즘에는 더 많은 만화영화들이 있어요.  There are more animated shows these days.

## UNIT 13 카페/커피전문점에 가기

**Q** 최근에 카페에 간 적이 있나요? 카페에서 무엇을 했나요?

**A** 저는 지난 주말에 카페에 갔어요.  I went to a café last weekend.
저는 커피와 디저트를 먹으러 친구들과 함께 갔어요.  I went with my friends for some coffee and dessert.

**Q** 카페에서 문제를 겪은 적이 있나요?

**A** 제 음료가 잘못 나왔어요.  My drink came out wrong.
종업원이 사과하고 저에게 새 음료를 만들어 주었어요.  The server apologized and made me a new one.

**Q** 카페의 역할이 어떻게 변했나요?

**A** 그곳은 커피를 마시기 위한 장소였어요.  It used to be a place for drinking coffee.
요즘은, 많은 사람들에게 공부 장소이기도 해요.  These days, it is also a study place for many people.

## UNIT 14 SNS에 글 올리기

**Q** 최근에 읽은 게시글은 무엇에 대한 것이었나요?

**A** 최신 핸드폰에 대한 게시글을 읽었어요.  I read a post about the newest mobile phone.
그 블로그는 매우 상세한 정보를 담고 있었어요.  The blog had very detailed information.

**Q** SNS를 하면서 기억에 남는 경험이 있나요?

**A** 페이스북에서 어떤 사람과 친구가 되었어요.  I became friends with someone on Facebook.
지난주에 그녀를 직접 만났어요.  I met her in person last week.

**Q** SNS를 하게 된 계기가 무엇인가요?

**A** 고등학교 친구들과 다시 연락하고 싶었어요.  I wanted to reconnect with my friends from high school.
저는 밴드에서 옛 친구들을 모두 찾았어요.  I found all my old friends on Band.

## UNIT 15 음악 감상하기

**Q** 음악을 좋아하는 이유는 무엇인가요? 음악이 당신의 삶에 어떤 영향을 미치나요?

**A** 제가 활기참을 느끼도록 해주기 때문에 음악을 좋아해요.  I like music because it makes me feel energetic.
음악은 제가 힘든 시간을 견디게 도와줘요.  Music helps me get through the hard times.

**Q** 좋아하는 음악 장르 두 가지의 공통점이나 차이점은 무엇인가요?

**A** 저는 팝과 R&B를 좋아해요.  I like pop and R&B.
둘 다 비트가 강해요.  They both have strong beats.

**Q** 좋아하는 작곡가 두 명의 공통점과 차이점은 무엇인가요?

**A** 저는 베토벤과 모차르트를 좋아해요.  I like Beethoven and Mozart.
둘 다 위대한 작곡가예요.  They both are great composers.
하지만, 그들의 음악 스타일은 달라요.  However, their musical styles are different.

## UNIT 16 요리하기

**Q** 초보자가 요리할 때 어떤 점을 주의해야 하나요?

**A** 초보자는 가스레인지를 사용할 때 조심해야 해요.  A beginner must be careful when using a stove.
데이지 않도록 조심해야 해요.  One should be careful not to get burned.

**Q** 당신은 요리할 때 어떤 요리 도구를 사용하나요?

**A** 저는 요리할 때 주로 큰 프라이팬을 사용해요.  I usually use a large frying pan when I cook.
냉동 음식을 데우기 위해 전자레인지를 사용해요.  I use a microwave to heat up frozen food.

**Q** 사람들을 초대해서 식사를 대접할 때 어떤 과정을 거치나요?

**A** 사람들을 초대하기 전, 어떤 음식을 요리할지 결정해요.  Before I invite people, I decide what food to cook.
그리고 나서 인터넷에서 요리법을 찾아봐요.  Then I look up the recipes on the Internet.

## UNIT 17 농구/야구/축구

**Q** 당신이 하는 운동의 규칙은 무엇인가요? 그 운동은 어떻게 하나요?

**A** 야구는 각 팀에서 아홉 명의 선수들이 경기해요.  Baseball is played by nine players in each team.
선수들은 점수를 얻기 위해 네 개의 베이스를 뛰어요.  Players run around four bases to score points.

**Q** 당신은 경기하기 전이나 후에 무슨 일을 하나요?

**A** 경기 전, 저는 준비운동을 해요.  Before the game, I do some warm-up exercises.
경기 후에는, 팀 동료들과 저녁을 먹어요.  After the game, I have dinner with my teammates.

**Q** 당신이 최근에 한 축구 경기는 어떻게 진행되었나요?

**A** 상대 팀이 첫 골을 넣었어요.  The other team scored the first goal.
우리 팀이 후반전에 한 골을 넣었어요.  My team got a goal in the second period.
경기는 동점으로 끝났어요.  The game ended in a tie.

**Q** 운동 중에 부상당한 경험이 있나요?

**A** 경기하는 동안 상대편 중 한 명이 저를 넘어뜨렸어요.  One of my opponents tripped me during the game.
저는 넘어졌고 손목을 삐었어요.  I fell down and sprained my wrist.

## UNIT 18 수영

**Q** 당신이 가장 좋아하는 영법은 무엇인가요? 그 영법은 어떻게 하나요?

**A** 저는 자유형을 가장 좋아해요. I like the freestyle the best.
앞으로 나아가기 위해 열심히 발차기를 해야 해요. I have to kick hard to go forward.

**Q** 수영을 하기 위해 어떤 준비를 하나요?

**A** 수영복과 수건을 가져가요. I bring my swimsuit and a towel.
수영하기 전 근육을 풀어줘요. I stretch my muscles before I swim.

**Q** 농구와 수영의 공통점과 차이점은 무엇인가요?

**A** 농구는 단체 운동인 반면 수영은 개인 활동이에요. Basketball is a team sport while swimming is an individual activity.
하지만, 둘 다 좋은 운동이에요. However, both are good exercise.

## UNIT 19 자전거 타기

**Q** 자전거 타는 것을 좋아하는 이유가 무엇인가요? 자전거 타는 것에는 어떤 장점이 있나요?

**A** 저는 자전거 타기가 야외활동이라 좋아해요. I like riding a bicycle because it is an outdoor activity.
제가 건강을 유지하게 해줘요. It helps me to stay in shape.

**Q** 주중이나 주말 중, 주로 언제 자전거를 타나요? 그 시간을 선호하는 이유는 무엇인가요?

**A** 저는 주중에 자전거 타는 것을 선호해요. I prefer riding my bicycle on weekdays.
그때에는 공원이 붐비지 않기 때문이에요. This is because the park isn't crowded then.

**Q** 자전거 타기 좋아하는 장소는 어디인가요? 그 장소를 좋아하는 이유는 무엇인가요?

**A** 저는 강가를 따라 자전거 타는 것을 좋아해요. I like to ride my bike along the riverside.
그곳은 경치가 아름다워요. It has a beautiful view there.

**Q** 자전거를 타다 사고를 당한 경험이 있나요?

**A** 길을 걷고 있는 사람을 피하려고 했어요. I tried to avoid a man walking on the path.
자전거에서 넘어졌고 무릎을 다쳤어요. I fell down from my bike and broke my knee.

## UNIT 20 국내·해외여행

**Q** 여행 중에 주로 무엇을 하나요?

**A** 현지의 유명한 식당에서 식사하는 것을 즐겨요.  I enjoy eating at famous local restaurants.
저는 또한 여행하는 동안 사진을 많이 찍어요.  I also take a lot of pictures during the trip.

**Q** 최근에 경험한 해외여행은 어땠나요?

**A** 두 달 전에 도쿄에 갔어요.  I went to Tokyo two months ago.
많은 유적지를 방문했어요.  I visited many historical sites.

**Q** 어렸을 때 했던 국내 여행은 어땠나요?

**A** 11살 때 부산으로 여행을 갔어요.  I took a trip to Busan when I was 11.
신선한 해산물을 많이 먹었어요.  I ate a lot of fresh seafood.

## UNIT 21 국내·해외 출장

**Q** 얼마나 자주 출장을 가나요? 출장의 목적은 무엇인가요?

**A** 주로 일 년에 두 번 정도 출장을 가요.  I usually go on a business trip about twice a year.
주요 목적은 고객을 만나는 것이에요.  The main purpose is to meet the clients.

**Q** 해외로 출장을 갈 때 목적지까지 어떻게 가나요?

**A** 먼저, 공항에 가서 비행기를 타고 다른 나라에 가요.  First, I go to the airport and fly to another country.
공항에서 목적지까지 택시를 타고 가요.  I take a taxi from the airport to my destination.

## UNIT 22 집에서 보내는 휴가

**Q** 당신은 휴가 첫날과 마지막 날에 무엇을 하나요?

**A** 휴가 첫날, 늦게까지 잠을 자요.  On the first day of my vacation, I sleep in.
휴가 마지막 날에는, 주로 집안일을 해요.  On the last day of my vacation, I usually do household chores.

**Q** 집에서 휴가를 보내며 이룬 것은 무엇인가요?

**A** '셜록 홈스' 시리즈를 모두 읽었어요.  I read all of the *Sherlock Holmes* series.
휴가 동안 '왕좌의 게임' 시리즈를 전부 봤어요.  I watched the whole *Game of Thrones* series during vacation.

**Q** 집에서 휴가를 보내면서 누구를 만났나요?

**A** 친구들이 집에 놀러 왔어요.  My friends came over to my house.
우리는 밤새도록 이야기했어요.  We stayed up all night talking.

MEMO

MEMO

# MEMO

# 10일 만에 끝내는
# 해커스
# OPIc
## START
### Intermediate 공략

**개정 4판 3쇄 발행 2024년 9월 2일**

개정 4판 1쇄 발행 2023년 8월 24일

| | |
|---|---|
| 지은이 | 해커스 오픽연구소 |
| 펴낸곳 | ㈜해커스 |
| 펴낸이 | 해커스 출판팀 |

| | |
|---|---|
| 주소 | 서울특별시 서초구 강남대로61길 23 ㈜해커스 |
| 고객센터 | 02-537-5000 |
| 교재 관련 문의 | publishing@hackers.com |
| 동영상강의 | HackersIngang.com |

| | |
|---|---|
| ISBN | 979-11-379-1052-2 (13740) |
| Serial Number | 04-03-01 |

**외국어인강 1위,**
**해커스인강 (HackersIngang.com)**
**해커스인강**

- 스피킹 기초 쌓기부터 실전 대비까지 가능한 **목표점수별 오픽 무료강의 및 말하기 연습 프로그램**
- 실전과 동일한 환경에서 답변 연습이 가능한 **온라인 실전모의고사**
- 오픽 핵심 포인트와 최적의 공부법을 알려주는 **해커스 스타강사의 본 교재 인강**
- 궁금한 사항을 바로 해결해주는 해커스 선생님의 **1:1 답변 서비스**

**영어 전문 포털,**
**해커스영어 (Hackers.co.kr)**
**해커스영어**

- 답변 첨삭 및 개별 취약점 파악이 가능한 **오픽 첨삭 게시판**
- 스피킹 초보도 IM 등급 달성이 가능한 **오픽 길라잡이 & 자료실**
- **실전 오픽학습 및 해설강의/모범답안 등** 다양한 무료 학습 콘텐츠

헤럴드 선정 2018 대학생 선호브랜드 대상 '대학생이 선정한 외국어인강' 부문 1위